COLLECTION BESCHERELLE

Les verbes portugais et brésiliens

Formes et emplois

N. A. Freire

HATIER

La grammaire du verbe   5

Généralités

Caractéristiques du verbe

Règles de formation des temps

Emplois des verbes ter et haver ; ser, estar et ficar

© HATIER, Paris, juin 1997   ISSN 0990 3771   ISBN : 978 - 2 - 218 - 71776 - 5

Conception maquette : Yvette Heller
Adaptation maquette : Isabelle Vacher

Bien parler, c'est aussi bien conjuguer. Dans toute langue, la conjugaison constitue une des principales difficultés. La langue portugaise n'échappe point à cette règle. Or, les manuels de langue et les livres de grammaire portugaise, nécessairement limités en volume, ne peuvent fournir sur la conjugaison que des renseignements trop généraux pour être suffisants.

Notre ouvrage essaie de combler cette lacune.

Nous avons retenu la terminologie des linguistes Lindley Cintra, Celso Cunha*, Raymond Cantel et Paul Teyssier.

1 Conception et étendue de ce livre

Les 80 tableaux de verbes types permettent de conjuguer les **12 000 verbes de la langue portugaise (Portugal, Brésil, Afrique lusophone).** Six tableaux (verbes types des trois conjugaisons, conjugaison à la voix passive, à la voix pronominale et conjugaison avec pronom personnel atone) se présentent sur double page, car nous avons voulu donner leur conjugaison complète. Dans les 74 autres tableaux de verbes types (réguliers et irréguliers), nous avons supprimé les temps composés du mode subjonctif qui sont très peu utilisés. Certains temps composés du mode indicatif, peu usuels eux-mêmes, apparaissent toutefois dans nos tableaux car ils sont toujours présents dans la langue littéraire.

Ce livre ne prétend pas être un traité exhaustif de la morphosyntaxe verbale; il ne constitue pas non plus un livre de grammaire ou de linguistique portugaise. Il veut fournir à son utilisateur toutes les formes verbales ainsi que les connaissances grammaticales lui permettant de les utiliser correctement et à bon escient. Ainsi, le lecteur soucieux de connaître de façon approfondie, par exemple, l'emploi des modes et des temps ou la valeur modale et temporelle dans le système portugais, consultera-t-il sa grammaire portugaise ou son livre de linguistique portugaise.

2 Utilisation de ce livre

Il permet l'étude, la révision et la consultation ponctuelle de la conjugaison portugaise.

- à partir des notions grammaticales de base, indispensables pour l'apprentissage de la conjugaison et de son fonctionnement , grâce à une **Grammaire du verbe** (p. 6 à 35) qui s'adresse essentiellement aux élèves de tous niveaux, aux étudiants et aux enseignants ;
- par la présentation systématique de la conjugaison en **80 tableaux** qui constituent la partie centrale de l'ouvrage (p. 37 à 124) ;
- par la connaissance des règles de conjugaison et des exceptions, grâce **aux notes explicatives de bas de page** et aux **remarques** placées à côté des verbes dans **l'index alphabétique** (p. 125 à 224).

Ce que vaut un ouvrage, on ne le voit qu'à l'usage. Puisse donc ce **Bescherelle de la conjugaison portugaise et brésilienne** aider tous ceux, jeunes et adultes, francophones, lusophones ou étrangers, qui veulent comprendre et apprendre la conjugaison portugaise afin de mieux s'exprimer et de mieux communiquer.

N. A. Freire

---

* C. Cunha et L. Cintra sont les auteurs de la «Nova gramática do Português contemporâneo» ed. Sáda Costa, Lisbonne, 1984.

La grammaire du verbe

●●●

Le verbe est le mot qui exprime l'**existence** d'une personne, d'un animal ou d'une chose, son **état**, l'**action** qu'il fait ou subit. Le verbe insère la phrase dans le temps.

1 Les trois conjugaisons portugaises

première : radical + -ar, deuxième : radical + -er troisième : radical + -ir
tema[1] en -a : comprar tema en -e : vender tema en -i : garantir
Pour l'ensemble des trois conjugaisons, voir le tableau page 10.

L'infinitif se termine toujours en **-r**, précédé de **a, e, i** (ou **o** pour **pôr** et ses dérivés).

Tous les verbes, qu'ils soient réguliers ou irréguliers, se terminent en **-o** à la 1re personne du singulier du présent de l'indicatif (compro, vendo, garanto).
Il y a cependant six exceptions : **ser, estar, dar** et **ir** qui font **sou, estou, dou** et **vou**, et **haver** et **saber** qui font **hei** et **sei**.

Le verbe **pôr** *(mettre, poser)* et ses dérivés (dispor, compor, etc.) sont très irréguliers (tb. 45). Ils appartiennent à la deuxième conjugaison, car l'ancienne graphie, de **pôr** était **poer**. D'ailleurs on retrouve la voyelle thématique **-e** dans les formes puseste, pusera, pusesse, puser.

2 L'accentuation des verbes

a/ L'accent tonique, quand il ne s'écrit pas, se trouve soit sur l'avant-dernière syllabe (verbes terminés en -a, -as, -am, -e, -es et -em) soit sur la dernière syllabe, lorsqu'elle se termine par **-i, -r** ou **-z**, ou par une **diphtongue orale** (-ai, -ais, -ei, -eis, -eu, -iu, -ou) ou **nasale** (-ão, -õe, -ões, -õem).

b/ L'accent écrit, se place sur :
- Les **esdrúxulas** ou **proparoxytons** (accent sur l'antépénultième syllabe, par exemple : verbes conjugués à la 1re personne du pluriel de l'imparfait, du plus-que-parfait et du conditionnel);
- Les **graves** ou **paroxytons** (accent sur l'avant-dernière syllabe, par exemple : verbes conjugués à la 2e personne du pluriel de l'imparfait et du plus-que-parfait);
- Les **agudas** ou **oxytons** (accent sur la dernière syllabe, par exemple : verbes conjugués à la 2e et à la 3e personne du singulier du futur simple).

Au passé simple, la 1re personne du pluriel des verbes en **-ar** porte au Portugal un accent sur le -a (-ámos) pour la distinguer de la 1re personne du pluriel de l'indicatif présent :
Nós compramos. (Nous achetons.) *Nós comprámos [2]. (Nous avons acheté.)*

---

1. Tema : radical + voyelle thématique
2. Cet accent différentiel est inexistant au Brésil car, dans ce pays, la prononciation de la forme du parfait est identique à celle du présent.

CARACTÉRISTIQUES DU VERBE
●●●

La voix

En portugais, les verbes ont, comme en français, trois formes ou voix :

1 Forme active
Le sujet fait l'action exprimée par le verbe. Un verbe à la forme active peut être :

a/ transitif, lorsque l'action faite par le sujet nécessite un complément d'objet.

- Lorsque le verbe admet un complément d'objet direct (C.O.D.), il est transitif direct (t.d.) :
  - O Miguel estuda a lição.   *Michel étudie sa leçon.*
- Lorsque le verbe n'admet que des compléments d'objet indirect (C.O.I.), il est transitif indirect (t.i.) :
  - A criança obedece **à** sua mãe.   *L'enfant obéit à sa mère.*
- Lorsque le verbe a deux compléments, direct et indirect, il est bitransitif :
  - O professor deu a notícia **a**os alunos.   *Le professeur annonça la nouvelle aux élèves.*

b/ intransitif, lorsque le verbe exprime un état ou une action qui n'a pas besoin de complément pour avoir lieu :
- Os pombos voam.   *Les pigeons volent.*

2 Forme passive
Le sujet subit l'action exprimée par le verbe :
- O bolo foi devorado pelos convidados.   *Le gâteau a été dévoré par les invités.*

3 Forme pronominale
Le verbe se conjugue avec un pronom personnel complément de même personne que le sujet :
- Penteio-me devagar.   *Je me coiffe lentement.*

a/ Les verbes **essentiellement pronominaux** sont ceux qui ne peuvent être employés qu'à la forme pronominale :
- Não faz mal; ele arrependeu-se logo.
- *Ça n'a pas d'importance; il s'est repenti aussitôt.*

b/ Les verbes **accidentellement pronominaux** (verbos pronominados) sont les verbes qui, habituellement non pronominaux, peuvent cependant être employés à la forme pronominale :
- Considerava-se o pior dos homens; aborrecia-se.
- *Il se considérait comme le pire des hommes; il se détestait.*

Le mode

Le mode traduit la manière particulière dont on présente l'action ou l'état exprimé par le verbe. Il existe deux sortes de modes :

1 Les modes personnels
Le verbe varie en fonction de la personne ou du nombre du sujet.

a/ L'indicatif
C'est le mode de **la certitude** : il présente le fait comme réel. Il permet de constater et d'énoncer une action ou un état dans le passé, dans le présent ou dans le futur :

estudei   *j'étudiai*   estudo   *j'étudie*   estudarei   *j'étudierai*

b/ Le subjonctif
Il exprime essentiellement :

- **le souhait, le désir :**
  Que meu filho seja o que eu não pude ser.
  Que mon fils soit ce que je n'ai pas pu être.

- **la volonté :**
  Quero que te vás embora.   *Je veux que tu partes.*

- **la nécessité :**
  É preciso que faças isto.   *Il faut que tu fasses ceci.*

- **le doute :**
  Duvidava que o amigo acreditasse nele.
  Il se demandait si son ami croyait bien en lui.

- **la crainte :**
  Temia que ele não viesse ao encontro.
  Il craignait qu'il ne vînt pas au rendez-vous.

- **la probabilité :**
  É provável que eles venham.   *Il est probable qu'ils viennent.*

- **le but, la concession** (dans certaines propositions conditionnelles) :
  Se/Caso estiveres doente, telefona para casa. Si tu étais malade téléphone-moi.

- **la supposition, l'hypothèse** (après **talvez**) :
  Talvez fôssemos os primeiros a gritar.
  Nous avons peut-être été les premiers à crier.
  En français après les verbes « supposer » et « imaginer » à l'impératif affirmatif, le verbe de la subordonnée est au subjonctif ; en portugais il est conjugué à l'indicatif.
  Suponhamos que esta situação é real.
  Supposons que cette situation soit réelle.

- **une opinion** dans une **phrase négative**, après certains verbes comme **achar** (trouver), **crer** (croire), **julgar** (croire, juger), **pensar** (penser) :

Não creio que saibas a importância desta pesquisa.
Je ne crois pas que tu saches l'importance de cette recherche.

c/ Le conditionnel

C'est le mode qui indique l'**éventualité**, la réalisation de l'action étant **soumise à une condition :**

Ele gostaria de estudar mais, mas não tem tempo.
Il aimerait étudier davantage, mais il n'en a pas le temps.

d/ L'impératif

C'est le mode de :

● **l'ordre :**

Sai daí imediatamente.   *Sors de là immédiatement.*

● **la défense, l'interdiction :**

Não fales!   *Ne parle pas!*

● **l'exhortation :**

Não saias sob esta chuva.   *Ne sors pas par cette pluie.*

2 Les modes impersonnels

Le verbe ne varie pas en fonction de la personne du sujet.

a/ L'infinitif [3]

Il exprime l'action sous sa forme la plus générale.

● **L'action** exprimée par le verbe est **strictement impersonnelle :**

É proibido fumar.   *Il est interdit de fumer.*

● Il peut faire **fonction d'un impératif :**

Não fumar!   *Ne pas fumer!*

● Il peut être inséré dans des constructions où il est **complément d'adjectif, de nom ou de verbe :**

Esse bolo é fácil de fazer.   *Ce gâteau est facile à faire.*
Há ainda mais livros para arrumar.   *Il y a encore des livres à ranger.*
Mandei copiar o balanço.   *J'ai fait copier le bilan.*

● Il peut fonctionner comme un **nom verbal :**

Votar é o dever de todo bom cidadão. *Voter est le devoir de tout bon citoyen.*

b/ Le participe passé

Il peut être la forme adjective du verbe :

Essa história é coisa já sabida.   *Cette affaire est chose connue.*

c/ Le gérondif

C'est la forme adverbiale du verbe, donc invariable et à valeur circonstancielle :

Entrou no palco rindo e gritando.   *Il entra en scène en riant et en criant.*

---

3. L'infinitif peut aussi être fléchi, c'est-à-dire conjugué (infinitif personnel). Voir § « Temps dérivés de l'infinitif », p. 15.

RÈGLES DE FORMATION DES TEMPS
●●●

TERMINAISONS DES TROIS CONJUGAISONS
(Temps simples des verbes réguliers)

	1ʳᵉ	2ᵉ	3ᵉ
		gerúndio	
	-ando	-endo	-indo

		1ʳᵉ	2ᵉ	3ᵉ
			particípio pretérito	
		-ado	-ido	-ido

	1ʳᵉ	2ᵉ	3ᵉ
INDICATIVO		presente	
	-o	-o	-o
	-as	-es	-es
	-a	-e	-e
	-amos	-emos	-imos
	-ais	-eis	-is
	-am	-em	-em
		pretérito imperfeito	
	-ava	-ia	-ia
	-avas	-ias	-ias
	-ava	-ia	-ia
	-ávamos	-íamos	-íamos
	-áveis	-íeis	-íeis
	-avam	-iam	-iam
		pretérito perfeito simples	
	-ei	-i	-i
	-aste	-este	-iste
	-ou	-eu	-iu
	-ámos	-emos	-imos
	-astes	-estes	-istes
	-aram	-eram	-iram
		pret. mais-que-perf. simples	
	-ara	-era	-ira
	-aras	-eras	-iras
	-ara	-era	-ira
	-áramos	-êramos	-íramos
	-áreis	-êreis	-íreis
	-aram	-eram	-iram
		futuro do presente simples (futuro imperfeito)	
	-ei	-ei	-ei
	-ás	-ás	-ás
	-á	-á	-á
	-emos	-emos	-emos
	-eis	-eis	-eis
	-ão	-ão	-ão

	1ʳᵉ	2ᵉ	3ᵉ
SUBJUNTIVO / CONJUNTIVO		presente	
	-e	-a	-a
	-es	-as	-as
	-e	-a	-a
	-emos	-amos	-amos
	-eis	-ais	-ais
	-em	-am	-am
		pretérito imperfeito	
	-asse	-esse	-isse
	-asses	-esses	-isses
	-asse	-esse	-isse
	-ássemos	-êssemos	-íssemos
	-ásseis	-êsseis	-ísseis
	-assem	-essem	-issem
		futuro simples	
	-ar	-er	-ir
	-ares	-eres	-ires
	-ar	-er	-ir
	-armos	-ermos	-irmos
	-ardes	-erdes	-irdes
	-arem	-erem	-irem

	1ʳᵉ	2ᵉ	3ᵉ
INFINITIVO		infinitivo pessoal	
	-ar	-er	-ir
	-ares	-eres	-ires
	-ar	-er	-ir
	-armos	-ermos	-irmos
	-ardes	-erdes	-irdes
	-arem	-erem	-irem

	1ʳᵉ	2ᵉ	3ᵉ
CONDICIONAL		futuro do pretérito	
	-ia	-ia	-ia
	-ias	-ias	-ias
	-ia	-ia	-ia
	-íamos	-íamos	-íamos
	-íeis	-íeis	-íeis
	-iam	-iam	-iam

Ces terminaisons s'ajoutent au radical des verbes réguliers, sauf pour le futur de l'indicatif (futuro do presente/futuro imperfeito do indicativo) et pour le conditionnel (futuro do pretérito/condicional) pour lesquels on ajoute les terminaisons à l'infinitif. À ces deux temps, les terminaisons des trois conjugaisons sont les mêmes. À l'imparfait (pretérito imperfeito do indicativo) et au subjonctif présent (presente do conjuntivo/subjuntivo) les terminaisons sont les mêmes pour la 2ᵉ et 3ᵉ conjugaison. Les terminaisons du futur du subjonctif (futuro simples do conjuntivo/subjuntivo) sont, pour les trois conjugaisons, identiques à celles de l'infinitif personnel (infinitivo pessoal).

Afin de rendre plus facile l'étude de la conjugaison, nous présentons ici les règles de dérivation entre les divers temps et modes verbaux, ainsi qu'un tableau schématique permettant de visualiser ces règles :

Présent de l'indicatif	Présent du subjonctif
	Impératif
Passé simple de l'indicatif	Plus-que-parfait de l'indicatif
	Imparfait du subjonctif
	Futur du subjonctif
Infinitif (impersonnel)	Infinitif flexionné (ou personnel)
	Futur de l'indicatif
	Conditionnel
Radical de l'infinitif	Imparfait de l'indicatif
	Gérondif
	Participe passé

 Tout au long de cet ouvrage nous avons respecté à la fois la terminologie portugaise et la terminologie brésilienne. Par exemple : futuro do presente/futuro imperfeito do indicativo, futuro do pretérito/Condicional, etc.

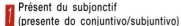
Temps dérivés du présent de l'indicatif

1 **Présent du subjonctif**
(presente do conjuntivo/subjuntivo)

a/ Verbes réguliers
A partir de la 1re personne du présent de l'indicatif, on remplace la terminaison **-o** par -e pour les verbes de la **1re conjugaison** et par -a pour les verbes des **2e** et **3e conjugaisons**. Si nous prenons l'exemple des verbes-modèles, nous aurons :

conjugaison	présent de l'indicatif	présent du subjonctif
1re	eu compr**o**	que eu compr**e**
2^e	eu vend**o**	que eu vend**a**
3^e	eu garant**o**	que eu garant**a**

b/ Verbes irréguliers
Lorsque la **1re personne** du singulier du **présent de l'indicatif** présente une irrégularité, on la retrouve à toutes les personnes du présent du subjonctif. Par exemple, pour **poder** (pouvoir) et pour **perder** (perdre), nous aurons :

poder				perder			
présent de l'indicatif		**présent du subjonctif**		**présent de l'indicatif**		**présent du subjonctif**	
eu	posso	que eu	possa	eu	perco	que eu	perca
tu	podes	que tu	possas	tu	perdes	que tu	percas
ele	pode	que ele	possa	ele	perde	que ele	perca
nós	podemos	que nós	possamos	nós	perdemos	que nós	percamos
vós	podeis	que vós	possais	vós	perdeis	que vós	percais
eles	podem	que eles	possam	eles	perdem	que eles	percam

Exceptions

Les six verbes dont la 1re personne du présent de l'indicatif ne se termine pas en -o sont les seuls à ne pas suivre cette règle :

Infinitif	dar	estar	haver	ir	saber	ser
indicatif présent	dou	estou	hei	vou	sei	sou
subjonctif présent	dê	esteja	haja	vá	saiba	seja

2 Impératif (imperativo)

a/ Affirmatif

- Pour les trois conjugaisons, on obtient la 2e personne du singulier et du pluriel en supprimant le -s final de ces mêmes personnes au présent de l'indicatif.
- Les trois autres personnes de l'impératif (1re personne du pluriel et 3e personne du singulier et du pluriel) sont empruntées au présent du subjonctif.

Par exemple pour les verbes **vender** (régulier) et **vir** (irréguliers) la formation de l'impératif est la suivante :

pronoms sujets	Vender			Vir		
	Présent de l'indicatif	Présent du subjonctif	Impératif affirmatif	Présent de l'indicatif	Présent du subjonctif	Impératif affirmatif
tu	vendes		vende	vens		vem
você/o Sr./a Sra./...		venda	venda		venha	venha
nós		vendamos	vendamos		venhamos	venhamos
vós	vendeis		vendei	vindes		vinde
vocês/os Srs./as Sras./...		vendam	vendam		venham	venham

b/ Négatif

Toutes les personnes de la forme négative de l'impératif sont identiques à celles du présent du subjonctif.

Não faças isto! *Ne fais pas cela!*
Não fales! *Ne parle pas!*

Pretérito perfeito simples

Le pretérito perfeito simples (passé simple) est un temps très utilisé dans la langue portugaise, aussi bien à l'écrit qu'à l'oral et dans tous les registres. Il correspond en français aussi bien au passé simple (employé surtout dans les textes littéraires) qu'au passé composé.

1 **Les verbes réguliers** portent l'accent tonique à toutes les personnes, sans exception, sur la terminaison.

cantar	comer	partir
cantei	comi	parti
cantaste	comeste	partiste
cantou	comeu	partiu
cantámos	comemos	partimos
cantastes	comestes	partistes
cantaram	comeram	partiram

À la 1re personne du pluriel des verbes de la **1re conjugaison (-ar)**, la voyelle á est au Portugal ouverte et porte un accent aigu, ce qui distingue le passé simple du présent de l'indicatif (cantamos). Au Brésil, les deux formes s'écrivent et se prononcent de la même façon (cantamos) car le **a** ne peut pas être ouvert devant un son nasal.

Pour les **verbes des 2e et 3e conjugaisons** (respectivement **-er** et **-ir**), il n'existe aucune distinction entre ces deux temps à la 1re personne du pluriel, ni au Portugal, ni au Brésil.

2 **Les verbes irréguliers**, très fréquents, ont au passé simple un radical différent de celui de l'infinitif. Ces irrégularités ont d'ailleurs des répercussions sur l'accentuation. Par exemple.

estar	caber	pôr
estive	coube	pus
estiveste	coubeste	puseste
esteve	coube	pôs
estivemos	coubemos	pusemos
estivestes	coubestes	pusestes
estiveram	couberam	puseram

3 Conséquences

a/ Pour les **verbes réguliers** le futur du subjonctif et l'infinitif flexionné sont formellement identiques :

Futur du subjonctif	vender	venderes	vender	vendermos	venderdes	venderem
Infinitif flexionné	vender	venderes	vender	vendermos	venderdes	venderem

b/ Pour les **verbes irréguliers** le futur du subjonctif est formellement différent de l'infinitif flexionné. Ainsi, pour le verbe **ter**, on aura :

Futur du subjonctif	tiver	tiveres	tiver	tivermos	tiverdes	tiverem
Infinitif flexionné	ter	teres	ter	termos	terdes	terem

c/ Selon la nature de la voyelle accentuée des deux personnes rhizotoniques (1re et 3e personne du singulier), les passés simples des verbes irréguliers présentent trois possibilités :

- Alternance vocalique **i/e** pour les trois verbes suivants :

Infinitif	estar	ter	fazer
eu	estive	tive	fiz
ele	esteve	teve	fez

- Alternance vocalique **u/o** pour les deux verbes suivants :

Infinitif	poder	pôr
eu	pude	pus
ele	pode	pôs

- Absence d'alternance vocalique :
La 1re et la 3e personne du singulier sont alors identiques ; elles présentent le même vocalisme, soit **i**, soit **ou**. Ce sont les sept verbes suivants :

Infinitif	dizer	querer	caber	haver	prazer	saber	trazer
eu	disse	quis	coube	houve	prouve	soube	trouxe
ele	disse	quis	coube	houve	prouve	soube	trouxe

Les verbes **dar** (donner) et **vir** (venir) ont des **passés simples très irréguliers**.

dar	vir
dei	vim
deste	vieste
deu	veio
demos	viemos
destes	viestes
deram	vieram

Ces deux verbes présentent toutes les personnes accentuées sur le radical (rhizotoniques).

Temps dérivés du passé simple (pretérito perfeito simples)

À partir de la 3e personne du pluriel du passé simple on obtient, pour les trois conjugaisons, l'indicatif plus-que-parfait et le subjonctif imparfait et futur.
Pour obtenir la 1re personne du singulier de ces temps, on enlève le -m final de la 3e personne du pluriel (-ram) du pretérito perfeito simples, autrement dit on ajoute au radical du passé simple, la voyelle thématique suivie des terminaisons :

-ra   (Plus-que-parfait de l'indicatif),
-sse   (Imparfait du subjonctif),
-r   (Futur du subjonctif).

Prenons l'exemple du verbe irrégulier **trazer** (apporter) dont la 3e personne du pluriel du passé simple est « eles trouxeram » :

plus-que-parfait de l'ind.		imparfait du subjonctif		futur du subjonctif	
eu	troux**era**	eu	troux**esse**	eu	troux**er**
tu	troux**eras**	tu	troux**esses**	tu	troux**eres**
ele	troux**era**	ele	troux**esse**	ele	troux**er**
nós	troux**éramos**	nós	troux**éssemos**	nós	troux**ermos**
vós	troux**éreis**	vós	troux**ésseis**	vós	troux**erdes**
eles	troux**eram**	eles	troux**essem**	eles	troux**erem**

Temps dérivés de l'infinitif

1 Futur de l'indicatif (futuro do presente simples/futuro imperfeito)
On ajoute à l'infinitif du verbe à conjuguer les terminaisons des personnes correspondantes du présent de l'indicatif du verbe **haver** (avoir), pour les trois conjugaisons. Par exemple :

présent de haver :   h**ei**   h**ás**   h**á**   hav**emos**   hav**eis**   h**ão**
futur de vender :   vender**ei**   vender**ás**   vender**á**   vender**emos**   vender**eis**   vender**ão**

2 Conditionnel (futuro do pretérito simples/Condicional)
On ajoute à l'infinitif du verbe à conjuguer les terminaisons des personnes correspondantes de l'imparfait de l'indicatif du verbe **haver**. Par exemple :

imparfait de haver :   hav**ia**   hav**ias**   hav**ia**   hav**íamos**   hav**íeis**   hav**iam**
conditionnel de saber :   saber**ia**   saber**ias**   saber**ia**   saber**íamos**   saber**íeis**   saber**iam**

Seuls **trois verbes changent de radical** au futur simple et, par conséquent, au conditionnel :

Infinitif	dizer	fazer	trazer
Futur simple	eu direi	eu farei	eu trarei
Conditionnel	eu diria	eu faria	eu traria

3 | Infinitif personnel ou flexionné (infinitivo pessoal ou flexionado)

Le mode infinitif a en portugais, en plus de la forme impersonnelle (comprar, vender, garantir) une forme personnelle, qui est un temps verbal appelé «infinitivo pessoal» ou «flexionado». Il se comporte toujours comme un temps régulier[4].

Pour conjuguer un verbe à l'infinitif flexionné, il faut ajouter à l'infinitif les désinences des personnes. Par exemple :

ter		ser	
eu	ter	eu	ser
tu	ter*es*	tu	ser*es*
ele	ter	ele	ser
nós	ter*mos*	nós	ser*mos*
vós	ter*des*	vós	ser*des*
eles	ter*em*	eles	ser*em*

L'infinitif personnel est utilisé :

a/ lorsque **l'infinitif n'a pas le même sujet** que le verbe dont il dépend :
> *O professor acha absurdo agires assim.*
> Le professeur trouve absurde que tu agisses ainsi.

b/ lorsque **l'infinitif a un sujet déterminé** et que le **verbe** dont il dépend est **impersonnel** :
> *É preferível calares.*
> Mieux vaut que tu te taises.

c/ lorsque l'infinitif et le verbe principal ont **le même sujet** et que celui-ci est **exprimé avant l'infinitif** :
> *As crianças ao verem o palhaço, começam a rir.*
> Dès que les enfants voient le clown, ils commencent à rire.

À la 1ʳᵉ et à la 3ᵉ personne du singulier, l'infinitif flexionné a la «désinence zéro»; pour que le verbe ne soit pas ambigu et porte la marque de la personne, il faut obligatoirement l'accompagner du sujet. Par exemple :
> *Depois de o João ter falado.*
> Après que Jean eut parlé.

---

4. Pour les verbes dont le passé simple est régulier, le futur du subjonctif et l'infinitif flexionné sont identiques.

Temps dérivés du radical de l'infinitif

1 Imparfait de l'indicatif (pretérito imperfeito do indicativo)

On forme l'imparfait de l'indicatif en ajoutant au radical de l'infinitif, les terminaisons suivantes :

1re conjugaison	2e conjugaison	3e conjugaison
compr**ava**	vend**ia**	garant**ia**
compr**avas**	vend**ias**	garant**ias**
compr**ava**	vend**ia**	garant**ia**
compr**ávamos**	vend**íamos**	garant**íamos**
compr**áveis**	vend**íeis**	garant**íeis**
compr**avam**	vend**iam**	garant**iam**

Les terminaisons de l'imparfait de l'indicatif des verbes de la 2e conjusaison sont identiques à celles de la 3e conjugaison.

➤ **Quatre verbes font exception** à la règle de formation de l'imparfait de l'indicatif :

ser	**ter**	**vir**	**pôr**
eu era (j'étais)	eu tinha (j'avais)	eu vinha (je venais)	eu punha (je mettais/je posais)

2 Le gérondif (gerúndio)

On forme le gérondif en remplaçant le **-r** final de l'infinitif par **-ndo**. Le suffixe **-ndo** s'ajoute donc à chaque tema (radical + voyelle thématique) du verbe :

	1re conjugaison	2e conjugaison	3e conjugaison
Infinitif	compr**ar**	vend**er**	garant**ir**
Gérondif	compr**ando**	vend**endo**	garant**indo**

3 Le participe passé (particípio pretérito)

On forme le participe passé en remplaçant le **-r** final de l'infinitif par **-do**. Le suffixe **-do** s'ajoute donc à chaque tema (radical + voyelle thématique) du verbe :

	1re conjugaison	2e conjugaison	3e conjugaison
Infinitif	compr**ar**	vend**er**	garant**ir**
Participe passé	compr**ado**	vend**ido**	ganrant**ido**

➤ Les **participes passés** des verbes de la **1re et de la 3e conjugaison** se différencient par la présence de la voyelle thématique qui les caractérise : **a** pour la 1re conjugaison et **i** pour la 3e conjugaison.
Ceux de la 2e conjugaison, influencés par les verbes de la 3e conjugaison, remplacent leur voyelle thématique **e** par **i**.

Infinitif	Indicatif présent	Subjonctif présent	Impératif	Passé simple
1 dar	dou	dê	dá; dai	dei
estar	estou	esteja	está; estai	estive
2 caber	caibo	caiba		coube
crer	creio	creia	crê; crede	
dizer	digo	diga	diz(e)$^\triangle$	disse
fazer	faço	faça	faz(e)$^\triangle$	fiz
haver	hei	haja		houve
ler	leio	leia	lê; lede	
perder	perco	perca		
poder	posso	possa		pude
pôr	ponho	ponha	põe; ponde	punha
prazer	praz (3^e s.)	praza (3^e s.)		prouve
querer	quero	queira		quis
requerer	requeiro	requeira		
saber	sei	saiba		soube
ser	sou	seja	sê; sede	fui*
ter	tenho	tenha	tem; tende	tive
trazer	trago	traga	traz(e)$^\triangle$	trouxe
valer	valho	valha		
ver	vejo	veja	vê; vede	vi*
3 ir	vou	vá	vai; ide	fui*
medir	meço	meça		
ouvir	ouço	ouça		
pedir	peço	peça		
rir	rio	ria	ri; ride	ri*
vir	venho	venha	vem; vinde	vim

$^\triangle$ Les formes dize, faze, traze appartiennent au registre familier.

Remarques :

1) Nous ne présentons ici que la 1re personne du singulier de chaque temps verbal.

2) A l'impératif, nous indiquons la 2e personne du singulier et la 2e personne du pluriel.

3) On constate que les verbes qui ont une irrégularité au passé simple, sont pour la plupart d'entre eux, des verbes à passé fort, tandis que ceux qui ne figurent pas sur la colonne correspondante de ce tableau, sont des verbes à passé faible.

4) Les verbes **ser** (être), **ver** (voir), **ir** (aller) et **rir** (rire), indiqués dans ce tableau par un astérisque (*) ont des passés faibles.

5) Pour le verbe **ir** (aller), on utilise au passé simple ainsi qu'aux autres temps dérivés du groupe du parfait, les formes verbales du verbe **ser** (être) : fui, foste, foi, etc.

6) Les seuls verbes qui ont un participe passé irrégulier sont les suivants :
dizer → dito; **fazer** → feito; **pôr** → posto; **ver** → visto et **vir** → vindo.

18

Imparfait indicatif	Plus-que-parfait	Subjonctif Imparfait	Subjonctif Futur	Futur Indicatif	Cond.
	dera	desse	der		
	estivera	estivesse	estiver		
	coubera	coubesse	couber		
	dissera	dissesse	disser	direi	diria
	fizera	fizesse	fizer	farei	faria
	houvera	houvesse	houver		
	pudera	pudesse	puder		
punha	pusera	pusesse	puser		
	prouvera	prouvesse	prouver		
	quisera	quisesse	quiser		
	soubera	soubesse	souber		
era	fora	fosse	for		
tinha	tivera	tivesse	tiver		
	trouxera	trouxesse	trouxer	trarei	traria
	vira	visse	vir		
	fora	fosse	for		
vinha	viera	viesse	vier		

7) Le seul verbe qui a un gérondif irrégulier est le verbe **pôr** ⟶ pondo, ainsi que tous ses dérivés :

antepor (mettre avant)	**decompor** (décomposer)	**impor** (imposer)	**supor** (supposer)
apor (apposer)	**descompor** (déranger)	**opor** (opposer)	**transpor** (transposer)
compor (composer)	**dispor** (disposer)	**propor** (proposer)	
contrapor (confronter)	**expor** (exposer)	**repor** (remettre)	

8) La presque totalité des verbes irréguliers sont réguliers à l'imparfait de l'indicatif. Quatre verbes, dont deux auxiliaires, font exception à cette règle :

ser (être) ⟶ era   **ter** (avoir) ⟶ tinha   **pôr** (mettre; poser) ⟶ punha   **vir** (venir) ⟶ vinha

9) Neuf verbes, monosyllabiques à l'infinitif, sont irréguliers à la 2e personne du pluriel de l'impératif affirmatif :

crer (croire) ⟶ crede	**ter** (avoir) ⟶ tende	**ir** (aller) ⟶ ide
ler (lire) ⟶ lede	**ver** (voir) ⟶ vede	**vir** (venir) ⟶ vinde
ser (être) ⟶ sede	**pôr** (mettre/poser) ⟶ ponde	**rir** (rire) ⟶ ride

10) Trois verbes sont irréguliers au futur simple de l'indicatif et au conditionnel présent :

dizer (dire) ⟶ direi ⟶ diria   **fazer** (faire) ⟶ farei ⟶ faria   **trazer** (apporter) ⟶ trarei ⟶ traria

EMPLOIS DES VERBES TER ET HAVER; SER, ESTAR ET FICAR

●●●

1. TER ET HAVER

Auxiliaires

Pour traduire les divers sens du verbe « avoir », le portugais dispose de deux verbes : **ter** et **haver**. Ce sont les auxiliaires utilisés pour former les temps composés (auxiliaire conjugué au temps simple correspondant, suivi du participe passé du verbe que l'on conjugue).
Ter est l'auxiliaire le plus fréquemment utilisé en portugais ; il est vidé de son sens propre (ter = posséder) pour remplir tout simplement la fonction d'« auxiliaire » de la conjugaison.
Au Brésil, on peut utiliser **ter** et **haver**. Par exemple :

Já te tinha/havia falado disso.
Je t'(en) avais déjà parlé (de cela).

Le **participe passé** conjugué avec l'auxiliaire **ter** ou **haver** est dans tous les cas invariable contrairement au français :

*As obras que Autran Dourado tem cri**ado** e public**ado** são muito interessantes.*
Les œuvres que Autran Dourado a créées et publiées sont très intéressantes.

Autres emplois

1 Ter

Ter + préposition **de** ou conjonction **que**, marque l'**obligation** :

Tens de pensar antes de falar.	*Tu dois penser avant de parler.*
Vocês têm que voltar às oito horas.	*Il faut que vous rentriez à huit heures.*

2 Haver

● De même que ter, **haver** peut être utilisé dans une tournure périphrastique. Il est alors suivi de la préposition **de** et d'un autre **verbe à l'infinitif**, et il indique :
– **la nécessité**, **le désir** ou **l'obligation** que le sujet s'impose (ou qu'on lui impose), mais qu'il accomplira dans un avenir plus ou moins lointain :

Hei-de[5] ir vê-lo amanhã.	*Je dois aller le voir demain.*

– **l'intention**, **la volonté** ou parfois **un simple désir** dont la réalisation est incertaine, à la **1re personne** du singulier ou du pluriel :

Amanhã hei-de acordar cedo.	*Il faut que je me réveille tôt demain.*
Havemos de mudar de casa.	*Nous avons l'intention de déménager.*

---

5. Au Portugal, haver de prend un trait d'union lorsque la forme conjuguée de haver est monosyllabique : hei-de, hás-de, há-de, hão-de mais havemos de, haveis de.

– **l'ordre, aux 2ᵉ et 3ᵉ personnes** du singulier et du pluriel du présent de l'indicatif (voir les formules de politesse[6]). La tournure périphrastique acquiert la valeur d'un véritable impératif :

> *Hás-de sair imediatamente.*   *Tu dois sortir immédiatement.*
> *Os Senhores hão-de trabalhar mais.*   *Vous devez travailler plus.*

- **Haver** employé à la **forme impersonnelle** (3ᵉ personne du singulier) signifie « y avoir » :

> *Havia muitos alunos naquela turma.*
> *Il y avait beaucoup d'élèves dans cette classe.*
>
> *Há cinco anos que não vejo o meu primo que mora no Rio.*
> *Il y a/Cela fait cinq ans que je ne vois pas mon cousin qui habite à Rio.*

- Dans les **textes anciens**, on peut trouver les formes **hemos** (pour **havemos**) et **heis** (pour **haveis**), à la 1ʳᵉ et à la 2ᵉ personne du pluriel de l'indicatif présent (voir tableau 2).

2. SER, ESTAR ET FICAR

Pour traduire les divers sens du verbe « **être** » le portugais dispose de deux verbes : **ser** et **estar**, dont les emplois sont très différents.

Emplois de ser

1 Ser exprime l'**existence**. Citons deux exemples célèbres :
celui de Descartes[7] :   *Penso, logo sou.*   *Je pense, donc je suis.*
celui de Shakespeare[8] :   *Ser ou não ser.*   *Être ou ne pas être.*

2 Il sert à **présente**r les personnes, les lieux et les choses :

> *Quem é? É a Maria.*   *Qui est-ce? C'est Marie.*
> *É o cão do meu filho.*   *C'est le chien de mon fils.*
> *Maputo é a capital de Moçambique.*   *Maputo est la capitale du Mozambique.*

3 Il indique **le jour, le mois, la date, la saison** :

> *Hoje é dia 21 de Março.*   *Aujourd'hui c'est le 21 mars.*
> *É Primavera.*   *C'est le printemps.*
> *Amanhã é terça-feira.*   *Demain, c'est mardi.*

4 Il indique **l'heure** :

> *Que horas são? É meio dia.*   *Quelle heure est-il? Il est midi.*
> *É uma hora e um quarto.*   *Il est une heure et quart.*
> *São sete horas e meia.*   *Il est sept heures et demie.*

---

6. Voir § « Le tratamento », p. 24.
7. Cogito, ergo sum.
8. To be or not to be.

5 Ser + attribut exprime soit les **caractéristiques essentielles** et inhérentes au sujet, soit les caractéristiques ou les états permanents ou de longue durée de l'être ou de l'objet en dehors de toute considération spatiale ou temporelle. Il permet de distinguer cet être ou cet objet en spécifiant :

- **pour l'être** : sexe, profession, nationalité, religion, attributs physiques ou spirituels ;
    Os meus pais são professores na Universidade.
    Mes parents sont professeurs à l'Université.

- **pour l'objet** : forme, matière, couleur ;
    A mesa é grande ; ela é de mármore.   *La table est grande ; elle est en marbre.*

6 Ser (à la 3e personne du **singulier**) + verbe à **l'infinitif**, indique une **obligation** dans un registre familier :
    Agora é calar e comer !   *Maintenant, il faut se taire et manger !*

7 Ser est l'auxiliaire de la **voix passive** :
    O Brasil foi descoberto por Pedro Álvares Cabral, em 1500.
    Le Brésil fut découvert par Pedro Alvares Cabral, en 1500.

    Depois, as terras foram povoadas e exploradas.
    Ensuite, les terres furent peuplées et exploitées.

Les **participes passés conjugués** à la **voix passive s'accordent** en genre et en nombre avec le sujet.

Emplois de estar

1 Le verbe **estar** permet de **situer** une personne ou un objet dans l'espace ou le temps :

a/ dans l'espace :
    O pai e o João estão no jardim.   *Papa et Jean sont dans le jardin.*

b/ dans le temps :
    Estamos no último quartel do século xx.
    Nous sommes dans le dernier quart du xxe siècle.

    Estamos no Inverno.
    Nous sommes en hiver.

2 Estar + adjectif attribut indique la façon d'être d'une personne ou d'un objet, dans des circonstances données de lieu et de temps. Il exprime alors un état (psychologique, physique ou de santé) momentané ou passager :
    Sujaste as calças que estavam limpas. *Tu as sali ton pantalon qui était tout propre.*
    Estou triste pois estou doente.   *Je suis triste car je suis malade.*

3 Estar peut indiquer aussi une action en cours, dans deux constructions possibles de la forme progressive d'un verbe :

- **estar +** préposition **a +** verbe à l'**infinitif** :
  Estou a escrever uma carta.   *Je suis en train d'écrire une lettre.*
- **estar + gérondif** du verbe :
  Estou escrevendo uma carta.   *Je suis en train d'écrire une lettre.*

4 **Le résultat d'une action** antérieure :
  O banco já está aberto.   *La banque est déjà ouverte.*

5 Emplois particuliers de **estar**.
Il existe des expressions et des locutions formées avec le verbe **estar** où il acquiert d'autres sens. Par exemple :

a/ au téléphone :
  (appel) – *Está (lá)?*   – *Allô?*
  (réponse) – *Estou. Quem fala?*   – *Allô. Qui est à l'appareil?*

b/ estar com, dans le sens de «avoir» mais traduisant une notion de temporaire :
  Estar com fome / sede / frio / calor.   *Avoir faim / soif / froid / chaud.*

c/ estar por dans le sens de «rester à faire» :
  Os pontos de português estão ainda por fazer.
  Les devoirs de portugais restent à faire.

d/ estar para, dans le sens de «être sur le point de» :
  Estava para sair[9].   *J'étais sur le point de partir.*

e/ estar em qui permet d'atténuer une affirmation.
  Estou em dizer que não gostas dos meus quadros.
  Je dirais bien que tu n'apprécies pas trop mes tableaux.

Emplois de ficar

1 **Ficar a + infinitif / ficar + gérondif**

a/ Il indique un événement durable qui résulte d'un changement :
  Após a discussão eles ficaram a ser amigos.
  Après la discussion, ils sont devenus amis.

b/ Il signifie «**rester à**» dans le sens d'être occupé à :
  Ficou a sonhar (ou) ficou sonhando com aquela mulher.
  Il resta à rêver de cette femme.

2 **Ficar de + infinitif** signifie «convenir de»
  Ficámos de encontrarmos no restaurante.
  Nous étions convenus de nous rencontrer au restaurant.

---

9. On peut dire aussi : estar a ponto de...

Selon que l'on utilise **ser** ou **estar**, certains adjectifs voient leur sens se modifier complètement. Nous présentons ici les cas les plus remarquables.

SER	ESTAR
(en rapport avec le permanent)	**(en rapport avec le temporaire)**
bom (être bon)	bom (être en bonne santé/aller bien)
branco (être blanc, couleur de la peau)	branco (être pâle, couleur du teint)
cego (être aveugle de naissance ou par accident)	cego (être aveugle au sens figuré : agir en aveugle/être aveugle momentanément/devenir aveugle)
doente (être constamment malade)	doente (être momentanément malade)
grande (être grand, au sens propre ou figuré)	grande (avoir grandi)
jovem (être jeune/jeunesse de l'âge)	jovem (rajeunir/jeunesse d'esprit ou d'aspect)
limpo (être propre)	limpo (être nettoyé)
livre (être constamment libre)	livre (être libre après ne pas l'avoir été/libéré)
mau (être méchant/être mauvais)	mau (être en colère)
mudo (être muet de naissance ou à la suite d'une maladie)	mudo (ne rien dire ; être muet d'étonnement)
nervoso (être nerveux)	nervoso (être énervé)
novo (être neuf, récent)	novo (avoir l'aspect neuf/avoir été remis à neuf)
rico (être riche)	rico (devenir riche)
sujo (être sale)	sujo ([s'] être sali)
surdo (être sourd-cause organique)	surdo (ne pas pouvoir ou vouloir écouter qqch./rester sourd à)
triste (être triste/état inhérent au sujet)	triste (état d'âme/qualité passagère)
velho (être vieux, âgé)	velho (avoir l'aspect ou le caractère d'un vieux, mais pas l'âge/avoir vieilli)
vivo (être vif d'esprit)	vivo (être vivant)

Remarques sur les emplois de ser, estar et ficar

1 Lorsque l'objet ou l'être qui est (ou qui se trouve) en un endroit, est mobile et **peut se déplacer – ou être déplacé –** on emploie toujours le verbe **estar**. Par exemple :

O professor não está na sala de aula.
Le professeur n'est pas dans la salle de classe.

Os dicionários não estão nesta prateleira.
Les dictionnaires ne sont pas sur cette étagère.

2 Au contraire, lorsqu'il s'agit d'un «objet» qui ne peut pas être déplacé et qui **se trouve en permanence à un endroit** (territoire, océan, bâtiment, monument, etc.), les verbes utilisés varient, selon qu'il s'agisse de la norme portugaise ou brésilienne :

a/ au Portugal, on emploie **ser** :

Onde é o Mosteiro dos Jerónimos ?
Où est le Monastère des Hyéronimytes ?

ou bien le verbe **ficar** :

Onde fica o Mosteiro dos Jerónimos ?
Où se trouve le Monastère des Hyéronimytes ?

b/ au Brésil, on emploie **estar** :

Onde está a Avenida Castelo Branco ?
Où est l'avenue Castelo Branco ?

ou bien le verbe **ficar** (se trouver).

3 Dans la langue orale, on utilise le verbe **estar** à la **3ᵉ personne du singulier** dans le sens de **«voici»** à la place de «eis», ressenti comme plus littéraire :

Aqui está o seu dinheiro. = Eis o seu dinheiro.
Voici votre argent.

L E   « T R A T A M E N T O »
●●●

Le «tratamento» est la façon dont le locuteur s'adresse à son interlocuteur.
Le portugais présente de multiples possibilités, selon les rapports des interlocuteurs (respect, intimité, égalité, etc.)[10]. Nous les avons classées ici de la plus respectueuse à la plus familière.

---

10. Pour plus de détails sur ce point difficile, consulter le Manuel de Langue Portugaise de Paul Teyssier (p. 98 et suiv.), Klincksieck éd., Paris, 1976.

Les tournures de politesse

Tournures suivies de la 3e personne du singulier ou du pluriel

contexte	formulation
• Pour marquer le respect dans la correspondance administrative et commerciale	• Vossa(s) Excelência(s) ; Vossa(s) Senhoria(s)
• Formules de courtoisie	• o(s) Senhor(es) / a(s) Senhora(s) + titre professionnel (+ nom de famille) : o Senhor Professor (Loureiro) ; a Senhora Doutora ; o Senhor Embaixador
pour les femmes seulement	– a Senhora Dona Palmira
• Rapports d'égalité pour s'adresser à un collègue ou à quelqu'un de plus jeune ou d'un niveau hiérarchique ou social inférieur	• você(s)[11]
• Rapports de familiarité, de parenté	• o pai, a mãe, a tia Margarida, o avô
• Pour s'adresser poliment à quelqu'un que l'on connaît bien	
– pour les hommes	– article défini + nom de famille : o Pereira
– pour les hommes et les femmes	– article défini + prénom : o Joâo ; a Maria

Tournures suivies de la 2e personne du singulier ou du pluriel

contexte	formulation
• Formule de politesse	• vós (vouvoiement) + 2e du pluriel
• Formule de familiarité, d'intimité	• tu + 2e du singulier (tutoiement utilisé au Portugal et au Brésil, dans le Nordeste et le Rio Grande do Sul)

Forme verbale seule

Il existe une autre possibilité : l'utilisation de la forme verbale toute seule, sans nom ni pronom sujet. Par exemple :

Quer vir comigo ?   *Vous voulez venir avec moi ?*

---

11. «Tutoiement» à la 3e personne du singulier ou du pluriel. Formule qui dénote familiarité, intimité, et qui équivaudrait à une formule intermédiaire entre le «vous» et le «tu» du français.

Les abréviations et pronoms de substitution

Afin de ne pas répéter plusieurs fois de suite la même formule de respect, on utilise des pronoms personnels. Voici le tableau des équivalences de «tratamento» (formules de politesse) pour les 3e personnes du singulier et du pluriel.

3e personne	Pronominal[12]	Nominatif[12]	Complément direct	+ préposition		
				à	avec	autres prép.
Singulier	V. Sa. V. Exa.	o Sr. a Sra.	o a	lhe	consigo	si
Pluriel	V.V.Sas. V.V. Exas. etc.	os Srs. as Sras. etc.	os as	lhes		

L'emploi du pronom «si» est spécifiquement portugais, il n'existe pas au Brésil.

VERBES À DOUBLE PARTICIPE PASSÉ[13]
●●●

Généralement, lorsqu'**un verbe a deux participes passés**, leur emploi est soumis à des règles rigoureuses :

1 **Le participe régulier est invariable**; il est utilisé avec les auxiliaires **ter** et **haver** et sert à former les temps composés des formes verbales actives. D'autre part, il est faible ou arrhizotonique, c'est-à-dire accentué sur la terminaison.
*Depois de terem aceit**ado** as novas leis, os deputados saíram.*
Après avoir accepté les nouvelles lois, les députés sortirent.

2 **Le participe irrégulier est variable**; il s'accorde en genre et en nombre avec le sujet. Il est utilisé avec l'auxiliaire **ser** dans les formes verbales passives ou avec des tournures résultant de la transformation passive d'une phrase active (**estar, ficar, andar, ir, vir**). D'autre part il est fort ou rhizotonique, c'est-à-dire accentué sur le radical.
Depois de terem sido aceites (aceitas [Br.]) as novas leis, os deputados saíram.
Une fois les nouvelles lois acceptées, les députés sont sortis.

---

12. V.Sa. = Vossa Senhoria; V.Exa. = Vossa Excelência; V.V. = Vossas; Sr. = Senhor; Sra. = Senhora.
13. Voir Nova Gramática do português contemporâneo, Celso Cunha et Lindley Cintra, Ed. Sá da Costa, Lisbonne 1984, p. 441.

Verbes à double participe passé de la 1re conjugaison

Infinitif	Part. régulier	Part. irrégulier	Infinitif	Part. régulier	Part. irrégulier
aceitar	aceitado	aceite[14]	juntar	juntado	junto
assentar	assentado	assente	libertar	libertado	liberto
entregar	entregado	entregue	limpar	limpado	limpo
enxugar	enxugado	enxuto	matar	matado	morto
expressar	expressado	expresso	pagar	pagado	pago
expulsar	expulsado	expulso	salvar	salvado	salvo
fartar	fartado	farto	soltar	soltado	solto
fritar	fritado	frito	sujar	sujado	sujo
ganhar	ganhado	ganho	sujeitar	sujeitado	sujeito
gastar	gastado	gasto	vagar	vagado	vago
isentar	isentado	isento			

Verbes à double participe passé de la 2e conjugaison

Infinitif	Part. régulier	Part. irrégulier	Infinitif	Part. régulier	Part. irrégulier
acender	acendido	aceso	morrer	morrido	morto
eleger	elegido	eleito	prender	prendido	preso
envolver	envolvido	envolto	romper	rompido	roto
escrever	escrevido	escrito	suspender	suspendido	suspenso

Verbes à double participe passé de la 3e conjugaison

Infinitif	Part. régulier	Part. irrégulier	Infinitif	Part. régulier	Part. irrégulier
abrir	(abrido)	aberto	frigir	frigido	frito
cobrir	(cobrido)	coberto	imergir	imergido	imerso
emergir	emergido	emerso	imprimir	imprimido	impresso
expelir	expelido	expulso	incluir	incluído	incluso
exprimir	exprimido	expresso[15]	inserir	inserido	inserto
extinguir	extinguido	extinto	submergir	submergido	submerso

---

14. On peut dire indistinctement : eu tinha aceitado ; eu tinha aceite (Portugal) ou eu tinha aceito (Brésil).
15. Il est aussi le participe irrégulier du verbe expressar.

VERBES À UN SEUL PARTICIPE PASSÉ IRRÉGULIER
●●●

1 Certains **verbes de la 2e et de la 3e conjugaison** ne possèdent qu'un seul participe passé : l'irrégulier. Par exemple :

abrir	→	aberto	escrever →	escrito	ver	→	visto
cobrir	→	coberto	fazer →	feito	vir	→	vindo
dizer	→	dito	pôr →	posto			

2 **Les dérivés** de ces verbes ont aussi un participe passé irrégulier, par exemple :

entreabrir	→	entreaberto	dispor	→	disposto	convir	→	convindo
descobrir	→	descoberto	impor	→	imposto	desavir	→	desavindo
desdizer	→	desdito	propor	→	proposto	intervir	→	intervindo
descrever	→	descrito	prever	→	previsto	sobrevir	→	sobrevindo
desfazer	→	desfeito	advir	→	advindo			

Le seul dérivé de vir qui a un participe régulier est le verbe provir (provenir) → provido.

3 Il y a quatre verbes de la 1re conjugaison dont **l'utilisation** fréquente **a imposé le participe irrégulier**, aussi bien à la voix active qu'à la voix passive. Il s'agit de :

encarregar → encarregue   ganhar → ganho   gastar → gasto   pagar → pago

CONJUGAISON AVEC PRONOMS PERSONNELS COMPLÉMENTS ATONES
●●●

Place

a/ Au Portugal, l'enclise (pronom atone placé après le verbe) est la **norme** générale[16]. Par exemple :

- dans une proposition indépendante ou principale affirmative commençant par un verbe seul ou un sujet suivi d'un verbe :

  *Arruma-**os**.*   *Range-les.*   *Tu viste-**a** ontem.*   *Tu l'as vue hier.*

- dans les temps composés, le pronom complément est placé après l'auxiliaire :

  *Tinha-**os** feito ontem.*   *Je les avais faits hier.*

---

16. Voir tableau de conjugaison n° 8. Tout pronom enclitique doit être rattaché au verbe par un trait d'union.

b/ Il y a **proclise** (pronom atone placé avant le verbe) lorsque la proposition principale est :
- **négative** :
  Não o viu.   *Il ne l'a pas vu.*
- **interrogative** (introduite ou non par un mot interrogatif) :
  Quando o tens de entregar?   *Quand est-ce que tu dois le rendre?*
  Acha que o sabem?   *Pensez-vous qu'ils soient au courant?*
- **optative** :
  Deus o abençoe!   *Dieu vous bénisse!*
- **introduite par un adverbe** :
  Agora os vejo.   *Je les vois maintenant.*

c/ Il y a **proclise** aussi dans les propositions subordonnées :
  Virava-se para ver quem o escutava. *Il se retournait pour voir qui l'écoutait.*

d/ D'une façon générale, **au Brésil, la proclise** est la norme habituelle. Cependant, **l'enclise** est très fréquente dans la **langue écrite**.

e/ Dans les conjugaisons du **futur de l'indicatif** et du **conditionnel** lorsqu'il y a enclave, le pronom complément se place entre l'infinitif et la terminaison auxquels il est relié par des traits d'union.
  *Assinar-**nos**-emos a esta revista.* *Nous nous abonnerons à cette revue.*
  *Estes conselhos ser-**lhe**-iam muito úteis.* *Ces conseils lui seraient très utiles.*

f/ Lorsque le verbe est conjugué à un temps composé (futur antérieur ou conditionnel antérieur), le pronom complément est relié à l'auxiliaire par un trait d'union.
  *Vocês ter-**se**-iam calado.*   *Vous vous seriez tu(e)s.*

Contraction

En Portugais lorsqu'un verbe a deux compléments d'objet (direct ou indirect), ils se contractent en respectant toujours le même ordre :
le complément d'objet indirect, puis le complément d'objet direct.

C. O. I. + C. O. D.	→	Contraction	Sens en français
me + o(s)	→	**mo(s)**	*me le, me les*
me + a(s)	→	**ma(s)**	*me la, me les*
te + o(s)	→	**to(s)**	*te le, te les*
te + a(s)	→	**ta(s)**	*te la, te les*
lhe + o(s)	→	**lho(s)**	*le lui, les lui, vous le, vous les*
lhe + a(s)	→	**lha(s)**	*la lui, les lui, vous la, vous les*
lhes + o/a	→	**lho/lha**	*le leur/la leur, vous le/vous la*
lhes + os/as	→	**lhos/lhas**	*le leur, vous les*

Pour les pronoms **nos** et **vos** suivis de **o(s)**, **a(s)**, on applique la même règle que pour les verbes terminés en -s et suivis de ces mêmes pronoms : le -s final tombe et les pronoms **o(s)**, **a(s)** prennent la forme **lo(s)**, **la(s)** :

nos + o(s) / a(s) → **no-lo(s)** / **no-la(s)**   vos + o(s) / a(s) → **vo-lo(s)** / **vo-la(s)**
*Vocês deram-**no-los**.*   *Vous nous les avez donnés.*
*Trouxemos-**vo-los** esta manhã.*   *Nous vous les avons apportés ce matin.*

☞ Ce sont ces mêmes formes contractées qui sont utilisées après l'impératif, quel que soit le pronom complément d'objet indirect.
   *Digam-**no-lo** já.*   *Dites-le-nous tout de suite.*   *Contem-**lho**.*   *Racontez-le-lui.*

Modifications orthographiques

a/ Lorsque **le verbe se termine par une voyelle** ou **une diphtongue orale**, on ajoute les pronoms personnels atones **o, a, os, as**, après le verbe, en les rattachant à celui-ci par un **trait d'union**, car ils ne forment qu'une seule unité phonétique :
   *Faço-**o** o mais depressa possível.*   *Je le fais le plus rapidement possible.*
   *Olhou-**a** e foi-se embora.*   *Il la regarda et s'en alla.*

b/ Lorsque **le pronom complément atone** est **enclavé**, on supprime alors le -r de l'infinitif du verbe et on insère les pronoms qui prennent les formes **lo, la, los, las** entre la voyelle thématique (tema) de l'infinitif du verbe et la terminaison du verbe conjugué :
   *Cantá-**lo**-ei.*   *Je le chanterai.*   *Comê-**lo**-ia.*   *Je le mangerais / il le mangerait.*

c/ Lorsque **le verbe se termine par** l'une des consonnes **-r, -s,** ou **-z**, on supprime cette consonne et on ajoute les pronoms atones qui deviennent alors **lo, la, los, las**, rattachés par un **trait d'union** au verbe :
   pagas+o → paga-**lo**   comeis+as → comei-**las**   fazer+o → fazê-**lo**   faz+os → fá-**los**
   fazemos+o → fazemo-**lo**   diz+os → di-**los**   traz+o → trá-**lo**

☞ **Après la chute du -r ou du -z final**, on met un accent sur la voyelle qui le précédait :
   – si la voyelle est ouverte, elle porte un accent aigu :
      *Vou copiá-**lo** no quadro.*   *Je vais le copier au tableau.*
   – si la voyelle est fermée, elle porte un accent circonflexe :
      *Querem escrevê-**las** contigo.*   *Ils veulent les écrire avec toi.*
      *Vocês devem pô-**las** encima do armário.*   *Vous devez les mettre sur l'armoire.*
   – la voyelle **i** ne prend pas d'accent sauf si le verbe à l'infinitif se termine en **-uir** :
      *Devem parti-**lo** antes de destruí-**lo**.*   *Il doivent le casser avant de le détruire.*

☞ Lorsqu'il s'agit de la **1ʳᵉ personne du pluriel** et qu'elle est suivie des pronoms compléments d'objet **nos, lo(s)** ou **la(s)**, la désinence verbale perd le -s final.
   *entusiasmamos+nos → entusiasmamo-**nos** (nous nous réjouissons)*

d/ Lorsque **le verbe se termine par -m** ou par **les diphtongues nasales -ão, -õe**, les pronoms atones deviennent **no, na, nos, nas** (rattachés au verbe par un **trait d'union**) :
   *Fazem-**no** e dão-**no** aos pobres.*   *Ils le font et ils le donnent aux pauvres.*

LES VERBES DÉFECTIFS

●●●

Ces verbes ne sont pas utilisés à certains temps ou à certaines personnes. En portugais, il y a plusieurs types de verbes défectifs :
- personnels,
- impersonnels,
- essentiellement conjugués à la 3ᵉ personne,
- occasionnellement impersonnels

1 Verbes défectifs personnels

L'usage a fait que certaines de leurs formes tombent en désuétude.

a/ **Certains verbes de la 3ᵉ conjugaison** sont uniquement utilisés aux formes verbales qui conservent le -e ou le -i final du radical. Par exemple :

emergir *(émerger)*, fremir *(frémir)*, imergir *(immerger)*, submergir *(submerger)*

Ces verbes ne possèdent donc ni la 1ʳᵉ personne du singulier du présent de l'indicatif, ni aucune personne du présent du subjonctif (ni les personnes dérivées de ce temps à l'impératif).

b/ Cette même règle s'applique aux **verbes de la 2ᵉ conjugaison**, tels que :

precaver(-se) *(se prémunir)*
soer *(arriver habituellement/avoir l'habitude de)*

c/ **Certains verbes de la 3ᵉ conjugaison** sont utilisés seulement aux formes verbales qui conservent le i de la terminaison infinitive. Ces verbes ne possèdent ni les trois personnes du singulier, ni la 3ᵉ personne du pluriel du présent de l'indicatif ; de ce fait, ils n'ont pas de présent du subjonctif. A l'impératif affirmatif, ils ont seulement la 2ᵉ personne du pluriel.

Par exemple :

adir	*accepter un héritage*	falir	*faillir/faire faillite*
aguerrir	*aguerrir*	florir	*fleurir*
combalir	*affaiblir*	lenir	*adoucir/calmer*
desempedernir	*amollir*	manutenir	*assurer l'entretien/la gestion*
desparzir	*épancher/répandre*	reflorir	*refleurir*
despavorir	*effrayer*	remir	*racheter/pardonner*
embair	*enjôler/tromper*	renhir	*disputer*
emolir	*amollir*	ressarcir	*compenser/dédommager*
empedernir	*pétrifier*	ressequir	*dessécher*
exinanir	*épuiser/anéantir*	transir	*transir/saisir*

d/ Le verbe **reaver** est utilisé seulement aux formes qui conservent le **v** (voir tableau n° 51).

32

2 Verbes défectifs impersonnels

Ce sont les verbes dont le sujet (toujours de la 3ᵉ personne) ne représente ni une personne, ni une chose déterminées. Ils ne se conjuguent qu'à la 3ᵉ personne du singulier et/ou du pluriel. Cependant, dans un langage figuré, certains verbes défectifs impersonnels, peuvent être conjugués à d'autres personnes.

Les verbes essentiellement impersonnels n'ont pas d'impératif. Ils concernent :

a/ les phénomènes naturels.

alvorecer	*poindre le jour*	estiar	*manquer de pluie*
amanhecer	*se lever (le jour)*	gear	*geler*
anoitecer	*tomber (la nuit)*	nevar	*neiger*
chover	*pleuvoir*	orvalhar	*tomber la rosée*
chuviscar	*bruiner*	relampaguear	*faire des éclairs*
coriscar	*faire des éclairs*	relampejar	*faire des éclairs*
crepusculejar	*être l'heure du crépuscule*	saraivar	*grêler*
entardecer	*tomber (la nuit)*	trovejar	*tonner*
escurecer	*faire nuit/s'obscurcir*	ventar	*venter*

➤ Sens ou emplois particuliers :

Amanheci com febre. (registre littéraire)   Je me suis réveillé(e) avec de la fièvre.

b/ le monde de l'information (actions, événements ou nouvelles qui ne peuvent être attribués à un sujet déterminé). Par exemple :

acontecer	*se passer/arriver*	convir	*convenir*
aprazer/prazer	*plaire*	ocorrer	*se passer/avoir lieu*
consistir	*consister*	soer	*avoir l'habitude de*
constar	*savoir que*	suceder	*se passer/arriver*

c/ la vie des plantes. Par exemple :

brotar	*bourgeonner/pousser*	germinar	*germer*
cachoar	*faire des grappes*	florescer	*fleurir*
desabrochar	*éclore/s'épanouir*	murchar	*se faner*

3 Verbes essentiellement conjugués à la 3ᵉ personne

Ils concernent la vie des animaux. Par exemple :

balar / balir	*bêler*	coaxar	*coasser*	latir	*japper*
bramir	*mugir/beugler*	ganir	*glapir*	ruminar	*ruminer*
cacarejar	*caqueter/glousser*	ladrar	*aboyer*	uivar	*hurler*

➤ Sens figuré : *Tu não falas; uivas!*   *Tu ne parles pas; tu hurles!*

4 Verbes occasionnellement impersonnels

Il s'agit d'emplois particuliers de verbes, ordinaires ou auxiliaires, utilisés à la 3ᵉ personne du singulier ou du pluriel. Par exemple :

São duas horas e está calor.   *Il est deux heures et il fait chaud.*
Há muitas flores no jardim.   *Il y a beaucoup de fleurs dans le jardin.*

NOUVEL ACCORD ORTHOGRAPHIQUE
●●●

Un Nouvel Accord Orthographique a été signé en 1990 par tous les pays lusophones. Cependant la date de son application n'est pour l'instant pas déterminée. Nous nous limiterons ici à présenter les points essentiels concernant la conjugaison.

1 Suppression d'accents, de traits d'union et du tréma

a/ Suppression de l'accent circonflexe :
- La 1re personne du singulier du présent de l'indicatif des verbes terminés en -oar, ne portera plus d'accent circonflexe sur le o :
  eu enjoo (enjoar) ; eu povoo (povoar) ; eu voo (voar)
- L'accent circonflexe disparaîtra des formes verbales paroxytons ayant un -e tonique, oral ou fermé, formant un hiatus avec la terminaison -em de la 3e personne du pluriel du présent de l'indicatif et du subjonctif. Par exemple :
  leem ; creem ; veem ; reveem ; preveem (indicatif présent)
  redeem ; deem ; desdeem (subjonctif présent).

b/ Suppression de l'accent aigu :
- L'accent aigu des diphtongues **ei** et **oi** de la **syllabe tonique des paroxytons** sera supprimé :

apoio	(apoiar)
comboio, comboias	(comboiar)
semeio, semeias	(semear)

- **L'accent écrit** qui permettait de différencier les exemples suivants sera supprimé :

pára	(parar)	et	para	(préposition)
péla, pélas	(pelar)	et	pela(s)	(per + la(s))
pélo	(pelar)	et	pêlo	(substantif) et pelo (contraction de la préposition **por/per** et de l'article défini o)

- L'accent aigu sur le **u** des **formes rhizotoniques** des verbes **arguir** et **redarguir**, aux **présents de l'indicatif et du subjonctif**, disparaîtra lui aussi :
  arguo, arguis, argui, arguem (indicatif présent)
  argua, arguas, argua, arguam (subjonctif présent).
- Les **formes rhizotoniques** des verbes terminés en -aguar, -iguar, -iquar, -inquar, et -inquir (aguar, apaniguar, apaziguar, apropinquar, averiguar, desaguar, enxaguar, obliquar, delinquir, etc.) auront **deux possibilités** de conjugaison :
  – soit en les accentuant oralement sur le u du radical :
  averiguo, averiguas, averigua, averiguam.
  averigue, averigues, averigue, averiguem.

– soit en les accentuant à l'aide d'un accent graphique sur le a ou le i du radical :
averíguo, averíguas, averígua, averíguam.
enxáguo, enxáguas, enxágua, enxáguam.

c/ **Suppression du trait d'union :**
Le trait d'union qui rattachait la préposition **de** aux formes mono-syllabiques du verbe **haver** (hei-de, hás-de, há-de, hão-de) sera supprimé.

d/ **Suppression du tréma :** Au Brésil, on supprimera le tréma sur le u de gu et de qu suivis de i ou e.

2 **Accents facultatifs**

a/ Sur le **a** de la terminaison de la **1ʳᵉ personne du pluriel du passé simple** des verbes du **1ᵉʳ groupe** (nós falámos) pour le différencier du présent de l'indicatif (nós falamos).

b/ Sur le **e** de la terminaison de la **1ʳᵉ personne du pluriel du présent du subjonctif** du verbe **dar** (que nós dêmos) pour le différencier du passé simple (nós demos).

3 **Modifications orthographiques proprement dites**
Les **c** (occlusifs vélaires) des séquences **cc** (dont le deuxième **c** est sifflant), **cç** et **ct**, ainsi que le **p** des séquences **pc** (dont le **c** est sifflant), **pç** et **pt**, selon le Nouvel Accord seront :

a/ **conservés** lorsqu'ils sont prononcés dans la prononciation dite « culte ».
Par exemple : pactar ; impactar ; compactar ; friccionar ; raptar, conserveront les dites consonnes.

b/ **supprimés** lorsqu'ils sont « sourds » (non prononcés) dans la prononciation dite « culte ».
Par exemple : acionar, atuar, adotar, batizar, perdront les dites consonnes.

c/ **conservés ou supprimés**, lorsqu'il y a hésitation entre le fait de prononcer ou de ne pas prononcer les dites consonnes.
Tel est le cas de : su(b)tilizar, a(m)nistiar, inde(m)nizar, ari(t)metizar. Les deux graphies seront alors acceptées.

LISTE DES VERBES MODÈLES

Auxiliaires

1 ter
2 haver
3 ser

Verbes réguliers

4 comprar
5 vender
6 garantir

Conjugaison pronominale ou réflexive

7 lavar-se

Conjugaison avec pronom personnel atone

8 chamá-lo

Conjugaison passive

9 ser amado

1er conjugaison

10	estar	14	chegar	18	comerciar	22	neviscar
11	dar	15	recear	19	saudar	23	adequar
12	ficar	16	anunciar	20	perdoar	24	relampaguear
13	começar	17	odiar	21	averiguar		

2e conjugaison

25	aquecer(-se)	32	aprazer	39	requerer	46	acontecer
26	proteger	33	jazer	40	ver	47	chover
27	erguer(-se)	34	caber	41	prover	48	doer
28	moer	35	saber	42	ler	49	prazer
29	dizer	36	poder	43	valer	50	precaver(-se)
30	trazer	37	crer	44	perder	51	reaver
31	fazer	38	querer	45	pôr		

3e conjugaison

52	redigir	60	polir	68	sair	76	reunir
53	extinguir	61	acudir	69	rir	77	proibir
54	servir	62	fugir	70	pedir	78	imergir
55	seguir	63	frigir	71	ouvir	79	falir
56	sentir	64	divergir	72	traduzir	80	remir(-se)
57	preferir	65	reflectir	73	distribuir		
58	agredir	66	ir	74	destruir		
59	dormir	67	vir	75	arguir		

Tableaux
de
conjugaison

Sont présentés dans leur conjugaison complète :
- les modèles des verbes réguliers des trois conjugaisons (-AR, -ER, -IR),
- les modèles de la conjugaison passive et pronominale,
- le modèle de la conjugaison avec pronom atone.

Les autres tableaux présentent les temps les plus usuels.

La couleur signale :
- les formes irrégulières de la conjugaison,
- la 1e personne du singulier seulement quand toute la conjugaison est irrégulière.

| Remarques sur la conjugaison du verbe-modèle.

▶ Remarques ponctuelles sur le verbe-modèle.

| Verbe suivant la conjugaison du verbe-modèle.

▶ Remarques ponctuelles sur les verbes dérivés du verbe-modèle.

Modifications orthographiques		
terminaisons de l'infinitif	modifications	contexte
– C A R	c → qu	devant _e_
– Ç A R	ç → c	devant _e_
– G A R	g → gu	devant _e_

Modifications orthographiques		
terminaisons de l'infinitif	modifications	contexte
– C E R	c → ç	devant _a_ ou _o_
– G E R	g → j	devant _a_ ou _o_
– G U E R	gu → g	devant _a_ ou _o_

Modifications orthographiques		
terminaisons de l'infinitif	modifications	contexte
– G I R	g → j	devant _a_ ou _o_
– G U I R	gu → g	devant _a_ ou _o_

INDICATIVO

presente		pretérito perfeito composto		
eu	tenho	eu	tenho	tido
tu	tens	tu	tens	tido
ele	tem	ele	tem	tido
nós	temos	nós	temos	tido
vós	tendes	vós	tendes	tido
eles	têm	eles	têm	tido

pretérito imperfeito		pretérito mais-que-perfeito composto		
eu	tinha	eu	tinha	tido
tu	tinhas	tu	tinhas	tido
ele	tinha	ele	tinha	tido
nós	tínhamos	nós	tínhamos	tido
vós	tínheis	vós	tínheis	tido
eles	tinham	eles	tinham	tido

pretérito mais-que-perfeito simples

eu	tivera
tu	tiveras
ele	tivera
nós	tivéramos
vós	tivéreis
eles	tiveram

pretérito perfeito simples		pretérito mais-que-perfeito anterior		
eu	tive	eu	tivera	tido
tu	tiveste	tu	tiveras	tido
ele	teve	ele	tivera	tido
nós	tivemos	nós	tivéramos	tido
vós	tivestes	vós	tivéreis	tido
eles	tiveram	eles	tiveram	tido

futuro do presente simples		futuro do presente composto		
eu	terei	eu	terei	tido
tu	terás	tu	terás	tido
ele	terá	ele	terá	tido
nós	teremos	nós	teremos	tido
vós	tereis	vós	tereis	tido
eles	terão	eles	terão	tido

CONDICIONAL

futuro do pretérito simples

eu	teria
tu	terias
ele	teria
nós	teríamos
vós	teríeis
eles	teriam

SUBJUNTIVO / CONJUNTIVO

presente

que	eu	tenha
que	tu	tenhas
que	ele	tenha
que	nós	tenhamos
que	vós	tenhais
que	eles	tenham

pretérito imperfeito

que	eu	tivesse
que	tu	tivesses
que	ele	tivesse
que	nós	tivéssemos
que	vós	tivésseis
que	eles	tivessem

futuro simples

quando	eu	tiver
quando	tu	tiveres
quando	ele	tiver
quando	nós	tivermos
quando	vós	tiverdes
quando	eles	tiverem

INFINITIVO

infinitivo pessoal

eu	ter
tu	teres
ele	ter
nós	termos
vós	terdes
eles	terem

IMPERATIVO

afirmativo		negativo	
—		—	
tem		não	tenhas
tenha		não	tenha
tenhamos		não	tenhamos
tende		não	tenhais
tenham		não	tenham

FORMAS NOMINAIS

infinitivo impessoal	infinitivo impessoal pretérito
ter	haver tido

particípio (pretérito)	gerúndio	gerúndio pretérito
tido	tendo	havendo tido

Verbe auxiliaire irrégulier. Les seuls temps réguliers sont : le futur simple, le conditionnel présent, l'infinitif flexionné (personnel), le gérondif et le participe passé. Remarquer le **d** de la 2ᵉ pers. du pl. de l'indicatif présent et de l'impératif affirmatif.

Ainsi se conjuguent : conter, deter, entreter, reter, suster, mais le **e** de la terminaison des 2ᵉ et 3ᵉ pers. du sing. de l'indicatif présent et celui de la 2ᵉ pers. du sing. de l'impératif affirmatif portent un accent aigu.

INDICATIVO

presente			pretérito perfeito composto	
eu	hei	eu	tenho	havido
tu	hás	tu	tens	havido
ele	há	ele	tem	havido
nós	havemos/hemos	nós	temos	havido
vós	haveis/heis	vós	tendes	havido
eles	hão	eles	têm	havido

pretérito imperfeito			pretérito mais-que-perfeito composto	
eu	havia	eu	tinha	havido
tu	havias	tu	tinhas	havido
ele	havia	ele	tinha	havido
nós	havíamos	nós	tínhamos	havido
vós	havíeis	vós	tínheis	havido
eles	haviam	eles	tinham	havido

pretérito mais-que-perfeito simples	
eu	houvera
tu	houveras
ele	houvera
nós	houvéramos
vós	houvéreis
eles	houveram

pretérito perfeito simples			pretérito mais-que-perfeito anterior	
eu	houve	eu	tivera	havido
tu	houveste	tu	tiveras	havido
ele	houve	ele	tivera	havido
nós	houvemos	nós	tivéramos	havido
vós	houvestes	vós	tivéreis	havido
eles	houveram	eles	tiveram	havido

futuro do presente simples			futuro do presente composto	
eu	haverei	eu	terei	havido
tu	haverás	tu	terás	havido
ele	haverá	ele	terá	havido
nós	haveremos	nós	teremos	havido
vós	havereis	vós	tereis	havido
eles	haverão	eles	terão	havido

CONDICIONAL

futuro do pretérito simples	
eu	haveria
tu	haverias
ele	haveria
nós	haveríamos
vós	haveríeis
eles	haveriam

SUBJUNTIVO / CONJUNTIVO

presente		
que	eu	haja
que	tu	hajas
que	ele	haja
que	nós	hajamos
que	vós	hajais
que	eles	hajam

pretérito imperfeito		
que	eu	houvesse
que	tu	houvesses
que	ele	houvesse
que	nós	houvéssemos
que	vós	houvésseis
que	eles	houvessem

futuro simples		
quando	eu	houver
quando	tu	houveres
quando	ele	houver
quando	nós	houvermos
quando	vós	houverdes
quando	eles	houverem

INFINITIVO

infinitivo pessoal	
eu	haver
tu	haveres
ele	haver
nós	havermos
vós	haverdes
eles	haverem

IMPERATIVO

afirmativo		negativo	
—		—	
há		não	hajas
haja		não	haja
hajamos		não	hajamos
havei		não	hajais
hajam		não	hajam

FORMAS NOMINAIS

infinitivo impessoal	infinitivo impessoal pretérito
haver	ter havido

particípio (pretérito)	gerúndio	gerúndio pretérito
havido	havendo	tendo havido

Verbe auxiliaire présentant plusieurs irrégularités. La 3ᵉ pers. du sing. est aussi utilisée comme une forme impersonnelle : *há* (il y a), *havia* (il y avait), *houve* (il y eut), *haverá* (il y aura), etc.
La 2ᵉ pers. du sing. de l'impératif affirmatif n'est pas très usuelle.

Ainsi se conjugue reaver, mais ce verbe défectif n'est utilisé qu'aux formes où **haver** conserve la lettre **v** (voir tableau 51).

INDICATIVO

presente			pretérito perfeito composto	
eu	sou		eu	tenho sido
tu	és		tu	tens sido
ele	é		ele	tem sido
nós	somos		nós	temos sido
vós	sois		vós	tendes sido
eles	são		eles	têm sido

pretérito imperfeito			pretérito mais-que-perfeito composto	
eu	era		eu	tinha sido
tu	eras		tu	tinhas sido
ele	era		ele	tinha sido
nós	éramos		nós	tínhamos sido
vós	éreis		vós	tínheis sido
eles	eram		eles	tinham sido

pretérito mais-que-perfeito simples	
eu	fora
tu	foras
ele	fora
nós	fôramos
vós	fôreis
eles	foram

pretérito perfeito simples		pretérito mais-que-perfeito anterior	
eu	fui	eu	tivera sido
tu	foste	tu	tiveras sido
ele	foi	ele	tivera sido
nós	fomos	nós	tivéramos sido
vós	fostes	vós	tivéreis sido
eles	foram	eles	tiveram sido

futuro do presente simples		futuro do presente composto	
eu	serei	eu	terei sido
tu	serás	tu	terás sido
ele	será	ele	terá sido
nós	seremos	nós	teremos sido
vós	sereis	vós	tereis sido
eles	serão	eles	terão sido

CONDICIONAL

futuro do pretérito simples	
eu	seria
tu	serias
ele	seria
nós	seríamos
vós	seríeis
eles	seriam

SUBJUNTIVO / CONJUNTIVO

presente		
que	eu	seja
que	tu	sejas
que	ele	seja
que	nós	sejamos
que	vós	sejais
que	eles	sejam

pretérito imperfeito		
que	eu	fosse
que	tu	fosses
que	ele	fosse
que	nós	fôssemos
que	vós	fôsseis
que	eles	fossem

futuro simples		
quando	eu	for
quando	tu	fores
quando	ele	for
quando	nós	formos
quando	vós	fordes
quando	eles	forem

INFINITIVO

infinitivo pessoal	
eu	ser
tu	seres
ele	ser
nós	sermos
vós	serdes
eles	serem

IMPERATIVO

afirmativo	negativo	
—	não	sejas
sê	não	seja
seja		
sejamos	não	sejamos
sede	não	sejais
sejam	não	sejam

FORMAS NOMINAIS

infinitivo impessoal	infinitivo impessoal pretérito
ser	ter sido

particípio (pretérito)	gerúndio	gerúndio pretér'
sido	sendo	tendo sido

▌ Verbe très irrégulier. Remarquer la présence du **d** à la 2e pers. du pl. de l'impératif affirmatif.
▶ **Ser** est le verbe auxilliaire de la forme passive.
▶ Noter les nombreuses formes communes qu'il présente avec le verbe **ir** (voir tableau 66).
▶ Ne pas confondre certaines formes verbales de **ser** avec **soar** (par exemple : soo, soou, etc

INDICATIVO

presente		pretérito perfeito composto		
eu	compro	eu	tenho / hei	comprado
tu	compras	tu	tens / hás	comprado
ele	compra	ele	tem / há	comprado
nós	compramos	nós	temos / havemos	comprado
vós	comprais	vós	tendes / haveis	comprado
eles	compram	eles	tem / hão	comprado

pretérito imperfeito		pretérito mais-que-perfeito composto		
eu	comprava	eu	tinha / havia	comprado
tu	compravas	tu	tinhas / havias	comprado
ele	comprava	ele	tinha / havia	comprado
nós	comprávamos	nós	tínhamos / havíamos	comprado
vós	compráveis	vós	tínheis / havíeis	comprado
eles	compravam	eles	tinham / haviam	comprado

		pretérito mais-que-perfeito simples	
		eu	comprara
		tu	compraras
		ele	comprara
		nós	compráramos
		vós	compráreis
		eles	compraram

pretérito perfeito simples		pretérito mais-que-perfeito anterior		
eu	comprei	eu	tivera / houvera	comprado
tu	compraste	tu	tiveras / houveras	comprado
ele	comprou	ele	tivera / houvera	comprado
nós	comprámos	nós	tivéramos / houvéramos	comprado
vós	comprastes	vós	tivéreis / houvéreis	comprado
eles	compraram	eles	tiveram / houveram	comprado

futuro do presente simples		futuro do presente composto		
eu	comprarei	eu	terei / haverei	comprado
tu	comprarás	tu	terás / haverás	comprado
ele	comprará	ele	terá / haverá	comprado
nós	compraremos	nós	teremos / haveremos	comprado
	comprareis	vós	tereis / havereis	comprado
	comprarão	eles	terão / haverão	comprado

do pretérito simples		futuro do pretérito composto		
	compraria	eu	teria / haveria	comprado
	comprarias	tu	terias / haverias	comprado
	compraria	ele	teria / haveria	comprado
	compraríamos	nós	teríamos / haveríamos	comprado
	compraríeis	vós	teríeis / haveríeis	comprado
	comprariam	eles	teriam / haveriam	comprado

presente			pretérito perfeito				
que	eu	compre	que	eu	tenha	/ haja	comprado
que	tu	compres	que	tu	tenhas	/ hajas	comprado
que	ele	compre	que	ele	tenha	/ haja	comprado
que	nós	compremos	que	nós	tenhamos	/ hajamos	comprado
que	vós	compreis	que	vós	tenhais	/ hajais	comprado
que	eles	comprem	que	eles	tenham	/ hajam	comprado

pretérito imperfeito			pretérito mais-que-perfeito				
que	eu	comprasse	que	eu	tivesse	/ houvesse	comprado
que	tu	comprasses	que	tu	tivesses	/ houvesses	comprado
que	ele	comprasse	que	ele	tivesse	/ houvesse	comprado
que	nós	comprássemos	que	nós	tivéssemos	/ houvéssemos	comprado
que	vós	comprásseis	que	vós	tivésseis	/ houvésseis	comprado
que	eles	comprassem	que	eles	tivessem	/ houvessem	comprado

futuro simples			futuro composto				
quando	eu	comprar	quando	eu	tiver	/ houver	comprado
quando	tu	comprares	quando	tu	tiveres	/ houveres	comprado
quando	ele	comprar	quando	ele	tiver	/ houver	comprado
quando	nós	comprarmos	quando	nós	tivermos	/ houvermos	comprado
quando	vós	comprardes	quando	vós	tiverdes	/ houverdes	comprado
quando	eles	comprarem	quando	eles	tiverem	/ houverem	comprado

infinitivo pessoal		infinitivo pessoal pretérito			
eu	comprar	eu	ter	/ haver	comprado
tu	comprares	tu	teres	/ haveres	comprado
ele	comprar	ele	ter	/ haver	comprado
nós	comprarmos	nós	termos	/ havermos	comprado
vós	comprardes	vós	terdes	/ haverdes	comprado
eles	comprarem	eles	terem	/ haverem	comprado

afirmativo	negativo	
—	—	
compra	não	compres
compre	não	compre
compremos	não	compremos
comprai	não	compreis
comprem	não	comprem

infinitivo impessoal	infinitivo impessoal pretérito	
comprar	ter comprado	/ haver comprado

particípio (pretérito)	gerúndio	gerúndio pretérito
comprado	comprando	tendo comprado
		havendo comprad

presente		pretérito perfeito composto		
eu	vendo	eu	tenho / hei	vendido
tu	vendes	tu	tens / hás	vendido
ele	vende	ele	tem / há	vendido
nós	vendemos	nós	temos / havemos	vendido
vós	vendeis	vós	tendes / haveis	vendido
eles	vendem	eles	têm / hão	vendido

pretérito imperfeito		pretérito mais-que-perfeito composto		
eu	vendia	eu	tinha / havia	vendido
tu	vendias	tu	tinhas / havias	vendido
ele	vendia	ele	tinha / havia	vendido
nós	vendíamos	nós	tínhamos / havíamos	vendido
vós	vendíeis	vós	tínheis / havíeis	vendido
eles	vendiam	eles	tinham / haviam	vendido

		pretérito mais-que-perfeito simples	
		eu	vendera
		tu	venderas
		ele	vendera
		nós	vendêramos
		vós	vendêreis
		eles	venderam

pretérito perfeito simples		pretérito mais-que-perfeito anterior		
eu	vendi	eu	tivera / houvera	vendido
tu	vendeste	tu	tiveras / houveras	vendido
ele	vendeu	ele	tivera / houvera	vendido
nós	vendemos	nós	tivéramos / houvéramos	vendido
vós	vendestes	vós	tivéreis / houvéreis	vendido
eles	venderam	eles	tiveram / houveram	vendido

futuro do presente simples		futuro do presente composto		
eu	venderei	eu	terei / haverei	vendido
tu	venderás	tu	terás / haverás	vendido
ele	venderá	ele	terá / haverá	vendido
nós	venderemos	nós	teremos / haveremos	vendido
vós	vendereis	vós	tereis / havereis	vendido
eles	venderão	eles	terão / haverão	vendido

futuro do pretérito simples		futuro do pretérito composto		
eu	venderia	eu	teria / haveria	vendido
tu	venderias	tu	terias / haverias	vendido
ele	venderia	ele	teria / haveria	vendido
nós	venderíamos	nós	teríamos / haveríamos	vendido
vós	venderíeis	vós	teríeis / haveríeis	vendido
eles	venderiam	eles	teriam / haveriam	vendido

INDICATIVO

presente			pretérito perfeito			
que	eu	venda	que	eu	tenha	/ haja	vendido
que	tu	vendas	que	tu	tenhas	/ hajas	vendido
que	ele	venda	que	ele	tenha	/ haja	vendido
que	nós	vendamos	que	nós	tenhamos	/ hajamos	vendido
que	vós	vendais	que	vós	tenhais	/ hajais	vendido
que	eles	vendam	que	eles	tenham	/ hajam	vendido

pretérito imperfeito			pretérito mais-que-perfeito			
que	eu	vendesse	que	eu	tivesse	/ houvesse	vendido
que	tu	vendesses	que	tu	tivesses	/ houvesses	vendido
que	ele	vendesse	que	ele	tivesse	/ houvesse	vendido
que	nós	vendêssemos	que	nós	tivéssemos	/ houvéssemos	vendido
que	vós	vendêsseis	que	vós	tivésseis	/ houvésseis	vendido
que	eles	vendessem	que	eles	tivessem	/ houvessem	vendido

futuro simples			futuro composto			
quando	eu	vender	quando	eu	tiver	/ houver	vendido
quando	tu	venderes	quando	tu	tiveres	/ houveres	vendido
quando	ele	vender	quando	ele	tiver	/ houver	vendido
quando	nós	vendermos	quando	nós	tivermos	/ houvermos	vendido
quando	vós	venderdes	quando	vós	tiverdes	/ houverdes	vendido
quando	eles	venderem	quando	eles	tiverem	/ houverem	vendido

infinitivo pessoal		infinitivo pessoal pretérito			
eu	vender	eu	ter	/ haver	vendido
tu	venderes	tu	teres	/ haveres	vendido
ele	vender	ele	ter	/ haver	vendido
nós	vendermos	nós	termos	/ havermos	vendido
vós	venderdes	vós	terdes	/ haverdes	vendido
eles	venderem	eles	terem	/ haverem	vendido

afirmativo	negativo	
—	—	
vende	não	vendas
venda	não	venda
vendamos	não	vendamos
vendei	não	vendais
vendam	não	vendam

infinitivo impessoal	infinitivo impessoal pretérito
vender	ter vendido / haver vendido

particípio (pretérito)	gerúndio	gerúndio
vendido	vendendo	tendo ...dido / ha...

INDICATIVO

presente		pretérito perfeito composto		
eu	garanto	eu	tenho / hei	garantido
tu	garantes	tu	tens / hás	garantido
ele	garante	ele	tem / há	garantido
nós	garantimos	nós	temos / havemos	garantido
vós	garantis	vós	tendes / haveis	garantido
eles	garantem	eles	têm / hão	garantido

pretérito imperfeito		pretérito mais-que-perfeito composto		
eu	garantia	eu	tinha / havia	garantido
tu	garantias	tu	tinhas / havias	garantido
ele	garantia	ele	tinha / havia	garantido
nós	garantíamos	nós	tínhamos / havíamos	garantido
vós	garantíeis	vós	tínheis / havíeis	garantido
eles	garantiam	eles	tinham / haviam	garantido

		pretérito mais-que-perfeito simples	
		eu	garantira
		tu	garantiras
		ele	garantira
		nós	garantíramos
		vós	garantíreis
		eles	garantiram

pretérito perfeito simples		pretérito mais-que-perfeito anterior		
eu	garanti	eu	tivera / houvera	garantido
tu	garantiste	tu	tiveras / houveras	garantido
ele	garantiu	ele	tivera / houvera	garantido
nós	garantimos	nós	tivéramos / houvéramos	garantido
vós	garantistes	vós	tivéreis / houvéreis	garantido
eles	garantiram	eles	tiveram / houveram	garantido

futuro do presente simples		futuro do presente composto		
	garantirei	eu	terei / haverei	garantido
	garantirás	tu	terás / haverás	garantido
	garantirá	ele	terá / haverá	garantido
eles	garantiremos	nós	teremos / haveremos	garantido
	antireis	vós	tereis / havereis	garantido
futuro	tirão	eles	terão / haverão	garantido

CONDICIONAL

futuro do pretérito simples		futuro do pretérito composto		
eu	garant.			
tu	garanti.			
ele	garantiria	eu	teria / haveria	garantido
nós	garantiríamo	tu	terias / haverias	garantido
vós	garantiríeis	ele	teria / haveria	garantido
eles	garantiriam	nós	teríamos / haveríamos	garantido
		vós	teríeis / haveríeis	garantido
		eles	teriam / haveriam	garantido

presente			pretérito perfeito				
que	eu	garanta	que	eu	tenha	/ haja	garantido
que	tu	garantas	que	tu	tenhas	/ hajas	garantido
que	ele	garanta	que	ele	tenha	/ hajas	garantido
que	nós	garantamos	que	nós	tenhamos	/ hajamos	garantido
que	vós	garantais	que	vós	tenhais	/ hajais	garantido
que	eles	garantam	que	eles	tenham	/ hajam	garantido

pretérito imperfeito			pretérito mais-que-perfeito				
que	eu	garantisse	que	eu	tivesse	/ houvesse	garantido
que	tu	garantisses	que	tu	tivesses	/ houvesses	garantido
que	ele	garantisse	que	ele	tivesse	/ houvesse	garantido
que	nós	garantíssemos	que	nós	tivéssemos	/ houvéssemos	garantido
que	vós	garantísseis	que	vós	tivésseis	/ houvésseis	garantido
que	eles	garantissem	que	eles	tivessem	/ houvessem	garantido

futuro simples			futuro composto				
quando	eu	garantir	quando	eu	tiver	/ houver	garantido
quando	tu	garantires	quando	tu	tiveres	/ houveres	garantido
quando	ele	garantir	quando	ele	tiver	/ houver	garantido
quando	nós	garantirmos	quando	nós	tivermos	/ houvermos	garantido
quando	vós	garantirdes	quando	vós	tiverdes	/ houverdes	garantido
quando	eles	garantirem	quando	eles	tiverem	/ houverem	garantido

infinitivo pessoal		infinitivo pessoal pretérito			
eu	garantir	eu	ter	/ haver	garantido
tu	garantires	tu	teres	/ haveres	garantido
ele	garantir	ele	ter	/ haver	garantido
nós	garantirmos	nós	termos	/ havermos	garantido
vós	garantirdes	vós	terdes	/ haverdes	garantido
eles	garantirem	eles	terem	/ haverem	garantido

afirmativo	negativo
—	—
garante	não garantas
garanta	não garanta
garantamos	não garantamos
garanti	não garantais
garantam	não garantam

infinitivo impessoal	infinitivo impessoal pretérito	
garantir	ter garantido	/ haver garantido

particípio (pretérito)	gerúndio	gerúndio pretérito
garantido	garantido	tendo garantido
		havendo garantido

LAVAR-SE / SE LAVER   ▶ conjugaison type de la forme pronominale

presente				pretérito perfeito composto			
eu	lavo-me			eu	tenho-me	/ hei-me	lavado
tu	lavas-te			tu	tens-te	/ hás-te	lavado
ele	lava-se			ele	tem-se	/ há-se	lavado
nós	lavamo-nos			nós	temo-nos	/ havemo-nos	lavado
vós	lavais-vos			vós	tendes-vos	/ haveis-vos	lavado
eles	lavam-se			eles	têm-se	/ hão-se	lavado

pretérito imperfeito				pretérito mais-que-perfeito composto			
eu	lavava-me			eu	tinha-me	/ havia-me	lavado
tu	lavavas-te			tu	tinhas-te	/ havias-te	lavado
ele	lavava-se			ele	tinha-se	/ havia-se	lavado
nós	lavávamo-nos			nós	tínhamo-nos	/ havíamo-nos	lavado
vós	laváveis-vos			vós	tínheis-vos	/ havíeis-vos	lavado
eles	lavavam-se			eles	tinham-se	/ haviam-se	lavado

				pretérito mais-que-perfeito simples	
				eu	lavara-me
				tu	lavaras-te
				ele	lavara-se
				nós	laváramo-nos
				vós	laváreis-vos
				eles	lavaram-se

pretérito perfeito simples				pretérito mais-que-perfeito anterior			
eu	lavei-me			eu	tivera-me	/ houvera-me	lavado
tu	lavaste-te			tu	tiveras-te	/ houveras-te	lavado
ele	lavou-se			ele	tivera-se	/ houvera-se	lavado
nós	lavámo-nos			nós	tivéramo-nos	/ houvéramo-nos	lavado
vós	lavastes-vos			vós	tivéreis-vos	/ houvéreis-vos	lavado
eles	lavaram-se			eles	tiveram-se	/ houveram-se	lavado

futuro do presente simples				futuro do presente composto			
eu	lavar-me-ei			eu	ter-me-ei	/ haver-me-ei	lavado
tu	lavar-te-ás			tu	ter-te-ás	/ haver-te-ás	lavado
ele	lavar-se-á			ele	ter-se-á	/ haver-se-á	lavado
nós	lavar-nos-emos			nós	ter-nos-emos	/ haver-nos-emos	lavado
vós	lavar-vos-eis			vós	ter-vos-eis	/ haver-vos-eis	lavado
eles	lavar-se-ão			eles	ter-se-ão	/ haver-se-ão	lavado

futuro do pretérito simples				futuro do pretérito composto			
eu	lavar-me-ia			eu	ter-me-ia	/ haver-me-ia	lavado
tu	lavar-te-ias			tu	ter-te-ias	/ haver-te-ias	lavado
ele	lavar-se-ia			ele	ter-se-ia	/ haver-se-ia	lavado
nós	lavar-nos-íamos			nós	ter-nos-íamos	/ haver-nos-íamos	lavado
vós	lavar-vos-íeis			vós	ter-vos-íeis	/ haver-vos-íeis	lavado
eles	lavar-se-iam			eles	ter-se-iam	/ haver-se-iam	lavado

INDICATIVO

CONDICIONAL

▶ Sur l'emploi et la place des pronoms personnels compléments par rapport au verbe, voir Grammaire du verbe page 29.

presente

que	eu	me	lave
que	tu	te	laves
que	ele	se	lave
que	nós	nos	lavemos
que	vós	vos	laveis
que	eles	se	lavem

pretérito perfeito

que	eu	tenha-me	/ haja-me	lavado
que	tu	tenhas-te	/ hajas-te	lavado
que	ele	tenha-se	/ haja-se	lavado
que	nós	tenhamo-nos	/ hajamo-nos	lavado
que	vós	tenhais-vos	/ hajais-vos	lavado
que	eles	tenham-se	/ hajam-se	lavado

pretérito imperfeito

que	eu	me	lavasse
que	tu	te	lavasses
que	ele	se	lavasse
que	nós	nos	lavássemos
que	vós	vos	lavásseis
que	eles	se	lavassem

pretérito mais-que-perfeito

que	eu	tivesse-me	/ houvesse-me	lavado
que	tu	tivesses-te	/ houvesses-te	lavado
que	ele	tivesse-se	/ houvesse-se	lavado
que	nós	tivéssemo-nos	/ houvéssemo-nos	lavado
que	vós	tivésseis-vos	/ houvésseis-vos	lavado
que	eles	tivessem-se	/ houvessem-se	lavado

futuro simples

quando	eu	me	lavar
quando	tu	te	lavares
quando	ele	se	lavar
quando	nós	nos	lavarmos
quando	vós	vos	lavardes
quando	eles	se	lavarem

futuro composto

quando	eu	tiver-me	/ houver-me	lavado
quando	tu	tiveres-te	/ houveres-te	lavado
quando	ele	tiver-se	/ houver-se	lavado
quando	nós	tivermo-nos	/ houvermo-nos	lavado
quando	vós	tiverdes-vos	/ houverdes-vos	lavado
quando	eles	tiverem-se	/ houverem-se	lavado

infinitivo pessoal

eu	lavar-me
tu	lavares-te
ele	lavar-se
nós	lavarmo-nos
vós	lavardes-vos
eles	lavarem-se

infinitivo pessoal pretérito

eu	ter-me	/ haver-me	lavado
tu	teres-te	/ haveres-te	lavado
ele	ter-se	/ haver-se	lavado
nós	termo-nos	/ havermo-nos	lavado
vós	terdes-vos	/ haverdes-vos	lavado
eles	terem-se	/ haverem-se	lavado

afirmativo	negativo		
—	—		
lava-te	não	te	laves
lave-se	não	se	lave
lavemo-nos	não	nos	lavemos
lavai-vos	não	vos	laveis
lavem-se	não	se	lavem

infinitivo impessoal / infinitivo impessoal pretérito

lavar-se	ter-se lavado / haver-se lavado

particípio (pretérito)	gerúndio	gerúndio pretérito
lavado	lavando-se	tendo-se lavado
		havendo-se lavado

INDICATIVO

presente			pretérito perfeito composto		
eu	chamo-o		eu	tenho-o	chamado
tu	chama-lo		tu	tem-lo	chamado
ele	chama-o		ele	tem-no	chamado
nós	chamamo-lo		nós	temo-lo	chamado
vós	chamai-lo		vós	tende-lo	chamado
eles	chamam-no		eles	têm-no	chamado

pretérito imperfeito			pretérito mais-que-perfeito composto		
eu	chamava-o		eu	tinha-o	chamado
tu	chamava-lo		tu	tinha-lo	chamado
ele	chamava-o		ele	tinha-o	chamado
nós	chamávamo-lo		nós	tínhamo-lo	chamado
vós	chamávei-lo		vós	tínhei-lo	chamado
eles	chamavam-no		eles	tinham-no	chamado

			pretérito mais-que-perfeito simples		
			eu	chamara-o	
			tu	chamara-lo	
			ele	chamara-o	
			nós	chamáramo-lo	
			vós	chamárei-lo	
			eles	chamaram-no	

pretérito perfeito simples			pretérito mais-que-perfeito anterior		
eu	chamei-o		eu	tive-o	chamado
tu	chamaste-o		tu	tiveste-o	chamado
ele	chamou-o		ele	teve-o	chamado
nós	chamámo-lo		nós	tivemo-lo	chamado
vós	chamaste-lo		vós	tivestei-lo	chamado
eles	chamaram-no		eles	tiveram-no	chamado

futuro do presente simples			futuro do presente composto		
eu	chamá-lo-ei		eu	tê-lo-ei	chamado
tu	chamá-lo-ás		tu	tê-lo-ás	chamado
ele	chamá-lo-á		ele	tê-lo-á	chamado
nós	chamá-lo-emos		nós	tê-lo-emos	chamado
vós	chamá-lo-eis		vós	tê-lo-eis	chamado
eles	chamá-lo-ão		eles	tê-lo-ão	chamado

CONDICIONAL

futuro do pretérito simples			futuro do pretérito composto		
eu	chamá-lo-ia		eu	tê-lo-ia	chamado
tu	chamá-lo-ias		tu	tê-lo-ias	chamado
ele	chamá-lo-ia		ele	tê-lo-ia	chamado
nós	chamá-lo-íamos		nós	tê-lo-íamos	chamado
vós	chamá-lo-íeis		vós	tê-lo-íeis	chamado
eles	chamá-lo-iam		eles	tê-lo-iam	chamado

▶ Remarquer les modifications orthographiques de certaines terminaisons verbales ainsi que les variantes du pronom personnel **-o** (**-lo**, **-no**). La place du pronom complément, par rapport au verbe, et les modifications orthographiques pour les trois conjugaisons sont décrites dans la Grammaire du verbe page 27. La conjugaison avec l'auxiliaire **haver** n'est pas utilisée.

SUBJUNTIVO / CONJUNTIVO

presente

que	eu	o	chame
que	tu	o	chames
que	ele	o	chame
que	nós	o	chamemos
que	vós	o	chameis
que	eles	o	chamem

pretérito imperfeito

que	eu	o	chamasse
que	tu	o	chamasses
que	ele	o	chamasse
que	nós	o	chamássemos
que	vós	o	chamásseis
que	eles	o	chamassem

futuro simples

quando	eu	o	chamar
quando	tu	o	chamares
quando	ele	o	chamar
quando	nós	o	chamarmos
quando	vós	o	chamardes
quando	eles	o	chamarem

pretérito perfeito

que	eu	o	tenha	chamado
que	tu	o	tenhas	chamado
que	ele	o	tenha	chamado
que	nós	o	tenhamos	chamado
que	vós	o	tenhais	chamado
que	eles	o	tenham	chamado

pretérito mais-que-perfeito

que	eu	o	tivesse	chamado
que	tu	o	tivesses	chamado
que	ele	o	tivesse	chamado
que	nós	o	tivéssemos	chamado
que	vós	o	tivésseis	chamado
que	eles	o	tivessem	chamado

futuro composto

quando	eu	o	tiver	chamado
quando	tu	o	tiveres	chamado
quando	ele	o	tiver	chamado
quando	nós	o	tivermos	chamado
quando	vós	o	tiverdes	chamado
quando	eles	o	tiverem	chamado

INFINITIVO

infinitivo pessoal

eu	chamá-lo
tu	chamare-lo
ele	chamá-lo
nós	chamarmo-lo
vós	chamarde-lo
eles	chamarem-no

infinitivo pessoal pretérito

eu	tê-lo	chamado
tu	tere-lo	chamado
ele	tê-lo	chamado
nós	termo-lo	chamado
vós	terde-lo	chamado
eles	terem-no	chamado

IMPERATIVO

afirmativo	negativo	
—	—	
chama-o	não	o chames
chame-o	não	o chame
chamemo-lo	não	o chamemos
chamai-o	não	o chameis
chamem-no	não	o chamem

FORMAS NOMINAIS

infinitivo impessoal	infinitivo impessoal pretérito	
chamá-lo	tê-lo chamado	

particípio (pretérito)	gerúndio	gerúndio pretérito
chamado-o	chamando-o	tendo-o chamado

	presente			pretérito perfeito composto				
INDICATIVO	eu	sou	amado	eu	tenho	/ hei	sido	amado
	tu	és	amado	tu	tens	/ hás	sido	amado
	ele	é	amado	ele	tem	/ há	sido	amado
	nós	somos	amados	nós	temos	/ havemos	sido	amados
	vós	sois	amados	vós	tendes	/ haveis	sido	amados
	eles	são	amados	eles	têm	/ hão	sido	amados
	pretérito imperfeito			**pretérito mais-que-perfeito composto**				
	eu	era	amado	eu	tinha	/ havia	sido	amado
	tu	eras	amado	tu	tinhas	/ havias	sido	amado
	ele	era	amado	ele	tinha	/ havia	sido	amado
	nós	éramos	amados	nós	tínhamos	/ havíamos	sido	amados
	vós	éreis	amados	vós	tínheis	/ havíeis	sido	amados
	eles	eram	amados	eles	tinham	/ haviam	sido	amados
				pretérito mais-que-perfeito simples				
				eu	fora	amado		
				tu	foras	amado		
				ele	fora	amado		
				nós	fôramos	amados		
				vós	fôreis	amados		
				eles	foram	amados		
	pretérito perfeito simples			**pretérito mais-que-perfeito anterior**				
	eu	fui	amado	eu	tivera	/ houvera	sido	amado
	tu	foste	amado	tu	tiveras	/ houveras	sido	amado
	ele	foi	amado	ele	tivera	/ houvera	sido	amado
	nós	fomos	amados	nós	tivéramos	/ houvéramos	sido	amados
	vós	fostes	amados	vós	tivéreis	/ houvéreis	sido	amados
	eles	foram	amados	eles	tiveram	/ houveram	sido	amados
	futuro do presente simples			**futuro do presente composto**				
	eu	serei	amado	eu	terei	/ haverei	sido	amado
	tu	serás	amado	tu	terás	/ haverás	sido	amado
	ele	será	amado	ele	terá	/ haverá	sido	amado
	nós	seremos	amados	nós	teremos	/ haveremos	sido	amados
	vós	sereis	amados	vós	tereis	/ havereis	sido	amados
	eles	serão	amados	eles	terão	/ haverão	sido	amados
	futuro do pretérito simples			**futuro do pretérito composto**				
CONDICIONAL	eu	seria	amado	eu	teria	/ haveria	sido	amado
	tu	serias	amado	tu	terias	/ haverias	sido	amado
	ele	seria	amado	ele	teria	/ haveria	sido	amado
	nós	seríamos	amados	nós	teríamos	/ haveríamos	sido	amados
	vós	seríeis	amados	vós	teríeis	/ haveríeis	sido	amados
	eles	seriam	amados	eles	teriam	/ haveriam	sido	amados

▌ La conjugaison passive se forme avec le temps approprié du verbe **ser** suivi du participe passé accordé avec le sujet.

presente				pretérito perfeito				
que	eu	seja	amado	que	eu	tenha	/ haja	sido amado
que	tu	sejas	amado	que	tu	tenhas	/ hajas	sido amado
que	ele	seja	amado	que	ele	tenha	/ haja	sido amado
que	nós	sejamos	amados	que	nós	tenhamos	/ hajamos	sido amados
que	vós	sejais	amados	que	vós	tenhais	/ hajais	sido amados
que	eles	sejam	amados	que	eles	tenham	/ hajam	sido amados

pretérito imperfeito				pretérito mais-que-perfeito				
que	eu	fosse	amado	que	eu	tivesse	/ houvesse	sido amado
que	tu	fosses	amado	que	tu	tivesses	/ houvesses	sido amado
que	ele	fosse	amado	que	ele	tivesse	/ houvesse	sido amado
que	nós	fôssemos	amados	que	nós	tivéssemos	/ houvéssemos	sido amados
que	vós	fôsseis	amados	que	vós	tivésseis	/ houvésseis	sido amados
que	eles	fossem	amados	que	eles	tivessem	/ houvessem	sido amados

futuro simples				futuro composto				
quando	eu	for	amado	quando	eu	tiver	/ houver	sido amado
quando	tu	fores	amado	quando	tu	tiveres	/ houveres	sido amado
quando	ele	for	amado	quando	ele	tiver	/ houver	sido amado
quando	nós	formos	amados	quando	nós	tivermos	/ houvermos	sido amados
quando	vós	fordes	amados	quando	vós	tiverdes	/ houverdes	sido amados
quando	eles	forem	amados	quando	eles	tiverem	/ houverem	sido amados

infinitivo pessoal			infinitivo pessoal pretérito				
eu	ser	amado	eu	ter	/ haver	sido	amado
tu	seres	amado	tu	teres	/ haveres	sido	amado
ele	ser	amado	ele	ter	/ haver	sido	amado
nós	sermos	amados	nós	termos	/ havermos	sido	amados
vós	serdes	amados	vós	terdes	/ haverdes	sido	amados
eles	serem	amados	eles	terem	/ haverem	sido	amados

afirmativo		negativo		
—		—		
sê	amado	não sejas	amado	
seja	amado	não seja	amado	
sejamos	amados	não sejamos	amados	
sede	amados	não sejais	amados	
sejam	amados	não sejam	amados	

infinitivo impessoal	infinitivo impessoal pretérito
ser amado	ter sido amado / haver sido amado

particípio (pretérito)	gerúndio	gerúndio pretérito
sido amado	sendo amado	tendo sido amado
		havendo sido amado

10 ESTAR / ÊTRE, SE TROUVER, SE PORTER

INDICATIVO

presente

eu	estou
tu	estás
ele	está
nós	estamos
vós	estais
eles	estão

pretérito perfeito composto

eu	tenho	estado
tu	tens	estado
ele	tem	estado
nós	temos	estado
vós	tendes	estado
eles	têm	estado

pretérito imperfeito

eu	estava
tu	estavas
ele	estava
nós	estávamos
vós	estáveis
eles	estavam

pretérito mais-que-perfeito composto

eu	tinha	estado
tu	tinhas	estado
ele	tinha	estado
nós	tínhamos	estado
vós	tínheis	estado
eles	tinham	estado

pretérito mais-que-perfeito simples

eu	estivera
tu	estiveras
ele	estivera
nós	estivéramos
vós	estivéreis
eles	estiveram

pretérito perfeito simples

eu	estive
tu	estiveste
ele	esteve
nós	estivemos
vós	estivestes
eles	estiveram

pretérito mais-que-perfeito anterior

eu	tivera	estado
tu	tiveras	estado
ele	tivera	estado
nós	tivéramos	estado
vós	tivéreis	estado
eles	tiveram	estado

futuro do presente simples

eu	estarei
tu	estarás
ele	estará
nós	estaremos
vós	estareis
eles	estarão

futuro do presente composto

eu	terei	estado
tu	terás	estado
ele	terá	estado
nós	teremos	estado
vós	tereis	estado
eles	terão	estado

CONDICIONAL

futuro do pretérito simples

eu	estaria
tu	estarias
ele	estaria
nós	estaríamos
vós	estaríeis
eles	estariam

SUBJUNTIVO / CONJUNTIVO

presente

que	eu	esteja
que	tu	estejas
que	ele	esteja
que	nós	estejamos
que	vós	estejais
que	eles	estejam

pretérito imperfeito

que	eu	estivesse
que	tu	estivesses
que	ele	estivesse
que	nós	estivéssemos
que	vós	estivésseis
que	eles	estivessem

futuro simples

quando	eu	estiver
quando	tu	estiveres
quando	ele	estiver
quando	nós	estivermos
quando	vós	estiverdes
quando	eles	estiverem

INFINITIVO

infinitivo pessoal

eu	estar
tu	estares
ele	estar
nós	estarmos
vós	estardes
eles	estarem

IMPERATIVO

afirmativo	negativo
—	—
está	não estejas
esteja	não esteja
estejamos	não estejamos
estai	não estejais
estejam	não estejam

FORMAS NOMINAIS

infinitivo impessoal	infinitivo impessoal pretérito
estar	ter estado

particípio (pretérito)	gerúndio	gerúndio pretérito
estado	estando	tendo estado

Verbe très irrégulier ; seuls l'imparfait, le futur simple, le conditionnel, l'infinitif flexionné (personnel), le participe et le gérondif sont réguliers.
Sur les sens et les divers emplois de **estar**, voir Grammaire du verbe page 21.

INDICATIVO	presente		pretérito perfeito composto	
	eu	dou	eu	tenho dado
	tu	dás	tu	tens dado
	ele	dá	ele	tem dado
	nós	damos	nós	temos dado
	vós	dais	vós	tendes dado
	eles	dão	eles	têm dado

	pretérito imperfeito		pretérito mais-que-perfeito composto	
	eu	dava	eu	tinha dado
	tu	davas	tu	tinhas dado
	ele	dava	ele	tinha dado
	nós	dávamos	nós	tínhamos dado
	vós	dáveis	vós	tínheis dado
	eles	davam	eles	tinham dado

	pretérito mais-que-perfeito simples	
	eu	dera
	tu	deras
	ele	dera
	nós	déramos
	vós	déreis
	eles	deram

	pretérito perfeito simples		pretérito mais-que-perfeito anterior	
	eu	dei	eu	tivera dado
	tu	deste	tu	tiveras dado
	ele	deu	ele	tivera dado
	nós	demos	nós	tivéramos dado
	vós	destes	vós	tivéreis dado
	eles	deram	eles	tiveram dado

	futuro do presente simples		futuro do presente composto	
	eu	darei	eu	terei dado
	tu	darás	tu	terás dado
	ele	dará	ele	terá dado
	nós	daremos	nós	teremos dado
	vós	dareis	vós	tereis dado
	eles	darão	eles	terão dado

CONDICIONAL	futuro do pretérito simples	
	eu	daria
	tu	darias
	ele	daria
	nós	daríamos
	vós	daríeis
	eles	dariam

SUBJUNTIVO / CONJUNTIVO	presente	
	que eu	dê
	que tu	dês
	que ele	dê
	que nós	demos
	que vós	deis
	que eles	dêem

	pretérito imperfeito	
	que eu	desse
	que tu	desses
	que ele	desse
	que nós	déssemos
	que vós	désseis
	que eles	dessem

	futuro simples	
	quando eu	der
	quando tu	deres
	quando ele	der
	quando nós	dermos
	quando vós	derdes
	quando eles	derem

INFINITIVO	infinitivo pessoal	
	eu	dar
	tu	dares
	ele	dar
	nós	darmos
	vós	dardes
	eles	darem

IMPERATIVO	afirmativo	negativo
	—	—
	dá	não dês
	dê	não dê
	demos	não demos
	dai	não deis
	dêem	não dêem

FORMAS NOMINAIS	infinitivo impessoal	infinitivo impessoal pretérito
	dar	ter dado
	particípio (pretérito)	**gerúndio**	**gerúndio pretérito**
	dado	dando	tendo dado

Verbe très irrégulier ; seuls l'imparfait, le futur simple, le conditionnel, l'infinitif flexionné (personnel), le participe et le gérondif sont réguliers.

12 FICAR / RESTER, DEMEURER, ALLER*

INDICATIVO

presente		pretérito perfeito composto		
eu	fico	eu	tenho	ficado
tu	ficas	tu	tens	ficado
ele	fica	ele	tem	ficado
nós	ficamos	nós	temos	ficado
vós	ficais	vós	tendes	ficado
eles	ficam	eles	têm	ficado

pretérito imperfeito		pretérito mais-que-perfeito composto		
eu	ficava	eu	tinha	ficado
tu	ficavas	tu	tinhas	ficado
ele	ficava	ele	tinha	ficado
nós	ficávamos	nós	tínhamos	ficado
vós	ficáveis	vós	tínheis	ficado
eles	ficavam	eles	tinham	ficado

pretérito mais-que-perfeito simples	
eu	ficara
tu	ficaras
ele	ficara
nós	ficáramos
vós	ficáreis
eles	ficaram

pretérito perfeito simples		pretérito mais-que-perfeito anterior		
eu	fiquei	eu	tivera	ficado
tu	ficaste	tu	tiveras	ficado
ele	ficou	ele	tivera	ficado
nós	ficámos	nós	tivéramos	ficado
vós	ficastes	vós	tivéreis	ficado
eles	ficaram	eles	tiveram	ficado

futuro do presente simples		futuro do presente composto		
eu	ficarei	eu	terei	ficado
tu	ficarás	tu	terás	ficado
ele	ficará	ele	terá	ficado
nós	ficaremos	nós	teremos	ficado
vós	ficareis	vós	tereis	ficado
eles	ficarão	eles	terão	ficado

CONDICIONAL

futuro do pretérito simples	
eu	ficaria
tu	ficarias
ele	ficaria
nós	ficaríamos
vós	ficaríeis
eles	ficariam

SUBJUNTIVO / CONJUNTIVO

presente		
que	eu	fique
que	tu	fiques
que	ele	fique
que	nós	fiquemos
que	vós	fiqueis
que	eles	fiquem

pretérito imperfeito		
que	eu	ficasse
que	tu	ficasses
que	ele	ficasse
que	nós	ficássemos
que	vós	ficásseis
que	eles	ficassem

futuro simples		
quando	eu	ficar
quando	tu	ficares
quando	ele	ficar
quando	nós	ficarmos
quando	vós	ficardes
quando	eles	ficarem

INFINITIVO

infinitivo pessoal	
eu	ficar
tu	ficares
ele	ficar
nós	ficarmos
vós	ficardes
eles	ficarem

IMPERATIVO

afirmativo		negativo	
—		—	
fica		não	fiques
fique		não	fique
fiquemos		não	fiquemos
ficai		não	fiqueis
fiquem		não	fiquem

FORMAS NOMINAIS

infinitivo impessoal	infinitivo impessoal pretérito
ficar	ter ficado

particípio (pretérito)	gerúndio	gerúndio pretérito
ficado	ficando	tendo ficado

(*) Pour un vêtement: *Essa saia fica-lhe bem. Cette jupe vous va bien.*

▌ Verbes terminés en -car: le **c** se change en **qu** devant **e**.

INDICATIVO

presente		pretérito perfeito composto		
eu	começo	eu	tenho	começado
tu	começas	tu	tens	começado
ele	começa	ele	tem	começado
nós	começamos	nós	temos	começado
vós	começais	vós	tendes	começado
eles	começam	eles	têm	começado

pretérito imperfeito		pretérito mais-que-perfeito composto		
eu	começava	eu	tinha	começado
tu	começavas	tu	tinhas	começado
ele	começava	ele	tinha	começado
nós	começávamos	nós	tínhamos	começado
vós	começáveis	vós	tínheis	começado
eles	começavam	eles	tinham	começado

pretérito mais-que-perfeito simples	
eu	começara
tu	começaras
ele	começara
nós	começáramos
vós	começáreis
eles	começaram

pretérito perfeito simples		pretérito mais-que-perfeito anterior		
eu	comecei	eu	tivera	começado
tu	começaste	tu	tiveras	começado
ele	começou	ele	tivera	começado
nós	começámos	nós	tivéramos	começado
vós	começastes	vós	tivéreis	começado
eles	começaram	eles	tiveram	começado

futuro do presente simples		futuro do presente composto		
eu	começarei	eu	terei	começado
tu	começarás	tu	terás	começado
ele	começará	ele	terá	começado
nós	começaremos	nós	teremos	começado
vós	começareis	vós	tereis	começado
eles	começarão	eles	terão	começado

CONDICIONAL

futuro do pretérito simples	
eu	começaria
tu	começarias
ele	começaria
nós	começaríamos
vós	começaríeis
eles	começariam

SUBJUNTIVO / CONJUNTIVO

presente		
que	eu	comece
que	tu	comeces
que	ele	comece
que	nós	comecemos
que	vós	comeceis
que	eles	comecem

pretérito imperfeito		
que	eu	começasse
que	tu	começasses
que	ele	começasse
que	nós	começássemos
que	vós	começásseis
que	eles	começassem

futuro simples		
quando	eu	começar
quando	tu	começares
quando	ele	começar
quando	nós	começarmos
quando	vós	começardes
quando	eles	começarem

INFINITIVO

infinitivo pessoal	
eu	começar
tu	começares
ele	começar
nós	começarmos
vós	começardes
eles	começarem

IMPERATIVO

afirmativo	negativo
—	—
começa	não comeces
comece	não comece
comecemos	não comecemos
começai	não comeceis
comecem	não comecem

FORMAS NOMINAIS

infinitivo impessoal	infinitivo impessoal pretérito
começar	ter começado

particípio (pretérito)	gerúndio	gerúndio pretérito
começado	começando	tendo começado

▌ Verbes terminés en -çar: le **ç** se change en **c** devant **e**.

INDICATIVO

presente		pretérito perfeito composto		
eu	chego	eu	tenho	chegado
tu	chegas	tu	tens	chegado
ele	chega	ele	tem	chegado
nós	chegamos	nós	temos	chegado
vós	chegais	vós	tendes	chegado
eles	chegam	eles	têm	chegado

pretérito imperfeito		pretérito mais-que-perfeito composto		
eu	chegava	eu	tinha	chegado
tu	chegavas	tu	tinhas	chegado
ele	chegava	ele	tinha	chegado
nós	chegávamos	nós	tínhamos	chegado
vós	chegáveis	vós	tínheis	chegado
eles	chegavam	eles	tinham	chegado

pretérito mais-que-perfeito simples	
eu	chegara
tu	chegaras
ele	chegara
nós	chegáramos
vós	chegáreis
eles	chegaram

pretérito perfeito simples		pretérito mais-que-perfeito anterior		
eu	cheguei	eu	tivera	chegado
tu	chegaste	tu	tiveras	chegado
ele	chegou	ele	tivera	chegado
nós	chegámos	nós	tivéramos	chegado
vós	chegastes	vós	tivéreis	chegado
eles	chegaram	eles	tiveram	chegado

futuro do presente simples		futuro do presente composto		
eu	chegarei	eu	terei	chegado
tu	chegarás	tu	terás	chegado
ele	chegará	ele	terá	chegado
nós	chegaremos	nós	teremos	chegado
vós	chegareis	vós	tereis	chegado
eles	chegarão	eles	terão	chegado

CONDICIONAL

futuro do pretérito simples	
eu	chegaria
tu	chegarias
ele	chegaria
nós	chegaríamos
vós	chegaríeis
eles	chegariam

SUBJUNTIVO / CONJUNTIVO

presente		
que	eu	chegue
que	tu	chegues
que	ele	chegue
que	nós	cheguemos
que	vós	chegueis
que	eles	cheguem

pretérito imperfeito		
que	eu	chegasse
que	tu	chegasses
que	ele	chegasse
que	nós	chegássemos
que	vós	chegásseis
que	eles	chegassem

futuro simples		
quando	eu	chegar
quando	tu	chegares
quando	ele	chegar
quando	nós	chegarmos
quando	vós	chegardes
quando	eles	chegarem

INFINITIVO

infinitivo pessoal	
eu	chegar
tu	chegares
ele	chegar
nós	chegarmos
vós	chegardes
eles	chegarem

IMPERATIVO

afirmativo	negativo	
—	—	
chega	não	chegues
chegue	não	chegue
cheguemos	não	cheguemos
chegai	não	chegueis
cheguem	não	cheguem

FORMAS NOMINAIS

infinitivo impessoal	infinitivo impessoal pretérito
chegar	ter chegado

particípio (pretérito)	gerúndio	gerúndio pretérito
chegado	chegando	tendo chegado

▌ Verbes terminés en -gar : le **g** se change en **gu** devant **e**.

INDICATIVO

presente		pretérito perfeito composto		
eu	receio	eu	tenho	receado
tu	receias	tu	tens	receado
ele	receia	ele	tem	receado
nós	receamos	nós	temos	receado
vós	receais	vós	tendes	receado
eles	receiam	eles	têm	receado

pretérito imperfeito		pretérito mais-que-perfeito composto		
eu	receava	eu	tinha	receado
tu	receavas	tu	tinhas	receado
ele	receava	ele	tinha	receado
nós	receávamos	nós	tínhamos	receado
vós	receáveis	vós	tínheis	receado
eles	receavam	eles	tinham	receado

pretérito mais-que-perfeito simples	
eu	receara
tu	recearas
ele	receara
nós	receáramos
vós	receáreis
eles	recearam

pretérito perfeito simples		pretérito mais-que-perfeito anterior		
eu	receei	eu	tivera	receado
tu	receaste	tu	tiveras	receado
ele	receou	ele	tivera	receado
nós	receámos	nós	tivéramos	receado
vós	receastes	vós	tivéreis	receado
eles	recearam	eles	tiveram	receado

futuro do presente simples		futuro do presente composto		
eu	recearei	eu	terei	receado
tu	recearás	tu	terás	receado
ele	receará	ele	terá	receado
nós	recearemos	nós	teremos	receado
vós	receareis	vós	tereis	receado
eles	recearão	eles	terão	receado

CONDICIONAL

futuro do pretérito simples	
eu	recearia
tu	recearias
ele	recearia
nós	recearíamos
vós	recearíeis
eles	receariam

SUBJUNTIVO / CONJUNTIVO

presente		
que	eu	receie
que	tu	receies
que	ele	receie
que	nós	receemos
que	vós	receeis
que	eles	receiem

pretérito imperfeito		
que	eu	receasse
que	tu	receasses
que	ele	receasse
que	nós	receássemos
que	vós	receásseis
que	eles	receassem

futuro simples		
quando	eu	recear
quando	tu	receares
quando	ele	recear
quando	nós	recearmos
quando	vós	receardes
quando	eles	recearem

INFINITIVO

infinitivo pessoal	
eu	recear
tu	receares
ele	recear
nós	recearmos
vós	receardes
eles	recearem

IMPERATIVO

afirmativo	negativo	
—	—	
receia	não	receies
receie	não	receie
receemos	não	receemos
receai	não	receeis
receiem	não	receiem

FORMAS NOMINAIS

infinitivo impessoal	infinitivo impessoal pretérito
recear	ter receado

particípio (pretérito)	gerúndio	gerúndio pretérito
receado	receando	tendo receado

Verbes terminés en -ear : ils intercalent un **i** après le **e** lorsque celui-ci est tonique (1e, 2e et 3e pers. du sing. et 3e pers. du pl. du présent de l'indicatif et du subjonctif ; 2e et 3e pers. du sing. et 3e pers. du pl. de l'impératif affirmatif et négatif).

Ainsi se conjuguent : acarear, afear, altear, apear, arquear, arrear, asnear, cear, costear, custear, enfrear, frear, olear, passear, pear, pentear, pratear, presentear, recrear, refrear, saborear, sofrear.

▶ Remarquer les ressemblances (voir tableau 17) et les différences (voir tableaux 16 et 18) de conjugaison avec les verbes en **-iar**.

INDICATIVO

presente		pretérito perfeito composto		
eu	anuncio	eu	tenho	anunciado
tu	anuncias	tu	tens	anunciado
ele	anuncia	ele	tem	anunciado
nós	anunciamos	nós	temos	anunciado
vós	anunciais	vós	tendes	anunciado
eles	anunciam	eles	têm	anunciado

pretérito imperfeito		pretérito mais-que-perfeito composto		
eu	anunciava	eu	tinha	anunciado
tu	anunciavas	tu	tinhas	anunciado
ele	anunciava	ele	tinha	anunciado
nós	anunciávamos	nós	tínhamos	anunciado
vós	anunciáveis	vós	tínheis	anunciado
eles	anunciavam	eles	tinham	anunciado

pretérito mais-que-perfeito simples	
eu	anunciara
tu	anunciaras
ele	anunciara
nós	anunciáramos
vós	anunciáreis
eles	anunciaram

pretérito perfeito simples		pretérito mais-que-perfeito anterior		
eu	anunciei	eu	tivera	anunciado
tu	anunciaste	tu	tiveras	anunciado
ele	anunciou	ele	tivera	anunciado
nós	anunciámos	nós	tivéramos	anunciado
vós	anunciastes	vós	tivéreis	anunciado
eles	anunciaram	eles	tiveram	anunciado

futuro do presente simples		futuro do presente composto		
eu	anunciarei	eu	terei	anunciado
tu	anunciarás	tu	terás	anunciado
ele	anunciará	ele	terá	anunciado
nós	anunciaremos	nós	teremos	anunciado
vós	anunciareis	vós	tereis	anunciado
eles	anunciarão	eles	terão	anunciado

CONDICIONAL

futuro do pretérito simples	
eu	anunciaria
tu	anunciarias
ele	anunciaria
nós	anunciaríamos
vós	anunciaríeis
eles	anunciariam

SUBJUNTIVO / CONJUNTIVO

presente		
que	eu	anuncie
que	tu	anuncies
que	ele	anuncie
que	nós	anunciemos
que	vós	anuncieis
que	eles	anunciem

pretérito imperfeito		
que	eu	anunciasse
que	tu	anunciasses
que	ele	anunciasse
que	nós	anunciássemos
que	vós	anunciásseis
que	eles	anunciassem

futuro simples		
quando	eu	anunciar
quando	tu	anunciares
quando	ele	anunciar
quando	nós	anunciarmos
quando	vós	anunciardes
quando	eles	anunciarem

INFINITIVO

infinitivo pessoal	
eu	anunciar
tu	anunciares
ele	anunciar
nós	anunciarmos
vós	anunciardes
eles	anunciarem

IMPERATIVO

afirmativo	negativo
—	—
anuncia	não anuncies
anuncie	não anuncie
anunciemos	não anunciemos
anunciai	não anuncieis
anunciem	não anunciem

FORMAS NOMINAIS

infinitivo impessoal	infinitivo impessoal pretérito
anunciar	ter anunciado

particípio (pretérito)	gerúndio	gerúndio pretérito
anunciado	anunciando	tendo anunciado

La plupart des verbes terminés en -iar ont une conjugaison régulière et suivent ce modèle. Par exemple : abreviar, acariciar, afiar, aliviar, apreciar, assobiar, avaliar, avariar, criar, denunciar, desviar, enfiar, enviar, iniciar, principiar, pronunciar, renunciar, etc.
▶ Remarquer les différences de conjugaison avec les autres verbes terminés en **-iar** (voir tableaux 17 et 18).

INDICATIVO

presente		pretérito perfeito composto		
eu	odeio	eu	tenho	odiado
tu	odeias	tu	tens	odiado
ele	odeia	ele	tem	odiado
nós	odiamos	nós	temos	odiado
vós	odiais	vós	tendes	odiado
eles	odeiam	eles	têm	odiado

pretérito imperfeito		pretérito mais-que-perfeito composto		
eu	odiava	eu	tinha	odiado
tu	odiavas	tu	tinhas	odiado
ele	odiava	ele	tinha	odiado
nós	odiávamos	nós	tínhamos	odiado
vós	odiáveis	vós	tínheis	odiado
eles	odiavam	eles	tinham	odiado

		pretérito mais-que-perfeito simples	
	eu	odiara	
	tu	odiaras	
	ele	odiara	
	nós	odiáramos	
	vós	odiáreis	
	eles	odiaram	

pretérito perfeito simples		pretérito mais-que-perfeito anterior		
eu	odiei	eu	tivera	odiado
tu	odiaste	tu	tiveras	odiado
ele	odiou	ele	tivera	odiado
nós	odiámos	nós	tivéramos	odiado
vós	odiastes	vós	tivéreis	odiado
eles	odiaram	eles	tiveram	odiado

futuro do presente simples		futuro do presente composto		
eu	odiarei	eu	terei	odiado
tu	odiarás	tu	terás	odiado
ele	odiará	ele	terá	odiado
nós	odiaremos	nós	teremos	odiado
vós	odiareis	vós	tereis	odiado
eles	odiarão	eles	terão	odiado

CONDICIONAL

futuro do pretérito simples	
eu	odiaria
tu	odiarias
ele	odiaria
nós	odiaríamos
vós	odiaríeis
eles	odiariam

SUBJUNTIVO / CONJUNTIVO

presente		
que	eu	odeie
que	tu	odeies
que	ele	odeie
que	nós	odiemos
que	vós	odieis
que	eles	odeiem

pretérito imperfeito		
que	eu	odiasse
que	tu	odiasses
que	ele	odiasse
que	nós	odiássemos
que	vós	odiásseis
que	eles	odiassem

futuro simples		
quando	eu	odiar
quando	tu	odiares
quando	ele	odiar
quando	nós	odiarmos
quando	vós	odiardes
quando	eles	odiarem

INFINITIVO

infinitivo pessoal	
eu	odiar
tu	odiares
ele	odiar
nós	odiarmos
vós	odiardes
eles	odiarem

IMPERATIVO

afirmativo	negativo	
—	—	
odeia	não	odeies
odeie	não	odeie
odiemos	não	odiemos
odiai	não	odieis
odeiem	não	odeiem

FORMAS NOMINAIS

infinitivo impessoal	infinitivo impessoal pretérito
odiar	ter odiado

particípio (pretérito)	gerúndio	gerúndio pretérito
odiado	odiando	tendo odiado

Verbes terminés en -iar : par analogie avec les verbes en **-ear** (voir tableau 15), cinq verbes terminés en **-iar** changent le **i** tonique en **ei** : ansiar, incendiar, mediar, odiar et remediar.
▶ Remarquer les différences avec les autres verbes en **-iar** (voir tableaux 16 et 18).

INDICATIVO

presente		pretérito perfeito composto		
eu	comerc(e)io	eu	tenho	comerciado
tu	comerc(e)ias	tu	tens	comerciado
ele	comerc(e)ia	ele	tem	comerciado
nós	comerciamos	nós	temos	comerciado
vós	comerciais	vós	tendes	comerciado
eles	comerc(e)iam	eles	têm	comerciado

pretérito imperfeito		pretérito mais-que-perfeito composto		
eu	comerciava	eu	tinha	comerciado
tu	comerciavas	tu	tinhas	comerciado
ele	comerciava	ele	tinha	comerciado
nós	comerciávamos	nós	tínhamos	comerciado
vós	comerciáveis	vós	tínheis	comerciado
eles	comerciavam	eles	tinham	comerciado

pretérito mais-que-perfeito simples	
eu	comerciara
tu	comerciaras
ele	comerciara
nós	comerciáramos
vós	comerciáreis
eles	comerciaram

pretérito perfeito simples		pretérito mais-que-perfeito anterior		
eu	comerciei	eu	tivera	comerciado
tu	comerciaste	tu	tiveras	comerciado
ele	comerciou	ele	tivera	comerciado
nós	comerciámos	nós	tivéramos	comerciado
vós	comerciastes	vós	tivéreis	comerciado
eles	comerciaram	eles	tiveram	comerciado

futuro do presente simples		futuro do presente composto		
eu	comerciarei	eu	terei	comerciado
tu	comerciarás	tu	terás	comerciado
ele	comerciará	ele	terá	comerciado
nós	comerciaremos	nós	teremos	comerciado
vós	comerciareis	vós	tereis	comerciado
eles	comerciarão	eles	terão	comerciado

CONDICIONAL

futuro do pretérito simples	
eu	comerciaria
tu	comerciarias
ele	comerciaria
nós	comerciaríamos
vós	comerciaríeis
eles	comerciariam

SUBJUNTIVO / CONJUNTIVO

presente		
que	eu	comerc(e)ie
que	tu	comerc(e)ies
que	ele	comerc(e)ie
que	nós	comerciemos
que	vós	comercieis
que	eles	comerc(e)iem

pretérito imperfeito		
que	eu	comerciasse
que	tu	comerciasses
que	ele	comerciasse
que	nós	comerciássemos
que	vós	comerciásseis
que	eles	comerciassem

futuro simples		
quando	eu	comerciar
quando	tu	comerciares
quando	ele	comerciar
quando	nós	comerciarmos
quando	vós	comerciardes
quando	eles	comerciarem

INFINITIVO

infinitivo pessoal	
eu	comerciar
tu	comerciares
ele	comerciar
nós	comerciarmos
vós	comerciardes
eles	comerciarem

IMPERATIVO

afirmativo	negativo	
—	—	
comerc(e)ia	não	comerc(e)ies
comerc(e)ie	não	comerc(e)ie
comerciemos	não	comerciemos
comerciai	não	comercieis
comerc(e)iem	não	comerc(e)iem

FORMAS NOMINAIS

infinitivo impessoal	infinitivo impessoal pretérito
comerciar	ter comerciado

particípio (pretérito)	gerúndio	gerúndio pretérito
comerciado	comerciando	tendo comerciado

Certains verbes terminés en -iar peuvent, soit se conjuguer de façon régulière (voir tableau 16), soit de façon irrégulière, en changeant le **i** tonique en **ei** (voir tableau 17). De ce fait, certaines personnes ont deux formes de conjugaison.

■ Ainsi se conjuguent : agenciar, licenciar, negociar, obsequiar, premiar, providenciar, sentenciar, silenciar.

INDICATIVO

presente			pretérito perfeito composto		
eu	saúdo		eu	tenho	saudado
tu	saúdas		tu	tens	saudado
ele	saúda		ele	tem	saudado
nós	saudamos		nós	temos	saudado
vós	saudais		vós	tendes	saudado
eles	saúdam		eles	têm	saudado

pretérito imperfeito			pretérito mais-que-perfeito composto		
eu	saudava		eu	tinha	saudado
tu	saudavas		tu	tinhas	saudado
ele	saudava		ele	tinha	saudado
nós	saudávamos		nós	tínhamos	saudado
vós	saudáveis		vós	tínheis	saudado
eles	saudavam		eles	tinham	saudado

pretérito mais-que-perfeito simples		
eu	saudara	
tu	saudaras	
ele	saudara	
nós	saudáramos	
vós	saudáreis	
eles	saudaram	

pretérito perfeito simples			pretérito mais-que-perfeito anterior		
eu	saudei		eu	tivera	saudado
tu	saudaste		tu	tiveras	saudado
ele	saudou		ele	tivera	saudado
nós	saudámos		nós	tivéramos	saudado
vós	saudastes		vós	tivéreis	saudado
eles	saudaram		eles	tiveram	saudado

futuro do presente simples			futuro do presente composto		
eu	saudarei		eu	terei	saudado
tu	saudarás		tu	terás	saudado
ele	saudará		ele	terá	saudado
nós	saudaremos		nós	teremos	saudado
vós	saudareis		vós	tereis	saudado
eles	saudarão		eles	terão	saudado

CONDICIONAL

futuro do pretérito simples		
eu	saudaria	
tu	saudarias	
ele	saudaria	
nós	saudaríamos	
vós	saudaríeis	
eles	saudariam	

SUBJUNTIVO / CONJUNTIVO

presente		
que	eu	saúde
que	tu	saúdes
que	ele	saúde
que	nós	saudemos
que	vós	saudeis
que	eles	saúdem

pretérito imperfeito		
que	eu	saudasse
que	tu	saudasses
que	ele	saudasse
que	nós	saudássemos
que	vós	saudásseis
que	eles	saudassem

futuro simples		
quando	eu	saudar
quando	tu	saudares
quando	ele	saudar
quando	nós	saudarmos
quando	vós	saudardes
quando	eles	saudarem

INFINITIVO

infinitivo pessoal	
eu	saudar
tu	saudares
ele	saudar
nós	saudarmos
vós	saudardes
eles	saudarem

IMPERATIVO

afirmativo	negativo	
—	—	
saúda	não	saúdes
saúde	não	saúde
saudemos	não	saudemos
saudai	não	saudeis
saúdem	não	saúdem

FORMAS NOMINAIS

infinitivo impessoal	infinitivo impessoal pretérito
saudar	ter saudado

particípio (pretérito)	gerúndio	gerúndio pretérito
saudado	saudando	tendo saudado

Verbe régulier. Remarquer la présence d'un accent aigu sur le **u** du radical de la 1e, 2e et 3e pers. du sing. et sur celui de la 3e pers. du pl. du présent de l'indicatif et du subjonctif, ainsi que sur celui des formes de l'impératif qui en dérivent.

INDICATIVO

presente		pretérito perfeito composto		
eu	perdoo	eu	tenho	perdoado
tu	perdoas	tu	tens	perdoado
ele	perdoa	ele	tem	perdoado
nós	perdoamos	nós	temos	perdoado
vós	perdoais	vós	tendes	perdoado
eles	perdoam	eles	têm	perdoado

pretérito imperfeito		pretérito mais-que-perfeito composto		
eu	perdoava	eu	tinha	perdoado
tu	perdoavas	tu	tinhas	perdoado
ele	perdoava	ele	tinha	perdoado
nós	perdoávamos	nós	tínhamos	perdoado
vós	perdoáveis	vós	tínheis	pardoado
eles	perdoavam	eles	tinham	perdoado

pretérito mais-que-perfeito simples

eu	perdoara
tu	perdoaras
ele	perdoara
nós	perdoáramos
vós	perdoáreis
eles	perdoaram

pretérito perfeito simples		pretérito mais-que-perfeito anterior		
eu	perdoei	eu	tivera	perdoado
tu	perdoaste	tu	tiveras	perdoado
ele	perdoou	ele	tivera	perdoado
nós	perdoamos	nós	tivéramos	perdoado
vós	perdoastes	vós	tivéreis	perdoado
eles	perdoaram	eles	tiveram	perdoado

futuro do presente simples		futuro do presente composto		
eu	perdoarei	eu	terei	perdoado
tu	perdoarás	tu	terás	perdoado
ele	perdoará	ele	terá	perdoado
nós	perdoaremos	nós	teremos	perdoado
vós	perdoareis	vós	tereis	perdoado
eles	perdoarão	eles	terão	perdoado

CONDICIONAL

futuro do pretérito simples

eu	perdoaria
tu	perdoarias
ele	perdoaria
nós	pardoaríamos
vós	perdoaríeis
eles	perdoariam

SUBJUNTIVO / CONJUNTIVO

presente		
que	eu	perdoe
que	tu	perdoes
que	ele	perdoe
que	nós	perdoemos
que	vós	perdoeis
que	eles	perdoem

pretérito imperfeito		
que	eu	perdoasse
que	tu	perdoasses
que	ele	perdoasse
que	nós	perdoássemos
que	vós	perdoásseis
que	eles	perdoassem

futuro simples		
quando	eu	perdoar
quando	tu	perdoares
quando	ele	perdoar
quando	nós	perdoarmos
quando	vós	perdoardes
quando	eles	perdoarem

INFINITIVO

infinitivo pessoal

eu	perdoar
tu	perdoares
ele	perdoar
nós	perdoarmos
vós	perdoardes
eles	perdoarem

IMPERATIVO

afirmativo	negativo	
—	—	
perdoa	não	perdoes
perdoe	não	perdoe
perdoemos	não	perdoemos
perdoai	não	perdoeis
perdoem	não	perdoem

FORMAS NOMINAIS

infinitivo impessoal	infinitivo impessoal pretérito
perdoar	ter perdoado

particípio (pretérito)	gerúndio	gerúndio pretérito
perdoado	perdoando	tendo perdoado

Verbe régulier. Remarquer qu'à la 1e pers. du sing. de l'indicatif présent, à la voyelle **o** finale du radical s'ajoute un autre **o** de la désinence verbale.

Ainsi se conjuguent : abalroar, abençoar, amaldiçoar, aperfeiçoar, apregoar, coar, doar, entoar, esboroar, povoar, soar, toar, voar.

▶ Au Brésil, ces verbes portent un accent circonflexe à la 1e pers. du sing. de l'indicatif présent (*eu perdôo*).

▶ Remarquer les différences de conjugaison avec **doer** (voir tableau 48).

INDICATIVO

presente		pretérito perfeito composto		
eu	averíguo	eu	tenho	averiguado
tu	averiguas	tu	tens	averiguado
ele	averígua	ele	tem	averiguado
nós	averiguamos	nós	temos	averiguado
vós	averiguais	vós	tendes	averiguado
eles	averíguam	eles	têm	averiguado

pretérito imperfeito		pretérito mais-que-perfeito composto		
eu	averiguava	eu	tinha	averiguado
tu	averiguavas	tu	tinhas	averiguado
ele	averiguava	ele	tinha	averiguado
nós	averiguávamos	nós	tínhamos	averiguado
vós	averiguáveis	vós	tínheis	averiguado
eles	averiguavam	eles	tinham	averiguado

pretérito mais-que-perfeito simples	
eu	averiguara
tu	averiguara
ele	averiguara
nós	averiguáramos
vós	averiguáreis
eles	averiguaram

pretérito perfeito simples		pretérito mais-que-perfeito anterior		
eu	averiguei	eu	tivera	averiguado
tu	averiguaste	tu	tiveras	averiguado
ele	averiguou	ele	tivera	averiguado
nós	averiguámos	nós	tivéramos	averiguado
vós	averiguastes	vós	tivéreis	averiguado
eles	averiguaram	eles	tiveram	averiguado

futuro do presente simples		futuro do presente composto		
eu	averiguarei	eu	terei	averiguado
tu	averiguarás	tu	terás	averiguado
ele	averiguará	ele	terá	averiguado
nós	averiguaremos	nós	teremos	averiguado
vós	averiguareis	vós	tereis	averiguado
eles	averiguarão	eles	terão	averiguado

CONDICIONAL

futuro do pretérito simples	
eu	averiguaria
tu	averiguarias
ele	averiguaria
nós	averiguaríamos
vós	averiguaríeis
eles	averiguariam

SUBJUNTIVO / CONJUNTIVO

presente		
que	eu	averígue
que	tu	averígues
que	ele	averígue
que	nós	averiguemos
que	vós	averigueis
que	eles	averíguem

pretérito imperfeito		
que	eu	averiguasse
que	tu	averiguasses
que	ele	averiguasse
que	nós	averiguássemos
que	vós	averiguásseis
que	eles	averiguassem

futuro simples		
quando	eu	averiguar
quando	tu	averiguares
quando	ele	averiguar
quando	nós	averiguarmos
quando	vós	averiguardes
quando	eles	averiguarem

INFINITIVO

infinitivo pessoal	
eu	averiguar
tu	averiguares
ele	averiguar
nós	averiguarmos
vós	averiguardes
eles	averiguarem

IMPERATIVO

afirmativo	negativo	
—	—	
averigua	não	averígues
averígue	não	averígues
averiguemos	não	averiguemos
averiguai	não	averigueis
averíguem	não	averiguem

FORMAS NOMINAIS

infinitivo impessoal	infinitivo impessoal pretérito
averiguar	ter averiguado

particípio (pretérito)	gerúndio	gerúndio pretérito
averiguado	averiguando	tendo averiguado

Verbes terminés en -aguar, -iguar, -iquar et -inquar : le **a** ou le **i** du radical sont accentués – formes rhizotoniques – (1e, 2e et 3e pers. du sing. et 3e pers. du pl. de l'indicatif présent, du subjonctif présent et les formes de l'impératif qui en dérivent). Voir Grammaire, Nouvel accord orthographique, page 34.

■ Ainsi se conjuguent : aguar, apaniguar, apazíguar, apropinquar, delíquar, desaguar, enxaguar, obliquar.

▶ Le son «**u**» de l'infinitif se conserve phonétiquement dans toute la conjugaison, en présence ou en absence d'accent graphique.

INDICATIVO

presente	pretérito perfeito composto
—	—
—	—
nevisca	tem neviscado
—	—
—	—

pretérito imperfeito	pretérito mais-que-perfeito composto
—	—
—	—
neviscava	tinha neviscado
—	—
—	—

pretérito mais-que-perfeito simples
—
—
—
neviscara
—
—

pretérito perfeito simples	pretérito mais-que-perfeito anterior
—	—
—	—
neviscou	teve neviscado
—	—
—	—
—	—

futuro do presente simples	futuro do presente composto
—	—
—	—
neviscará	terá neviscado
—	—
—	—
—	—

CONDICIONAL

futuro do pretérito simples
—
—
neviscaria
—
—
—

SUBJUNTIVO / CONJUNTIVO

presente
—
—
que **nevisque**
—
—
—

pretérito imperfeito
—
—
que neviscasse
—
—
—

futuro simples
—
—
quando neviscar
—
—
—

INFINITIVO

infinitivo pessoal
—
—
—
neviscar
—
—
—

IMPERATIVO

afirmativo	negativo
—	—
—	—
—	—
—	—
—	—

FORMAS NOMINAIS

infinitivo impessoal	infinitivo impessoal pretérito	
neviscar	ter neviscado	
particípio (pretérito)	**gerúndio**	**gerúndio pretérito**
neviscado	neviscando	tendo neviscado

▮ Verbe défectif. Le **c** se change en **qu** devant **e** (voir tableau 12).
▶ Ce verbe n'a pas d'impératif.

INDICATIVO

presente		pretérito perfeito composto		
—		eu	tenho	adequado
—		tu	tens	adequado
—		ele	tem	adequado
nós	adequamos	nós	temos	adequado
vós	adequais	vós	tendes	adequado
—		eles	têm	adequado

pretérito imperfeito	.	pretérito mais-que-perfeito composto		
eu	adequava	eu	tinha	adequado
tu	adequavas	tu	tinhas	adequado
ele	adequava	ele	tinha	adequado
nós	adequávamos	nós	tínhamos	adequado
vós	adequáveis	vós	tínheis	adequado
eles	adequavam	eles	tinham	adequado

pretérito mais-que-perfeito simples	
eu	adequara
tu	adequaras
ele	adequara
nós	adequáramos
vós	adequáreis
eles	adequaram

pretérito perfeito simples		pretérito mais-que-perfeito anterior		
eu	adequei	eu	tivera	adequado
tu	adequaste	tu	tiveras	adequado
ele	adequou	ele	tivera	adequado
nós	adequámos	nós	tivéramos	adequado
vós	adequastes	vós	tivéreis	adequado
eles	adequaram	eles	tiveram	adequado

futuro do presente simples		futuro do presente composto		
eu	adequarei	eu	terei	adequado
tu	adequarás	tu	terás	adequado
ele	adequará	ele	terá	adequado
nós	adequaremos	nós	teremos	adequado
vós	adequareis	vós	tereis	adequado
eles	adequarão	eles	terão	adequado

CONDICIONAL

futuro do pretérito simples	
eu	adequaria
tu	adequarias
ele	adequaria
nós	adequaríamos
vós	adequaríeis
eles	adequariam

SUBJUNTIVO / CONJUNTIVO

presente		
—		
—		
—		
que	nós	adequemos
que	vós	adequeis
—		

pretérito imperfeito		
que	eu	adequasse
que	tu	adequasses
que	ele	adequasse
que	nós	adequássemos
que	vós	adequásseis
que	eles	adequassem

futuro simples		
quando	eu	adequar
quando	tu	adequares
quando	ele	adequar
quando	nós	adequarmos
quando	vós	adequardes
quando	eles	adequarem

INFINITIVO

infinitivo pessoal	
eu	adequar
tu	adequares
ele	adequar
nós	adequarmos
vós	adequardes
eles	adequarem

IMPERATIVO

afirmativo	negativo	
—	—	
—	—	
—	—	
adequemos	não	adequemos
adequai	não	adequeis

FORMAS NOMINAIS

infinitivo impessoal	infinitivo impessoal pretérito	
adequar	ter adequado	

particípio (pretérito)	gerúndio	gerúndio pretérito
adequado	adequando	tendo adequado

■ Verbe défectif. Il n'est utilisé qu'aux formes non accentuées sur le radical (formes arrhizotoniques).

INDICATIVO

presente	pretérito perfeito composto
—	
—	—
relampagueia	tem relampagueado
—	—
relampagueiam	têm relampagueado

pretérito imperfeito	pretérito mais-que-perfeito composto
—	
—	—
relampagueava	tinha relampagueado
—	—
relampagueavam	tinham relampagueado

pretérito mais-que-perfeito simples
—
relampagueara
—
relampaguearam

pretérito perfeito simples	pretérito mais-que-perfeito anterior
—	—
relampagueou	tivera relampagueado
—	—
relampaguearam	tiveram relampagueado

futuro do presente simples	futuro do presente composto
—	—
relampagueará	terá relampagueado
—	—
relampaguearão	terão relampagueado

CONDICIONAL

futuro do pretérito simples
—
relampaguearia
—
relampagueariam

SUBJUNTIVO / CONJUNTIVO

presente
—
—
que relampagueie
—
que relampagueiem

pretérito imperfeito
—
—
que relampagueasse
—
que relampagueassem

futuro simples
—
—
quando relampaguear
—
quando relampaguearem

INFINITIVO

infinitivo pessoal
—
relampaguear
—
relampaguearem

IMPERATIVO

afirmativo	negativo
—	—
—	—
—	—
—	—
—	—

FORMAS NOMINAIS

infinitivo impessoal	infinitivo impessoal pretérito
relampaguear	ter relampagueado

particípio (pretérito)	gerúndio	gerúndio pretérito
relampagueado	relampagueando	tendo relampagueado

Verbe défectif. Il se conjugue:
– au sens propre, à la 3ᵉ pers. du sing.: *Relampagueia. Il y a des éclairs.*
– au sens figuré, à la 3ᵉ pers. du sing. et du pl.: *Os brilhantes relampagueiam no seu colo. Les brillants scintillent autour de son cou.*
► Ce verbe n'a pas d'impératif.
► **Relampaguear** suit le modèle du verbe **recear** (voir tableau 15).

INDICATIVO

presente		pretérito perfeito composto		
eu	aqueço	eu	tenho	aquecido
tu	aqueces	tu	tens	aquecido
ele	aquece	ele	tem	aquecido
nós	aquecemos	nós	temos	aquecido
vós	aqueceis	vós	tendes	aquecido
eles	aquecem	eles	têm	aquecido

pretérito imperfeito		pretérito mais-que-perfeito composto		
eu	aquecia	eu	tinha	aquecido
tu	aquecias	tu	tinhas	aquecido
ele	aquecia	ele	tinha	aquecido
nós	aquecíamos	nós	tínhamos	aquecido
vós	aquecíeis	vós	tínheis	aquecido
eles	aqueciam	eles	tinham	aquecido

pretérito mais-que-perfeito simples	
eu	aquecera
tu	aqueceras
ele	aquecera
nós	aquecêramos
vós	aquecêreis
eles	aquecêram

pretérito perfeito simples		pretérito mais-que-perfeito anterior		
eu	aqueci	eu	tivera	aquecido
tu	aqueceste	tu	tiveras	aquecido
ele	aqueceu	ele	tivera	aquecido
nós	aquecemos	nós	tivéramos	aquecido
vós	aquecestes	vós	tivéreis	aquecido
eles	aqueceram	eles	tiveram	aquecido

futuro do presente simples		futuro do presente composto		
eu	aquecerei	eu	terei	aquecido
tu	aquecerás	tu	terás	aquecido
ele	aquecerá	ele	terá	aquecido
nós	aqueceremos	nós	teremos	aquecido
vós	aquecereis	vós	tereis	aquecido
eles	aquecerão	eles	terão	aquecido

CONDICIONAL

futuro do pretérito simples	
eu	aqueceria
tu	aquecerias
ele	aqueceria
nós	aqueceríamos
vós	aqueceríeis
eles	aqueceriam

SUBJUNTIVO / CONJUNTIVO

presente		
que	eu	aqueça
que	tu	aqueças
que	ele	aqueça
que	nós	aqueçamos
que	vós	aqueçais
que	eles	aqueçam

pretérito imperfeito		
que	eu	aquecesse
que	tu	aquecesses
que	ele	aquecesse
que	nós	aquecêssemos
que	vós	aquecêsseis
que	eles	aquecessem

futuro simples		
quando	eu	aquecer
quando	tu	aqueceres
quando	ele	aquecer
quando	nós	aquecermos
quando	vós	aquecerdes
quando	eles	aquecerem

INFINITIVO

infinitivo pessoal	
eu	aquecer
tu	aqueceres
ele	aquecer
nós	aquecermos
vós	aquecerdes
eles	aquecerem

IMPERATIVO

afirmativo	negativo
—	—
aquece	não aqueças
aqueça	não aqueça
aqueçamos	não aqueçamos
aquecei	não aqueçais
aqueçam	não aqueçam

FORMAS NOMINAIS

infinitivo impessoal	infinitivo impessoal pretérito
aquecer	ter aquecido

particípio (pretérito)	gerúndio	gerúndio pretérito
aquecido	aquecendo	tendo aquecido

▌ Verbes terminés en -cer : le **c** se change en **ç** devant **a** et **o**.

▌ Ainsi se conjuguent : agradecer, amarelecer, amolecer, arrefecer, empecer, enfurecer, entretecer, entristecer, escurecer, estremecer, favorecer, merecer, oferecer, parecer, perecer, reverdecer, tecer.

▶ Les verbes terminés en -scer suivent aussi ce modèle, mais ils conservent le **s** du radical.

INDICATIVO

presente		pretérito perfeito composto		
eu	protejo	eu	tenho	protegido
tu	proteges	tu	tens	protegido
ele	protege	ele	tem	protegido
nós	protegemos	nós	temos	protegido
vós	protegeis	vós	tendes	protegido
eles	protegem	eles	têm	protegido

pretérito imperfeito		pretérito mais-que-perfeito composto		
eu	protegia	eu	tinha	protegido
tu	protegias	tu	tinhas	protegido
ele	protegia	ele	tinha	protegido
nós	protegíamos	nós	tínhamos	protegido
vós	protegíeis	vós	tínheis	protegido
eles	protegiam	eles	tinham	protegido

pretérito mais-que-perfeito simples	
eu	protegera
tu	protegeras
ele	protegera
nós	protegêramos
vós	protegêreis
eles	protegeram

pretérito perfeito simples		pretérito mais-que-perfeito anterior		
eu	protegi	eu	tivera	protegido
tu	protegeste	tu	tiveras	protegido
ele	protegeu	ele	tivera	protegido
nós	protegemos	nós	tivéramos	protegido
vós	protegestes	vós	tivéreis	protegido
eles	protegeram	eles	tiveram	protegido

futuro do presente simples		futuro do presente composto		
eu	protegerei	eu	terei	protegido
tu	protegerás	tu	terás	protegido
ele	protegerá	ele	terá	protegido
nós	protegeremos	nós	teremos	protegido
vós	protegereis	vós	tereis	protegido
eles	protegerão	eles	terão	protegido

CONDICIONAL

futuro do pretérito simples	
eu	protegeria
tu	protegerias
ele	protegeria
nós	protegeríamos
vós	protegeríeis
eles	protegeriam

SUBJUNTIVO / CONJUNTIVO

presente		
que	eu	proteja
que	tu	protejas
que	ele	proteja
que	nós	protejamos
que	vós	protejais
que	eles	protejam

pretérito imperfeito		
que	eu	protegesse
que	tu	protegesses
que	ele	protegesse
que	nós	protegêssemos
que	vós	protegêsseis
que	eles	protegessem

futuro simples		
quando	eu	proteger
quando	tu	protegeres
quando	ele	proteger
quando	nós	protegermos
quando	vós	protegerdes
quando	eles	protegerem

INFINITIVO

infinitivo pessoal	
eu	proteger
tu	protegeres
ele	proteger
nós	protegermos
vós	protegerdes
eles	protegerem

IMPERATIVO

afirmativo	negativo	
—	—	
protege	não	protejas
proteja	não	proteja
protejamos	não	protejamos
protegei	não	protejais
protejam	não	protejam

FORMAS NOMINAIS

infinitivo impessoal	infinitivo impessoal pretérito
proteger	ter protegido

particípio (pretérito)	gerúndio	gerúndio pretérito
protegido	protegendo	tendo protegido

Verbes terminés en -ger: le **g** se change en **j** devant **a** et **o** (1ᵉ pers. du sing. de l'indicatif présent, toutes les personnes du subjonctif présent et les formes de l'impératif qui en dérivent).

Ainsi se conjuguent : eleger et reger.

INDICATIVO

presente		pretérito perfeito composto		
eu	ergo	eu	tenho	erguido
tu	ergues	tu	tens	erguido
ele	ergue	ele	tem	erguido
nós	erguemos	nós	temos	erguido
vós	ergueis	vós	tendes	erguido
eles	erguem	eles	têm	erguido

pretérito imperfeito		pretérito mais-que-perfeito composto		
eu	erguia	eu	tinha	erguido
tu	erguias	tu	tinhas	erguido
ele	erguia	ele	tinha	erguido
nós	erguíamos	nós	tínhamos	erguido
vós	erguíeis	vós	tínheis	erguido
eles	erguiam	eles	tinham	erguido

pretérito mais-que-perfeito simples	
eu	erguera
tu	ergueras
ele	erguera
nós	erguêramos
vós	erguêreis
eles	ergueram

pretérito perfeito simples		pretérito mais-que-perfeito anterior		
eu	ergui	eu	tivera	erguido
tu	ergueste	tu	tiveras	erguido
ele	ergueu	ele	tivera	erguido
nós	erguemos	nós	tivéramos	erguido
vós	erguestes	vós	tivéreis	erguido
eles	ergueram	eles	tiveram	erguido

futuro do presente simples		futuro do presente composto		
eu	erguerei	eu	terei	erguido
tu	erguerás	tu	terás	erguido
ele	erguerá	ele	terá	erguido
nós	ergueremos	nós	teremos	erguido
vós	erguereis	vós	tereis	erguido
eles	erguerão	eles	terão	erguido

CONDICIONAL

futuro do pretérito simples	
eu	ergueria
tu	erguerias
ele	ergueria
nós	ergueríamos
vós	ergueríeis
eles	ergueriam

SUBJUNTIVO / CONJUNTIVO

presente		
que	eu	erga
que	tu	ergas
que	ele	erga
que	nós	ergamos
que	vós	ergais
que	eles	ergam

pretérito imperfeito		
que	eu	erguesse
que	tu	erguesses
que	ele	erguesse
que	nós	erguêssemos
que	vós	erguêsseis
que	eles	erguessem

futuro simples		
quando	eu	erguer
quando	tu	ergueres
quando	ele	erguer
quando	nós	erguermos
quando	vós	erguerdes
quando	eles	erguerem

INFINITIVO

infinitivo pessoal	
eu	erguer
tu	ergueres
ele	erguer
nós	erguermos
vós	erguerdes
eles	erguerem

IMPERATIVO

afirmativo	negativo	
—	—	
ergue	não	ergas
erga	não	erga
ergamos	não	ergamos
erguei	não	ergais
ergam	não	ergam

FORMAS NOMINAIS

infinitivo impessoal	infinitivo impessoal pretérito
erguer	ter erguido

particípio (pretérito)	gerúndio	gerúndio pretérito
erguido	erguendo	tendo erguido

▌ Verbes terminés en -guer : le **gu** perd le **u** devant **o** et **a**.
▌ Ainsi se conjugue le verbe soerguer, dérivé de erguer.

INDICATIVO

presente		pretérito perfeito composto		
eu	moo	eu	tenho	moído
tu	móis	tu	tens	moído
ele	mói	ele	tem	moído
nós	moemos	nós	temos	moído
vós	moeis	vós	tendes	moído
eles	moem	eles	têm	moído

pretérito imperfeito		pretérito mais-que-perfeito composto		
eu	moía	eu	tinha	moído
tu	moías	tu	tinhas	moído
ele	moía	ele	tinha	moído
nós	moíamos	nós	tínhamos	moído
vós	moíeis	vós	tínheis	moído
eles	moíam	eles	tinham	moído

pretérito mais-que-perfeito simples	
eu	moera
tu	moeras
ele	moera
nós	moêramos
vós	moêreis
eles	moeram

pretérito perfeito simples		pretérito mais-que-perfeito anterior		
eu	moí	eu	tivera	moído
tu	moeste	tu	tiveras	moído
ele	moeu	ele	tivera	moído
nós	moemos	nós	tivéramos	moído
vós	moestes	vós	tivéreis	moído
eles	moeram	eles	tiveram	moído

futuro do presente simples		futuro do presente composto		
eu	moerei	eu	terei	moído
tu	moerás	tu	terás	moído
ele	moerá	ele	terá	moído
nós	moeremos	nós	teremos	moído
vós	moereis	vós	tereis	moído
eles	moerão	eles	terão	moído

CONDICIONAL

futuro do pretérito simples	
eu	moeria
tu	moerias
ele	moeria
nós	moeríamos
vós	moeríeis
eles	moeriam

SUBJUNTIVO / CONJUNTIVO

presente		
que	eu	moa
que	tu	moas
que	ele	moa
que	nós	moamos
que	vós	moais
que	eles	moam

pretérito imperfeito		
que	eu	moesse
que	tu	moesses
que	ele	moesse
que	nós	moêssemos
que	vós	moêsseis
que	eles	moessem

futuro simples		
quando	eu	moer
quando	tu	moeres
quando	ele	moer
quando	nós	moermos
quando	vós	moerdes
quando	eles	moerem

INFINITIVO

infinitivo pessoal	
eu	moer
tu	moeres
ele	moer
nós	moermos
vós	moerdes
eles	moerem

IMPERATIVO

afirmativo	negativo	
—	—	
mói	não	moas
moa	não	moa
moamos	não	moamos
moei	não	moais
moam	não	moam

FORMAS NOMINAIS

infinitivo impessoal	infinitivo impessoal pretérito
moer	ter moído

particípio (pretérito)	gerúndio	gerúndio pretérito
moído	moendo	tendo moído

▌ Verbes terminés en -oer : le **e** se change en **i** à la 2e et 3e pers. du sing. de l'indicatif présent et à la 2e pers. du sing. de l'impératif affirmatif.

▌ Ainsi se conjuguent : roer et doer (voir tableau 48).

▶ Le verbe soer (avoir coutume) suit ce modèle, mais il n'est employé aujourd'hui que dans les expressions : *Como sói / soía dizer-se... Comme on a / on avait l'habitude de dire...*

INDICATIVO

presente		pretérito perfeito composto		
eu	digo	eu	tenho	dito
tu	dizes	tu	tens	dito
ele	diz	ele	tem	dito
nós	dizemos	nós	temos	dito
vós	dizeis	vós	tendes	dito
eles	dizem	eles	têm	dito

pretérito imperfeito		pretérito mais-que-perfeito composto		
eu	dizia	eu	tinha	dito
tu	dizias	tu	tinhas	dito
ele	dizia	ele	tinha	dito
nós	dizíamos	nós	tínhamos	dito
vós	dizíeis	vós	tínheis	dito
eles	diziam	eles	tinham	dito

pretérito mais-que-perfeito simples	
eu	dissera
tu	disseras
ele	dissera
nós	disséramos
vós	disséreis
eles	disseram

pretérito perfeito simples		pretérito mais-que-perfeito anterior		
eu	disse	eu	tivera	dito
tu	disseste	tu	tiveras	dito
ele	disse	ele	tivera	dito
nós	dissemos	nós	tivéramos	dito
vós	dissestes	vós	tivéreis	dito
eles	disseram	eles	tiveram	dito

futuro do presente simples		futuro do presente composto		
eu	direi	eu	terei	dito
tu	dirás	tu	terás	dito
ele	dirá	ele	terá	dito
nós	diremos	nós	teremos	dito
vós	direis	vós	tereis	dito
eles	dirão	eles	terão	dito

CONDICIONAL

futuro do pretérito simples	
eu	diria
tu	dirias
ele	diria
nós	diríamos
vós	diríeis
eles	diriam

SUBJUNTIVO / CONJUNTIVO

presente		
que	eu	diga
que	tu	digas
que	ele	diga
que	nós	digamos
que	vós	digais
que	eles	digam

pretérito imperfeito		
que	eu	dissesse
que	tu	dissesses
que	ele	dissesse
que	nós	disséssemos
que	vós	dissésseis
que	eles	dissessem

futuro simples		
quando	eu	disser
quando	tu	disseres
quando	ele	disser
quando	nós	dissermos
quando	vós	disserdes
quando	eles	disserem

INFINITIVO

infinitivo pessoal	
eu	dizer
tu	dizeres
ele	dizer
nós	dizermos
vós	dizerdes
eles	dizerem

IMPERATIVO

afirmativo	negativo
—	—
diz / (dize)	não digas
diga	não diga
digamos	não digamos
dizei	não digais
digam	não digam

FORMAS NOMINAIS

infinitivo impessoal	infinitivo impessoal pretérito
dizer	ter dito

particípio (pretérito)	gerúndio	gerúndio pretérito
dito	dizendo	tendo dito

Verbe très irrégulier. Le **z** du radical se change en **g** à la 1ᵉ pers. du sing. de l'indicatif présent, à toutes les personnes du subjonctif présent et aux formes de l'impératif qui en dérivent. Le **z** du radical se change en **r** au futur simple et au conditionnel et en **ss** au passé simple et aux temps dérivés.
Attention la forme «dize» de la 2ᵉ pers. du sing. de l'impératif affirmatif ne s'utilise que dans un registre familier.
■ Ainsi se conjuguent tous les composés de **dizer**: bendizer, condizer, contradizer, desdizer, maldizer, predizer.
▶ Voir les verbes **trazer** et **fazer** (tableaux 30 et 31).

INDICATIVO

presente		pretérito perfeito composto		
eu	trago	eu	tenho	trazido
tu	trazes	tu	tens	trazido
ele	traz	ele	tem	trazido
nós	trazemos	nós	temos	trazido
vós	trazeis	vós	tendes	trazido
eles	trazem	eles	têm	trazido

pretérito imperfeito		pretérito mais-que-perfeito composto		
eu	trazia	eu	tinha	trazido
tu	trazias	tu	tinhas	trazido
ele	trazia	ele	tinha	trazido
nós	trazíamos	nós	tínhamos	trazido
vós	trazíeis	vós	tínheis	trazido
eles	traziam	eles	tinham	trazido

	pretérito mais-que-perfeito simples	
eu	trouxera	
tu	trouxeras	
ele	trouxera	
nós	trouxéramos	
vós	trouxéreis	
eles	trouxeram	

pretérito perfeito simples		pretérito mais-que-perfeito anterior		
eu	trouxe	eu	tivera	trazido
tu	trouxeste	tu	tiveras	trazido
ele	trouxe	ele	tivera	trazido
nós	trouxemos	nós	tivéramos	trazido
vós	trouxestes	vós	tivéreis	trazido
eles	trouxeram	eles	tiveram	trazido

futuro do presente simples		futuro do presente composto		
eu	trarei	eu	terei	trazido
tu	trarás	tu	terás	trazido
ele	trará	ele	terá	trazido
nós	traremos	nós	teremos	trazido
vós	trareis	vós	tereis	trazido
eles	trarão	eles	terão	trazido

CONDICIONAL

futuro do pretérito simples	
eu	traria
tu	trarias
ele	traria
nós	traríamos
vós	traríeis
eles	trariam

SUBJUNTIVO / CONJUNTIVO

presente		
que	eu	traga
que	tu	tragas
que	ele	traga
que	nós	tragamos
que	vós	tragais
que	eles	tragam

pretérito imperfeito		
que	eu	trouxesse
que	tu	trouxesses
que	ele	trouxesse
que	nós	trouxéssemos
que	vós	trouxésseis
que	eles	trouxessem

futuro simples		
quando	eu	trouxer
quando	tu	trouxeres
quando	ele	trouxer
quando	nós	trouxermos
quando	vós	trouxerdes
quando	eles	trouxerem

INFINITIVO

infinitivo pessoal	
eu	trazer
tu	trazeres
ele	trazer
nós	trazermos
vós	trazerdes
eles	trazerem

IMPERATIVO

afirmativo		negativo	
—		—	
traz / (traze)		não	tragas
traga		não	traga
tragamos		não	tragamos
trazei		não	tragais
tragam		não	tragam

FORMAS NOMINAIS

infinitivo impessoal	infinitivo impessoal pretérito
trazer	ter trazido

particípio (pretérito)	gerúndio	gerúndio pretérito
trazido	trazendo	tendo trazido

Verbe très irrégulier; le **z** du radical se change en **g** à la 1e pers. du sing. de l'indicatif présent, à toutes les personnes du subjonctif présent et aux formes de l'impératif qui en dérivent.
Le **z** du radical se change en **r** au futur simple et au conditionnel présent.
Noter l'irrégularité du radical du passé simple (**troux-**) et de ses temps dérivés. Attention la forme «traze» de la 2e pers. du sing. de l'impératif affirmatif ne s'utilise que dans un registre familier.
▶ Voir les verbes **dizer** et **fazer** (tableaux 29 et 31).

INDICATIVO

presente

eu	faço
tu	fazes
ele	faz
nós	fazemos
vós	fazeis
eles	fazem

pretérito perfeito composto

eu	tenho	feito
tu	tens	feito
ele	tem	feito
nós	temos	feito
vós	tendes	feito
eles	têm	feito

pretérito imperfeito

eu	fazia
tu	fazias
ele	fazia
nós	fazíamos
vós	fazíeis
eles	faziam

pretérito mais-que-perfeito composto

eu	tinha	feito
tu	tinhas	feito
ele	tinha	feito
nós	tínhamos	feito
vós	tínheis	feito
eles	tinham	feito

pretérito mais-que-perfeito simples

eu	fizera
tu	fizeras
ele	fizera
nós	fizéramos
vós	fizéreis
eles	fizeram

pretérito perfeito simples

eu	fiz
tu	fizeste
ele	fez
nós	fizemos
vós	fizestes
eles	fizeram

pretérito mais-que-perfeito anterior

eu	tivera	feito
tu	tiveras	feito
ele	tivera	feito
nós	tivéramos	feito
vós	tivéreis	feito
eles	tiveram	feito

futuro do presente simples

eu	farei
tu	farás
ele	fará
nós	faremos
vós	fareis
eles	farão

futuro do presente composto

eu	terei	feito
tu	terás	feito
ele	terá	feito
nós	teremos	feito
vós	tereis	feito
eles	terão	feito

CONDICIONAL

futuro do pretérito simples

eu	faria
tu	farias
ele	faria
nós	faríamos
vós	faríeis
eles	fariam

SUBJUNTIVO / CONJUNTIVO

presente

que	eu	faça
que	tu	faças
que	ele	faça
que	nós	façamos
que	vós	façais
que	eles	façam

pretérito imperfeito

que	eu	fizesse
que	tu	fizesses
que	ele	fizesse
que	nós	fizéssemos
que	vós	fizésseis
que	eles	fizessem

futuro simples

quando	eu	fizer
quando	tu	fizeres
quando	ele	fizer
quando	nós	fizermos
quando	vós	fizerdes
quando	eles	fizerem

INFINITIVO

infinitivo pessoal

eu	fazer
tu	fazeres
ele	fazer
nós	fazermos
vós	fazerdes
eles	fazerem

IMPERATIVO

afirmativo	negativo
—	—
faz / (faze)	não faças
faça	não faça
façamos	não façamos
fazei	não façais
façam	não façam

FORMAS NOMINAIS

infinitivo impessoal	infinitivo impessoal pretérito
fazer	ter feito

particípio (pretérito)	gerúndio	gerúndio pretérito
feito	fazendo	tendo feito

Verbe très irrégulier; le **z** du radical se change en **ç** à la 1ᵉ pers. du sing. de l'indicatif présent, à toutes les personnes du subjonctif présent et aux formes de l'impératif qui en dérivent.
Le **z** du radical se change en **r** au futur simple et au conditionnel présent.
Attention la forme «faze» de la 2ᵉ pers. du sing. de l'impératif affirmatif ne s'utilise que dans un registre familier.
Ainsi se conjuguent tous les dérivés de **fazer** : afazer, contrafazer, desfazer, liquefazer, perfazer, rarefazer, refazer, satisfazer.

▶ Voir les verbes **dizer** et **trazer** (tableaux 29 et 30).

INDICATIVO

presente		pretérito perfeito composto		
eu	aprazo	eu	tenho	aprazido
tu	aprazes	tu	tens	aprozido
ele	apraz	ele	tem	aprazido
nós	aprazemos	nós	temos	aprazido
vós	aprazeis	vós	tendes	aprazido
eles	aprazem	eles	têm	aprazido

pretérito imperfeito		pretérito mais-que-perfeito composto		
eu	aprazia	eu	tinha	aprazido
tu	aprazias	tu	tinhas	aprazido
ele	aprazia	ele	tinha	aprazido
nós	aprazíamos	nós	tínhamos	aprazido
vós	aprazíeis	vós	tínheis	aprazido
eles	apraziam	eles	tinham	aprazido

	pretérito mais-que-perfeito simples	
	eu	aprouvera
	tu	aprouveras
	ele	aprouvera
	nós	aprouvéramos
	vós	aprouvéreis
	eles	aprouveram

pretérito perfeito simples		pretérito mais-que-perfeito anterior		
eu	aprouve	eu	tivera	aprazido
tu	aprouveste	tu	tiveras	aprazido
ele	aprouve	ele	tivera	aprazido
nós	aprouvemos	nós	tivéramos	aprazido
vós	aprouvestes	vós	tivéreis	aprazido
eles	aprouveram	eles	tiveram	aprazido

futuro do presente simples		futuro do presente composto		
eu	aprazerei	eu	terei	aprazido
tu	aprazerás	tu	terás	aprazido
ele	aprazerá	ele	terá	aprazido
nós	aprazeremos	nós	teremos	aprazido
vós	aprazereis	vós	tereis	aprazido
eles	aprazerão	eles	terão	aprazido

CONDICIONAL

futuro do pretérito simples	
eu	aprazeria
tu	aprazerias
ele	aprzeria
nós	aprazeríamos
vós	aprazeríeis
eles	aprazeriam

SUBJUNTIVO / CONJUNTIVO

presente		
que	eu	apraza
que	tu	aprazas
que	ele	apraza
que	nós	aprazarmos
que	vós	aprazais
que	eles	aprazam

pretérito imperfeito		
que	eu	aprouvesse
que	tu	aprouvesses
que	ele	aprouvesse
que	nós	aprouvéssemos
que	vós	aprouvésseis
que	eles	aprouvessem

futuro simples		
quando	eu	aprouver
quando	tu	aprouveres
quando	ele	aprouver
quando	nós	aprouvermos
quando	vós	aprouverdes
quando	eles	aprouverem

INFINITIVO

infinitivo pessoal	
eu	aprazer
tu	aprazeres
ele	aprazer
nós	aprazermos
vós	aprazerdes
eles	aprazerem

IMPERATIVO

afirmativo		negativo	
—		—	
apraz /(apraze)		não	aprazas
apraza		não	apraza
aprazemos		não	aprazamos
aprazei		não	aprazais
aprazam		não	aprazam

FORMAS NOMINAIS

infinitivo impessoal	infinitivo impessoal pretérito
aprazer	ter aprazido

particípio (pretérito)	gerúndio	gerúndio pretérito
aprazido	aprazendo	tendo aprazido

Le verbe **aprazer**, dérivé de **prazer** (tableau 49), se conjugue, sous sa forme pronominale, à toutes les personnes. Remarquer l'absence de **e** à la 3e pers. du sing. de l'indicatif présent. Attention la forme «apraze» de la 2e pers. du sing. de l'impératif affirmatif ne s'utilise que dans un registre familier.

Le verbe desprazer se conjugue sur ce modèle.

► Ne pas confondre avec le verbe **aprazar**.

INDICATIVO

presente		pretérito perfeito composto		
eu	jazo	eu	tenho	jazido
tu	jazes	tu	tens	jazido
ele	jaz	ele	tem	jazido
nós	jazemos	nós	temos	jazido
vós	jazeis	vós	tendes	jazido
eles	jazem	eles	têm	jazido

pretérito imperfeito		pretérito mais-que-perfeito composto		
eu	jazia	eu	tinha	jazido
tu	jazias	tu	tinhas	jazido
ele	jazia	ele	tinha	jazido
nós	jazíamos	nós	tínhamos	jazido
vós	jazíeis	vós	tínheis	jazido
eles	jaziam	eles	tinham	jazido

pretérito mais-que-perfeito simples	
eu	jazera
tu	jazeras
ele	jazera
nós	jazêramos
vós	jazêreis
eles	jazeram

pretérito perfeito simples		pretérito mais-que-perfeito anterior		
eu	jazi	eu	tivera	jazido
tu	jazeste	tu	tiveras	jazido
ele	jazeu	ele	tivera	jazido
nós	jazemos	nós	tivéramos	jazido
vós	jazestes	vós	tivéreis	jazido
eles	jazeram	eles	tiveram	jazido

futuro do presente simples		futuro do presente composto		
eu	jazerei	eu	terei	jazido
tu	jazerás	tu	terás	jazido
ele	jazerá	ele	terá	jazido
nós	jazeremos	nós	teremos	jazido
vós	jazereis	vós	tereis	jazido
eles	jazerão	eles	terão	jazido

CONDICIONAL

futuro do pretérito simples	
eu	jazeria
tu	jazerias
ele	jazeria
nós	jazeríamos
vós	jazeríeis
eles	jazeriam

SUBJUNTIVO / CONJUNTIVO

presente		
que	eu	jaza
que	tu	jazas
que	ele	jaza
que	nós	jazamos
que	vós	jazais
que	eles	jazam

pretérito imperfeito		
que	eu	jazesse
que	tu	jazesses
que	ele	jazesse
que	nós	jazêssemos
que	vós	jazêsseis
que	eles	jazessem

futuro simples		
quando	eu	jazer
quando	tu	jazeres
quando	ele	jazer
quando	nós	jazermos
quando	vós	jazerdes
quando	eles	jazerem

INFINITIVO

infinitivo pessoal	
eu	jazer
tu	jazeres
ele	jazer
nós	jazermos
vós	jazerdes
eles	jazerem

IMPERATIVO

afirmativo		negativo	
—		—	
jaz / (jaze)		não	jazas
jaza		não	jaza
jazamos		não	jazamos
jazei		não	jazais
jazam		não	jazam

FORMAS NOMINAIS

infinitivo impessoal	infinitivo impessoal pretérito
jazer	ter jazido

particípio (pretérito)	gerúndio	gerúndio pretérito
jazido	jazendo	tendo jazido

▌ Remarquer l'absence de **e** à la 3ᵉ pers. du sing. de l'indicatif présent. Attention la forme «jaze» de la 2ᵉ pers. du sing. de l'impératif affirmatif ne s'utilise que dans un registre familier.

▶ Le verbe **jazer** se conjugue à toutes les formes, mais il ne s'emploie qu'en parlant de personnes malades ou mortes et de choses détruites.

INDICATIVO

presente		pretérito perfeito composto		
eu	caibo	eu	tenho	cabido
tu	cabes	tu	tens	cabido
ele	cabe	ele	tem	cabido
nós	cabemos	nós	temos	cabido
vós	cabeis	vós	tendes	cabido
eles	cabem	eles	têm	cabido

pretérito imperfeito		pretérito mais-que-perfeito composto		
eu	cabia	eu	tinha	cabido
tu	cabias	tu	tinhas	cabido
ele	cabia	ele	tinha	cabido
nós	cabíamos	nós	tínhamos	cabido
vós	cabíeis	vós	tínheis	cabido
eles	cabiam	eles	tinham	cabido

pretérito mais-que-perfeito simples	
eu	coubera
tu	couberas
ele	coubera
nós	coubéramos
vós	coubéreis
eles	couberam

pretérito perfeito simples		pretérito mais-que-perfeito anterior		
eu	coube	eu	tivera	cabido
tu	coubeste	tu	tiveras	cabido
ele	coube	ele	tivera	cabido
nós	coubemos	nós	tivéramos	cabido
vós	coubestes	vós	tivéreis	cabido
eles	couberam	eles	tiveram	cabido

futuro do presente simples		futuro do presente composto		
eu	caberei	eu	terei	cabido
tu	caberás	tu	terás	cabido
ele	caberá	ele	terá	cabido
nós	caberemos	nós	teremos	cabido
vós	cabereis	vós	tereis	cabido
eles	caberão	eles	terão	cabido

CONDICIONAL

futuro do pretérito simples	
eu	caberia
tu	caberias
ele	caberia
nós	caberíamos
vós	caberíeis
eles	caberiam

SUBJUNTIVO / CONJUNTIVO

presente		
que	eu	caiba
que	tu	caibas
que	ele	caiba
que	nós	caibamos
que	vós	caibais
que	eles	caibam

pretérito imperfeito		
que	eu	coubesse
que	tu	coubesses
que	ele	coubesse
que	nós	coubéssemos
que	vós	coubésseis
que	eles	coubessem

futuro simples		
quando	eu	couber
quando	tu	couberes
quando	ele	couber
quando	nós	coubermos
quando	vós	couberdes
quando	eles	couberem

INFINITIVO

infinitivo pessoal	
eu	caber
tu	caberes
ele	caber
nós	cabermos
vós	caberdes
eles	caberem

IMPERATIVO

afirmativo	negativo
—	—
—	—
—	—
—	—
—	—
—	—

FORMAS NOMINAIS

infinitivo impessoal	infinitivo impessoal pretérito
caber	ter cabido

particípio (pretérito)	gerúndio	gerúndio pretérito
cabido	cabendo	tendo cabido

Verbe très irrégulier. Remarquer l'irrégularité :
– de la 1ᵉ pers. du sing. du présent de l'ind. *caibo*, présente aussi à toutes les personnes du subj. présent,
– du radical du passé simple (**coub-**) et de ses temps dérivés.

▶ De par son sens, ce verbe n'a pas d'impératif.

Le verbe dérivé descaber se conjugue sur ce modèle, mais il n'est utilisé qu'à la 3e pers. du singulier et à la 3e pers. du pluriel.

▶ Voir le verbe **saber** (tableau 35).

INDICATIVO

presente			pretérito perfeito composto		
eu	sei		eu	tenho	sabido
tu	sabes		tu	tens	sabido
ele	sabe		ele	tem	sabido
nós	sabemos		nós	temos	sabido
vós	sabeis		vós	tendes	sabido
eles	sabem		eles	têm	sabido

pretérito imperfeito			pretérito mais-que-perfeito composto		
eu	sabia		eu	tinha	sabido
tu	sabias		tu	tinhas	sabido
ele	sabia		ele	tinha	sabido
nós	sabíamos		nós	tínhamos	sabido
vós	sabíeis		vós	tínheis	sabido
eles	sabiam		eles	tinham	sabido

pretérito mais-que-perfeito simples		
eu	soubera
tu	souberas
ele	soubera
nós	soubéramos
vós	soubéreis
eles	souberam

pretérito perfeito simples			pretérito mais-que-perfeito anterior		
eu	soube		eu	tivera	sabido
tu	soubeste		tu	tiveras	sabido
ele	soube		ele	tivera	sabido
nós	soubemos		nós	tivéramos	sabido
vós	soubestes		vós	tivéreis	sabido
eles	souberam		eles	tiveram	sabido

futuro do presente simples			futuro do presente composto		
eu	saberei		eu	terei	sabido
tu	saberás		tu	terás	sabido
ele	saberá		ele	terá	sabido
nós	saberemos		nós	teremos	sabido
vós	sabereis		vós	tereis	sabido
eles	saberão		eles	terão	sabido

CONDICIONAL

futuro do pretérito simples		
eu	saberia
tu	saberias
ele	saberia
nós	saberíamos
vós	saberíeis
eles	saberiam

SUBJUNTIVO / CONJUNTIVO

presente		
que	eu	saiba
que	tu	saibas
que	ele	saiba
que	nós	saibamos
que	vós	saibais
que	eles	saibam

pretérito imperfeito		
que	eu	soubesse
que	tu	soubesses
que	ele	soubesse
que	nós	soubéssemos
que	vós	soubésseis
que	eles	soubessem

futuro simples		
quando	eu	souber
quando	tu	souberes
quando	ele	souber
quando	nós	soubermos
quando	vós	souberdes
quando	eles	souberem

INFINITIVO

infinitivo pessoal		
eu	saber
tu	saberes
ele	saber
nós	sabermos
vós	saberdes
eles	saberem

IMPERATIVO

afirmativo		negativo	
—		—	
sabe		não	saibas
saiba		não	saiba
saibamos		não	saibamos
sabei		não	saibais
saibam		não	saibam

FORMAS NOMINAIS

infinitivo impessoal	infinitivo impessoal pretérito
saber	ter sabido

particípio (pretérito)	gerúndio	gerúndio pretérito
sabido	sabendo	tendo sabido

Verbe très irrégulier. Remarquer :
– l'irrégularité de la 1ᵉ pers. du sing. du présent de l'indicatif *sei*, ainsi que celle du radical du subjonctif présent (**saib-**) et des formes de l'impératif qui en dérivent,
– l'irrégularité du radical du passé simple (**soub-**) et de ses temps dérivés.

■ Le verbe dérivé dessaber se conjugue sur ce modèle.

▶ Voir le verbe **caber** (tableau 34).

INDICATIVO

presente		pretérito perfeito composto		
eu	posso	eu	tenho	podido
tu	podes	tu	tens	podido
ele	pode	ele	tem	podido
nós	podemos	nós	temos	podido
vós	podeis	vós	tendes	podido
eles	podem	eles	têm	podido

pretérito imperfeito		pretérito mais-que-perfeito composto		
eu	podia	eu	tinha	podido
tu	podias	tu	tinhas	podido
ele	podia	ele	tinha	podido
nós	podíamos	nós	tínhamos	podido
vós	podíeis	vós	tínheis	podido
eles	podiam	eles	tinham	podido

pretérito mais-que-perfeito simples	
eu	pudera
tu	puderas
ele	pudera
nós	pudéramos
vós	pudéreis
eles	puderam

pretérito perfeito simples		pretérito mais-que-perfeito anterior		
eu	pude	eu	tivera	podido
tu	pudeste	tu	tiveras	podido
ele	pôde	ele	tivera	podido
nós	pudemos	nós	tivéramos	podido
vós	pudestes	vós	tivéreis	podido
eles	puderam	eles	tiveram	podido

futuro do presente simples		futuro do presente composto		
eu	poderei	eu	terei	podido
tu	poderás	tu	terás	podido
ele	poderá	ele	terá	podido
nós	poderemos	nós	teremos	podido
vós	podereis	vós	tereis	podido
eles	poderão	eles	terão	podido

CONDICIONAL

futuro do pretérito simples	
eu	poderia
tu	poderias
ele	poderia
nós	poderíamos
vós	poderíeis
eles	poderiam

SUBJUNTIVO / CONJUNTIVO

presente		
que	eu	possa
que	tu	possas
que	ele	possa
que	nós	possamos
que	vós	possais
que	eles	possam

pretérito imperfeito		
que	eu	pudesse
que	tu	pudesses
que	ele	pudesse
que	nós	pudéssemos
que	vós	pudésseis
que	eles	pudessem

futuro simples		
quando	eu	puder
quando	tu	puderes
quando	ele	puder
quando	nós	pudermos
quando	vós	puderdes
quando	eles	puderem

INFINITIVO

infinitivo pessoal	
eu	poder
tu	poderes
ele	poder
nós	podermos
vós	poderdes
eles	poderem

IMPERATIVO

afirmativo	negativo
—	—
—	—
—	—
—	—
—	—
—	—

FORMAS NOMINAIS

infinitivo impessoal	infinitivo impessoal pretérito	
poder	ter podido	

particípio (pretérito)	gerúndio	gerúndio pretérito
podido	podendo	tendo podido

Verbe très irrégulier; le **d** du radical se change en **ss** à la 1e pers. du sing. de l'indicatif présent et à toutes les personnes du subjonctif présent.
Remarquer l'alternance vocalique **u/o** de la 1e et de la 3e pers. du sing. du passé simple et de ses temps dérivés.

▶ De par son sens, ce verbe n'a pas d'impératif.

INDICATIVO	presente		pretérito perfeito composto		
	eu	creio	eu	tenho	crido
	tu	crês	tu	tens	crido
	ele	crê	ele	tem	crido
	nós	cremos	nós	temos	crido
	vós	credes	vós	tendes	crido
	eles	crêem	eles	têm	crido

pretérito imperfeito / **pretérito mais-que-perfeito composto**

eu	cria	eu	tinha	crido
tu	crias	tu	tinhas	crido
ele	cria	ele	tinha	crido
nós	críamos	nós	tínhamos	crido
vós	críeis	vós	tínheis	crido
eles	criam	eles	tinham	crido

pretérito mais-que-perfeito simples

eu	crera
tu	creras
ele	crera
nós	crêramos
vós	crêreis
eles	creram

pretérito perfeito simples / **pretérito mais-que-perfeito anterior**

eu	cri	eu	tivera	crido
tu	creste	tu	tiveras	crido
ele	creu	ele	tivera	crido
nós	cremos	nós	tivéramos	crido
vós	crestes	vós	tivéreis	crido
eles	creram	eles	tiveram	crido

futuro do presente simples / **futuro do presente composto**

eu	crerei	eu	terei	crido
tu	crerás	tu	terás	crido
ele	crerá	ele	terá	crido
nós	creremos	nós	teremos	crido
vós	crereis	vós	tereis	crido
eles	crerão	eles	terão	crido

CONDICIONAL — futuro do pretérito simples

eu	creria
tu	crerias
ele	creria
nós	creríamos
vós	creríeis
eles	creriam

SUBJUNTIVO / CONJUNTIVO — presente

que	eu	creia
que	tu	creias
que	ele	creia
que	nós	creiamos
que	vós	creiais
que	eles	creiam

pretérito imperfeito

que	eu	cresse
que	tu	cresses
que	ele	cresse
que	nós	crêssemos
que	vós	crêsseis
que	eles	cressem

futuro simples

quando	eu	crer
quando	tu	creres
quando	ele	crer
quando	nós	crermos
quando	vós	crerdes
quando	eles	crerem

INFINITIVO — infinitivo pessoal

eu	crer
tu	creres
ele	crer
nós	crermos
vós	crerdes
eles	crerem

IMPERATIVO

afirmativo	negativo
—	—
crê	não creias
creia	não creia
creiamos	não creiamos
crede	não creiais
creiam	não creiam

FORMAS NOMINAIS

infinitivo impessoal	infinitivo impessoal pretérito
crer	ter crido

particípio (pretérito)	gerúndio	gerúndio pretérito
crido	crendo	tendo crido

Verbe irrégulier. Noter la présence du **d** à la 2e pers. du pl. du présent de l'indicatif et de l'impératif affirmatif.

■ Ainsi se conjuguent : descrer et ler (voir tableau 42).

▶ Ne pas confondre avec les verbes **criar** et **querer** (voir tableau 38).

INDICATIVO

presente		pretérito perfeito composto		
eu	quero	eu	tenho	querido
tu	queres	tu	tens	querido
ele	quer	ele	tem	querido
nós	queremos	nós	temos	querido
vós	quereis	vós	tendes	querido
eles	querem	eles	têm	querido

pretérito imperfeito		pretérito mais-que-perfeito composto		
eu	queria	eu	tinha	querido
tu	querias	tu	tinhas	querido
ele	queria	ele	tinha	querido
nós	queríamos	nós	tínhamos	querido
vós	queríeis	vós	tínheis	querido
eles	queriam	eles	tinham	querido

pretérito mais-que-perfeito simples	
eu	quisera
tu	quiseras
ele	quisera
nós	quiséramos
vós	quiséreis
eles	quiseram

pretérito perfeito simples		pretérito mais-que-perfeito anterior		
eu	quis	eu	tivera	querido
tu	quiseste	tu	tiveras	querido
ele	quis	ele	tivera	querido
nós	quisemos	nós	tivéramos	querido
vós	quisestes	vós	tivéreis	querido
eles	quiseram	eles	tiveram	querido

futuro do presente simples		futuro do presente composto		
eu	quererei	eu	terei	querido
tu	quererás	tu	terás	querido
ele	quererá	ele	terá	querido
nós	quereremos	nós	teremos	querido
vós	querereis	vós	tereis	querido
eles	quererão	eles	terão	querido

CONDICIONAL

futuro do pretérito simples	
eu	quereria
tu	quererias
ele	quereria
nós	quereríamos
vós	quereríeis
eles	quereriam

SUBJUNTIVO / CONJUNTIVO

presente		
que	eu	queira
que	tu	queiras
que	ele	queira
que	nós	queiramos
que	vós	queirais
que	eles	queiram

pretérito imperfeito		
que	eu	quisesse
que	tu	quisesses
que	ele	quisesse
que	nós	quiséssemos
que	vós	quisésseis
que	eles	quisessem

futuro simples		
quando	eu	quiser
quando	tu	quiseres
quando	ele	quiser
quando	nós	quisermos
quando	vós	quiserdes
quando	eles	quiserem

INFINITIVO

infinitivo pessoal	
eu	querer
tu	quereres
ele	querer
nós	querermos
vós	quererdes
eles	quererem

IMPERATIVO

afirmativo	negativo
—	—
quer	não queiras
queira	não queira
queiramos	não queiramos
querei	não queirais
queiram	não queiram

FORMAS NOMINAIS

infinitivo impessoal	infinitivo impessoal pretérito
querer	ter querido

particípio (pretérito)	gerúndio	gerúndio pretérito
querido	querendo	tendo querido

Verbe irrégulier. Noter l'absence du **e** de la terminaison de la 3e pers. du sing. de l'indicatif présent et de la 2e pers. du sing. de l'impératif affirmatif. Cette irrégularité disparaît lorsque *quer* est suivi d'un pronom complément ; il devient alors **quere** : *Quere-lhe dizer algo* : *Il veut vous dire quelque chose.*

▶ L'impératif de **querer** n'est utilisé que dans des phrases emphatiques.

▶ Remarquer les différences de conjuguaison que ce verbe présente avec son dérivé **requerer** (voir tableau 39).

INDICATIVO

presente

eu	requeiro
tu	requeres
ele	requer
nós	requeremos
vós	requereis
eles	requerem

pretérito perfeito composto

eu	tenho	requerido
tu	tens	requerido
ele	tem	requerido
nós	temos	requerido
vós	tendes	requerido
eles	têm	requerido

pretérito imperfeito

eu	requeria
tu	requerias
ele	requeria
nós	requeríamos
vós	requeríeis
eles	requeriam

pretérito mais-que-perfeito composto

eu	tinha	requerido
tu	tinhas	requerido
ele	tinha	requerido
nós	tínhamos	requerido
vós	tínheis	requerido
eles	tinham	requerido

pretérito mais-que-perfeito simples

eu	requerera
tu	requereras
ele	requerera
nós	requerêramos
vós	requerêreis
eles	requereram

pretérito perfeito simples

eu	requeri
tu	requereste
ele	requereu
nós	requeremos
vós	requerestes
eles	requereram

pretérito mais-que-perfeito anterior

eu	tivera	requerido
tu	tiveras	requerido
ele	tivera	requerido
nós	tivéramos	requerido
vós	tivéreis	requerido
eles	tiveram	requerido

futuro do presente simples

eu	requererei
tu	requererás
ele	requererá
nós	requereremos
vós	requerereis
eles	requererão

futuro do presente composto

eu	terei	requerido
tu	terás	requerido
ele	terá	requerido
nós	teremos	requerido
vós	tereis	requerido
eles	terão	requerido

CONDICIONAL

futuro do pretérito simples

eu	requereria
tu	requererias
ele	requereria
nós	requereríamos
vós	requereríeis
eles	requereriam

SUBJUNTIVO / CONJUNTIVO

presente

que	eu	requeira
que	tu	requeiras
que	ele	requeira
que	nós	requeiramos
que	vós	requeirais
que	eles	requeiram

pretérito imperfeito

que	eu	requeresse
que	tu	requeresses
que	ele	requeresse
que	nós	requerêssemos
que	vós	requerêsseis
que	eles	requeressem

futuro simples

quando	eu	requerer
quando	tu	requereres
quando	ele	requerer
quando	nós	requerermos
quando	vós	requererdes
quando	eles	requererem

INFINITIVO

infinitivo pessoal

eu	requerer
tu	requereres
ele	requerer
nós	requerermos
vós	requererdes
eles	requererem

IMPERATIVO

afirmativo	negativo
—	—
requer	não requeiras
requeira	não requeira
requeiramos	não requeiramos
requerei	não requeirais
requeiram.	não requeiram

FORMAS NOMINAIS

infinitivo impessoal

requerer

infinitivo impessoal pretérito

ter requerido

particípio (pretérito)

requerido

gerúndio

requerendo

gerúndio pretérito

tendo requerido

Verbe irrégulier. Remarquer :
– l'absence du **e** de la terminaison de la 3e pers. du sing. de l'indicatif présent et de la 2e pers. du sing. de l'impératif affirmatif. Cette irrégularité disparaît lorsque *requer* est suivi d'un pronom complément; il devient alors **requere** : *Requere-o. Il le demande / Il vous le demande.*
– l'irrégularité de la 1e pers. du sing. du présent de l'indicatif est présente aussi à toutes les personnes du subjonctif présent et aux formes de l'impératif qui en dérivent.
▶ Noter les différences de conjugaison avec le verbe **querer** (voir tableau 38).

INDICATIVO

presente		pretérito perfeito composto		
eu	vejo	eu	tenho	visto
tu	vês	tu	tens	visto
ele	vê	ele	tem	visto
nós	vemos	nós	temos	visto
vós	vedes	vós	tendes	visto
eles	vêem	eles	têm	visto

pretérito imperfeito		pretérito mais-que-perfeito composto		
eu	via	eu	tinha	visto
tu	vias	tu	tinhas	visto
ele	via	ele	tinha	visto
nós	víamos	nós	tínhamos	visto
vós	víeis	vós	tínheis	visto
eles	viam	eles	tinham	visto

pretérito mais-que-perfeito simples	
eu	vira
tu	viras
ele	vira
nós	víramos
vós	víreis
eles	viram

pretérito perfeito simples		pretérito mais-que-perfeito anterior		
eu	vi	eu	tivera	visto
tu	viste	tu	tiveras	visto
ele	viu	ele	tivera	visto
nós	vimos	nós	tivéramos	visto
vós	vistes	vós	tivéreis	visto
eles	viram	eles	tiveram	visto

futuro do presente simples		futuro do presente composto		
eu	verei	eu	terei	visto
tu	verás	tu	terás	visto
ele	verá	ele	terá	visto
nós	veremos	nós	teremos	visto
vós	vereis	vós	tereis	visto
eles	verão	eles	terão	visto

CONDICIONAL

futuro do pretérito simples	
eu	veria
tu	verias
ele	veria
nós	veríamos
vós	veríeis
eles	veriam

SUBJUNTIVO / CONJUNTIVO

presente		
que	eu	veja
que	tu	vejas
que	ele	veja
que	nós	vejamos
que	vós	vejais
que	eles	vejam

pretérito imperfeito		
que	eu	visse
que	tu	visses
que	ele	visse
que	nós	víssemos
que	vós	vísseis
que	eles	vissem

futuro simples		
quando	eu	vir
quando	tu	vires
quando	ele	vir
quando	nós	virmos
quando	vós	virdes
quando	eles	virem

INFINITIVO

infinitivo pessoal	
eu	ver
tu	veres
ele	ver
nós	vermos
vós	verdes
eles	verem

IMPERATIVO

afirmativo	negativo
—	—
vê	não vejas
veja	não veja
vejamos	não vejamos
vede	não vejais
vejam	não vejam

FORMAS NOMINAIS

infinitivo impessoal	infinitivo impessoal pretérito
ver	ter visto

particípio (pretérito)	gerúndio	gerúndio pretérito
visto	vendo	tendo visto

Verbe très irrégulier. Noter la présence du **d** à la 2ᵉ pers. du sing. du présent de l'indicatif et de l'impératif affirmatif.

Ainsi se conjuguent : antever, entrever, prever, rever.

► Les verbes **prover** et **desprover** présentent certaines particularités (voir tableau 41).

INDICATIVO

	presente		pretérito perfeito composto
eu	provejo	eu	tenho provido
tu	provês	tu	tens provido
ele	provê	ele	tem provido
nós	provemos	nós	temos provido
vós	provedes	vós	tendes provido
eles	provêem	eles	têm provido

	pretérito imperfeito		pretérito mais-que-perfeito composto
eu	provia	eu	tinha provido
tu	provias	tu	tinhas provido
ele	provia	ele	tinha provido
nós	províamos	nós	tínhamos provido
vós	províeis	vós	tínheis provido
eles	proviam	eles	tinham provido

	pretérito mais-que-perfeito simples
eu	provera
tu	proveras
ele	provera
nós	provêramos
vós	provêreis
eles	proveram

	pretérito perfeito simples		pretérito mais-que-perfeito anterior
eu	provi	eu	tivera provido
tu	proveste	tu	tiveras provido
ele	proveu	ele	tivera provido
nós	provemos	nós	tivéramos provido
vós	provestes	vós	tivéreis provido
eles	proveram	eles	tiveram provido

	futuro do presente simples		futuro do presente composto
eu	proverei	eu	terei provido
tu	proverás	tu	terás provido
ele	proverá	ele	terá provido
nós	proveremos	nós	teremos provido
vós	provereis	vós	tereis provido
eles	proverão	eles	terão provido

CONDICIONAL

	futuro do pretérito simples
eu	proveria
tu	proverias
ele	proveria
nós	proveríamos
vós	proveríeis
eles	proveriam

SUBJUNTIVO / CONJUNTIVO

		presente
que	eu	proveja
que	tu	provejas
que	ele	proveja
que	nós	provejamos
que	vós	provejais
que	eles	provejam

		pretérito imperfeito
que	eu	provesse
que	tu	provesses
que	ele	provesse
que	nós	provêssemos
que	vós	provêsseis
que	eles	provessem

		futuro simples
quando	eu	prover
quando	tu	proveres
quando	ele	prover
quando	nós	provermos
quando	vós	proverdes
quando	eles	proverem

INFINITIVO

	infinitivo pessoal
eu	prover
tu	proveres
ele	prover
nós	provermos
vós	proverdes
eles	proverem

IMPERATIVO

afirmativo		negativo	
—		—	
provê	não	provejas	
proveja	não	proveja	
provejamos	não	provejamos	
provede	não	provejais	
provejam	não	provejam	

FORMAS NOMINAIS

infinitivo impessoal	infinitivo impessoal pretérito
prover	ter provido

particípio (pretérito)	gerúndio	gerúndio pretérito
provido	provendo	tendo provido

Les verbes **prover** et **desprover** se conjuguent comme **ver** (voir tableau 40) au présent de l'indicatif, au présent du subjonctif et à l'impératif affirmatif et négatif. Mais ils sont réguliers à tous les autres temps.

INDICATIVO

presente		pretérito perfeito composto		
eu	leio	eu	tenho	lido
tu	lês	tu	tens	lido
ele	lê	ele	tem	lido
nós	lemos	nós	temos	lido
vós	ledes	vós	tendes	lido
eles	lêem	eles	têm	lido

pretérito imperfeito		pretérito mais-que-perfeito composto		
eu	lia	eu	tinha	lido
tu	lias	tu	tinhas	lido
ele	lia	ele	tinha	lido
nós	líamos	nós	tínhamos	lido
vós	líeis	vós	tínheis	lido
eles	liam	eles	tinham	lido

pretérito mais-que-perfeito simples		
eu	lera	
tu	leras	
ele	lera	
nós	lêramos	
vós	lêreis	
eles	leram	

pretérito perfeito simples		pretérito mais-que-perfeito anterior		
eu	li	eu	tivera	lido
tu	leste	tu	tiveras	lido
ele	leu	ele	tivera	lido
nós	lemos	nós	tivéramos	lido
vós	lestes	vós	tivéreis	lido
eles	leram	eles	tiveram	lido

futuro do presente simples		futuro do presente composto		
eu	lerei	eu	terei	lido
tu	lerás	tu	terás	lido
ele	lerá	ele	terá	lido
nós	leremos	nós	teremos	lido
vós	lereis	vós	tereis	lido
eles	lerão	eles	terão	lido

CONDICIONAL

futuro do pretérito simples	
eu	leria
tu	lerias
ele	leria
nós	leríamos
vós	leríeis
eles	leriam

SUBJUNTIVO / CONJUNTIVO

presente		
que	eu	leia
que	tu	leias
que	ele	leia
que	nós	leiamos
que	vós	leiais
que	eles	leiam

pretérito imperfeito		
que	eu	lesse
que	tu	lesses
que	ele	lesse
que	nós	lêssemos
que	vós	lêsseis
que	eles	lessem

futuro simples		
quando	eu	ler
quando	tu	leres
quando	ele	ler
quando	nós	lermos
quando	vós	lerdes
quando	eles	lerem

INFINITIVO

infinitivo pessoal	
eu	ler
tu	leres
ele	ler
nós	lermos
vós	lerdes
eles	lerem

IMPERATIVO

afirmativo	negativo
—	—
lê	não leias
leia	não leia
leiamos	não leiamos
lede	não leiais
leiam	não leiam

FORMAS NOMINAIS

infinitivo impessoal	infinitivo impessoal pretérito
ler	ter lido

particípio (pretérito)	gerúndio	gerúndio pretérito
lido	lendo	tendo lido

Verbe irrégulier. Remarquer la présence du **d** à la 2e pers. du pl. du présent de l'indicatif et de l'impératif affirmatif.

Ainsi se conjuguent : reler, tresler et crer (voir tableau 37).

INDICATIVO

presente		pretérito perfeito composto		
eu	valho	eu	tenho	valido
tu	vales	tu	tens	valido
ele	vale	ele	tem	valido
nós	valemos	nós	temos	valido
vós	valeis	vós	tendes	valido
eles	valem	eles	têm	valido

pretérito imperfeito		pretérito mais-que-perfeito composto		
eu	valia	eu	tinha	valido
tu	valias	tu	tinhas	valido
ele	valia	ele	tinha	valido
nós	valíamos	nós	tínhamos	valido
vós	valíeis	vós	tínheis	valido
eles	valiam	eles	tinham	valido

pretérito mais-que-perfeito simples	
eu	valera
tu	valeras
ele	valera
nós	valêramos
vós	valêreis
eles	valeram

pretérito perfeito simples		pretérito mais-que-perfeito anterior		
eu	vali	eu	tivera	valido
tu	valeste	tu	tiveras	valido
ele	valeu	ele	tivera	valido
nós	valemos	nós	tivéramos	valido
vós	valestes	vós	tivéreis	valido
eles	valeram	eles	tiveram	valido

futuro do presente simples		futuro do presente composto		
eu	valerei	eu	terei	valido
tu	valerás	tu	terás	valido
ele	valerá	ele	terá	valido
nós	valeremos	nós	teremos	valido
vós	valereis	vós	tereis	valido
eles	valerão	eles	terão	valido

CONDICIONAL

futuro do pretérito simples	
eu	valeria
tu	valerias
ele	valeria
nós	valeríamos
vós	valeríeis
eles	valeriam

SUBJUNTIVO / CONJUNTIVO

presente		
que	eu	valha
que	tu	valhas
que	ele	valha
que	nós	valhamos
que	vós	valhais
que	eles	valham

pretérito imperfeito		
que	eu	valesse
que	tu	valesses
que	ele	valesse
que	nós	valêssemos
que	vós	valêsseis
que	eles	valessem

futuro simples		
quando	eu	valer
quando	tu	valeres
quando	ele	valer
quando	nós	valermos
quando	vós	valerdes
quando	eles	valerem

INFINITIVO

infinitivo pessoal	
eu	valer
tu	valeres
ele	valer
nós	valermos
vós	valerdes
eles	valerem

IMPERATIVO

afirmativo		negativo	
—		—	
vale		não	valhas
valha		não	valha
valhamos		não	valhamos
valei		não	valhais
valham		não	valham

FORMAS NOMINAIS

infinitivo impessoal	infinitivo impessoal pretérito
valer	ter valido

particípio (pretérito)	gerúndio	gerúndio pretérito
valido	valendo	tendo valido

Noter l'irrégularité du radical de la 1e pers. du sing. du présent de l'indicatif (**valh-**), de toutes les personnes du subjonctif présent et des formes de l'impératif qui en dérivent.

Ainsi se conjuguent les dérivés de **valer**: desvaler et equivaler

INDICATIVO

presente			pretérito perfeito composto		
eu	perco		eu	tenho	perdido
tu	perdes		tu	tens	perdido
ele	perde		ele	tem	perdido
nós	perdemos		nós	temos	perdido
vós	perdeis		vós	tendes	perdido
eles	perdem		eles	têm	perdido

pretérito imperfeito			pretérito mais-que-perfeito composto		
eu	perdia		eu	tinha	perdido
tu	perdias		tu	tinhas	perdido
ele	perdia		ele	tinha	perdido
nós	perdíamos		nós	tínhamos	perdido
vós	perdíeis		vós	tínheis	perdido
eles	perdiam		eles	tinham	perdido

pretérito mais-que-perfeito simples	
eu	perdera
tu	perderas
ele	perdera
nós	perdêramos
vós	perdêreis
eles	perderam

pretérito perfeito simples			pretérito mais-que-perfeito anterior		
eu	perdi		eu	tivera	perdido
tu	perdeste		tu	tiveras	perdido
ele	perdeu		ele	tivera	perdido
nós	perdemos		nós	tivéramos	perdido
vós	perdestes		vós	tivéreis	perdido
eles	perderam		eles	tiveram	perdido

futuro do presente simples			futuro do presente composto		
eu	perderei		eu	terei	perdido
tu	perderás		tu	terás	perdido
ele	perderá		ele	terá	perdido
nós	perderemos		nós	teremos	perdido
vós	perdereis		vós	tereis	perdido
eles	perderão		eles	terão	perdido

CONDICIONAL

futuro do pretérito simples	
eu	perderia
tu	perderias
ele	perderia
nós	perderíamos
vós	perderíeis
eles	perderiam

SUBJUNTIVO / CONJUNTIVO

presente		
que	eu	perca
que	tu	percas
que	ele	perca
que	nós	percamos
que	vós	percais
que	eles	percam

pretérito imperfeito		
que	eu	perdesse
que	tu	perdesses
que	ele	perdesse
que	nós	perdêssemos
que	vós	perdêsseis
que	eles	perdessem

futuro simples		
quando	eu	perder
quando	tu	perderes
quando	ele	perder
quando	nós	perdermos
quando	vós	perderdes
quando	eles	perderem

INFINITIVO

infinitivo pessoal	
eu	perder
tu	perderes
ele	perder
nós	perdermos
vós	perderdes
eles	perderem

IMPERATIVO

afirmativo		negativo	
—		—	
	perde	não	percas
	perca	não	perca
	percamos	não	percamos
	perdei	não	percais
	percam	não	percam

FORMAS NOMINAIS

infinitivo impessoal	infinitivo impessoal pretérito
perder	ter perdido

particípio (pretérito)	gerúndio	gerúndio pretérito
perdido	perdendo	tendo perdido

Remarquer l'irrégularité de ce verbe : le **d** du radical se change en **c** à la 1e pers. du sing. du présent de l'indicatif, ainsi qu'à toutes les personnes du présent du subjonctif et aux formes de l'impératif qui en dérivent (voir Grammaire page 13).

INDICATIVO

presente		pretérito perfeito composto		
eu	ponho	eu	tenho	posto
tu	pões	tu	tens	posto
ele	põe	ele	tem	posto
nós	pomos	nós	temos	posto
vós	pondes	vós	tendes	posto
eles	põem	eles	têm	posto

pretérito imperfeito		pretérito mais-que-perfeito composto		
eu	punha	eu	tinha	posto
tu	punhas	tu	tinhas	posto
ele	punha	ele	tinha	posto
nós	púnhamos	nós	tínhamos	posto
vós	púnheis	vós	tínheis	posto
eles	punham	eles	tinham	posto

pretérito mais-que-perfeito simples	
eu	pusera
tu	puseras
ele	pusera
nós	puséramos
vós	puséreis
eles	puseram

pretérito perfeito simples		pretérito mais-que-perfeito anterior		
eu	pus	eu	tivera	posto
tu	puseste	tu	tiveras	posto
ele	pôs	ele	tivera	posto
nós	pusemos	nós	tivéramos	posto
vós	pusestes	vós	tivéreis	posto
eles	puseram	eles	tiveram	posto

futuro do presente simples		futuro do presente composto		
eu	porei	eu	terei	posto
tu	porás	tu	terás	posto
ele	porá	ele	terá	posto
nós	poremos	nós	teremos	posto
vós	poreis	vós	tereis	posto
eles	porão	eles	terão	posto

CONDICIONAL

futuro do pretérito simples	
eu	poria
tu	porias
ele	poria
nós	poríamos
vós	poríeis
eles	poriam

SUBJUNTIVO / CONJUNTIVO

presente		
que	eu	ponha
que	tu	ponhas
que	ele	ponha
que	nós	ponhamos
que	vós	ponhais
que	eles	ponham

pretérito imperfeito		
que	eu	pusesse
que	tu	pusesses
que	ele	pusesse
que	nós	puséssemos
que	vós	pusésseis
que	eles	pusessem

futuro simples		
quando	eu	puser
quando	tu	puseres
quando	ele	puser
quando	nós	pusermos
quando	vós	puserdes
quando	eles	puserem

INFINITIVO

infinitivo pessoal	
eu	pôr
tu	pores
ele	pôr
nós	pormos
vós	pordes
eles	porem

IMPERATIVO

afirmativo		negativo	
—		—	
põe		não	ponhas
ponha		não	ponha
ponhamos		não	ponhamos
ponde		não	ponhais
ponham		não	ponham

FORMAS NOMINAIS

infinitivo impessoal	infinitivo impessoal pretérito
pôr	ter posto

particípio (pretérito)	gerúndio	gerúndio pretérito
posto	pondo	tendo posto

Verbe très irrégulier ; les seuls temps réguliers sont : le futur simple, le conditionnel présent et l'infinitif flexionné. Noter la présence du **d** à la 2ᵉ pers. du pl. du présent de l'indicatif et de l'impératif affirmatif.

Ainsi se conjuguent : apor, compor, contrapor, decompor, descompor, dispor, expor, impor, opor, propor, repor, supor.

▶ **Pôr** et ses dérivés appartiennent à la 2ᵉ conjugaison (voir Grammaire page 8). Mais à l'infinitif, à la 3ᵉ pers. du sing. du passé simple ainsi qu'à la 1ᵉ et 3ᵉ pers. du sing. de l'infinitif flexionné (personnel), ces dérivés ne portent pas d'accent circonflexe.

INDICATIVO

presente		pretérito perfeito composto	
—	—		
acontece	tem	acontecido	
—	—		
acontecem	têm	acontecido	

pretérito imperfeito		pretérito mais-que-perfeito composto	
—	—		
acontecia	tinha	acontecido	
—	—		
aconteciam	tinham	acontecido	

pretérito mais-que-perfeito simples	
—	
—	
acontecera	
—	
aconteceram	

pretérito perfeito simples		pretérito mais-que-perfeito anterior	
—	—		
aconteceu	tivera	acontecido	
—	—		
aconteceram	tiveram	acontecido	

futuro do presente simples		futuro do presente composto	
—	—		
acontecerá	terá	acontecido	
—	—		
acontecerão	terão	acontecido	

CONDICIONAL

futuro do pretérito simples	
—	
aconteceria	
—	
aconteceriam	

SUBJUNTIVO / CONJUNTIVO

presente	
—	
—	
que	**aconteça**
—	
que	**aconteçam**

pretérito imperfeito	
—	
que	acontecesse
—	
que	acontecessem

futuro simples	
—	
quando	acontecer
—	
quando	acontecerem

INFINITIVO

infinitivo pessoal	
—	
acontecer	
—	
acontecerem	

IMPERATIVO

afirmativo	negativo
—	—
—	—
—	—
—	—
—	—

FORMAS NOMINAIS

infinitivo impessoal	infinitivo impessoal pretérito	
acontecer	ter acontecido	

particípio (pretérito)	gerúndio	gerúndio pretérito
acontecido	acontecendo	tendo acontecido

(*) En parlant d'un événement.

Verbe impersonnel. Même si la 3e pers. du sing. est la forme la plus utilisée aujourd'hui, on emploie aussi couramment la 3e pers. du pluriel dans la langue et dans la presse.
Le **c** se change en **ç** devant **a** et **o** (voir tableau 25).

▶ Ce verbe n'a pas d'impératif.

▶ Les verbes **suceder**, **ocorrer**, **dar-se**, **passar**, peuvent aussi, dans certains contextes, avoir des emplois impersonnels.

INDICATIVO

presente		pretérito perfeito composto	
—		—	
chove		tem	chovido
—		—	
chovem		têm	chovido

pretérito imperfeito		pretérito mais-que-perfeito composto	
—		—	
chovia		tinha	chovido
—		—	
choviam		tinham	chovido

pretérito mais-que-perfeito simples	
—	
chovera	
—	
choveram	

pretérito perfeito simples		pretérito mais-que-perfeito anterior	
—		—	
choveu		tivera	chovido
—		—	
choveram		tiveram	chovido

futuro do presente simples		futuro do presente composto	
—		—	
choverá		terá	chovido
—		—	
choverão		terão	chovido

CONDICIONAL

futuro do pretérito simples
—
choveria
—
choveriam

SUBJUNTIVO / CONJUNTIVO

presente	
—	
—	
que	chova
—	
que	chovam

pretérito imperfeito	
—	
que	chovesse
—	
que	chovessem

futuro simples	
—	
quando	chover
—	
quando	choverem

INFINITIVO

infinitivo pessoal
—
chover
—
choverem

IMPERATIVO

afirmativo	negativo
—	—
—	—
—	—
—	—

FORMAS NOMINAIS

infinitivo impessoal	infinitivo impessoal pretérito	
chover	ter chovido	

particípio (pretérito)	gerúndio	gerúndio pretérito
chovido	chovendo	tendo chovido

Verbe impersonnel, employé à la 3e pers. du sing.: *Chove. Il pleut.*
Employé dans un sens figuré ou littéraire, **chover** peut être personnel et transitif: *Os convidados choveram pétalas de rosas sobre os noivos. Les invités firent pleuvoir des pétales de roses sur les jeunes mariés.*
► Ce verbe n'a pas d'impératif.

INDICATIVO

presente		pretérito perfeito composto	
—		—	
—		—	
dói		tem	doído
—		—	
doem		têm	doído

pretérito imperfeito		pretérito mais-que-perfeito composto	
—		—	
doía		tinha	doído
—		—	
doíam		tinham	doído

	pretérito mais-que-perfeito simples
—	
doera	
—	
doeram	

pretérito perfeito simples		pretérito mais-que-perfeito anterior	
—		—	
doeu		tivera	doído
—		—	
doeram		tiveram	doído

futuro do presente simples		futuro do presente composto	
—		—	
doerá		terá	doído
—		—	
doerão		terão	doído

CONDICIONAL

futuro do pretérito simples
—
—
doeria
—
doeriam

SUBJUNTIVO / CONJUNTIVO

presente	
—	
—	
que	doa
—	
que	doam

pretérito imperfeito	
—	
que	doesse
—	
que	doessem

futuro simples	
—	
quando	doer
—	
quando	doerem

INFINITIVO

infinitivo pessoal
—
—
doer
—
doerem

IMPERATIVO

afirmativo	negativo
—	—
—	—
—	—
—	—

FORMAS NOMINAIS

infinitivo impessoal	infinitivo impessoal pretérito
doer	ter doído

particípio (pretérito)	gerúndio	gerúndio pretérito
doído	doendo	tendo doído

Doer peut avoir deux emplois différents:
– défectif: il est alors intransitif ou transitif indirect et se conjugue seulement à la 3ᵉ pers. du sing. et du pl. *Dói-me a cabeça e doem-me as pernas. J'ai mal à la tête et aux jambes.*
– pronominal: il se conjugue à toutes les personnes et à tous les temps, selon le modèle du verbe **moer** (voir tableau 28). *Doíamo-nos das críticas. Les critiques nous faisaient beaucoup de peine.*
▶ De par son sens, ce verbe n'a pas d'impératif.

INDICATIVO

presente	pretérito perfeito composto	
—	—	
—	—	
praz	tem	prazido
—	—	
prazem	têm	prazido

pretérito imperfeito	pretérito mais-que-perfeito composto	
—	—	
—	—	
prazia	tinha	prazido
—	—	
praziam	tinham	prazido

pretérito mais-que-perfeito simples	
—	
—	
prouvera	
—	
prouveram	

pretérito perfeito simples	pretérito mais-que-perfeito anterior	
—	—	
—	—	
prouve	tivera	prazido
—	—	
prouveram	tiveram	prazido

futuro do presente simples	futuro do presente composto	
—	—	
—	—	
prazerá	terá	prazido
—	—	
prazerão	terão	prazido

CONDICIONAL

futuro do pretérito simples
—
—
prazeria
—
prazeriam

SUBJUNTIVO / CONJUNTIVO

presente	
—	
—	
que	praza
—	
que	prazam

pretérito imperfeito	
—	
—	
que	**prouvesse**
—	
que	**prouvessem**

futuro simples	
—	
—	
quando	**prouver**
—	
quando	**prouverem**

INFINITIVO

infinitivo pessoal
—
—
prazer
—
prazerem

IMPERATIVO

afirmativo	negativo
—	—
—	—
—	—
—	—
—	—

FORMAS NOMINAIS

infinitivo impessoal	infinitivo impessoal pretérito	
prazer	ter prazido	

particípio (pretérito)	gerúndio	gerúndio pretérito
prazido	prazendo	tendo prazido

Verbe défectif. Il n'est utilisé qu'à la 3e pers. du sing. et du pl. et généralement suivi des pronoms complé-ments (*me, te, lhe, nos, vos, lhes*). A la place des formes inexistantes, on peut utiliser le verbe **agradar**.

Quant aux dérivés de **prazer** : aprazer et desprazer, ils peuvent se conjuguer à toutes les personnes (voir tableau 32). Comprazer se conjugue, lui aussi, à toutes les personnes et présente deux formes au passé simple (*comprazi* et *comprouve*) et aux temps dérivés.

INDICATIVO

presente		pretérito perfeito composto		
—		eu	tenho	precavido
—		tu	tens	precavido
—		ele	tem	precavido
nós	precavemos	nós	temos	precavido
vós	precaveis	vós	tendes	precavido
—		eles	têm	precavido

pretérito imperfeito		pretérito mais-que-perfeito composto		
eu	precavia	eu	tinha	precavido
tu	precavias	tu	tinhas	precavido
ele	precavia	ele	tinha	precavido
nós	precavíamos	nós	tínhamos	precavido
vós	precavíeis	vós	tínheis	precavido
eles	precaviam	eles	tinham	precavido

pretérito mais-que-perfeito simples		
eu	precavera
tu	precaveras
ele	precavera
nós	precavêramos
vós	precavêreis
eles	precaveram

pretérito perfeito simples		pretérito mais-que-perfeito anterior		
eu	precavi	eu	tivera	precavido
tu	precaveste	tu	tiveras	precavido
ele	precaveu	ele	tivera	precavido
nós	precavemos	nós	tivéramos	precavido
vós	precavestes	vós	tivéreis	precavido
eles	precaveram	eles	tiveram	precavido

futuro do presente simples		futuro do presente composto		
eu	precaverei	eu	terei	precavido
tu	precaverás	tu	terás	precavido
ele	precaverá	ele	terá	precavido
nós	precaveremos	nós	teremos	precavido
vós	precavereis	vós	tereis	precavido
eles	precaverão	eles	terão	precavido

CONDICIONAL

futuro do pretérito simples	
eu	precaveria
tu	precaverias
ele	precaveria
nós	precaveríamos
vós	precaveríeis
eles	precaveriam

SUBJUNTIVO / CONJUNTIVO

presente
—
—
—
—
—
—

pretérito imperfeito		
que	eu	precavesse
que	tu	precavesses
que	ele	precavesse
que	nós	precavêssemos
que	vós	precavêsseis
que	eles	precavessem

futuro simples		
quando	eu	precaver
quando	tu	precaveres
quando	ele	precaver
quando	nós	precavermos
quando	vós	precaverdes
quando	eles	precaverem

INFINITIVO

infinitivo pessoal	
eu	precaver
tu	precaveres
ele	precaver
nós	precavermos
vós	precaverdes
eles	precaverem

IMPERATIVO

afirmativo	negativo
—	—
—	—
—	—
—	—
precavei	—
—	—

FORMAS NOMINAIS

infinitivo impessoal	infinitivo impessoal pretérito
precaver (-se)	ter (-se) precavido

particípio (pretérito)	gerúndio	gerúndio pretérito
precavido	precavendo (-se)	tendo (-se) precavido

Verbe défectif. Il se conjugue seulement aux formes régulières non accentuées sur le radical (formes arrhizotoniques).
L'emploi pronominal réfléchi est le plus fréquent (voir tableau 7).
Les formes qui manquent peuvent être remplacées par les verbes **prevenir** , **precautelar** ou **acautelar-se**.

INDICATIVO

presente		pretérito perfeito composto		
—		eu	tenho	reavido
—		tu	tens	reavido
—		ele	tem	reavido
nós	reavemos	nós	temos	reavido
vós	reaveis	vós	tendes	reavido
—		eles	têm	reavido

pretérito imperfeito		pretérito mais-que-perfeito composto		
eu	reavia	eu	tinha	reavido
tu	reavias	tu	tinhas	reavido
ele	reavia	ele	tinha	reavido
nós	reavíamos	nós	tínhamos	reavido
vós	reavíeis	vós	tínheis	reavido
eles	reaviam	eles	tinham	reavido

pretérito mais-que-perfeito simples		
eu	reouvera	
tu	reouveras	
ele	reouvera	
nós	reouvéramos	
vós	reouvéreis	
eles	reouveram	

pretérito perfeito simples		pretérito mais-que-perfeito anterior		
eu	reouve	eu	tivera	reavido
tu	reouveste	tu	tiveras	reavido
ele	reouve	ele	tivera	reavido
nós	reouvemos	nós	tivéramos	reavido
vós	reouvestes	vós	tivéreis	reavido
eles	reouveram	eles	tiveram	reavido

futuro do presente simples		futuro do presente composto		
eu	reaverei	eu	terei	reavido
tu	reaverás	tu	terás	reavido
ele	reaverá	ele	terá	reavido
nós	reaveremos	nós	teremos	reavido
vós	reavereis	vós	tereis	reavido
eles	reaverão	eles	terão	reavido

CONDICIONAL

futuro do pretérito simples	
eu	reaveria
tu	reaverias
ele	reaveria
nós	reaveríamos
vós	reaveríeis
eles	reaveriam

SUBJUNTIVO / CONJUNTIVO

presente
—
—
—
—
—
—

pretérito imperfeito		
que	eu	reouvesse
que	tu	reouvesses
que	ele	reouvesse
que	nós	reouvéssemos
que	vós	reouvésseis
que	eles	reouvessem

futuro simples		
quando	eu	reouver
quando	tu	reouveres
quando	ele	reouver
quando	nós	reouvermos
quando	vós	reouverdes
quando	eles	reouverem

INFINITIVO

infinitivo pessoal	
eu	reaver
tu	reaveres
ele	reaver
nós	reavermos
vós	reaverdes
eles	reaverem

IMPERATIVO

afirmativo	negativo
—	—
—	—
—	—
—	—
reavei	—
—	—

FORMAS NOMINAIS

infinitivo impessoal	infinitivo impessoal pretérito
reaver	ter reavido

particípio (pretérito)	gerúndio	gerúndio pretérito
reavido	reavendo	tendo reavido

Verbe défectif. Il n'est utilisé qu'aux formes où le verbe **haver**, dont il dérive, conserve la lettre **v** (voir tableau 2). Pour les formes inexistantes, on peut utiliser le verbe régulier **recuperar**.
Noter que **reaver** ne prend pas de **h**.

INDICATIVO

presente		pretérito perfeito composto		
eu	redijo	eu	tenho	redigido
tu	rediges	tu	tens	redigido
ele	redige	ele	tem	redigido
nós	redigimos	nós	temos	redigido
vós	redigis	vós	tendes	redigido
eles	redigem	eles	têm	redigido

pretérito imperfeito		pretérito mais-que-perfeito composto		
eu	redigia	eu	tinha	redigido
tu	redigias	tu	tinhas	redigido
ele	redigia	ele	tinha	redigido
nós	redigíamos	nós	tínhamos	redigido
vós	redigíeis	vós	tínheis	redigido
eles	redigiam	eles	tinham	redigido

pretérito mais-que-perfeito simples	
eu	redigira
tu	redigiras
ele	redigira
nós	redigíramos
vós	redigíreis
eles	redigiram

pretérito perfeito simples		pretérito mais-que-perfeito anterior		
eu	redigi	eu	tivera	redigido
tu	redigiste	tu	tiveras	redigido
ele	redigiu	ele	tivera	redigido
nós	redigimos	nós	tivéramos	redigido
vós	redigistes	vós	tivéreis	redigido
eles	redigiram	eles	tiveram	redigido

futuro do presente simples		futuro do presente composto		
eu	redigirei	eu	terei	redigido
tu	redigirás	tu	terás	redigido
ele	redigirá	ele	terá	redigido
nós	redigiremos	nós	teremos	redigido
vós	redigireis	vós	tereis	redigido
eles	redigirão	eles	terão	redigido

CONDICIONAL

futuro do pretérito simples	
eu	redigiria
tu	redigirias
ele	redigiria
nós	redigiríamos
vós	redigiríeis
eles	redigiriam

SUBJUNTIVO / CONJUNTIVO

presente		
que	eu	redija
que	tu	redijas
que	ele	redija
que	nós	redijamos
que	vós	redijais
que	eles	redijam

pretérito imperfeito		
que	eu	redigisse
que	tu	redigisses
que	ele	redigisse
que	nós	redigíssemos
que	vós	redigísseis
que	eles	redigissem

futuro simples		
quando	eu	redigir
quando	tu	redigires
quando	ele	redigir
quando	nós	redigirmos
quando	vós	redigirdes
quando	eles	redigirem

INFINITIVO

infinitivo pessoal	
eu	redigir
tu	redigires
ele	redigir
nós	redigirmos
vós	redigirdes
eles	redigirem

IMPERATIVO

	afirmativo		negativo
	—		—
	redige	não	redijas
	redija	não	redija
	redijamos	não	redijamos
	redigi	não	redijais
	redijam	não	redijam

FORMAS NOMINAIS

infinitivo impessoal	infinitivo impessoal pretérito
redigir	ter redigido

particípio (pretérito)	gerúndio	gerúndio pretérito
redigido	redigindo	tendo redigido

▌ Verbes terminés en -gir : le **g** se change en **j** devant **a** et **o**.
▌ Ainsi se conjuguent : afligir, agir, coligir, corrigir, dirigir, erigir, exigir, fingir, frangir, infligir, transigir.

INDICATIVO

presente		pretérito perfeito composto		
eu	extingo	eu	tenho	extinguido
tu	extingues	tu	tens	extinguido
ele	extingue	ele	tem	extinguido
nós	extinguimos	nós	temos	extinguido
vós	extinguis	vós	tendes	extinguido
eles	extinguem	eles	têm	extinguido

pretérito imperfeito		pretérito mais-que-perfeito composto		
eu	extinguia	eu	tinha	extinguido
tu	extinguias	tu	tinhas	extinguido
ele	extinguia	ele	tinha	extinguido
nós	extinguíamos	nós	tínhamos	extinguido
vós	extinguíeis	vós	tínheis	extinguido
eles	extinguiam	eles	tinham	extinguido

pretérito mais-que-perfeito simples	
eu	extinguira
tu	extinguiras
ele	extinguira
nós	extinguíramos
vós	extinguíreis
eles	extinguiram

pretérito perfeito simples		pretérito mais-que-perfeito anterior		
eu	extingui	eu	tivera	extinguido
tu	extinguiste	tu	tiveras	extinguido
ele	extinguiu	ele	tivera	extinguido
nós	extinguimos	nós	tivéramos	extinguido
vós	extinguistes	vós	tivéreis	extinguido
eles	extinguiram	eles	tiveram	extinguido

futuro do presente simples		futuro do presente composto		
eu	extinguirei	eu	terei	extinguido
tu	extinguirás	tu	terás	extinguido
ele	extinguirá	ele	terá	extinguido
nós	extinguiremos	nós	teremos	extinguido
vós	extinguireis	vós	tereis	extinguido
eles	extinguirão	eles	terão	extinguido

CONDICIONAL

futuro do pretérito simples	
eu	extinguiria
tu	extinguirias
ele	extinguiria
nós	extinguiríamos
vós	extinguiríeis
eles	extinguiriam

SUBJUNTIVO / CONJUNTIVO

presente		
que	eu	extinga
que	tu	extingas
que	ele	extinga
que	nós	extingamos
que	vós	extingais
que	eles	extingam

pretérito imperfeito		
que	eu	extinguisse
que	tu	extinguisses
que	ele	extinguisse
que	nós	extinguíssemos
que	vós	extinguísseis
que	eles	extinguissem

futuro simples		
quando	eu	extinguir
quando	tu	extinguires
quando	ele	extinguir
quando	nós	extinguirmos
quando	vós	extinguirdes
quando	eles	extinguirem

INFINITIVO

infinitivo pessoal	
eu	extinguir
tu	extinguires
ele	extinguir
nós	extinguirmos
vós	extinguirdes
eles	extinguirem

IMPERATIVO

afirmativo		negativo
—		—
extingue	não	extingas
extinga	não	extinga
extingamos	não	extingamos
extingui	não	extingais
extingam	não	extingam

FORMAS NOMINAIS

infinitivo impessoal	infinitivo impessoal pretérito
extinguir	ter extinguido

particípio (pretérito)	gerúndio	gerúndio pretérito
extinguido	extinguindo	tendo extinguido
extinto		

▐ Verbes terminés en -guir : le **gu** se change en **g** devant **a** et **o**.
▶ Ce verbe a un double participe.
▶ Remarquer les différences orthographiques avec le verbe **arguir** (voir tableau 75).

INDICATIVO

presente		pretérito perfeito composto		
eu	sirvo	eu	tenho	servido
tu	serves	tu	tens	servido
ele	serve	ele	tem	servido
nós	servimos	nós	temos	servido
vós	servis	vós	tendes	servido
eles	servem	eles	têm	servido

pretérito imperfeito		pretérito mais-que-perfeito composto		
eu	servia	eu	tinha	servido
tu	servias	tu	tinhas	servido
ele	servia	ele	tinha	servido
nós	servíamos	nós	tínhamos	servido
vós	servíeis	vós	tínheis	servido
eles	serviam	eles	tinham	servido

pretérito mais-que-perfeito simples	
eu	servira
tu	serviras
ele	servira
nós	servíramos
vós	servíreis
eles	serviram

pretérito perfeito simples		pretérito mais-que-perfeito anterior		
eu	servi	eu	tivera	servido
tu	serviste	tu	tiveras	servido
ele	serviu	ele	tivera	servido
nós	servimos	nós	tivéramos	servido
vós	servistes	vós	tivéreis	servido
eles	serviram	eles	tiveram	servido

futuro do presente simples		futuro do presente composto		
eu	servirei	eu	terei	servido
tu	servirás	tu	terás	servido
ele	servirá	ele	terá	servido
nós	serviremos	nós	teremos	servido
vós	servireis	vós	tereis	servido
eles	servirão	eles	terão	servido

CONDICIONAL

futuro do pretérito simples	
eu	serviria
tu	servirias
ele	serviria
nós	serviríamos
vós	serviríeis
eles	serviriam

SUBJUNTIVO / CONJUNTIVO

presente		
que	eu	sirva
que	tu	sirvas
que	ele	sirva
que	nós	sirvamos
que	vós	sirvais
que	eles	sirvam

pretérito imperfeito		
que	eu	servisse
que	tu	servisses
que	ele	servisse
que	nós	servíssemos
que	vós	servísseis
que	eles	servissem

futuro simples		
quando	eu	servir
quando	tu	servires
quando	ele	servir
quando	nós	servirmos
quando	vós	servirdes
quando	eles	servirem

INFINITIVO

infinitivo pessoal	
eu	servir
tu	servires
ele	servir
nós	servirmos
vós	servirdes
eles	servirem

IMPERATIVO

afirmativo	negativo	
—		
serve	não	sirvas
sirva	não	sirva
sirvamos	não	sirvamos
servi	não	sirvais
sirvam	não	sirvam

FORMAS NOMINAIS

infinitivo impessoal	infinitivo impessoal pretérito
servir	ter servido

particípio (pretérito)	gerúndio	gerúndio pretérito
servido	servindo	tendo servido

Verbes terminés en -ernir, -ervir, -ertir, -erzir, -espir et -estir : le **e** du radical se change en **i** à la 1ᵉ pers. du sing. du présent de l'indicatif, à toutes les personnes du subjonctif présent et aux formes de l'impératif qui en dérivent.

■ Ainsi se conjuguent : concernir, discernir, cerzir, despir, vestir, investir, revestir.

INDICATIVO

presente		pretérito perfeito composto		
eu	sigo	eu	tenho	seguido
tu	segues	tu	tens	seguido
ele	segue	ele	tem	seguido
nós	seguimos	nós	temos	seguido
vós	seguis	vós	tendes	seguido
eles	seguem	eles	têm	seguido

pretérito imperfeito		pretérito mais-que-perfeito composto		
eu	seguia	eu	tinha	seguido
tu	seguias	tu	tinhas	seguido
ele	seguia	ele	tinha	seguido
nós	seguíamos	nós	tínhamos	seguido
vós	seguíeis	vós	tínheis	seguido
eles	seguiam	eles	tinham	seguido

pretérito mais-que-perfeito simples	
eu	seguira
tu	seguiras
ele	seguira
nós	seguíramos
vós	seguíreis
eles	seguiram

pretérito perfeito simples		pretérito mais-que-perfeito anterior		
eu	segui	eu	tivera	seguido
tu	seguiste	tu	tiveras	seguido
ele	seguiu	ele	tivera	seguido
nós	seguimos	nós	tivéramos	seguido
vós	seguistes	vós	tivéreis	seguido
eles	seguiram	eles	tiveram	seguido

futuro do presente simples		futuro do presente composto		
eu	seguirei	eu	terei	seguido
tu	seguirás	tu	terás	seguido
ele	seguirá	ele	terá	seguido
nós	seguiremos	nós	teremos	seguido
vós	seguireis	vós	tereis	seguido
eles	seguirão	eles	terão	seguido

CONDICIONAL

futuro do pretérito simples	
eu	seguiria
tu	seguirias
ele	seguiria
nós	seguiríamos
vós	seguiríeis
eles	seguiriam

SUBJUNTIVO / CONJUNTIVO

presente		
que	eu	siga
que	tu	sigas
que	ele	siga
que	nós	sigamos
que	vós	sigais
que	eles	sigam

pretérito imperfeito		
que	eu	seguisse
que	tu	seguisses
que	ele	seguisse
que	nós	seguíssemos
que	vós	seguísseis
que	eles	seguissem

futuro simples		
quando	eu	seguir
quando	tu	seguires
quando	ele	seguir
quando	nós	seguirmos
quando	vós	seguirdes
quando	eles	seguirem

INFINITIVO

infinitivo pessoal	
eu	seguir
tu	seguires
ele	seguir
nós	seguirmos
vós	seguirdes
eles	seguirem

IMPERATIVO

afirmativo	negativo	
—	—	
segue	não	sigas
siga	não	siga
sigamos	não	sigamos
segui	não	sigais
sigam	não	sigam

FORMAS NOMINAIS

infinitivo impessoal	infinitivo impessoal pretérito
seguir	ter seguido

particípio (pretérito)	gerúndio	gerúndio pretérito
seguido	seguindo	tendo seguido

Verbes terminés en -eguir : le **e** du radical se change en **i** à la 1e pers. du sing. du présent de l'indicatif, à toutes les personnes du subjonctif présent et aux formes de l'impératif qui en dérivent. Ces verbes perdent le **u** devant **a** et **o**.

Ainsi se conjuguent : conseguir, perseguir, prosseguir.

INDICATIVO

presente			pretérito perfeito composto	
eu	sinto	eu	tenho	sentido
tu	sentes	tu	tens	sentido
ele	sente	ele	tem	sentido
nós	sentimos	nós	temos	sentido
vós	sentis	vós	tendes	sentido
eles	sentem	eles	têm	sentido

pretérito imperfeito			pretérito mais-que-perfeito composto	
eu	sentia	eu	tinha	sentido
tu	sentias	tu	tinhas	sentido
ele	sentia	ele	tinha	sentido
nós	sentíamos	nós	tínhamos	sentido
vós	sentíeis	vós	tínheis	sentido
eles	sentiam	eles	tinham	sentido

pretérito mais-que-perfeito simples	
eu	sentira
tu	sentiras
ele	sentira
nós	sentíramos
vós	sentíreis
eles	sentiram

pretérito perfeito simples			pretérito mais-que-perfeito anterior	
eu	senti	eu	tivera	sentido
tu	sentiste	tu	tiveras	sentido
ele	sentiu	ele	tivera	sentido
nós	sentimos	nós	tivéramos	sentido
vós	sentistes	vós	tivéreis	sentido
eles	sentiram	eles	tiveram	sentido

futuro do presente simples			futuro do presente composto	
eu	sentirei	eu	terei	sentido
tu	sentirás	tu	terás	sentido
ele	sentirá	ele	terá	sentido
nós	sentiremos	nós	teremos	sentido
vós	sentireis	vós	tereis	sentido
eles	sentirão	eles	terão	sentido

CONDICIONAL

futuro do pretérito simples	
eu	sentiria
tu	sentirias
ele	sentiria
nós	sentiríamos
vós	sentiríeis
eles	sentiriam

SUBJUNTIVO / CONJUNTIVO

presente		
que	eu	sinta
que	tu	sintas
que	ele	sinta
que	nós	sintamos
que	vós	sintais
que	eles	sintam

pretérito imperfeito		
que	eu	sentisse
que	tu	sentisses
que	ele	sentisse
que	nós	sentíssemos
que	vós	sentísseis
que	eles	sentissem

futuro simples		
quando	eu	sentir
quando	tu	sentires
quando	ele	sentir
quando	nós	sentirmos
quando	vós	sentirdes
quando	eles	sentirem

INFINITIVO

infinitivo pessoal	
eu	sentir
tu	sentires
ele	sentir
nós	sentirmos
vós	sentirdes
eles	sentirem

IMPERATIVO

afirmativo	negativo
—	—
sente	não sintas
sinta	não sinta
sintamos	não sintamos
senti	não sintais
sintam	não sintam

FORMAS NOMINAIS

infinitivo impessoal	infinitivo impessoal pretérito
sentir	ter sentido

particípio (pretérito)	gerúndio	gerúndio pretérito
sentido	sentindo	tendo sentido

Verbes terminés en -entir : le **e** du radical se change en **i** à la 1e pers. du sing. du présent de l'indicatif , à toutes les personnes du subjonctif présent et aux formes de l'impératif qui en dérivent.

Ainsi se conjuguent les dérivés de **sentir** : assentir, consentir, pressentir, ressentir et les verbes mentir et desmentir.

▶ Ne pas confondre avec la conjugaison du verbe **sentar**.

INDICATIVO

presente		pretérito perfeito composto		
eu	prefiro	eu	tenho	preferido
tu	preferes	tu	tens	preferido
ele	prefere	ele	tem	preferido
nós	preferimos	nós	temos	preferido
vós	preferis	vós	tendes	preferido
eles	preferem	eles	têm	preferido

pretérito imperfeito		pretérito mais-que-perfeito composto		
eu	preferia	eu	tinha	preferido
tu	preferias	tu	tinhas	preferido
ele	preferia	ele	tinha	preferido
nós	preferíamos	nós	tínhamos	preferido
vós	preferíeis	vós	tínheis	preferido
eles	preferiam	eles	tinham	preferido

pretérito mais-que-perfeito simples	
eu	preferira
tu	preferiras
ele	preferira
nós	preferíramos
vós	preferíreis
eles	preferiram

pretérito perfeito simples		pretérito mais-que-perfeito anterior		
eu	preferi	eu	tivera	preferido
tu	preferiste	tu	tiveras	preferido
ele	preferiu	ele	tivera	preferido
nós	preferimos	nós	tivéramos	preferido
vós	preferistes	vós	tivéreis	preferido
eles	preferiram	eles	tiveram	preferido

futuro do presente simples		futuro do presente composto		
eu	preferirei	eu	terei	preferido
tu	preferirás	tu	terás	preferido
ele	preferirá	ele	terá	preferido
nós	preferiremos	nós	teremos	preferido
vós	preferireis	vós	tereis	preferido
eles	preferirão	eles	terão	preferido

CONDICIONAL

futuro do pretérito simples	
eu	preferiria
tu	preferirias
ele	preferiria
nós	preferiríamos
vós	preferiríeis
ele	prefeririam

SUBJUNTIVO / CONJUNTIVO

presente		
que	eu	prefira
que	tu	prefiras
que	ele	prefira
que	nós	prefiramos
que	vós	prefirais
que	eles	prefiram

pretérito imperfeito		
que	eu	preferisse
que	tu	preferisses
que	ele	preferisse
que	nós	preferíssemos
que	vós	preferísseis
que	eles	preferissem

futuro simples		
quando	eu	preferir
quando	tu	preferires
quando	ele	preferir
quando	nós	preferirmos
quando	vós	preferirdes
quando	eles	preferirem

INFINITIVO

infinitivo pessoal	
eu	preferir
tu	preferires
ele	preferir
nós	preferirmos
vós	preferirdes
eles	preferirem

IMPERATIVO

afirmativo	negativo	
—	—	
prefere	não	prefiras
prefira	não	prefira
prefiramos	não	prefiramos
preferi	não	prefirais
prefiram	não	prefiram

FORMAS NOMINAIS

infinitivo impessoal	infinitivo impessoal pretérito
preferir	ter preferido

particípio (pretérito)	gerúndio	gerúndio pretérito
preferido	preferindo	tendo preferido

Verbes terminés en -elir, -erir et -etir : le **e** du radical se change en **i** à la 1ᵉ pers. du sing. du présent de l'indicatif, à toutes les personnes du subjonctif présent et aux formes de l'impératif qui en dérivent.
Ainsi se conjuguent : aderir, aferir, conferir, deferir, diferir, digerir, ferir, inferir, ingerir, inserir, proferir, referir, repelir, repetir, sugerir, transferir.

INDICATIVO

presente		pretérito perfeito composto		
eu	agrido	eu	tenho	agredido
tu	agrides	tu	tens	agredido
ele	agride	ele	tem	agredido
nós	agredimos	nós	temos	agredido
vós	agredis	vós	tendes	agredido
eles	agridem	eles	têm	agredido

pretérito imperfeito		pretérito mais-que-perfeito composto		
eu	agredia	eu	tinha	agredido
tu	agredias	tu	tinhas	agredido
ele	agredia	ele	tinha	agredido
nós	agredíamos	nós	tínhamos	agredido
vós	agredíeis	vós	tínheis	agredido
eles	agrediam	eles	tinham	agredido

pretérito mais-que-perfeito simples	
eu	agredira
tu	agrediras
ele	agredira
nós	agredíramos
vós	agredíreis
eles	agrediram

pretérito perfeito simples		pretérito mais-que-perfeito anterior		
eu	agredi	eu	tivera	agredido
tu	agrediste	tu	tiveras	agredido
ele	agrediu	ele	tivera	agredido
nós	agredimos	nós	tivéramos	agredido
vós	agredistes	vós	tivéreis	agredido
eles	agrediram	eles	tiveram	agredido

futuro do presente simples		futuro do presente composto		
eu	agredirei	eu	terei	agredido
tu	agredirás	tu	terás	agredido
ele	agredirá	ele	terá	agredido
nós	agrediremos	nós	teremos	agredido
vós	agredireis	vós	tereis	agredido
eles	agredirão	eles	terão	agredido

CONDICIONAL

futuro do pretérito simples	
eu	agrediria
tu	agredirias
ele	agrediria
nós	agrediríamos
vós	agrediríeis
eles	agrediriam

SUBJUNTIVO / CONJUNTIVO

presente		
que	eu	agrida
que	tu	agridas
que	ele	agrida
que	nós	agridamos
que	vós	agridais
que	eles	agridam

pretérito imperfeito		
que	eu	agredisse
que	tu	agredisses
que	ele	agredisse
que	nós	agredíssemos
que	vós	agredísseis
que	eles	agredissem

futuro simples		
quando	eu	agredir
quando	tu	agredires
quando	ele	agredir
quando	nós	agredirmos
quando	vós	agredirdes
quando	eles	agredirem

INFINITIVO

infinitivo pessoal	
eu	agredir
tu	agredires
ele	agredir
nós	agredirmos
vós	agredirdes
eles	agredirem

IMPERATIVO

afirmativo	negativo
—	—
agride	não agridas
agrida	não agrida
agridamos	não agridamos
agredi	não agridais
agridam	não agridam

FORMAS NOMINAIS

infinitivo impessoal	infinitivo impessoal pretérito
agredir	ter agredido

particípio (pretérito)	gerúndio	gerúndio pretérito
agredido	agredindo	tendo agredido

Verbes en -edir, -egrir et -enir : le **e** du radical se change en **i** aux trois personnes du sing. et à la 3ᵉ pers. du pl. de l'indicatif présent, à toutes les personnes du subjonctif présent et aux formes de l'impératif qui en dérivent.

▌ Ainsi se conjuguent : denegrir, prevenir, progredir, transgredir.

▶ Remarquer les différences de conjugaison avec le verbe **pedir** (voir tableau 70).

INDICATIVO

presente		pretérito perfeito composto		
eu	durmo	eu	tenho	dormido
tu	dormes	tu	tens	dormido
ele	dorme	ele	tem	dormido
nós	dormimos	nós	temos	dormido
vós	dormis	vós	tendes	dormido
eles	dormem	eles	têm	dormido

pretérito imperfeito		pretérito mais-que-perfeito composto		
eu	dormia	eu	tinha	dormido
tu	dormias	tu	tinhas	dormido
ele	dormia	ele	tinha	dormido
nós	dormíamos	nós	tínhamos	dormido
vós	dormíeis	vós	tínheis	dormido
eles	dormiam	eles	tinham	dormido

pretérito mais-que-perfeito simples	
eu	dormira
tu	dormiras
ele	dormira
nós	dormíramos
vós	dormíreis
eles	dormiram

pretérito perfeito simples		pretérito mais-que-perfeito anterior		
eu	dormi	eu	tivera	dormido
tu	dormiste	tu	tiveras	dormido
ele	dormiu	ele	tivera	dormido
nós	dormimos	nós	tivéramos	dormido
vós	dormistes	vós	tivéreis	dormido
eles	dormiram	eles	tiveram	dormido

futuro do presente simples		futuro do presente composto		
eu	dormirei	eu	terei	dormido
tu	dormirás	tu	terás	dormido
ele	dormirá	ele	terá	dormido
nós	dormiremos	nós	teremos	dormido
vós	dormireis	vós	tereis	dormido
eles	dormirão	eles	terão	dormido

CONDICIONAL

futuro do pretérito simples	
eu	dormiria
tu	dormirias
ele	dormiria
nós	dormiríamos
vós	dormiríeis
eles	dormiriam

SUBJUNTIVO / CONJUNTIVO

presente		
que	eu	durma
que	tu	durmas
que	ele	durma
que	nós	durmamos
que	vós	durmais
que	eles	durmam

pretérito imperfeito		
que	eu	dormisse
que	tu	dormisses
que	ele	dormisse
que	nós	dormíssemos
que	vós	dormísseis
que	eles	dormissem

futuro simples		
quando	eu	dormir
quando	tu	dormires
quando	ele	dormir
quando	nós	dormirmos
quando	vós	dormirdes
quando	eles	dormirem

INFINITIVO

infinitivo pessoal	
eu	dormir
tu	dormires
ele	dormir
nós	dormirmos
vós	dormirdes
eles	dormirem

IMPERATIVO

afirmativo		negativo	
—		—	
	dorme	não	durmas
	durma	não	durma
	durmamos	não	durmamos
	dormi	não	durmais
	durmam	não	durmam

FORMAS NOMINAIS

infinitivo impessoal	infinitivo impessoal pretérito
dormir	ter dormido

particípio (pretérito)	gerúndio	gerúndio pretérito
dormido	dormindo	tendo dormido

Verbes terminés en -obrir, -odir, -olir, -orir, -ormir, -orquir et -ossir : le o du radical se change en u à la 1ᵉ pers. du sing. du présent de l'indicatif, à toutes les personnes du présent du subjonctif et aux formes de l'impératif qui en dérivent.

Ainsi se conjuguent : cobrir, descobrir, encobrir, recobrir, explodir, engolir, tossir.

Exceptions : **sortir** et **polir** (voir tableau 60).

INDICATIVO

presente			pretérito perfeito composto		
eu	pulo		eu	tenho	polido
tu	pules		tu	tens	polido
ele	pule		ele	tem	polido
nós	polimos		nós	temos	polido
vós	polis		vós	tendes	polido
eles	pulem		eles	têm	polido

pretérito imperfeito			pretérito mais-que-perfeito composto		
eu	polia		eu	tinha	polido
tu	polias		tu	tinhas	polido
ele	polia		ele	tinha	polido
nós	políamos		nós	tínhamos	polido
vós	políeis		vós	tínheis	polido
eles	poliam		eles	tinham	polido

	pretérito mais-que-perfeito simples	
eu	polira	
tu	poliras	
ele	polira	
nós	políramos	
vós	políreis	
eles	poliram	

pretérito perfeito simples			pretérito mais-que-perfeito anterior		
eu	poli		eu	tivera	polido
tu	poliste		tu	tiveras	polido
ele	poliu		ele	tivera	polido
nós	polimos		nós	tivéramos	polido
vós	polistes		vós	tivéreis	polido
eles	poliram		eles	tiveram	polido

futuro do presente simples			futuro do presente composto		
eu	polirei		eu	terei	polido
tu	polirás		tu	terás	polido
ele	polirá		ele	terá	polido
nós	poliremos		nós	teremos	polido
vós	polireis		vós	tereis	polido
eles	polirão		eles	terão	polido

CONDICIONAL

futuro do pretérito simples		
eu	poliria	
tu	polirias	
ele	poliria	
nós	poliríamos	
vós	poliríeis	
eles	poliriam	

SUBJUNTIVO / CONJUNTIVO

presente		
que	eu	pula
que	tu	pulas
que	ele	pula
que	nós	pulamos
que	vós	pulais
que	eles	pulam

pretérito imperfeito		
que	eu	polisse
que	tu	polisses
que	ele	polisse
que	nós	políssemos
que	vós	polísseis
que	eles	polissem

futuro simples		
quando	eu	polir
quando	tu	polires
quando	ele	polir
quando	nós	polirmos
quando	vós	polirdes
quando	eles	polirem

INFINITIVO

infinitivo pessoal		
eu	polir	
tu	polires	
ele	polir	
nós	polirmos	
vós	polirdes	
eles	polirem	

IMPERATIVO

afirmativo	negativo
—	—
pule	não pulas
pula	não pula
pulamos	não pulamos
poli	não pulais
pulam	não pulam

FORMAS NOMINAIS

infinitivo impessoal	infinitivo impessoal pretérito
polir	ter polido

particípio (pretérito)	gerúndio	gerúndio pretérito
polido	polindo	tendo polido

Polir et **sortir** constituent une exception à la conjugaison du tableau 59.
Le **o** du radical se change en **u** aux trois pers. du sing. et à la 3e pers. du pl. de l'indicatif présent, à toutes les personnes du subjonctif présent et aux formes de l'impératif qui en dérivent.
▶ La 1e pers. du sing. de l'indicatif présent *pulo* est commune aux verbes **polir** et **pular**.

INDICATIVO

presente		pretérito perfeito composto		
eu	acudo	eu	tenho	acudido
tu	acodes	tu	tens	acudido
ele	acode	ele	tem	acudido
nós	acudimos	nós	temos	acudido
vós	acudis	vós	tendes	acudido
eles	acodem	eles	têm	acudido

pretérito imperfeito		pretérito mais-que-perfeito composto		
eu	acudia	eu	tinha	acudido
tu	acudias	tu	tinhas	acudido
ele	acudia	ele	tinha	acudido
nós	acudíamos	nós	tínhamos	acudido
vós	acudíeis	vós	tínheis	acudido
eles	acudiam	eles	tinham	acudido

pretérito mais-que-perfeito simples	
eu	acudira
tu	acudiras
ele	acudira
nós	acudíramos
vós	acudíreis
eles	acudiram

pretérito perfeito simples		pretérito mais-que-perfeito anterior		
eu	acudi	eu	tivera	acudido
tu	acudiste	tu	tiveras	acudido
ele	acudiu	ele	tivera	acudido
nós	acudimos	nós	tivéramos	acudido
vós	acudistes	vós	tivéreis	acudido
eles	acudiram	eles	tiveram	acudido

futuro do presente simples		futuro do presente composto		
eu	acudirei	eu	terei	acudido
tu	acudirás	tu	terás	acudido
ele	acudirá	ele	terá	acudido
nós	acudiremos	nós	teremos	acudido
vós	acudireis	vós	tereis	acudido
eles	acudirão	eles	terão	acudido

CONDICIONAL

futuro do pretérito simples	
eu	acudiria
tu	acudirias
ele	acudiria
nós	acudiríamos
vós	acudiríeis
eles	acudiriam

SUBJUNTIVO / CONJUNTIVO

presente		
que	eu	acuda
que	tu	acudas
que	ele	acuda
que	nós	acudamos
que	vós	acudais
que	eles	acudam

pretérito imperfeito		
que	eu	acudisse
que	tu	acudisses
que	ele	acudisse
que	nós	acudíssemos
que	vós	acudísseis
que	eles	acudissem

futuro simples		
quando	eu	acudir
quando	tu	acudires
quando	ele	acudir
quando	nós	acudirmos
quando	vós	acudirdes
quando	eles	acudirem

INFINITIVO

infinitivo pessoal	
eu	acudir
tu	acudires
ele	acudir
nós	acudirmos
vós	acudirdes
eles	acudirem

IMPERATIVO

afirmativo	negativo	
—	—	
acode	não	acudas
acuda	não	acuda
acudamos	não	acudamos
acudi	não	acudais
acudam	não	acudam

FORMAS NOMINAIS

infinitivo impessoal	infinitivo impessoal pretérito
acudir	ter acudido

particípio (pretérito)	gerúndio	gerúndio pretérito
acudido	acudindo	tendo acudido

▌ Verbes terminés en -ubir, -udir, -ulir, -umir, -upir et -uspir : le **u** du radical se change en **o** à la 2ᵉ et 3ᵉ pers. du sing., ainsi qu'à la 3ᵉ du pl. du présent de l'indicatif et à la 2ᵉ pers. du sing. de l'impératif affirmatif.

▌ Ainsi se conjuguent : bulir, cuspir, fugir (voir tableau 62), sacudir, subir, sumir, consumir, etc.

▶ Les verbes **entupir** et **desentupir** peuvent, soit suivre ce modèle, soit celui de la conjugaison régulière (*entupo, entupes, entupe*, etc.) plus fréquente au Portugal.

INDICATIVO

presente			pretérito perfeito composto	
eu	fujo	eu	tenho	fugido
tu	foges	tu	tens	fugido
ele	foge	ele	tem	fugido
nós	fugimos	nós	temos	fugido
vós	fugis	vós	tendes	fugido
eles	fogem	eles	têm	fugido

pretérito imperfeito			pretérito mais-que-perfeito composto	
eu	fugia	eu	tinha	fugido
tu	fugias	tu	tinhas	fugido
ele	fugia	ele	tinha	fugido
nós	fugíamos	nós	tínhamos	fugido
vós	fugíeis	vós	tínheis	fugido
eles	fugiam	eles	tinham	fugido

	pretérito mais-que-perfeito simples	
eu	fugira	
tu	fugiras	
ele	fugira	
nós	fugíramos	
vós	fugíreis	
eles	fugiram	

pretérito perfeito simples			pretérito mais-que-perfeito anterior	
eu	fugi	eu	tivera	fugido
tu	fugiste	tu	tiveras	fugido
ele	fugiu	ele	tivera	fugido
nós	fugimos	nós	tivéramos	fugido
vós	fugistes	vós	tivéreis	fugido
eles	fugiram	eles	tiveram	fugido

futuro do presente simples			futuro do presente composto	
eu	fugirei	eu	terei	fugido
tu	fugirás	tu	terás	fugido
ele	fugirá	ele	terá	fugido
nós	fugiremos	nós	teremos	fugido
vós	fugireis	vós	tereis	fugido
eles	fugirão	eles	terão	fugido

CONDICIONAL

futuro do pretérito simples	
eu	fugiria
tu	fugirias
ele	fugiria
nós	fugiríamos
vós	fugiríeis
eles	fugiriam

SUBJUNTIVO / CONJUNTIVO

presente		
que	eu	fuja
que	tu	fujas
que	ele	fuja
que	nós	fujamos
que	vós	fujais
que	eles	fujam

pretérito imperfeito		
que	eu	fugisse
que	tu	fugisses
que	ele	fugisse
que	nós	fugíssemos
que	vós	fugísseis
que	eles	fugissem

futuro simples		
quando	eu	fugir
quando	tu	fugires
quando	ele	fugir
quando	nós	fugirmos
quando	vós	fugirdes
quando	eles	fugirem

INFINITIVO

infinitivo pessoal	
eu	fugir
tu	fugires
ele	fugir
nós	fugirmos
vós	fugirdes
eles	fugirem

IMPERATIVO

afirmativo	negativo	
—		—
foge	não	fujas
fuja	não	fuja
fujamos	não	fujamos
fugi	não	fujais
fujam	não	fujam

FORMAS NOMINAIS

infinitivo impessoal	infinitivo impessoal pretérito
fugir	ter fugido

particípio (pretérito)	gerúndio	gerúndio pretérito
fugido	fugindo	tendo fugido

Le verbe **fugir** suit le modèle de conjugaison du verbe **acudir** (voir tableau 61).
De plus, le **g** du radical se change en **j** devant **o** et **a**.

INDICATIVO

presente		pretérito perfeito composto		
eu	frijo	eu	tenho	frigido
tu	freges	tu	tens	frigido
ele	frege	ele	tem	frigido
nós	frigimos	nós	temos	frigido
vós	frigis	vós	tendes	frigido
eles	fregem	eles	têm	frigido

pretérito imperfeito		pretérito mais-que-perfeito composto		
eu	frigia	eu	tinha	frigido
tu	frigias	tu	tinhas	frigido
ele	frigia	ele	tinha	frigido
nós	frigíamos	nós	tínhamos	frigido
vós	frigíeis	vós	tínheis	frigido
eles	frigiam	eles	tinham	frigido

pretérito mais-que-perfeito simples	
eu	frigira
tu	frigiras
ele	frigira
nós	frigíramos
vós	frigíreis
eles	frigiram

pretérito perfeito simples		pretérito mais-que-perfeito anterior		
eu	frigi	eu	tivera	frigido
tu	frigiste	tu	tiveras	frigido
ele	frigiu	ele	tivera	frigido
nós	frigimos	nós	tivéramos	frigido
vós	frigistes	vós	tivéreis	frigido
eles	frigiram	eles	tiveram	frigido

futuro do presente simples		futuro do presente composto		
eu	frigirei	eu	terei	frigido
tu	frigirás	tu	terás	frigido
ele	frigirá	ele	terá	frigido
nós	frigiremos	nós	teremos	frigido
vós	frigireis	vós	tereis	frigido
eles	frigirão	eles	terão	frigido

CONDICIONAL

futuro do pretérito simples	
eu	frigiria
tu	frigirias
ele	frigiria
nós	frigiríamos
vós	frigiríeis
eles	frigiriam

SUBJUNTIVO / CONJUNTIVO

presente		
que	eu	frija
que	tu	frijas
que	ele	frija
que	nós	frijamos
que	vós	frijais
que	eles	frijam

pretérito imperfeito		
que	eu	frigisse
que	tu	frigisses
que	ele	frigisse
que	nós	frigíssemos
que	vós	frigísseis
que	eles	frigissem

futuro simples		
quando	eu	frigir
quando	tu	frigires
quando	ele	frigir
quando	nós	frigirmos
quando	vós	frigirdes
quando	eles	frigirem

INFINITIVO

infinitivo pessoal	
eu	frigir
tu	frigires
ele	frigir
nós	frigirmos
vós	frigirdes
eles	frigirem

IMPERATIVO

afirmativo	negativo	
—	—	
frege	não	frijas
frija	não	frija
frijamos	não	frijamos
frigi	não	frijais
frijam	não	frijam

FORMAS NOMINAIS

infinitivo impessoal	infinitivo impessoal pretérito
frigir	ter frigido

particípio (pretérito)	gerúndio	gerúndio pretérito
frigido	frigindo	tendo frigido

Le verbe **frigir** est le seul de ce type.
Le **i** du radical se change en **e** lorsque la terminaison commence par un **e** (2e et 3e pers. du sing. et 3e pers. du pl. du présent de l'indicatif et 2e pers. du sing. de l'impératif affirmatif).
Le **g** se change en **j** devant **a** et **o**.

INDICATIVO

presente		pretérito perfeito composto		
eu	divirjo	eu	tenho	divergido
tu	diverges	tu	tens	divergido
ele	diverge	ele	tem	divergido
nós	divergimos	nós	temos	divergido
vós	divergis	vós	tendes	divergido
eles	divergem	eles	têm	divergido

pretérito imperfeito		pretérito mais-que-perfeito composto		
eu	divergia	eu	tinha	divergido
tu	divergias	tu	tinhas	divergido
ele	divergia	ele	tinha	divergido
nós	divergíamos	nós	tínhamos	divergido
vós	divergíeis	vós	tínheis	divergido
eles	divergiam	eles	tinham	divergido

pretérito mais-que-perfeito simples	
eu	divergira
tu	divergiras
ele	divergira
nós	divergíramos
vós	divergíreis
eles	divergiram

pretérito perfeito simples		pretérito mais-que-perfeito anterior		
eu	divergi	eu	tivera	divergido
tu	divergiste	tu	tiveras	divergido
ele	divergiu	ele	tivera	divergido
nós	divergimos	nós	tivéramos	divergido
vós	divergistes	vós	tivéreis	divergido
eles	divergiram	eles	tiveram	divergido

futuro do presente simples		futuro do presente composto		
eu	divergirei	eu	terei	divergido
tu	divergirás	tu	terás	divergido
ele	divergirá	ele	terá	divergido
nós	divergiremos	nós	teremos	divergido
vós	divergireis	vós	tereis	divergido
eles	divergirão	eles	terão	divergido

CONDICIONAL

futuro do pretérito simples	
eu	divergiria
tu	divergirias
ele	divergiria
nós	divergiríamos
vós	divergiríeis
eles	divergiriam

SUBJUNTIVO / CONJUNTIVO

presente		
que	eu	divirja
que	tu	divirjas
que	ele	divirja
que	nós	divirjamos
que	vós	divirjais
que	eles	divirjam

pretérito imperfeito		
que	eu	divergisse
que	tu	divergisses
que	ele	divergisse
que	nós	divergíssemos
que	vós	divergísseis
que	eles	divergissem

futuro simples		
quando	eu	divergir
quando	tu	divergires
quando	ele	divergir
quando	nós	divergirmos
quando	vós	divergirdes
quando	eles	divergirem

INFINITIVO

infinitivo pessoal	
eu	divergir
tu	divergires
ele	divergir
nós	divergirmos
vós	divergirdes
eles	divergirem

IMPERATIVO

afirmativo	negativo	
—	—	
diverge	não	divirjas
divirja	não	divirja
divirjamos	não	divirjamos
divergi	não	divirjais
divirjam	não	divirjam

FORMAS NOMINAIS

infinitivo impessoal	infinitivo impessoal pretérito
divergir	ter divergido

particípio (pretérito)	gerúndio	gerúndio pretérito
divergido	divergindo	tendo divergido

Verbes terminés en -ergir : le **e** du radical se change en **i** à la 1ᵉ pers. du sing. du présent de l'indicatif, à toutes les personnes du présent du subjonctif et aux formes de l'impératif qui en dérivent.
Le **g** se change en **j** devant **a** et **o** .

■ Ainsi se conjuguent : aspergir, convergir.

INDICATIVO

presente			pretérito perfeito composto	
eu	reflito	eu	tenho	reflectido
tu	reflectes	tu	tens	reflectido
ele	reflecte	ele	tem	reflectido
nós	reflectimos	nós	temos	reflectido
vós	reflectis	vós	tendes	reflectido
eles	reflectem	eles	têm	reflectido

pretérito imperfeito			pretérito mais-que-perfeito composto	
eu	reflectia	eu	tinha	reflectido
tu	reflectias	tu	tinhas	reflectido
ele	reflectia	ele	tinha	reflectido
nós	reflectíamos	nós	tínhamos	reflectido
vós	reflectíeis	vós	tínheis	reflectido
eles	reflectiam	eles	tinham	reflectido

pretérito mais-que-perfeito simples	
eu	reflectira
tu	reflectiras
ele	reflectira
nós	reflectíramos
vós	reflectíreis
eles	reflectiram

pretérito perfeito simples			pretérito mais-que-perfeito anterior	
eu	reflecti	eu	tivera	reflectido
tu	reflectiste	tu	tiveras	reflectido
ele	reflectiu	ele	tivera	reflectido
nós	reflectimos	nós	tivéramos	reflectido
vós	reflectistes	vós	tivéreis	reflectido
eles	reflectiram	eles	tiveram	reflectido

futuro do presente simples			futuro do presente composto	
eu	reflectirei	eu	terei	reflectido
tu	reflectirás	tu	terás	reflectido
ele	reflectirá	ele	terá	reflectido
nós	reflectiremos	nós	teremos	reflectido
vós	reflectireis	vós	tereis	reflectido
eles	reflectirão	eles	terão	reflectido

CONDICIONAL

futuro do pretérito simples	
eu	reflectiria
tu	reflectirias
ele	reflectiria
nós	reflectiríamos
vós	reflectiríeis
eles	reflectiriam

SUBJUNTIVO / CONJUNTIVO

presente		
que	eu	reflita
que	tu	reflitas
que	ele	reflita
que	nós	reflitamos
que	vós	reflitais
que	eles	reflitam

pretérito imperfeito		
que	eu	reflectisse
que	tu	reflectisses
que	ele	reflectisse
que	nós	reflectíssemos
que	vós	reflectísseis
que	eles	reflectissem

futuro simples		
quando	eu	reflectir
quando	tu	reflectires
quando	ele	reflectir
quando	nós	reflectirmos
quando	vós	reflectirdes
quando	eles	reflectirem

INFINITIVO

infinitivo pessoal	
eu	reflectir
tu	reflectires
ele	reflectir
nós	reflectirmos
vós	reflectirdes
eles	reflectirem

IMPERATIVO

afirmativo		negativo
—		—
reflecte	não	reflitas
reflita	não	reflita
reflitamos	não	reflitamos
reflecti	não	reflitais
reflitam	não	reflitam

FORMAS NOMINAIS

infinitivo impessoal	infinitivo impessoal pretérito
reflectir	ter reflectido

particípio (pretérito)	gerúndio	gerúndio pretérito
reflectido	reflectindo	tendo reflectido

Verbes terminés en -ectir : le **e** du radical se change en **i** à la 1e pers. du sing. du présent de l'indicatif, à toutes les personnes du présent du subjonctif et aux formes de l'impératif qui en dérivent.
Le **c** du radical se perd lorsque la terminaison commence par **o** ou **a**.

■ Ainsi se conjuguent : flectir, deflectir, inflectir (la 1e pers. du sing. de l'indicatif présent n'est pas utilisée).

▶ Au Brésil, ces verbes sont orthographiés sans **c**.

INDICATIVO

presente		pretérito perfeito composto		
eu	vou	eu	tenho	ido
tu	vais	tu	tens	ido
ele	vai	ele	tem	ido
nós	vamos / imos	nós	temos	ido
vós	ides / vades	vós	tendes	ido
eles	vão	eles	têm	ido

pretérito imperfeito		pretérito mais-que-perfeito composto		
eu	ia	eu	tinha	ido
tu	ias	tu	tinhas	ido
ele	ia	ele	tinha	ido
nós	íamos	nós	tínhamos	ido
vós	íeis	vós	tínheis	ido
eles	iam	eles	tinham	ido

· pretérito mais-que-perfeito simples	
eu	fora
tu	foras
ele	fora
nós	fôramos
vós	fôreis
eles	foram

pretérito perfeito simples		pretérito mais-que-perfeito anterior		
eu	fui	eu	tivera	ido
tu	foste	tu	tiveras	ido
ele	foi	ele	tivera	ido
nós	fomos	nós	tivéramos	ido
vós	fostes	vós	tivéreis	ido
eles	foram	eles	tiveram	ido

futuro do presente simples		futuro do presente composto		
eu	irei	eu	terei	ido
tu	irás	tu	terás	ido
ele	irá	ele	terá	ido
nós	iremos	nós	teremos	ido
vós	ireis	vós	tereis	ido
eles	irão	eles	terão	ido

CONDICIONAL

futuro do pretérito simples	
eu	iria
tu	irias
ele	iria
nós	iríamos
vós	iríeis
eles	iriam

SUBJUNTIVO / CONJUNTIVO

presente		
que	eu	vá
que	tu	vás
que	ele	vá
que	nós	vamos
que	vós	vades
que	eles	vão

pretérito imperfeito		
que	eu	fosse
que	tu	fosses
que	ele	fosse
que	nós	fôssemos
que	vós	fôsseis
que	eles	fossem

futuro simples		
quando	eu	for
quando	tu	fores
quando	ele	for
quando	nós	formos
quando	vós	fordes
quando	eles	forem

INFINITIVO

infinitivo pessoal	
eu	ir
tu	ires
ele	ir
nós	irmos
vós	irdes
eles	irem

IMPERATIVO

afirmativo		negativo	
—		—	
vai		não	vás
vá		não	vá
vamos		não	vamos
ide		não	vades
vão		não	vão

FORMAS NOMINAIS

infinitivo impessoal	infinitivo impessoal pretérito
ir	ter ido

particípio (pretérito)	gerúndio	gerúndio pretérito
ido	indo	tendo ido

Verbe très irrégulier ; les seuls temps réguliers sont l'imparfait, le futur simple, le conditionnel, l'infinitif flexionné (personnel), le gérondif et le participe passé. Remarquer :
– la présence du **d** à la 2ᵉ pers. du pl. de l'indicatif présent, du subjonctif présent et de l'impératif affirmatif ;
– l'accent circonflexe au plus-que-parfait simple et à l'imparfait du subjonctif ;
– les deux formes de la 1ᵉ et 2ᵉ pers. du pl. de l'indicatif présent ;
– les nombreuses formes que le verbe **ir** a en commun avec le verbe **ser** (voir tableau 3).

INDICATIVO

presente		pretérito perfeito composto		
eu	venho	eu	tenho	vindo
tu	vens	tu	tens	vindo
ele	vem	ele	tem	vindo
nós	vimos	nós	temos	vindo
vós	vindes	vós	tendes	vindo
eles	vêm	eles	têm	vindo

pretérito imperfeito		pretérito mais-que-perfeito composto		
eu	vinha	eu	tinha	vindo
tu	vinhas	tu	tinhas	vindo
ele	vinha	ele	tinha	vindo
nós	vínhamos	nós	tínhamos	vindo
vós	vínheis	vós	tínheis	vindo
eles	vinham	eles	tinham	vindo

pretérito mais-que-perfeito simples	
eu	viera
tu	vieras
ele	viera
nós	viéramos
vós	viéreis
eles	vieram

pretérito perfeito simples		pretérito mais-que-perfeito anterior		
eu	vim	eu	tivera	vindo
tu	vieste	tu	tiveras	vindo
ele	veio	ele	tivera	vindo
nós	viemos	nós	tivéramos	vindo
vós	viestes	vós	tivéreis	vindo
eles	vieram	eles	tiveram	vindo

futuro do presente simples		futuro do presente composto		
eu	virei	eu	terei	vindo
tu	virás	tu	terás	vindo
ele	virá	ele	terá	vindo
nós	viremos	nós	teremos	vindo
vós	vireis	vós	tereis	vindo
eles	virão	eles	terão	vindo

CONDICIONAL

futuro do pretérito simples	
eu	viria
tu	virias
ele	viria
nós	viríamos
vós	viríeis
eles	viriam

SUBJUNTIVO / CONJUNTIVO

presente		
que	eu	venha
que	tu	venhas
que	ele	venha
que	nós	venhamos
que	vós	venhais
que	eles	venham

pretérito imperfeito		
que	eu	viesse
que	tu	viesses
que	ele	viesse
que	nós	viéssemos
que	vós	viésseis
que	eles	viessem

futuro simples		
quando	eu	vier
quando	tu	vieres
quando	ele	vier
quando	nós	viermos
quando	vós	vierdes
quando	eles	vierem

INFINITIVO

infinitivo pessoal	
eu	vir
tu	vires
ele	vir
nós	virmos
vós	virdes
eles	virem

IMPERATIVO

afirmativo	negativo
—	—
vem	não venhas
venha	não venha
venhamos	não venhamos
vinde	não venhais
venham	não venham

FORMAS NOMINAIS

infinitivo impessoal	infinitivo impessoal pretérito
vir	ter vindo

particípio (pretérito)	gerúndio	gerúndio pretérito
vindo	vindo	tendo vindo

Très irrégulier. Les seules formes régulières sont : le futur simple, le conditionnel présent, l'infinitif flexionné (personnel) et la 1ᵉ pers. du pl. de l'indicatif présent.

▶ Le participe et le gérondif sont identiques.

Ainsi se conjuguent : advir, avir-se, convir, desavir, intervir, provir, sobrevir, mais le **e** de la terminaison de la 2ᵉ et 3ᵉ pers. du sing. de l'indicatif présent et celui de la 2ᵉ pers. du sing. de l'impératif affirmatif portent un accent aigu.

▶ Remarquer les différences de conjugaison entre les verbes **vir** et **ver** (tableau 40).-

INDICATIVO

presente		pretérito perfeito composto		
eu	saio	eu	tenho	saído
tu	sais	tu	tens	saído
ele	sai	ele	tem	saído
nós	saímos	nós	temos	saído
vós	saís	vós	tendes	saído
eles	saem	eles	têm	saído

pretérito imperfeito		pretérito mais-que-perfeito composto		
eu	saía	eu	tinha	saído
tu	saías	tu	tinhas	saído
ele	saía	ele	tinha	saído
nós	saíamos	nós	tínhamos	saído
vós	saíeis	vós	tínheis	saído
eles	saíam	eles	tinham	saído

	pretérito mais-que-perfeito simples
eu	saíra
tu	saíras
ele	saíra
nós	saíramos
vós	saíreis
eles	saíram

pretérito perfeito simples		pretérito mais-que-perfeito anterior		
eu	saí	eu	tivera	saído
tu	saíste	tu	tiveras	saído
ele	saiu	ele	tivera	saído
nós	saímos	nós	tivéramos	saído
vós	saístes	vós	tivéreis	saído
eles	saíram	eles	tiveram	saído

futuro do presente simples		futuro do presente composto		
eu	sairei	eu	terei	saído
tu	sairás	tu	terás	saído
ele	sairá	ele	terá	saído
nós	sairemos	nós	teremos	saído
vós	saireis	vós	tereis	saído
eles	sairão	eles	terão	saído

CONDICIONAL

futuro do pretérito simples	
eu	sairia
tu	sairias
ele	sairia
nós	sairíamos
vós	sairíeis
eles	sairiam

SUBJUNTIVO / CONJUNTIVO

presente		
que	eu	saia
que	tu	saias
que	ele	saia
que	nós	saiamos
que	vós	saiais
que	eles	saiam

pretérito imperfeito		
que	eu	saísse
que	tu	saísses
que	ele	saísse
que	nós	saíssemos
que	vós	saísseis
que	eles	saíssem

futuro simples		
quando	eu	sair
quando	tu	saíres
quando	ele	sair
quando	nós	sairmos
quando	vós	sairdes

INFINITIVO

infinitivo pessoal	
eu	sair
tu	saíres
ele	sair
nós	sairmos
vós	sairdes
eles	saírem

IMPERATIVO

afirmativo		negativo	
—		—	
sai		não	saias
saia		não	saia
saiamos		não	saiamos
saí		não	saiais
saiam		não	saiam

FORMAS NOMINAIS

infinitivo impessoal	infinitivo impessoal pretérito
sair	ter saído

participio (pretérito)	gerúndio	gerúndio pretérito
saído	saindo	tendo saído

Verbes terminés en -air : ils conservent le **i** à toutes les formes de la conjugaison, sauf à la 3e pers. du pl. de l'indicatif présent.

▸ Le **i** tonique porte un accent écrit à cause de la voyelle **a** ouverte qui le précède (hiatus).

Ainsi se conjuguent : cair, decair, descair, recair, trair et les verbes en -trair : atrair, contrair, distrair, extrair, protrair, retrair, subtrair.

INDICATIVO

	presente			pretérito perfeito composto	
eu	rio	eu	tenho	rido	
tu	ris	tu	tens	rido	
ele	ri	ele	tem	rido	
nós	rimos	nós	temos	rido	
vós	rides	vós	tendes	rido	
eles	riem	eles	têm	rido	

	pretérito imperfeito			pretérito mais-que-perfeito composto	
eu	ria	eu	tinha	rido	
tu	rias	tu	tinhas	rido	
ele	ria	ele	tinha	rido	
nós	ríamos	nós	tínhamos	rido	
vós	ríeis	vós	tínheis	rido	
eles	riam	eles	tinham	rido	

	pretérito mais-que-perfeito simples
eu	rira
tu	riras
ele	rira
nós	ríramos
vós	ríreis
eles	riram

	pretérito perfeito simples			pretérito mais-que-perfeito anterior	
eu	ri	eu	tivera	rido	
tu	riste	tu	tiveras	rido	
ele	riu	ele	tivera	rido	
nós	rimos	nós	tivéramos	rido	
vós	ristes	vós	tivéreis	rido	
eles	riram	eles	tiveram	rido	

	futuro do presente simples			futuro do presente composto	
eu	rirei	eu	terei	rido	
tu	rirás	tu	terás	rido	
ele	rirá	ele	terá	rido	
nós	riremos	nós	teremos	rido	
vós	rireis	vós	tereis	rido	
eles	rirão	eles	terão	rido	

CONDICIONAL

	futuro do pretérito simples
eu	riria
tu	ririas
ele	riria
nós	riríamos
vós	riríeis
eles	ririam

SUBJUNTIVO / CONJUNTIVO

		presente	
que	eu	ria	
que	tu	rias	
que	ele	ria	
que	nós	riamos	
que	vós	riais	
que	eles	riam	

		pretérito imperfeito	
que	eu	risse	
que	tu	risses	
que	ele	risse	
que	nós	ríssemos	
que	vós	rísseis	
que	eles	rissem	

		futuro simples	
quando	eu	rir	
quando	tu	rires	
quando	ele	rir	
quando	nós	rirmos	
quando	vós	rirdes	
quando	eles	rirem	

INFINITIVO

	infinitivo pessoal
eu	rir
tu	rires
ele	rir
nós	rirmos
vós	rirdes
eles	rirem

IMPERATIVO

afirmativo		negativo	
—		—	
ri		não	rias
ria		não	ria
riamos		não	riamos
ride		não	riais
riam		não	riam

FORMAS NOMINAIS

infinitivo impessoal	infinitivo impessoal pretérito
rir	ter rido

participio (pretérito)	gerúndio	gerúndio pretérito
rido	rindo	tendo rido

Verbe irrégulier. Remarquer:
– le **d** à la 2e pers. du pl. de l'indicatif présent et de l'impératif affirmatif;
– Les nombreuses formes communes entre l'imparfait de l'indicatif et le subjonctif présent.
▌ Ainsi se conjugue le verbe dérivé sorrir

INDICATIVO

presente

eu	peço
tu	pedes
ele	pede
nós	pedimos
vós	pedis
eles	pedem

pretérito perfeito composto

eu	tenho	pedido
tu	tens	pedido
ele	tem	pedido
nós	temos	pedido
vós	tendes	pedido
eles	têm	pedido

pretérito imperfeito

eu	pedia
tu	pedias
ele	pedia
nós	pedíamos
vós	pedíeis
eles	pediam

pretérito mais-que-perfeito composto

eu	tinha	pedido
tu	tinhas	pedido
ele	tinha	pedido
nós	tínhamos	pedido
vós	tínheis	pedido
eles	tinham	pedido

pretérito mais-que-perfeito simples

eu	pedira
tu	pediras
ele	pedira
nós	pedíramos
vós	pedíreis
eles	pediram

pretérito perfeito simples

eu	pedi
tu	pediste
ele	pediu
nós	pedimos
vós	pedistes
eles	pediram

pretérito mais-que-perfeito anterior

eu	tivera	pedido
tu	tiveras	pedido
ele	tivera	pedido
nós	tivéramos	pedido
vós	tivéreis	pedido
eles	tiveram	pedido

futuro do presente simples

eu	pedirei
tu	pedirás
ele	pedirá
nós	pediremos
vós	pedireis
eles	pedirão

futuro do presente composto

eu	terei	pedido
tu	terás	pedido
ele	terá	pedido
nós	teremos	pedido
vós	tereis	pedido
eles	terão	pedido

CONDICIONAL

futuro do pretérito simples

eu	pediria
tu	pedirias
ele	pediria
nós	pediríamos
vós	pediríeis
eles	pediriam

SUBJUNTIVO / CONJUNTIVO

presente

que	eu	peça
que	tu	peças
que	ele	peça
que	nós	peçamos
que	vós	peçais
que	eles	peçam

pretérito imperfeito

que	eu	pedisse
que	tu	pedisses
que	ele	pedisse
que	nós	pedíssemos
que	vós	pedísseis
que	eles	pedissem

futuro simples

quando	eu	pedir
quando	tu	pedires
quando	ele	pedir
quando	nós	pedirmos
quando	vós	pedirdes
quando	eles	pedirem

INFINITIVO

infinitivo pessoal

eu	pedir
tu	pedires
ele	pedir
nós	pedirmos
vós	pedirdes
eles	pedirem

IMPERATIVO

afirmativo	negativo	
—	—	
pede	não	peças
peça	não	peça
peçamos	não	peçamos
pedi	não	peçais
peçam	não	peçam

FORMAS NOMINAIS

infinitivo impessoal	infinitivo impessoal pretérito
pedir	ter pedido

particípio (pretérito)	gerúndio	gerúndio pretérito
pedido	pedindo	tendo pedido

Verbes terminés en -edir : le **d** se change en **ç** à la 1ᵉ pers. du sing. de l'indicatif présent, à toutes les personnes du subjonctif présent et aux formes de l'impératif qui en dérivent.

■ Ainsi se conjuguent : despedir, expedir, reexpedir, impedir, desimpedir et medir

▶ **Ouvir** suit aussi ce modèle mais certaines personnes présentent deux formes de conjugaison (voir tableau 71).

▶ Remarquer les différences de conjugaison avec le verbe **agredir** (voir tableau 58).

INDICATIVO

presente		pretérito perfeito composto		
eu	ouço / oiço*	eu	tenho	ouvido
tu	ouves	tu	tens	ouvido
ele	ouve	ele	tem	ouvido
nós	ouvimos	nós	temos	ouvido
vós	ouvis	vós	tendes	ouvido
eles	ouvem	eles	têm	ouvido

pretérito imperfeito		pretérito mais-que-perfeito composto		
eu	ouvia	eu	tinha	ouvido
tu	ouvias	tu	tinhas	ouvido
ele	ouvia	ele	tinha	ouvido
nós	ouvíamos	nós	tínhamos	ouvido
vós	ouvíeis	vós	tínheis	ouvido
eles	ouviam	eles	tinham	ouvido

pretérito mais-que-perfeito simples	
eu	ouvira
tu	ouviras
ele	ouvira
nós	ouvíramos
vós	ouvíreis
eles	ouviram

pretérito perfeito simples		pretérito mais-que-perfeito anterior		
eu	ouvi	eu	tivera	ouvido
tu	ouviste	tu	tiveras	ouvido
ele	ouviu	ele	tivera	ouvido
nós	ouvimos	nós	tivéramos	ouvido
vós	ouvistes	vós	tivéreis	ouvido
eles	ouviram	eles	tiveram	ouvido

futuro do presente simples		futuro do presente composto		
eu	ouvirei	eu	terei	ouvido
tu	ouvirás	tu	terás	ouvido
ele	ouvirá	ele	terá	ouvido
nós	ouviremos	nós	teremos	ouvido
vós	ouvireis	vós	tereis	ouvido
eles	ouvirão	eles	terão	ouvido

CONDICIONAL

futuro do pretérito simples	
eu	ouviria
tu	ouvirias
ele	ouviria
nós	ouviríamos
vós	ouviríeis
eles	ouviriam

SUBJUNTIVO / CONJUNTIVO

presente			
que	eu	ouça	/oiça*
que	tu	ouças	/oiças
que	ele	ouça	/oiça
que	nós	ouçamos	/oiçamos
que	vós	ouçais	/oiçais
que	eles	ouçam	/oiçam

pretérito imperfeito		
que	eu	ouvisse
que	tu	ouvisses
que	ele	ouvisse
que	nós	ouvíssemos
que	vós	ouvísseis
que	eles	ouvissem

futuro simples		
quando	eu	ouvir
quando	tu	ouvires
quando	ele	ouvir
quando	nós	ouvirmos
quando	vós	ouvirdes
quando	eles	ouvirem

INFINITIVO

infinitivo pessoal	
eu	ouvir
tu	ouvires
ele	ouvir
nós	ouvirmos
vós	ouvirdes
eles	ouvirem

IMPERATIVO

afirmativo	negativo
ouve	não ouças /oiças*
ouça / oiça*	não ouça /oiça
ouçamos / oiçamos	não ouçamos / oiçamos
ouvi	não ouçais/oiçais
ouçam / oiçam	não ouçam/oiçam

FORMAS NOMINAIS

infinitivo impessoal	infinitivo impessoal pretérito
ouvir	ter ouvido

particípio (pretérito)	gerúndio	gerúndio pretérito
ouvido	ouvindo	tendo ouvido

Ouvir suit le modèle de conjugaison de **pedir** (voir tableau 70).
(*) Attention : Il présente deux possibilités orthographiques : **ou** et **oi** à la 1e pers. du sing. de l'indicatif présent, à toutes les personnes du subjonctif présent et aux formes de l'impératif qui en dérivent. La forme **ou** est aujourd'hui la plus utilisée.

INDICATIVO

presente		pretérito perfeito composto		
eu	traduzo	eu	tenho	traduzido
tu	traduzes	tu	tens	traduzido
ele	traduz	ele	tem	traduzido
nós	traduzimos	nós	temos	traduzido
vós	traduzis	vós	tendes	traduzido
eles	traduzem	eles	têm	traduzido

pretérito imperfeito		pretérito mais-que-perfeito composto		
eu	traduzia	eu	tinha	traduzido
tu	traduzias	tu	tinhas	traduzido
ele	traduzia	ele	tinha	traduzido
nós	traduzíamos	nós	tínhamos	traduzido
vós	traduzíeis	vós	tínheis	traduzido
eles	traduziam	eles	tinham	traduzido

pretérito mais-que-perfeito simples	
eu	traduzira
tu	traduziras
ele	traduzira
nós	traduzíramos
vós	traduzíreis
eles	traduziram

pretérito perfeito simples		pretérito mais-que-perfeito anterior		
eu	traduzi	eu	tivera	traduzido
tu	traduziste	tu	tiveras	traduzido
ele	traduziu	ele	tivera	traduzido
nós	traduzimos	nós	tivéramos	traduzido
vós	traduzistes	vós	tivéreis	traduzido
eles	traduziram	eles	tiveram	traduzido

futuro do presente simples		futuro do presente composto		
eu	traduzirei	eu	terei	traduzido
tu	traduzirás	tu	terás	traduzido
ele	traduzirá	ele	terá	traduzido
nós	traduziremos	nós	teremos	traduzido
vós	traduzireis	vós	tereis	traduzido
eles	traduzirão	eles	terão	traduzido

CONDICIONAL

futuro do pretérito simples	
eu	traduziria
tu	traduzirias
ele	traduziria
nós	traduziríamos
vós	traduziríeis
eles	traduziriam

SUBJUNTIVO / CONJUNTIVO

presente		
que	eu	traduza
que	tu	traduzas
que	ele	traduza
que	nós	traduzamos
que	vós	traduzais
que	eles	traduzam

pretérito imperfeito		
que	eu	traduzisse
que	tu	traduzisses
que	ele	traduzisse
que	nós	traduzíssemos
que	vós	traduzísseis
que	eles	traduzissem

futuro simples		
quando	eu	traduzir
quando	tu	traduzires
quando	ele	traduzir
quando	nós	traduzirmos
quando	vós	traduzirdes
quando	eles	traduzirem

INFINITIVO

infinitivo pessoal	
eu	traduzir
tu	traduzires
ele	traduzir
nós	traduzirmos
vós	traduzirdes
eles	traduzirem

IMPERATIVO

afirmativo	negativo
—	—
traduz / traduze	não traduzas
traduza	não traduza
traduzamos	não traduzamos
traduzi	não traduzais
traduzam	não traduzam

FORMAS NOMINAIS

infinitivo impessoal	infinitivo impessoal pretérito
traduzir	ter traduzido

particípio (pretérito)	gerúndio	gerúndio pretérito
traduzido	traduzindo	tendo traduzido

▌ Verbes terminés en -duzir et en -luzir : ils perdent le **e** final à la 3ᵉ pers. du sing. de l'indicatif présent, tandis qu'à la 2ᵉ pers. du sing. de l'impératif affirmatif, la chute du **e** est facultative.

▌ Ainsi se conjuguent : abduzir, aduzir, conduzir, deduzir, induzir, introduzir, luzir, perluzir, produzir, reduzir, reluzir, seduzir.

▶ Cette particularité se présente aussi dans : **dizer**, **fazer**, **trazer**, **aprazer** et **jazer** (voir tableaux 29, 30, 31, 32 et 33).

INDICATIVO

presente		pretérito perfeito composto		
eu	distribuo	eu	tenho	distribuído
tu	distribuis	tu	tens	distribuído
ele	distribui	ele	tem	distribuído
nós	distribuímos	nós	temos	distribuído
vós	distribuís	vós	tendes	distribuído
eles	distribuem	eles	têm	distribuído

pretérito imperfeito		pretérito mais-que-perfeito composto		
eu	distribuía	eu	tinha	distribuído
tu	distribuías	tu	tinhas	distribuído
ele	distribuía	ele	tinha	distribuído
nós	distribuíamos	nós	tínhamos	distribuído
vós	distribuíais	vós	tínheis	distribuído
eles	distribuíam	eles	tinham	distribuído

pretérito mais-que-perfeito simples	
eu	distribuíra
tu	distribuíras
ele	distribuíra
nós	distribuíramos
vós	distribuíreis
eles	distribuíram

pretérito perfeito simples		pretérito mais-que-perfeito anterior		
eu	distribuí	eu	tivera	distribuído
tu	distribuíste	tu	tiveras	distribuído
ele	distribuiu	ele	tivera	distribuído
nós	distribuímos	nós	tivéramos	distribuído
vós	distribuístes	vós	tivéreis	distribuído
eles	distribuíram	eles	tiveram	distribuído

futuro do presente simples		futuro do presente composto		
eu	distribuirei	eu	terei	distribuído
tu	distribuirás	tu	terás	distribuído
ele	distribuirá	ele	terá	distribuído
nós	distribuiremos	nós	teremos	distribuído
vós	distribuireis	vós	tereis	distribuído
eles	distribuirão	eles	terão	distribuído

CONDICIONAL

futuro do pretérito simples	
eu	distribuiria
tu	distribuirias
ele	distribuiria
nós	distribuiríamos
vós	distribuiríeis
eles	distribuiriam

SUBJUNTIVO / CONJUNTIVO

presente		
que	eu	distribua
que	tu	distribuas
que	ele	distribua
que	nós	distribuamos
que	vós	distribuais
que	eles	distribuam

pretérito imperfeito		
que	eu	distribuísse
que	tu	distribuísses
que	ele	distribuísse
que	nós	distribuíssemos
que	vós	distribuísseis
que	eles	distribuíssem

futuro simples		
quando	eu	distribuir
quando	tu	distribuíres
quando	ele	distribuir
quando	nós	distribuirmos
quando	vós	distribuirdes

INFINITIVO

infinitivo pessoal	
eu	distribuir
tu	distribuíres
ele	distribuir
nós	distribuirmos
vós	distribuirdes
eles	distribuírem

IMPERATIVO

afirmativo	negativo	
—	—	
distribui	não	distribuas
distribua	não	distribua
distribuamos	não	distribuamos
distribuí	não	distribuais
distribuam	não	distribuam

FORMAS NOMINAIS

infinitivo impessoal	infinitivo impessoal pretérito
distribuir	ter distribuído

particípio (pretérito)	gerúndio	gerúndio pretérito
distribuído	distribuindo	tendo distribuído

Verbes terminés en -uir, -fluir, -tribuir, -stituir : le **e** de la terminaison régulière se change en **i** à la 2e et 3e pers. du sing. de l'indicatif présent et à la 2e pers. du sing. de l'impératif affirmatif.

▶ Le **i** tonique de la terminaison porte un accent aigu pour indiquer le hiatus.

Ainsi se conjuguent : imbuir, afluir, confluir, fluir, influir, refluir, atribuir, contribuir, retribuir, destituir, instituir, restituir, substituir.

▶ Construir, reconstruir et destruir ne suivent pas ce modèle (voir tableau 74).

INDICATIVO

presente		pretérito perfeito composto		
eu	destruo	eu	tenho	destruído
tu	destruis / destróis	tu	tens	destruído
ele	destrui / destrói	ele	tem	destruído
nós	destruímos	nós	temos	destruído
vós	destruís	vós	tendes	destruído
eles	destruem/ destroem	eles	têm	destruído

pretérito imperfeito		pretérito mais-que-perfeito composto		
eu	destruía	eu	tinha	destruído
tu	destruías	tu	tinhas	destruído
ele	destruía	ele	tinha	destruído
nós	destruíamos	nós	tínhamos	destruído
vós	destruíeis	vós	tínheis	destruído
eles	destruíam	eles	tinham	destruído

pretérito mais-que-perfeito simples	
eu	destruíra
tu	destruíras
ele	destruíra
nós	destruíramos
vós	destruíreis
eles	destruíram

pretérito perfeito simples		pretérito mais-que-perfeito anterior		
eu	destruí	eu	tivera	destruído
tu	destruíste	tu	tiveras	destruído
ele	destruiu	ele	tivera	destruído
nós	destruímos	nós	tivéramos	destruído
vós	destruístes	vós	tivéreis	destruído
eles	destruíram	eles	tiveram	destruído

futuro do presente simples		futuro do presente composto		
eu	destruirei	eu	terei	destruído
tu	destruirás	tu	terás	destruído
ele	destruirá	ele	terá	destruído
nós	destruiremos	nós	teremos	destruído
vós	destruireis	vós	tereis	destruído
eles	destruirão	eles	terão	destruído

CONDICIONAL

futuro do pretérito simples	
eu	destruiria
tu	destruirias
ele	destruiria
nós	destruiríamos
vós	destruiríeis
eles	destruiriam

SUBJUNTIVO / CONJUNTIVO

presente		
que	eu	destrua
que	tu	destruas
que	ele	destrua
que	nós	destruamos
que	vós	destruais
que	eles	destruam

pretérito imperfeito		
que	eu	destruísse
que	tu	destruísses
que	ele	destruísse
que	nós	destruíssemos
que	vós	destruísseis
que	eles	destruíssem

futuro simples		
quando	eu	destruir
quando	tu	destruíres
quando	ele	destruir
quando	nós	destruirmos
quando	vós	destruirdes

INFINITIVO

infinitivo pessoal	
eu	destruir
tu	destruíres
ele	destruir
nós	destruirmos
vós	destruirdes
eles	destruírem

IMPERATIVO

afirmativo	negativo	
—	—	
destrui / destrói	não	destruas
destrua	não	destrua
destruamos	não	destruamos
destruí	não	destruais
destruam	não	destruam

FORMAS NOMINAIS

infinitivo impessoal	infinitivo impessoal pretérito
destruir	ter destruído

particípio (pretérito)	gerúndio	gerúndio pretérito
destruído	destruindo	tendo destruído

Verbe irrégulier. Il présente deux formes possibles à la 2ᵉ et 3ᵉ pers. du sing. et à la 3ᵉ pers. du pl. de l'indicatif présent, ainsi qu'à la 2ᵉ pers. du sing. de l'impératif affirmatif.

■ Ainsi se conjuguent : construir et reconstruir

▶ Remarquer qu'à certaines personnes, ce verbe suit le modèle de **contribuir** (voir tableau 73) et à d'autres, celui de **moer** (voir tableau 28).

INDICATIVO

presente		pretérito perfeito composto		
eu	arguo	eu	tenho	arguído
tu	arguis	tu	tens	arguído
ele	argúi	ele	tem	arguído
nós	arguimos	nós	temos	arguído
vós	arguis	vós	tendes	arguído
eles	arguem	eles	têm	arguído

pretérito imperfeito		pretérito mais-que-perfeito composto		
eu	arguia	eu	tinha	arguído
tu	arguias	tu	tinhas	arguído
ele	arguia	ele	tinha	arguído
nós	arguíamos	nós	tínhamos	arguído
vós	arguíeis	vós	tínheis	arguído
eles	arguiam	eles	tinham	arguído

pretérito mais-que-perfeito simples	
eu	arguíra
tu	arguíras
ele	arguíra
nós	arguíramos
vós	arguíreis
eles	arguíram

pretérito perfeito simples		pretérito mais-que-perfeito anterior		
eu	arguí	eu	tivera	arguído
tu	arguiste	tu	tiveras	arguído
ele	arguiu	ele	tivera	arguído
nós	arguímos	nós	tivéramos	arguído
vós	arguístes	vós	tivéreis	arguído
eles	arguíram	eles	tiveram	arguído

futuro do presente simples		futuro do presente composto		
eu	arguirei	eu	terei	arguído
tu	arguirás	tu	terás	arguído
ele	arguirá	ele	terá	arguído
nós	arguiremos	nós	teremos	arguído
vós	arguireis	vós	tereis	arguído
eles	arguirão	eles	terão	arguído

CONDICIONAL

futuro do pretérito simples	
eu	arguiria
tu	arguirias
ele	arguiria
nós	arguiríamos
vós	arguiríeis
eles	arguiriam

SUBJUNTIVO / CONJUNTIVO

presente		
que	eu	argua
que	tu	arguas
que	ele	argua
que	nós	arguamos
que	vós	arguais
que	eles	arguam

pretérito imperfeito		
que	eu	arguísse
que	tu	arguísses
que	ele	arguísse
que	nós	arguíssemos
que	vós	arguísseis
que	eles	arguíssem

futuro simples		
quando	eu	arguir
quando	tu	arguíres
quando	ele	arguir
quando	nós	arguirmos
quando	vós	arguirdes

INFINITIVO

infinitivo pessoal	
eu	arguir
tu	arguíres
ele	arguir
nós	arguirmos
vós	arguirdes
eles	arguírem

IMPERATIVO

afirmativo	negativo	
—	não	arguas
argúi	não	argua
argua	não	arguamos
arguamos	não	arguais
arguí	não	arguam
arguam		

FORMAS NOMINAIS

infinitivo impessoal	infinitivo impessoal pretérito	
arguir	ter arguído	

particípio (pretérito)	gerúndio	gerúndio pretérito
arguído	arguindo	tendo arguído

Arguir suit le modèle de **distribuir** (voir tableau 73). Nous présentons quand même sa conjugaison, pour attirer l'attention du lecteur sur le fait que le **u**, même s'il est précédé d'un **g**, se prononce à toutes les personnes (cela était jadis indiqué par un tréma).

▶ Noter la présence d'un accent aigu sur le **i** et sur le **u** toniques pour indiquer le hiatus.

▌ Ainsi se conjugue le verbe redarguir

▶ Remarquer les différences orthographiques avec le verbe **extinguir** (voir tableau 53).

INDICATIVO

presente			pretérito perfeito composto		
eu	reúno		eu	tenho	reunido
tu	reúnes		tu	tens	reunido
ele	reúne		ele	tem	reunido
nós	reunimos		nós	temos	reunido
vós	reunis		vós	tendes	reunido
eles	reúnem		eles	têm	reunido

pretérito imperfeito			pretérito mais-que-perfeito composto		
eu	reunia		eu	tinha	reunido
tu	reunias		tu	tinhas	reunido
ele	reunia		ele	tinha	reunido
nós	reuníamos		nós	tínhamos	reunido
vós	reuníeis		vós	tínheis	reunido
eles	reuniam		eles	tinham	reunido

pretérito mais-que-perfeito simples	
eu	reunira
tu	reuniras
ele	reunira
nós	reuníramos
vós	reuníreis
eles	reuniram

pretérito perfeito simples			pretérito mais-que-perfeito anterior		
eu	reuni		eu	tivera	reunido
tu	reuniste		tu	tiveras	reunido
ele	reuniu		ele	tivera	reunido
nós	reunimos		nós	tivéramos	reunido
vós	reunistes		vós	tivéreis	reunido
eles	reuniram		eles	tiveram	reunido

futuro do presente simples			futuro do presente composto		
eu	reunirei		eu	terei	reunido
tu	reunirás		tu	terás	reunido
ele	reunirá		ele	terá	reunido
nós	reuniremos		nós	teremos	reunido
vós	reunireis		vós	tereis	reunido
eles	reunirão		eles	terão	reunido

CONDICIONAL

futuro do pretérito simples	
eu	reuniria
tu	reunirias
ele	reuniria
nós	reuniríamos
vós	reuniríeis
eles	reuniriam

SUBJUNTIVO / CONJUNTIVO

presente		
que	eu	reúna
que	tu	reúnas
que	ele	reúna
que	nós	reunamos
que	vós	reunais
que	eles	reúnam

pretérito imperfeito		
que	eu	reunisse
que	tu	reunisses
que	ele	reunisse
que	nós	reuníssemos
que	vós	reunísseis
que	eles	reunissem

futuro simples		
quando	eu	reunir
quando	tu	reunires
quando	ele	reunir
quando	nós	reunirmos
quando	vós	reunirdes
quando	eles	reunirem

INFINITIVO

infinitivo pessoal	
eu	reunir
tu	reunires
ele	reunir
nós	reunirmos
vós	reunirdes
eles	reunirem

IMPERATIVO

afirmativo		negativo	
—		—	
reúne		não	reúnas
reúna		não	reúna
reunamos		não	reunamos
reuni		não	reunais
reúnam		não	reúnam

FORMAS NOMINAIS

infinitivo impessoal	infinitivo impessoal pretérito
reunir	ter reunido

particípio (pretérito)	gerúndio	gerúndio pretérito
reunido	reunindo	tendo reunido

■ Verbe régulier. Remarquer l'emploi de l'accent aigu sur le **u** du radical pour indiquer le hiatus.

INDICATIVO

presente		pretérito perfeito composto		
eu	proíbo	eu	tenho	proibido
tu	proíbes	tu	tens	proibido
ele	proíbe	ele	tem	proibido
nós	proibimos	nós	temos	proibido
vós	proibis	vós	tendes	proibido
eles	proíbem	eles	têm	proibido

pretérito imperfeito		pretérito mais-que-perfeito composto		
eu	proibia	eu	tinha	proibido
tu	proibias	tu	tinhas	proibido
ele	proibia	ele	tinha	proibido
nós	proibíamos	nós	tínhamos	proibido
vós	proibíeis	vós	tínheis	proibido
eles	proibiam	eles	tinham	proibido

pretérito mais-que-perfeito simples	
eu	proibira
tu	proibiras
ele	proibira
nós	proibíramos
vós	proibíreis
eles	proibiram

pretérito perfeito simples		pretérito mais-que-perfeito anterior		
eu	proibi	eu	tivera	proibido
tu	proibiste	tu	tiveras	proibido
ele	proibiu	ele	tivera	proibido
nós	proibimos	nós	tivéramos	proibido
vós	proibistes	vós	tivéreis	proibido
eles	proibiram	eles	tiveram	proibido

futuro do presente simples		futuro do presente composto		
eu	proibirei	eu	terei	proibido
tu	proibirás	tu	terás	proibido
ele	proibirá	ele	terá	proibido
nós	proibiremos	nós	teremos	proibido
vós	proibireis	vós	tereis	proibido
eles	proibirão	eles	terão	proibido

CONDICIONAL

futuro do pretérito simples	
eu	proibiria
tu	proibirias
ele	proibiria
nós	proibiríamos
vós	proibiríeis
eles	proibiriam

SUBJUNTIVO / CONJUNTIVO

presente		
que	eu	proíba
que	tu	proíbas
que	ele	proíba
que	nós	proibamos
que	vós	proibais
que	eles	proíbam

pretérito imperfeito		
que	eu	proíbisse
que	tu	proibisses
que	ele	proibisse
que	nós	proibíssemos
que	vós	proibísseis
que	eles	proibissem

futuro simples		
quando	eu	proibir
quando	tu	proibires
quando	ele	proibir
quando	nós	proibirmos
quando	vós	proibirdes
quando	eles	proibirem

INFINITIVO

infinitivo pessoal	
eu	proibir
tu	proibires
ele	proibir
nós	proibirmos
vós	proibirdes
eles	proibirem

IMPERATIVO

afirmativo	negativo	
—	não	proíbas
proíbe	não	proíba
proíba	não	proíba
proibamos	não	proibamos
proibi	não	proibais
proíbam	não	proíbam

FORMAS NOMINAIS

infinitivo impessoal	infinitivo impessoal pretérito
proibir	ter proibido

particípio (pretérito)	gerúndio	gerúndio pretérito
proibido	proibindo	tendo proibido

■ Verbe régulier. Remarquer l'emploi de l'accent aigu sur le **i** du radical pour indiquer le hiatus.
■ Ainsi se conjugue coibir

IMERGIR / IMMERGER, PLONGER

INDICATIVO

presente		pretérito perfeito composto		
—		eu	tenho	imergido
tu	imerges	tu	tens	imergido
ele	imerge	ele	tem	imergido
nós	imergimos	nós	temos	imergido
vós	imergis	vós	tendes	imergido
eles	imergem	eles	têm	imergido

pretérito imperfeito		pretérito mais-que-perfeito composto		
eu	imergia	eu	tinha	imergido
tu	imergias	tu	tinhas	imergido
ele	imergia	ele	tinha	imergido
nós	imergíamos	nós	tínhamos	imergido
vós	imergíeis	vós	tínheis	imergido
eles	imergiam	eles	tinham	imergido

pretérito mais-que-perfeito simples	
eu	imergira
tu	imergiras
ele	imergira
nós	imergíramos
vós	imergíreis
eles	imergiram

pretérito perfeito simples		pretérito mais-que-perfeito anterior		
eu	imergi	eu	tivera	imergido
tu	imergiste	tu	tiveras	imergido
ele	imergiu	ele	tivera	imergido
nós	imergimos	nós	tivéramos	imergido
vós	imergistes	vós	tivéreis	imergido
eles	imergiram	eles	tiveram	imergido

futuro do presente simples		futuro do presente composto		
eu	imergirei	eu	terei	imergido
tu	imergirás	tu	terás	imergido
ele	imergirá	ele	terá	imergido
nós	imergiremos	nós	teremos	imergido
vós	imergireis	vós	tereis	imergido
eles	imergirão	eles	terão	imergido

CONDICIONAL

futuro do pretérito simples	
eu	imergiria
tu	imergirias
ele	imergiria
nós	imergiríamos
vós	imergiríeis
eles	imergiriam

SUBJUNTIVO / CONJUNTIVO

presente
—
—
—
—
—
—

pretérito imperfeito		
que	eu	imergisse
que	tu	imergisses
que	ele	imergisse
que	nós	imergíssemos
que	vós	imergísseis
que	eles	imergissem

futuro simples		
quando	eu	imergir
quando	tu	imergires
quando	ele	imergir
quando	nós	imergirmos
quando	vós	imergirdes
quando	eles	imergirem

INFINITIVO

infinitivo pessoal	
eu	imergir
tu	imergires
ele	imergir
nós	imergirmos
vós	imergirdes
eles	imergirem

IMPERATIVO

afirmativo	negativo
—	—
imerge	
—	—
—	—
imergi	
—	—

FORMAS NOMINAIS

infinitivo impessoal	infinitivo impessoal pretérito
imergir	ter imergido

particípio (pretérito)	gerúndio	gerúndio pretérito
imergido	imergindo	tendo imergido
imerso		

❚ Verbe défectif; seulement utilisé aux formes comportant un **e** ou un **i** dans la désinence.
▶ Ce verbe a un double participe.
❚ Ainsi se conjuguent : abolir, banir, brandir, brunir, carpir-se, colorir, demolir, comedir-se, descomedir-se, emergir, empedernir, exaurir, extorquir, fremir, fulgir, jungir, retorquir, submergir, ungir.

INDICATIVO

presente			pretérito perfeito composto		
—			eu	tenho	falido
—			tu	tens	falido
—			ele	tem	falido
nós	falimos		nós	temos	falido
vós	falis		vós	tendes	falido
—			eles	têm	falido

pretérito imperfeito			pretérito mais-que-perfeito composto		
eu	falia		eu	tinha	falido
tu	falias		tu	tinhas	falido
ele	falia		ele	tinha	falido
nós	falíamos		nós	tínhamos	falido
vós	falíeis		vós	tínheis	falido
eles	faliam		eles	tinham	falido

pretérito mais-que-perfeito simples		
eu	falira	
tu	faliras	
ele	falira	
nós	falíramos	
vós	falíreis	
eles	faliram	

pretérito perfeito simples			pretérito mais-que-perfeito anterior		
eu	fali		eu	tivera	falido
tu	faliste		tu	tiveras	falido
ele	faliu		ele	tivera	falido
nós	falimos		nós	tivéramos	falido
vós	falistes		vós	tivéreis	falido
eles	faliram		eles	tiveram	falido

futuro do presente simples			futuro do presente composto		
eu	falirei		eu	terei	falido
tu	falirás		tu	terás	falido
ele	falirá		ele	terá	falido
nós	faliremos		nós	teremos	falido
vós	falireis		vós	tereis	falido
eles	falirão		eles	terão	falido

CONDICIONAL

futuro do pretérito simples		
eu	faliria	
tu	falirias	
ele	faliria	
nós	faliríamos	
vós	faliríeis	
eles	faliriam	

SUBJUNTIVO / CONJUNTIVO

presente		
—		
—		
—		
—		
—		
—		

pretérito imperfeito		
que	eu	falisse
que	tu	falisses
que	ele	falisse
que	nós	falíssemos
que	vós	falísseis
que	eles	falissem

futuro simples		
quando	eu	falir
quando	tu	falires
quando	ele	falir
quando	nós	falirmos
quando	vós	falirdes
quando	eles	falirem

INFINITIVO

infinitivo pessoal		
eu	falir	
tu	falires	
ele	falir	
nós	falirmos	
vós	falirdes	
eles	falirem	

IMPERATIVO

afirmativo	negativo
—	—
—	—
—	—
—	—
fali	—
—	—

FORMAS NOMINAIS

infinitivo impessoal	infinitivo impessoal pretérito
falir	ter falido

particípio (pretérito)	gerúndio	gerúndio pretérito
falido	falindo	tendo falido

█ Verbe défectif ; seulement utilisé aux formes comportant un **i** dans la désinence.
█ Ainsi se conjuguent : aguerrir, combalir, desflorir, florir, reflorir, renhir et remir (voir tableau 80).

INDICATIVO

presente		pretérito perfeito composto		
—		eu	tenho	remido
—		tu	tens	remido
—		ele	tem	remido
nós	remimos	nós	temos	remido
vós	remis	vós	tendes	remido
—		eles	têm	remido

pretérito imperfeito		pretérito mais-que-perfeito composto		
eu	remia	eu	tinha	remido
tu	remias	tu	tinhas	remido
ele	remia	ele	tinha	remido
nós	remíamos	nós	tínhamos	remido
vós	remíeis	vós	tínheis	remido
eles	remiam	eles	tinham	remido

pretérito mais-que-perfeito simples	
eu	remira
tu	remiras
ele	remira
nós	remíramos
vós	remíreis
eles	remiram

pretérito perfeito simples		pretérito mais-que-perfeito anterior		
eu	remi	eu	tivera	remido
tu	remiste	tu	tiveras	remido
ele	remiu	ele	tivera	remido
nós	remimos	nós	tivéramos	remido
vós	remistes	vós	tivéreis	remido
eles	remiram	eles	tiveram	remido

futuro do presente simples		futuro do presente composto		
eu	remirei	eu	terei	remido
tu	remirás	tu	terás	remido
ele	remirá	ele	terá	remido
nós	remiremos	nós	teremos	remido
vós	remireis	vós	tereis	remido
eles	remirão	eles	terão	remido

CONDICIONAL

futuro do pretérito simples	
eu	remiria
tu	remirias
ele	remiria
nós	remiríamos
vós	remiríeis
eles	remiriam

SUBJUNTIVO / CONJUNTIVO

presente	
—	
—	
—	
—	
—	
—	

pretérito imperfeito		
que	eu	remisse
que	tu	remisses
que	ele	remisse
que	nós	remíssemos
que	vós	remísseis
que	eles	remissem

futuro simples		
quando	eu	remir
quando	tu	remires
quando	ele	remir
quando	nós	remirmos
quando	vós	remirdes
quando	eles	remirem

INFINITIVO

infinitivo pessoal	
eu	remir
tu	remires
ele	remir
nós	remirmos
vós	remirdes
eles	remirem

IMPERATIVO

afirmativo	negativo
—	—
—	—
—	—
—	—
remi	—
—	—

FORMAS NOMINAIS

infinitivo impessoal	infinitivo impessoal pretérito	
remir	ter remido	

particípio (pretérito)	gerúndio	gerúndio pretérito
remido	remindo	tendo remido

Verbe défectif. Il suit le modèle de conjugaison de **falir** (voir tableau 79).
Les formes inexistantes peuvent être remplacées par celles du verbe régulier **redimir**.

▶ **Remir** peut avoir deux emplois différents :
– défectif : il est alors transitif direct ou indirect. *As preces remirão teus pecados.* Les prières expieront tes péchés.
– pronominal : *Todo pecador remir-se-á.* Tout pécheur se rachètera.

Index

Code des signes utilisés

comprar	verbe modèle
4	renvoi aux verbes modèles des tableaux
16	renvoi aux tableaux et à leurs notes
4 ('19)	se conjugue sur le modèle 4 avec l'accentuation du modèle 19
♦	verbe irrégulier
[Br.]	verbe utilisé au Brésil seulement
[Br.]	orthographe spécifique au Brésil
aux.	auxiliaire
def. imp.	verbe défectif impersonnel
def. p.	verbe défectif personnel
def. p. 78	verbe défectif personnel ; se conjugue aux mêmes personnes que le modèle 78
2 part.	verbe à double participe passé
int.	verbe intransitif
[Br : int./ pr./...]	usages spécifiques au Brésil qui s'ajoutent aux autres
imp.	usage impersonnel
part. irr.	participe irrégulier
part. rég.	participe régulier
pred.	verbe prédicatif
pr.	verbe pronominal
t.c.	verbe ou usage transitif circonstanciel
t.d.	verbe ou usage transitif direct
t.i.	verbe ou usage transitif indirect

a

abaçanar, t.d.	4
abacelar, t.d, int.	4
abacharelar-se, pr.	7
abaciar, t.d.	16
abacinar, t.d, pr.	4
abadar, t.d.	4
abadiar, t.d.	16
abaetar, t.d.	4
abafar, t.d, int.	4
abagualar-se, [Br.], pr.	7
abagunçar, [Br.], t.d, int.	13
abainhar, t.d.	4
abaionetar, t.d.	4
abairrar, t.d.	4
abaiucar, t.d.	12 ('19)
abaixar, t.d, t.i.	4
abajoujar-se, pr.	7
abalançar, t.d, t.i, int, pr.	13
abalar, t.d, t.i.	4
abalaustrar, t.d.	19
abalizar, t.d, pr.	4
abaloar, t.d.	20
abalofar, t.d, int, pr.	4
abalroar, t.d, t.i, int, pr.	20
abalsar, t.d.	4
abaluartar, t.d, pr.	4
abananar, t.d, pr.	4
abanar, t.d, int, pr.	4
abancar, t.d, t.i, int, pr.	12
abandalhar, t.d, pr.	4
abandar, t.d, int, pr.	4
abandear, ♦ t.d, pr.	15
abandeirar, t.d, pr.	4

abandejar, t.d.	4
abandidar [Br.], t.d, pr.	4
abandoar-se, pr.	20
abandonar, t.d, pr.	4
abanicar, t.d, pr.	12
abaquetar, t.d.	4
abar, t.d.	4
abaratar, t.d.	4
abarbar, t.d, t.i.	4
abarbarar-se, [Br.], pr.	7
abarbarizar, t.d.	4
abarbelar, t.d.	4
abarbilhar, t.d.	4
abarcar, t.d.	12
abaritonar, t.d, pr.	4
abarracar, t.d, int, pr.	12
abarrancar, t.d, pr.	12
abarregar-se, pr.	14
abarreirar, t.d.	4
abarretar, t.d, pr.	4
abarrotar, t.d, int, pr.	4
abasbacar, t.d, int, pr.	12
abastar, t.d, t.i, pr.	4
abastardar, t.d, pr.	4
abastecer, t.d, t.i, pr.	25
abatatar, t.d.	4
abater, t.d, int, pr.	5
abatocar, t.d.	12
abatumar, int.	4
abaular, t.d.	19
abdicar, t.d, t.i, int.	12
abduzir, ♦ t.d.	72
abeatar, t.d, pr.	4
abeberar, t.d, pr.	4
abecar, [Br.], t.d.	12
abeirar, t.d, pr.	4
abelidar-se, pr.	7
abemolar, t.d, pr.	4
abençoar, t.d, pr.	20
abendiçoar, t.d.	20
aberrar, int, pr.	4

aberturar [Br.], t.d.	4
abesantar, t.d.	4
abespinhar, t.d, pr.	4
abetumar, t.d.	4
abibliotecar, t.d.	12
abicar, t.d, t.i, pr.	12
abichar, t.d, int, pr.	4
abicharar, [Br.], int.	4
abichornar, [Br.], t.d, int, pr.	4
abirritar, t.d.	4
abiscoitar, t.d.	4
abiscoutar, t.d.	4
abismar, t.d, pr.	4
abitar, t.d.	4
abitolar, t.d.	4
abjudicar, t.d.	12
abjugar, t.d.	14
adjungir, t.d.	52
abjurar, t.d, int.	4
abjurgar, t.d.	14
ablactar, t.d.	4
ablaquear, ♦ t.d.	15
ablaquecer, t.d.	25
ablegar, t.d.	14
abluir, ♦ t.d, pr.	73
abnegar, t.d, pr.	14
abnodar, t.d.	4
abnuir, ♦ t.d.	73
abobadar, t.d.	4
abobar, t.d, pr.	4
aboborar, t.d, int, pr.	4
abocanhar, t.d, int, pr.	4
abocar, t.d, int, pr.	12
aboçar, t.d.	13
abocetar, t.d.	4
abochornar, t.d, int, pr.	4
abodegar, t.d.	14
aboiar, t.d.	16 ('19)
abojar, t.d, int.	4
abolachar, t.d.	4
abolar, t.d.	4

abolçar, t.d.	13	abrejar, t.d, int, pr.	4	acabar, t.d, t.i, int, pr.	4
aboleimar, t.d, pr.	4	abrenhar, t.d, pr.	4	acabelar, int.	4
aboletar, t.d, pr.	4	abrenunciar, t.d.	16	acaboclar, [Br.], t.d, pr.	4
abolinar, int.	4	abrevar, t.d, pr.	4	acabramar, t.d.	4
abolir, def. p, t.d, int.	78	abreviar, t.d, t.i, pr.	16	acabrunhar, t.d, int, pr.	4
abolorecer, t.d, int.	25	abrigar, t.d, pr.	14	açacalar, t.d.	4
abolsar, t.d, int.	4	abrir,♦ 2 part, part. irr, t.d,		açaçapar, t.d, pr.	4
abombar [Br.], t.d, int, pr.	4	t.i, pr.	6	acachapar, t.d, pr.	4
abominar, t.d, pr.	4	abrochar, t.d, int, pr.	4	acachar, t.d, pr.	4
abonançar, t.d, int.	13	abrogar, t.d.	14	acachoar, def. imp, int, pr.	20
abonar, t.d, t.i, pr.	4	abrolhar, t.d, int, pr.	4	acacifar, t.d.	4
abonecar, t.d, int, pr.	12	abronzar, t.d.	4	acacular, [Br.], t.d.	4
aboquejar, t.d.	4	abronzear,♦ t.d.	15	acadeirar-se, pr, int.	7
aborbulhar, int, pr.	4	abroquelar, t.d, t.i, pr.	4	academiar, int.	16
abordar, t.d.	4	abrotar, int.	4	acadimar, t.d.	4
abordoar, t.d.	20	abrumar, t.d.	4	acafajestar-se, [Br.], pr.	7
aborletar, t.d.	4	abrutalhar, t.d, pr.	4	acafelar, t.d.	4
abornalar, t.d.	4	abrutar, t.d, pr.	4	acafobar, t.d, pr.	4
aborrascar, def. imp, t.d.	12	abrutecer, t.d, pr.	25	açafroar, t.d.	20
aborrecer, t.d, int, pr.	25	absceder, int.	5	acaiçarar-se, [Br.], pr.	7
aborrir, def. p, t.d, t.i,		abscidar, int.	4	açaimar, t.d.	4
int, pr.	79	absconder, t.d, pr.	5	acaipirar-se, [Br.], pr.	7
abortar, int, t.d.	4	absolver, t.d, t.i, pr.	5	acairelar, t.d.	4
aboscar, [Br.], t.d.	12	absonar, int.	4	acajadar, t.d.	4
abostelar, int.	4	absorver, t.d, t.i, pr.	5	acalantar, t.d, pr.	4
abotecar, [Br.], t.d.	12	abster,♦ t.d, t.i, pr.	1	acalcanhar, t.d, int.	4
aboticar, [Br.], t.d.	12	absterger, t.d.	26	acalcar, t.d.	12
abotinar, t.d.	4	abstrair,♦ t.d, t.i, pr.	68	acalentar, t.d, int, pr.	4
abotoar, t.d, int, pr.	20	abufelar, [Br.], t.d.	4	acalmar, t.d, int, pr.	4
abotocar, t.d.	12	abugalhar, t.d.	4	acalorar, t.d, pr.	4
aboubar-se, pr.	7	abular, t.d.	4	acamar, t.d, int, pr.	4
abracar, [Br.], t.d.	12	abundanciar, t.d.	16	açamar, t.d.	4
abraçar, t.d, pr.	13	abundar, int, t.i, t.d.	4	acamaradar, int, pr.	4
abrandar, t.d, int.	4	abunhar, int.	4	açambarcar, t.d.	12
abrandecer, t.d.	25	aburacar, t.d.	12	acambetar, int.	4
abranger, t.d, int, pr.	26	aburelar, t.d, pr.	4	acamboar, t.d.	20
abrasar, t.d, int, pr.	4	aburguesar, t.d, pr.	4	acambulhar, t.d, pr.	4
abrasear,♦ t.d.	15	abusar, t.d, t.i, int.	4	acampar, t.d, int, pr.	4
abrasileirar, t.d, pr.	4	abuzinar, t.d, int.	4	acamurçar, t.d.	13
abrasilianar, t.d, pr.	4	acabaçar, t.d.	13	acanalar, t.d.	4
abrasonar, t.d.	4	acabanar, t.d.	4	acanalhar, t.d, pr.	4

acanavear,♦ t.d, pr.	15	acavaleirar, t.d, t.i.	4	achincalhar, t.d.	4
acancelar, t.d.	4	accionar, t.d, int.	4	achinelar, t.d, pr.	4
acanelar, t.d.	4	acebolar, t.d.	4	achinesar, t.d, pr.	4
acanhar, t.d, pr.	4	aceder, t.d, t.i.	5	achoar, t.d.	20
acanhoar, t.d.	20	aceimar, t.d.	4	achocalhar, t.d.	4
acanhonear,♦ t.d.	15	aceirar, t.d.	4	achumbar, t.d.	4
acanoar, [Br.], t.d.	20	aceitar, [3 part.: aceitado,		acicatar, t.d.	4
acantoar, t.d, pr.	20	aceito e aceite], t.d, t.i, int.	4	acidar, t.d, pr.	4
acantonar, t.d, int.	4	aceleirar, t.d.	4	acidentar, t.d, pr.	4
acanular, t.d.	4	acelerar, t.d, int, pr.	4	acidificar, t.d, pr.	12
acapachar, t.d, pr.	4	acenar, int, t.d, t.i., pr.	4	acidrar, t.d.	4
acapangar-se, [Br.], pr.	14	acender, 2 part, t.d, pr.	5	acidular, t.d, pr.	4
acapelar, t.d, pr.	4	acendrar, t.d.	4	aciganar, t.d, pr.	4
acapitular, t.d.	4	acentuar, t.d, int, pr.	4	acingir, t.d, t.i, pr.	52
acapoeirar-se, [Br.], pr.	7	acepilhar, t.d, pr.	4	acinzar, t.d, pr.	4
acardumar, t.d, int, pr.	4	acerar, t.d.	4	acinzentar, t.d, int, pr.	4
acarear,♦ t.d, t.i.	15	acerbar, t.d.	4	acionar, [Br.], t.d, int.	4
acariciar, t.d.	16	acercar, t.d, pr.	12	acirandar, t.d.	4
acaridar, t.d, pr.	4	acerejar, t.d.	4	acirrar, t.d, t.i, pr.	4
acarinhar, t.d.	4	acertar, t.d, t.i, int, pr.	4	aclamar, t.d, int, pr.	4
acaroar, t.d.	20	acervar, t.d.	4	aclarar, t.d, int, pr.	4
acarrancar, t.d, int, pr.	12	acetar, t.d, pr.	4	aclerizar-se, pr.	7
acarrapatar, t.d.	4	acetificar, t.d, pr.	12	aclimar, t.d, t.i, pr.	4
acarrar, int, pr.	4	acetinar, t.d.	4	aclimatar, t.d, t.i, pr.	4
acarrear,♦ t.d, t.i.	15	acevadar, t.d.	4	aclimatizar, t.d, t.i, pr.	4
acarretar, t.d, t.i.	4	acevar, t.d, t.i, pr.	4	acobardar, t.d, pr.	4
acartonar, t.d.	4	achacar, t.d, t.i, int, pr.	12	acobertar, t.d, pr.	4
acasalar, t.d, t.i, int, pr.	4	achamboar, t.d, pr, int.	20	acobilhar, t.d.	4
acasear,♦ t.d.	15	achambonar, [Br.], t.d, int, pr.	4	acobrear,♦ t.d.	15
acastanhar, t.d.	4	achanar, t.d.	4	acocar, [Br.], t.d.	12
acastelar, t.d, pr.	4	achaparrar, int.	4	acocar-se, [Br.], pr, t.d.	12
acastelhanar, t.d, pr.	4	achar, t.d, t.i, pr.	4	acochar, t.d, pr.	4
acasular, t.d.	4	acharoar, t.d.	20	acocorar, t.d, pr.	4
acatar, t.d.	4	achatar, t.d, pr.	4	açodar, t.d, pr.	4
acatarroar-se, pr.	20	achavascar, t.d, pr.	12	acoelhar-se, [Br.], pr.	7
acatassolar, t.d.	4	achegar, t.d, pr.	14	acogular, t.d, t.i, pr.	4
acatitar, t.d, pr.	4	achibantar, t.d, pr.	4	acoimar, t.d, t.i, pr.	4
acatruzar, [Br.], t.d.	4	achicar, t.d, int.	12	acoirelar, t.d.	4
acaudilhar, t.d, pr.	4	achicar-se, [Br: pr.]	12	acoitar, t.d, t.i, pr.	4
acautelar, t.d, t.i, pr.	4	achichelar, t.d.	4	açoitar, t.d, pr.	4
acavalar, t.d, pr.	4	achinar, t.d, pr.	4	acolchetar, t.d, int, pr.	4

acolchoar, t.d.	20	acotonar, t.d, int, pr.	4	acurvilhar, int.	4
acoletar, t.d, pr.	4	acotovelar, t.d, int, pr.	4	acusar, t.d, int, pr.	4
acolher, t.d, int, pr.	5	acoturnar, t.d.	4	acutilar, t.d, pr.	4
acolherar, [Br.], t.d, pr.	4	acourelar, t.d.	4	adagiar, int.	16
acolitar, t.d, int.	4	acoutar, t.d, t.i, int, pr.	4	adamar, t.d, pr.	4
acomadrar-se, pr.	7	açoutar, t.d, pr.	4	adamascar, t.d.	12
acometer, t.d, t.i, int, pr.	5	acovar, t.d.	4	adaptar, t.d, t.i, pr.	4
acomodar, t.d, t.i, int, pr.	4	acovardar, t.d, pr.	4	adarvar, t.d.	4
acompadrar, t.d, t.i, pr.	4	acovilhar, t.d.	4	adastrar, t.d.	4
acompanhar, t.d, t.i, int, pr.	4	acravar, t.d, t.i, pr.	4	adegar, t.d.	14
acompridar, t.d.	4	acreditar, t.d, t.i, pr.	4	adejar, int, t.d.	4
acomunar-se, pr.	7	acrescentar, t.d, t.i, int, pr.	4	adelgaçar, t.d, int, pr.	13
aconchar, t.d.	4	acrescer, t.d, t.i, int.	25	adelgadar, t.d, int, pr.	4
aconchavar, t.d, t.i, int, pr.	4	acriançar-se, pr.	13	adensar, t.d, pr.	4
aconchear, ♦ t.d.	15	acrimoniar, t.d, pr.	16	adentar, t.d.	4
aconchegar, t.d, t.i, pr.	14	acrioular-se, pr.	7	adentrar, t.d, int.	4
acondicionar, t.d, t.i, pr.	4	acrisolar, t.d, pr.	4	adequar, def. p, t.d, t.i, pr.	23
aconfeitar, t.d.	4	acromatizar, t.d.	4	adereçar, t.d, pr.	13
aconfradar, t.d, int, pr.	4	activar, t.d, pr.	4	adergar, int.	14
aconselhar, t.d, t.i, int, pr.	4	actualizar, t.d.	4	aderir, ♦ int, t.d, t.i, pr.	57
aconsoantar, t.d.	4	actuar, t.d, t.i.	4	adernar, t.d, int.	4
acontecer, def. imp, int, t.i.	46	acuar, t.d, int.	4	adestrar, t.d, pr.	4
acoplar, t.d, pr.	4	açucarar, t.d, int, pr.	4	adeusar, t.d, pr.	4
acoquinar, [Br.], t.d, pr.	4	acucular, t.d.	4	adiamantar, t.d.	4
acoraçoar, t.d, t.i, pr.	20	açudar, t.d, int.	4	adiantar, t.d, int, pr.	4
acorçoar, t.d, t.i, pr.	20	acudir, ♦ t.d, t.i, pr.	61	adiar, t.d.	16
acorcundar, t.d, int, pr.	4	açular, t.d, t.i, pr.	4	adicionar, t.d, t.i, pr.	4
acordar, t.d, t.i, pr.	4	acuear, ♦ t.d.	15	adietar, t.d, pr.	4
acordar(-se), pr, t.d.	4	açumagrar, t.d.	4	adimplir, t.d.	6
acornar, t.d.	4	acumear, ♦ t.d.	15	adir, def. p, t.d, t.i.	79
acoroçoar, t.d, t.i, pr.	20	acuminar, t.d.	4	aditar, t.d.	4
acorrentar, t.d, t.i, pr.	4	acumpliciar, t.d, pr.	16	aditar-se, pr, t.d, t.i, int.	7
acorrer, int, pr.	4	acumular, t.d, t.i, int, pr.	4	adivinhar, t.d, t.i.	4
acorrilhar, t.d.	4	acunhar, t.d.	4	adjazer, ♦ int.	32
acortinar, t.d.	4	acunhear, ♦ t.d.	15	adjectivar, t.d, t.i.	4
acoruchar, t.d.	4	acupuncturar, t.d.	4	adjetivar, [Br.], t.d, t.i, int.	4
acossar, t.d.	4	acupunturar, [Br.], t.d.	4	adjudicar, t.d, t.i, pr.	12
acostar, t.d, t.i, pr.	4	acurar, t.d, pr.	4	adjurar, t.d, t.i.	4
acostumar, t.d, t.i.	4	acurralar, t.d.	4	adjutorar, t.d.	4
acotiar, t.d.	16	acurtar, t.d, int, pr.	4	adligar-se, pr.	14
acotoar, t.d, int, pr.	20	acurvar, t.d, int.	4	adminicular, t.d.	4

administrar, t.d, t.i, int, pr.	4	adulçorar, t.d.	4	aferrenhar, t.d, pr.	4
admirar, t.d, int, pr.	4	adulterar, t.d, int, pr.	4	aferretar, t.d.	4
admitir, t.d, t.i.	6	adumbrar, t.d, pr.	4	aferretear, ♦ t.d.	15
admoestar, t.d, t.i.	4	adunar, t.d, t.i.	4	aferretoar, t.d.	20
adnumerar, t.d.	4	aduncar, t.d.	12	aferroar, t.d.	20
adobar, t.d.	4	adurar, int.	4	aferrolhar, t.d.	4
adoçar, t.d, pr.	13	adurir, t.d.	6	aferventar, t.d, pr.	4
adocicar, t.d, pr.	12	aduzir, ♦ t.d, t.i.	72	afervorar, t.d, pr.	4
adoecer, int, t.d.	25	adversar, t.d.	4	afervorizar, t.d, pr.	4
adoentar, t.d, pr.	4	advertir, ♦ t.d, t.i.	54	afestoar, t.d, pr.	20
adoestar, t.d, pr.	4	advir, ♦ part. irr, t.i, int.	67	afetar, [Br.], t.d, t.i.	4
adoidar, t.d, int, pr.	4	advogar, t.d, t.i, int.	14	afiambrar, t.d, pr.	4
adolescer, int.	25	aerificar, t.d, pr.	12	afiançar, t.d, t.i, int, pr.	13
adomar, t.d.	4	aerizar, t.d, pr.	4	afiar, t.d, pr.	16
adomingar-se, pr.	14	aerotransportar, t.d, pr.	4	afidalgar, t.d, pr.	14
adonar-se, [Br.], pr.	7	afadigar, t.d, pr.	14	afigurar, t.d.	4
adonisar, t.d, pr.	4	afadistar, t.d, pr.	4	afilar, t.d, int, pr.	4
adoperar, t.d.	4	afagar, t.d, int, pr.	14	afilar-se, pr.	7
adoptar, t.d, t.i, int.	4	afaimar, t.d.	4	afilhar, int.	4
adorar, t.d, pr.	4	afainar-se, pr.	7	afiliar, t.d.	16
adormecer, int, t.d, pr.	25	afalar, t.i.	4	afinar, t.d, t.i, int, pr.	4
adormentar, t.d.	4	afalcoar, t.d.	20	afincar, t.d, t.i, pr.	12
adormir, ♦ t.d.	59	afamar, t.d, pr.	4	afirmar, t.d, t.i, int, pr.	4
adornar, t.d, pr.	4	afamilhar-se, [Br.], pr.	7	afistular, t.d, pr.	4
adotar, [Br.], t.d, t.i, int.	4	afamiliar-se, pr.	16	afitar, int, t.d.	4
adoudar, t.d, t.i, pr.	4	afanar, t.d, int, pr.	4	afivelar, t.d.	4
adoutrinar, t.d, int.	4	afaquear, ♦ t.d.	15	afixar, t.d.	4
adquirir, t.d, t.i, int.	6	afarar-se, pr.	7	aflar, t.d, int.	4
adregar, t.d, int, pr.	14	afastar, t.d, t.i, int, pr.	4	aflautar, t.d.	4
adriçar, t.d.	13	afatiar, t.d.	16	aflechar, t.d.	4
adrogar, t.d.	14	afaxinar, t.d.	4	afleimar, t.d, pr.	4
adscrever, ♦ part. irr, t.d, t.i, pr.	5	afazendar-se, pr.	7	afleumar, t.d, pr.	4
		afazer, ♦ t.d, t.i, pr.	31	afligir, t.d, int, pr.	52
adsorver, t.d.	5	afear, ♦ t.d, pr.	15	aflorar, t.d, int.	4
adstringir, t.d, t.i, pr.	52	afectar, t.d, t.i.	4	afluir, ♦ t.c, int.	73
aduanar, t.d.	4	afeiçoar, t.d, t.i, pr.	20	afobar, t.d.	4
aduar, t.d.	4	afeitar, t.d.	4	afocinhar, t.d, t.i, int.	4
adubar, t.d, t.i.	4	afelear, ♦ t.d.	15	afofar, t.d, int, pr.	4
aduchar, t.d.	4	afeminar, t.d, pr.	4	afogar, t.d, t.i, pr.	14
adufar, t.d, int.	4	aferir, ♦ t.d, t.i, int, pr.	57	afoguear, ♦ t.d, pr.	15
adular, t.d.	4	aferrar, t.d, int, pr.	4	afoitar, t.d, t.i, pr.	4

afolar, t.d.	4
afolhar, t.d, int, pr.	4
afolozar, [Br.], t.d.	4
aforar, t.d, t.i, pr.	4
aforar-se, pr.	7
aforçurar-se, pr.	7
aformosear, ♦ t.d, pr.	15
aformosentar, t.d, pr.	4
aforquilhar, t.d.	4
aforrar, t.d, pr.	4
aforrar-se, pr.	7
afortalezar, t.d, pr.	4
afortunar, t.d, pr.	4
afoutar, t.d, t.i, pr.	4
afracar, int.	12
afrancesar, t.d, pr.	4
afrechar, t.d.	4
afreguesar, t.d, pr.	4
afreimar, t.d, pr.	4
afrentar, t.d.	4
afretar, t.d.	4
africanizar, t.d, pr.	4
africar, t.d.	12
afroixar, t.d, int, pr.	4
afroixelar, t.d.	4
afrontar, t.d, t.i, int, pr.	4
afrouxar, t.d, int, pr.	4
afrouxelar, t.d.	4
afrutar, int.	4
afugentar, t.d.	4
afuleimar-se, [Br.], pr, int.	7
afumar, t.d, int.	4
afundar, t.d, t.c, int, pr.	4
afundir, t.d, int, pr.	6
afunalar, t.d, pr.	4
afuroar, t.d.	20
afusar, t.d.	4
afutricar, [Br.], t.d, int.	12
afuzilar, t.d, int.	4
agachar-se, pr.	7
agadanhar, t.d, pr.	4
agafanhar, t.d, pr.	4
agaiatar-se, pr.	7
agalanar, t.d, pr.	4
agalegar, t.d, pr.	14
agalgar, def. imp, int, t.d.	14
agalhar, int.	4
agalinhar-se, pr.	7
agaloar, t.d.	20
agarnachar, t.d, pr.	4
agarotar-se, pr, t.d.	7
agarrar, t.d, t.i, int, pr.	4
agarrochar, t.d.	4
agarrotar, t.d.	4
agarruchar, t.d.	4
agarrunchar, t.d.	4
agasalhar, t.d, pr.	4
agastar, t.d, pr.	4
agatanhar, t.d, pr.	4
agatinhar, t.d, int.	4
agaturrar, [Br.], t.d.	4
agauchar-se, [Br.], pr.	19
agavelar, t.d.	4
agenciar, ♦ t.d.	18
agermanar, t.d, t.i, pr.	4
agigantar, t.d, pr.	4
agiotar, int.	4
agir, int.	52
agitar, t.d, pr.	4
aglomerar, t.d, pr.	4
aglutinar, t.d.	4
agoirar, t.d, t.i, pr.	4
agoirentar, t.d.	4
agolpear, ♦ t.d, pr.	15
agomar, int, pr.	4
agongorar, t.d, pr.	4
agoniar, t.d, pr.	16
agonizar, int, t.d.	4
agorentar, t.d.	4
agourar, t.d, t.i, pr.	4
agourentar, t.d.	4
agraciar, t.d.	16
agradar, t.d, int.	4
agradar-se, pr.	7
agradecer, t.d, t.i, int.	25
agranelar, t.d.	4
agranizar, t.d.	4
agrar, t.d.	4
agraudar, int.	19
agravar, t.d, t.i, pr.	4
agredir, ♦ t.d.	58
agregar, t.d, t.i, pr.	14
agremiar, t.d, pr.	16
agricultar, t.d, int.	4
agrilhoar, t.d, t.i.	20
agrimar-se, pr.	7
agrimensar, t.d.	4
agrinaldar, t.d, pr.	4
agrisalhar, t.d, pr.	4
agrumar-se, pr.	7
agrumelar, t.d.	4
agrumetar, t.d.	4
agrumular, t.d, pr.	4
agrupar, t.d, pr.	4
aguar, t.d, int.	21
aguardar, t.d.	4
aguardentar, t.d.	4
aguarentar, t.d.	4
aguçar, t.d, int, pr.	13
aguentar, t.d, int, pr.	4
aguerrear, ♦ t.d, pr.	15
aguerrilhar, t.d, pr.	4
aguerrir, def. p, t.d, pr.	79
aguilhoar, t.d.	20
aguinir, [Br.], t.d, pr.	6
agulhar, t.d.	4
agulhetar, t.d, int.	4
agurentar, t.d.	4
aiar, int.	16
airar, [Br.], int.	4
ajaezar, t.d, pr.	4
ajanotar, t.d, pr.	4
ajardinar, t.d.	4

ajeitar, t.d, t.i, pr.	4	albificar, t.d.	12	alentar, t.d, int, pr.	4
ajesuitar, t.d, pr.	4 ('19)	alborcar, t.d, t.i.	12	alentecer, int.	25
ajoelhar, t.d, int, pr.	4	alborotar, t.d, pr.	4	alertar, t.d, int, pr.	4
ajorcar, t.d.	12	alcachinar, t.d, pr.	4	alestar, t.d, pr.	4
ajornalar, t.d.	4	alcachofrar, t.d.	4	aletradar-se, pr.	7
ajoujar, t.d, pr.	4	alcaguetar, **[Br.]**, t.d, t.i.	4	alevantar, t.d, pr.	4
ajudar, t.d, t.i, int, pr.	4	alcalificar, t.d.	12	alevedar, t.d.	4
ajudengar, t.d, pr.	14	alcalinar, t.d, pr.	4	alfabetar, t.d.	4
ajuizar, t.d, t.i, int, pr.	4 ('19)	alcalinizar, t.d, pr.	4	alfabetizar, t.d.	4
ajular, t.d.	4	alcalizar, t.d, pr.	4	alfaiar, t.d.	16
ajuntar, t.d, t.i, int, pr.	4	alcançar, t.d, t.i, int, pr.	13	alfaiatar, t.d, int.	4
ajuramentar, t.d, pr.	4	alcandorar-se, pr.	7	alfandegar, t.d.	14
ajustar, t.d, t.i, int, pr.	4	alcanforar, t.d.	4	alfarrobar, t.d.	4
ajusturar, t.d.	4	alcantilar, t.d.	4	alfazemar, t.d.	4
alabarar, t.d.	4	alçapremar, t.d.	4	alfenar, t.d.	4
aladroar, t.d.	20	alçar, t.d, t.i.	13	alfeninar-se, pr.	7
alagar, t.d, t.i, pr.	14	alçar-se, pr.	13	alfinetar, t.d.	4
alambazar-se, pr.	7	alcatear, ♦ int, pr.	15	alfombrar, t.d.	4
alambicar, t.d, pr.	12	alcatifar, t.d.	4	alforjar, t.d, int.	4
alamborar, t.d.	4	alcatroar, t.d.	20	alforrar, int.	4
alambrar, **[Br.]**, t.d.	4	alcatruzar, t.d, int, pr.	4	alforriar, t.d.	16
alamedar, t.d.	4	alcear, ♦ t.d.	15	algaliar, t.d.	16
alancear, ♦ t.d.	15	alcofar, t.d.	4	algaraviar, int, t.d.	16
alanguidar-se, pr.	7	alcoolizar, t.d, pr.	4	algazarrar, int.	4
alanhar, t.d, pr.	4	alcorcovar, t.d.	4	algebrizar, t.d.	4
alanzoar, t.d, int.	20	alcovitar, t.d, t.i, int.	4	algemar, t.d.	4
alapar, t.d, pr.	4	alcunhar, t.d, pr.	4	algodoar, t.d, pr.	20
alapardar-se, pr.	7	aldear, ♦ t.d.	15	algozar, t.d, int.	4
alar, t.d, t.i, pr, int.	4	aldrabar, t.d, t.i, int.	4	algraviar, int.	16
alar-se, pr.	7	aldravar, t.d, t.i, int.	4	alguergar, t.d.	14
alarar, t.d.	4	aleardar, t.d.	4	alhanar, t.d, pr.	4
alardar, t.d, t.i, int.	4	alegar, t.d, t.i, pr.	14	alhear, ♦ t.d, t.i, pr.	15
alardear, ♦ t.d, int.	15	alegorizar, t.d.	4	aliar, t.d, t.i, pr.	16
alargar, t.d, pr.	14	alegrar, t.d.	4	alibambar, **[Br.]**, t.d.	4
alarmar, t.d, pr.	4	alegrar-se, pr.	7	alicerçar, t.d.	13
alastrar, t.d, t.i, pr.	4	aleijar, t.d, int, pr.	4	aliciar, t.d, t.i.	16
alatinar, t.d.	4	aleiloar, t.d.	20	alienar, t.d, t.i, pr.	4
alatoar, t.d.	20	aleitar, t.d.	4	aligeirar, t.d, pr.	4
alavercar, t.d, int, pr.	12	aleluiar, t.d, int.	16	alijar, t.d, t.i, int, pr.	4
albardar, t.d.	4	alemanizar, t.d, pr.	4	alimentar, t.d, pr.	4
albergar, t.d, int, pr.	14	alemoar, **[Br.]**, t.d, pr.	20	alimpar, t.d, int, pr.	4

alindar, t.d, pr.	4	alqueirar, t.d.	4	amadrinhar, t.d.	4
alinhar, t.d, pr.	4	alqueivar, t.d.	4	amadurar, t.d, int.	4
alinhavar, t.d.	4	alquilar, t.d.	4	amadurecer, t.d, int, pr.	25
alisar, t.d.	4	alquimiar, int.	16	amagar [Br.], t.d.	14
alisboetar, t.d, pr.	4	alrotar, int.	4	amagotar, t.d.	4
alistar, t.d, pr.	4	altanar-se, pr.	7	amainar, t.d, int, pr.	4
aliterar, t.d, int.	4	altear, ♦ t.d, int, pr.	15	amaldiçoar, t.d	20
aliteratar-se, pr.	7	alterar, t.d, pr.	4	amalgamar, t.d, t.i, pr.	4
aliviar, t.d, t.i, int, pr.	16	altercar, int, t.d, t.i.	12	amalhar, t.d, int.	4
aljofarar, t.d.	4	alternar, t.d, t.i, int, pr.	4	amalhar-se, pr.	7
aljofrar, t.d.	4	altivar, t.d.	4	amalhoar, t.d, int, pr.	20
almagrar, t.d.	4	aluar-se, pr.	7	amalocar, t.d.	12
almajarrar, t.d.	4	alucinar, t.d, int, pr.	4	amaltar, t.d, pr.	4
almanjarrar, t.d.	4	aludir, t.d, t.i.	6	amalucar, t.d, int, pr.	12
almecegar, t.d.	14	alugar, t.d, t.i, pr.	14	amamentar, t.d	4
almejar, t.d, t.i, int.	4	aluir, ♦ t.d, int.	73	amancebar-se, pr.	7
almiscarar, t.d, pr.	4	alumbrar, t.d, pr.	4	amanchar-se, pr.	7
almoçar, int, t.d.	13	alumiar, t.d, int, pr.	16	amaneirar, t.d, t.i, pr.	4
almocrevar, t.d, int.	4	aluminar, t.d.	4	amanequinar, t.d.	4
almoedar, t.d.	4	aluminizar, t.d.	4	amanhar, t.d. pr.	4
almofaçar, t.d.	13	alunar, int.	4	amanhecer, def. imp, int, t.i.	25
almofadar, t.d.	4	alunissar, int.	4	amaninhar, t.d, pr.	4
almondegar, t.d.	14	alunizar, int.	4	amanonsiar, [Br.], t.d.	16
almotaçar, t.d, pr.	13	alvaiadar, t.d.	4	amansar, t.d, int., pr.	4
almudar, t.d.	4	alvear, ♦ t.d.	15	amantar, t.d.	4
alocar, t.d.	12	alvidrar, t.d.	4	amanteigar, t.d.	14
aloirar, t.d, int, pr.	4	alvissarar, t.d, t.i.	4	amantelar, t.d.	4
aloisar, t.d.	4	alvitrar, t.d, t.i.	4	amantilhar, t.d.	4
alojar, t.d, int.	4	alvorar, int, t.d.	4	amantilhar-se, pr.	7
alojar-se, pr.	7	alvorecer, def. imp, int.	25	amar, t.d, int, pr.	4
alombar, t.d.	4	alvorejar, int, t.d.	4	amarar, t.d.	4
alongar, t.d, t.i, pr.	14	alvoroçar, t.d, int.	13	amarar-se, pr.	7
alonginquar, t.d, pr.	4 ('19)	alvorotar, t.d, pr.	4	amarasmear, ♦ int, pr.	15
aloprar, [Br.], int.	4	amacacar, t.d.	12	amarelar, t.d, int, pr.	4
alotar, t.d.	4	amaçarocar, t.d, int.	12	amarelecer, t.d, int, pr.	25
aloucar, t.d, pr.	12	amachonar-se, [Br.], pr.	7	amarelejar, def. imp, int.	4
alourar, t.d, int, pr.	4	amachorrar, [Br.], int.	4	amarfalhar, t.d.	4
alousar, t.d.	4	amachucar, t.d, pr.	12	amarfanhar, t.d.	4
alpendrar, t.d.	4	amaciar, t.d, pr.	16	amargar, t.d, int, pr.	14
alporcar, t.d.	12	amadeirar, t.d.	4	amargurar, t.d, pr.	4
alquebrar, t.d, int.	4	amadorrar, t.d, pr.	4	amaricar-se, pr.	12

amaridar-se, pr, t.d, t.i.	7	amesquinhar, t.d, pr.	4	amordaçar, t.d.	13
amarinhar-se, pr.	7	amestrar, t.d, pr.	4	amorenar, t.d, pr.	4
amariolar-se, pr.	7	ametalar, t.d.	4	amoriscar-se, pr.	12
amarotar-se, pr.	7	amezinhar, t.d, pr.	4	amornar, t.d.	4
amarrar, t.d, t.i, pr.	4	amigar, t.d, pr.	14	amornecer, t.d, int.	25
amarroar, t.d.	20	amilhar, t.d.	4	amorrinhar-se, pr.	7
amarroquinar, t.d.	4	amimar, t.d, pr.	4	amorsegar, t.d.	14
amarrotar, t.d, pr.	4	amineirar, t.d, pr.	4	amortalhar, t.d, t.i, pr.	4
amartelar, t.d, t.i, int.	4	aminguar, int.	21	amortecer, t.d, int, pr.	25
amarujar, int.	4	amiserar-se, pr.	7	amortiçar, t.d, pr.	13
amarulhar, t.d.	4	amistar, t.d, pr.	4	amortizar, t.d.	4
amaciar-se, pr.	16	amisular, t.d.	4	amossar, t.d.	4
amassar, t.d, int. pr.	4	amiudar, t.d, int, pr.	19	amossegar, t.d.	14
amatalar, int.	4	amnesiar, t.d.	16	amostrar, t.d, t.i, pr.	4
amatalotar, t.d, pr.	4	amnistiar, t.d.	16	amotunar, t.d, pr.	4
amatilhar, t.d, t.i, pr.	4	amocambar, t.d.	4	amoucar, t.d.	12
amatronar, t.d.	4	amochar-se, pr.	7	amoucar-se, pr.	12
amatular-se, pr.	4	amodernar, t.d, pr.	4	amouriscar, t.d.	12
amatutar-se, pr.	4	amodorrar, t.d, pr.	4	amouxar, [Br.], t.d.	4
amaurotizar, t.d.	4	amoedar, t.d.	4	amover, t.d, t.i.	5
amazelar, t.d, pr.	4	amofinar, t.d.	4	amoxamar, t.d, pr.	4
ambarizar, t.d.	4	amofumbar, [Br.], t.d.	4	amparar, t.d, t.i, pr.	4
ambicionar, t.d.	4	amoinar, t.d	4 ('19)	ampliar, t.d, pr.	16
ambientar, t.d, pr.	4	amoiriscar, t.d.	12	amplificar, t.d.	12
ambrear, ♦ t.d.	15	amoitar, int.	4	amputar, t.d.	4
ambular, int.	4	amojar, t.d.	4	amuar, t.d, t.i, pr.	4
ameaçar, t.d, t.i, int.	13	amolar, t.d, t.i, int, pr.	4	amulatar-se, pr.	7
amealhar, t.d.	4	amoldar, t.d, t.i, pr.	4	amulherar-se, pr.	7
amear, ♦ t.d.	15	amolecar, [Br.], t.d, pr.	12	amulhengar-se, pr.	14
amedrontar, t.d, t.i, pr.	4	amolecer, t.d, int.	25	amumiar, t.d, pr.	16
ameigar, t.d, pr.	14	amolegar, t.d.	14	amunhecar, [Br.], int.	12
ameijoar, t.d, int.	20	amolentar, t.d, int, pr.	4	amuniciar, t.d.	16
amelaçar, t.d.	13	amolestar, t.d.	4	amuralhar, t.d.	4
ameninar, t.d, int, pr.	4	amolgar, t.d, t.i, int, pr.	14	amurar, t.d.	4
amenizar, t.d, int, pr.	4	amontanhar, int, pr.	4	amurchecer-se, pr, def. imp.	25
amentar, t.d.	4	amontar, t.d, t.i, int.	4	anaçar, t.d.	13
amercear, ♦ t.d, pr.	15	amontoar, t.d, int, pr.	20	anacronizar, t.d.	4
americanizar, t.d, pr.	4	amonturar, t.d.	4	anafar, t.d.	4
amerissar, t.i.	4	amoquecar, int, pr.	12	anafilactizar, t.d.	4
amesendar, t.d, int, pr.	4	amoralizar, t.d.	4	anafilatizar, [Br.], t.d.	4
amesendrar, t.d, int. pr.	4	amorar, t.d, pr.	4	anagramatizar, int.	4

analisar, t.d.	4	anisar, t.d.	4	apagar, t.d, int, pr.	14
ananicar, t.d.	12	anistiar, [Br.], t.d.	16	apainelar, t.d.	4
ananzar, t.d.	4	aniversariar, int.	16	apaiolar, t.d.	4
anarcisar-se, pr.	4	anogueirar, t.d.	4	apaisanar, t.d.	4
anarquizar, t.d.	4	anoitecer, def. imp, int, t.d.	25	apaixonar, t.d, pr.	4
anastomosar, t.d, int, pr.	4	anojar, t.d, pr.	4	apajear, ♦ t.d.	15
anateirar, t.d.	4	anonadar, [Br.], t.d.	4	apalaçar, t.d.	13
anatematizar, t.d, t.i.	4	anotar, t.d.	4	apalacianar, t.d, pr.	4
anatomizar, t.d.	4	anovelar, t.d, pr.	4	apaladar, t.d.	4
anavalhar, t.d.	4	anquilosar, t.d, pr.	4	apalancar, t.d.	12
ancilosar, t.d.	4	ansiar, ♦ t.d, t.i, int, pr.	17	apalancar-se, pr.	12
ancorar, int, t.d, t.i.	4	anteceder, t.d, pr.	5	apalavrar, t.d, pr.	4
andaimar, t.d.	4	antecipar, t.d, t.i, int, pr.	4	apalazar, [Br.], t.d, int.	4
andar, int, t.d.	4	antedatar, t.d.	4	apalear, t.d.	15
andejar, int.	4	antedizer, ♦ part. irr, t.d.	29	apalermar, t.d, pr.	4
anediar, t.d.	16	anteferir, ♦ t.d.	57	apalpar, t.d, pr.	4
anedotizar, t.d, int.	4	antegostar, t.d.	4	apandar, t.d, pr.	4
anegar, t.d, t.i.	14	antegozar, t.d.	4	apandilhar, t.d, pr.	4
anegrar, t.d, pr.	4	antemultiplicar, t.d.	12	apanhar, t.d, int, pr.	4
anegrejar, t.d.	4	antemurar, t.d.	4	apaniguar, t.d.	21
anelar, t.d, t.i, int.	4	anteocupar, t.d, pr.	4	apantufar, t.d, pr.	4
anemiar, t.d, pr.	16	antepagar, 2 part, t.d.	4	apaparicar, t.d.	12
anemizar, t.d, pr.	4	anteparar, t.d, t.i, int, pr.	4	aparafusar, t.d.	4
anestesiar, t.d.	16	antepassar, t.d.	4	aparagatar, t.d.	4
anexar, t.d, t.i, pr.	4	antepor, ♦ part. irr, t.d,		aparamentar, t.d, pr.	4
angariar, t.d.	16	t.i, pr.	45	aparar, t.d.	4
angelizar, t.d, pr.	4	antever, ♦ part. irr, t.d.	40	aparatar, t.d, pr.	4
anglicizar, t.d.	4	antiquar, def. p, [3ᵉ p. sing.		aparceirar, t.d, pr.	4
anglizar, t.d.	4	pres. ind.: antiqua ou		aparcelar, t.d.	4
angular, int.	4	antiquua], t.d, pr.	23	aparecer, int, t.i.	25
angustiar, t.d, pr.	16	antojar, t.d, t.i, pr.	4	aparelhar, t.d, t.i, int, pr.	4
anichar, t.d, pr.	4	antolhar, t.d, t.i, pr.	4	aparentar, t.d, t.i, pr.	4
anielar, t.d.	4	antologiar, t.d.	16	aparentar-se, pr.	7
aniilar, t.d, pr.	4	anuir, ♦ t.i, int.	73	aparoquiar-se, pr.	16
anilar, t.d, pr.	4	anular, t.d, pr.	4	aparreirar, t.d.	4
animadvertir, t.d, t.i.	4	anunciar, t.d, t.i, int, pr.	16	apartar, t.d, t.i, int, pr.	4
animalizar, t.d, pr.	4	anuviar, t.d, pr.	16	apartear, ♦ t.d, int.	15
animar, t.d, t.i, int, pr.	4	anzolar, t.d.	4	aparvalhar, t.d, pr.	4
aninar, t.d.	4	apachorrar-se, pr.	7	aparvoar, t.d, pr.	20
aninhar, t.d, int, pr.	4	apadrinhar, t.d, pr.	4	apascentar, t.d, pr.	4
aniquilar, t.d, pr.	4	apadroar, t.d.	20	apassamanar, t.d.	4

apassivar, t.d.	4	apesentar, t.d, pr.	4	apoiar, [acento no *o*		
apastorar, t.d.	4	apestar, t.d, int.	4	do radical], t.d, t.i, pr.	16	('19)
apatetar, t.d, pr.	4	apetecer, t.d, t.i, int.	25	apoitar, t.d, int.		4
apatifar, t.d, pr.	4	apetitar, t.d.	4	apojar,int, t.d.		4
apatizar, t.d, pr.	4	apezinhar, t.d.	4	apolegar, t.d.		14
apatronar, [Br.], t.d.	4	apiançar, t.d, t.i.	13	apolentar, t.d.		4
apaular, t.d, pr.	19	apicaçar, t.d.	13	apologizar, t.d.		4
apavesar, t.d.	4	apichar-se, [Br.], pr.	7	apoltronar-se, pr.		7
apavonar, t.d.	4	apichelar, t.d.	4	apolvilhar, t.d, t.i.		4
apavorar, t.d, pr.	4	apicoar, t.d.	20	apontar, t.d, t.i, int, pr.		4
apaziguar, t.d, pr.	21	apiedar,♦ [2 conj.		apontoar, t.d.		20
apealar, [Br.], t.d.	4	possíveis : reg. ou irr. ;		apoquentar, t.d, pr.		4
apear,♦ t.d, t.i, pr.	15	muda o *e* da raiz em *a*		apor,♦ part. irr, t.d, t.i.		45
apedantar, t.d, pr.	4	nas 1ª, 2ª, 3ª p. sing. e pl.		aporismar, t.d, int, pr.		4
apedrar, t.d, t.i, int.	4	do pres. ind. e conj. e nas		aporrear, t.d, pr.		15
apedregulhar, t.d.	4	p. derivadas do imper.],		aporrinhar, t.d, pr.		4
apedrejar, t.d, int.	4	t.d, pr.	4	aportar, t.d, t.i, int.		4
apegar, t.d, t.i, int.	14	apilhar, t.d.	4	aportilhar, t.d.		4
apegar-se, pr.	14	apiloar, t.d.	20	aportuguesar, t.d, pr.		4
apeirar, t.d, int.	4	apimentar, t.d.	4	aposentar, t.d, t.i, int, pr.		4
apejar-se, pr, t.d.	7	apincelar, t.d.	4	apossar, t.d, pr.		4
apelar, t.i, int, pr.	4	apinchar, [Br.], t.d.	4	apossear-se,♦ [Br.], pr.		15
apelidar, t.d, t.i, pr.	4	apinhar, t.d, pr.	4	apossuir-se, pr.		73
apenar, t.d.	4	apipar, t.d.	4	apostar, t.d, t.i, pr.		4
apender, t.d, t.i.	5	apisoar, t.d.	20	apostatar, t.d, int.		4
apendicular, t.d.	4	apitar, int, t.d.	4	apostemar, t.d, int, pr.		4
apendoar, t.d, int.	20	aplacar, t.d, int, pr.	12	apostolar, t.d, t.i, int.		4
apensar, t.d, t.i.	4	aplainar, t.d.	4	apostolizar, t.d, t.i, int.		4
apepinar, t.d.	4	aplanar, t.d.	4	apostrofar, t.d.		4
apequenar, t.d, pr.	4	aplastar, [Br.], t.d.	4	apoteosar, t.d.		4
aperaltar, t.d, pr.	4	aplastar-se, [Br.], pr.	7	apotrar-se, [Br.], pr.		7
aperalvilhar, t.d, pr.	4	aplaudir, t.d, pr.	6	apoucar, t.d, t.i, pr.		12
aperar, [Br.], t.d.	4	aplebear-se,♦ pr.	15	apoutar, t.d, int.		4
aperceber, t.d, t.i, pr.	5	aplicar, t.d, t.i, pr.	12	apozemar, t.d.		4
aperfeiçoar, t.d, pr.	20	apocopar, t.d.	4	apragatar, [Br.], t.d.		4
aperolar, t.d.	4	apodar, t.d, t.i.	4	aprazar, t.d.		4
aperrar, t.d.	4	apoderar-se, pr.	7	aprazer,♦ t.d, int, pr.		32
aperrear,♦ t.d.	15	apodizar, t.d.	4	apreçar, t.d.		13
apertar, t.d, t.i, int, pr.	4	apodrecer, t.d, int.	25	apreciar, t.d.		16
aperuar, t.d, int.	4	apodrentar, t.d, int, pr.	4	apreender, t.d, int.		5
apesarar, t.d.	4	apodrir, int.	6	aprefixar, t.d.		4

apregoar, t.d.	20	aquerenciar [Br.], t.d, pr.	16	arnesar, t.d, pr.	4
apremer, t.d.	5	aquiescer, t.i, int.	25	aromar, t.d, int, pr.	4
aprender, t.d, t.i, int.	5	aquietar, t.d, int, pr.	4	aromatizar, t.d, int, pr.	4
apresar, t.d.	4	aquilatar, t.d, pr.	4	arpar, t.d.	4
apresbiterar-se, pr.	7	aquilombar [Br.], t.d, pr.	4	arpear, ♦ t.d.	15
apresentar, t.d, t.i, pr.	4	aquilotar-se [Br.], pr.	7	arpejar, int.	4
apresilhar, t.d.	4	aquinhoar, t.d, t.i, pr.	20	arpoar, t.d, pr.	20
apressar, t.d, t.i, int, pr.	4	aquistar, t.d.	4	arquear, t.d, pr.	16
apressurar, t.d, pr.	4	arabescar, t.d.	12	arquejar, int, t.d, pr.	4
aprestamar, t.d.	4	arabizar, t.d, pr, int.	4	arquitectar, t.d, int.	4
aprestar, t.d, pr.	4	aramar, t.d.	4	arquitetar [Br.], t.d, int.	4
aprimorar, t.d, pr.	4	aranhar, [Br.], int.	4	arquivar, t.d.	4
apriscar, t.d.	12	arapuar, [Br.], int, pr.	4	arrabujar-se, pr.	7
aprisionar, t.d.	4	arar, t.d, int.	4	arraçar, t.d.	13
aproar, t.d, t.i.	20	arbitrar, t.d, t.i.	4	arracimar-se, pr.	7
aprochegar-se, pr.	14	arborescer, int.	25	arraçoar, t.d.	20
aproejar, t.d, t.i.	4	arborizar, t.d.	4	arraiar, int.	4
aprofundar, t.d, t.i, pr.	4	arcabuzar, t.d.	4	arraigar, t.d, int, pr.	14
aprontar, t.d, int. pr.	4	arcaizar [acento no *i*		arralentar, t.d.	4
apropinquar, t.d, t.i, pr.	21	do radical], t.d, int.	4 ('19)	arramalhar, int, t.i.	4
apropositar, t.d, t.i, pr.	4	arcar, t.d, int, pr, t.i.	12	arramar, int, pr.	4
apropriar, t.d, t.i, pr.	16	arder, int, t.i.	5	arrancar, t.d, t.i, pr.	12
aprovar, t.d, int.	4	arear, ♦ t.i, int, pr.	15	arranchar, t.d, int, pr.	4
aproveitar, t.d, t.i, int. pr.	4	arejar, t.d, int, pr.	4	arrancorar-se, pr.	7
aprovisionar, t.d, t.i.	4	arengar, int, t.d, t.i.	14	arranhar, t.d, int, pr.	4
aproximar, t.d, t.i, pr.	4	arenguear [Br.]♦ int, t.i.	15	arranjar, t.d, t.i, pr.	4
aprumar, t.d, int. pr.	4	arensar, int.	4	arraposar-se, pr.	7
apuar, t.d, pr.	4	arfar, int, t.d.	4	arrasar, t.d, t.i, pr.	4
apunhalar, t.d, pr.	4	argamassar, t.d.	4	arrastar, t.d, t.i, pr.	4
apunhar, t.d, t.i.	4	argentar, t.d.	4	arratelar, t.d.	4
apupar, t.d, int.	4	argentear, ♦ t.d.	15	arrazoar, t.d, t.i, int.	20
apurar, t.d, int, pr.	4	argolar, t.d.	4	arrear, ♦ t.d, pr.	15
aquadrilhar, t.d, pr.	4	arguciar, int, t.i.	16	arreatar, t.d.	4
aquarelar, int.	4	arguir, ♦ t.d, t.i, int, pr.	75	arrebanhar, t.d, pr.	4
aquartelar, t.d, int.	4	argumentar, int, t.d, t.i.	4	arrebatar, t.d, t.i, pr.	4
aquartilhar, t.d.	4	aripar, int.	4	arrebentar, int, t.d, t.i.	4
aquebrantar, t.d, pr.	4	ariscar, t.d, int, pr.	12	arrebicar, t.d, pr.	12
aquecer[-se], t.d, int, pr.	25	aristocratizar, t.d, int, pr.	4	arrebitar, t.d, pr.	4
aquedar, t.d, int, pr.	4	armar, t.d, t.i, int, pr.	4	arrebolar, t.d.	4
aquelar, t.d.	4	armazenar, t.d.	4	arrecadar, t.d, int.	4
aquentar, t.d, pr.	4	armoriar, t.d.	16	arrecear, ♦ t.d, pr.	15

arredar, t.d, t.i, int, pr.	4	arrincoar, t.d, pr.	20	artificializar, t.d.	4
arredondar, t.d, int, pr.	4	arrinconar, [Br.], t.d, pr.	4	artificiar, t.d.	16
arrefanhar, t.d.	4	arriscar, t.d, t.i, int, pr.	12	artilhar, t.d.	4
arrefeçar, t.d.	13	arrispidar-se, pr.	7	arvoar, t.d, int, pr.	20
arrefecer, int, t.d, pr.	25	arrobar, t.d.	4	arvorar, t.d, t.i, pr.	4
arrefentar, t.d.	4	arrobustar, t.d, int, pr.	4	arvorecer, int.	25
arregaçar, t.d, pr.	13	arrochar, t.d, t.i, int, pr.	4	arvorejar, t.d, pr.	4
arregalar, t.d.	4	arrocinar, [Br.], t.d.	4	arxar, t.d.	4
arreganhar, t.d, int, pr.	4	arrodear,♦ t.d, pr.	15	asar, t.d.	4
arregimentar, t.d.	4	arrodelar, t.d, pr.	4	ascender, t.i, int.	5
arreglar, [Br.], t.d.	4	arrogar, t.d, t.i, pr.	14	ascetizar, t.d, pr.	4
arregoar, t.d, int.	20	arroiar, [acento no o		asfaltar, t.d.	4
arreitar, t.d, int, pr.	4	do radical], int.	16 ('19)	asfixiar, t.d, int, pr.	16
arrejeitar, t.d, t.i.	4	arrojar, t.d, t.i, int, pr.	4	asilar, t.d, pr.	4
arrelhar, [Br.], t.d.	4	arrolar, t.d, t.i, int.	4	asir, t.d, t.i.	6
arreliar, t.d, pr.	16	arrolhar, t.d, int, pr.	4	asnear,♦ int.	15
arrelvar, t.d, pr.	4	arromançar, t.d.	13	asneirar, [Br.], int.	4
arremangar, int, pr.	14	arrombar, t.d.	4	aspar, t.d, t.i.	4
arremansar-se, pr.	7	arrostar, t.d, t.i, pr.	4	aspear,♦ t.d.	15
arrematar, t.d, int, pr.	4	arrotar, int, t.d, t.i.	4	asperejar, [Br.], int.	4
arremedar, t.d.	4	arrotear,♦ t.d.	15	asperger, t.d, pr.	26
arremessar, t.d, t.i, pr.	4	arroubar, t.d, pr.	4	aspergir,♦ t.d, pr.	64
arremeter, t.d, t.i, int.	5	arroupar, t.d, pr.	4	aspirar, t.d, t.i, int.	4
arreminar-se, pr.	7	arroxar, t.d, int, pr.	4	asprejar, [Br.], int.	4
arrendar, t.d, t.i.	4	arroxear,♦ t.d, int, pr.	15	assacar, t.d, t.i.	12
arrenegar, t.d, pr.	14	arruaçar, int.	13	assalariar, t.d, pr.	16
arrepanhar, t.d, pr.	4	arruar, t.d, int, pr.	4	assaltar, t.d.	4
arrepelar, t.d, pr.	4	arruçar, t.d, int, pr.	13	assaltear,♦ t.d.	15
arrepender-se, pr.	5	arrufar, t.d, int, pr.	4	assanhar, t.d pr.	4
arrepiar, t.d, int, pr.	16	arrufar-se, pr.	7	assar, t.d, int.	4
arrepolhar, t.d, int.	4	arrugar, t.d, pr.	14	assaranzar, [Br.], t.d, pr.	4
arrestar, t.d.	4	arruinar, [acento no i		assarapantar, t.d, int, pr.	4
arretar, t.d, int, pr.	4	do radical], t.d, int, pr.	4 ('19)	assassinar, t.d.	4
arrevesar, t.d.	4	arrular, int, t.d.	4	assear,♦ t.d, pr.	15
arrevessar, t.d, int.	4	arrulhar, int, t.d.	4	assedar, t.d.	4
arriar, t.d, int, pr.	16	arrumar, t.d, t.i, pr.	4	assediar, t.d.	16
arribar, t.d, t.i, int.	4	arrunhar, t.d.	4	assegurar, t.d, t.i, pr.	4
arriçar, t.d, pr.	13	arterializar, t.d, pr.	4	asselar, t.d, t.i.	4
arridar, t.d.	4	artesoar, t.d.	20	asselvajar, t.d, pr.	4
arrijar, t.d, int, pr.	4	artesonar, t.d.	4	assemelhar, t.d, t.i, pr.	4
arrimar, t.d, t.i, pr.	4	articular, t.d, t.i, int, pr.	4	assenhorear,♦ t.d, pr.	15

assentar, 2 part, t.d, t.i, int, pr.	4	assuar, t.d.	4	atediar, t.d, pr.	16
assentir,♦ t.d, t.i, int.	56	assubstantivar, t.d.	4	atelhar, **[Br.]**, t.d.	4
assenzalar, **[Br.]**, t.d.	4	assucar, t.d.	12	atemorizar, t.d, pr.	4
asserenar, t.d, int, pr.	4	assumir, t.d, int.	6	atempar, t.d.	4
asserir,♦ t.d.	57	assungar, t.d.	14	atenazar, t.d.	4
assertoar, t.d.	20	assuntar, t.d, t.i, int.	4	atender, t.d, t.i, int, pr.	5
assessorar, t.d.	4	assurgir, int, t.i.	52	atenorar, t.d.	4
assestar, t.d, t.i.	4	assustar, t.d, int, pr.	4	atenrar, t.d, pr.	4
assetar, t.d.	4	astuciar, t.d, int.	16	atentar, t.d, t.i, int.	4
assetear,♦ t.d.	15	atabafar, t.d, int, pr.	4	atenuar, t.d, pr.	4
assevandijar, t.d, pr.	4	atabalhoar, t.d, int, pr.	20	ater,♦ t.d, pr.	1
asseverar, t.d, t.i.	4	atabernar, t.d, pr.	4	atermar, t.d, pr.	4
assidrar, t.d.	4	atabular, **[Br.]**, t.d, int.	4	aterrar, t.d, int, pr.	4
assimilar, t.d, t.i.	4	atacar, t.d, t.i, int, pr.	12	aterrissar, **[Br.]**, int.	4
assimilhar, t.d, t.i, pr.	4	atacar-se, pr.	12	aterrizar, **[Br.]**, int.	4
assinalar, t.d, pr, t.i.	4	atacoar, t.d.	20	aterrorar, t.d, int, pr.	4
assinar, t.d, t.i, int, pr.	4	atafular-se, pr.	7	aterrorizar, t.d, int, pr.	4
assistir, t.d, t.i, int.	6	atafulhar, t.d, pr.	4	atesar, t.d, int.	4
assoalhar, t.d.	4	ataganhar, t.d.	4	atestar, t.d, t.i, int.	4
assoalhar-se, pr.	7	atalaiar, t.d, int, pr.	4	atiçar, t.d, pr.	13
assoar, t.d.	20	atalhar, t.d, t.i, int.	4	atiçoar, t.d.	20
assobarbar, t.d.	4	atalhar-se, pr.	7	atijolar, t.d.	4
assoberbar, t.d.	4	atamancar, t.d, int.	12	atilar, t.d, pr.	4
assobiar, int, t.d.	16	atanar, t.d.	4	atinar, t.d, t.i, int.	4
assobradar, t.d, int.	4	atanazar, t.d.	4	atingir, t.d, t.i, int.	52
associar, t.d, t.i, pr.	16	ataperar, **[Br.]**, t.d.	4	atintar, t.d.	4
assolapar, t.d, pr.	4	atapetar, t.d, pr.	4	atiplar, t.d.	4
assolar, t.d.	4	atapulhar, t.d.	4	atirar, t.d, t.i, int, pr.	4
assoldadar, t.d, pr.	4	atar, t.d, t.i, pr.	4	atirar-se, pr.	7
assolear,♦ **[Br.]**, int, pr.	15	atarantar, t.d, pr.	4	atitar, int.	4
assomar, t.d, t.i, pr.	4	atarefar, t.d, pr.	4	ativar, *[Br.]*, t.d, pr.	4
assombrar, t.d, int, pr.	4	ataroucar, t.d, pr.	12	atoalhar, t.d.	4
assombrear,♦ t.d.	15	atarracar, t.d.	12	atoar, t.d, t.i, pr.	20
assonsar, **[Br.]**, int.	4	atarraxar, t.d.	4	atocaiar, **[Br.]**, t.d.	16
assoprar, t.d, t.i, int.	4	atascar, t.d, t.i, pr.	12	atochar, t.d, t.i.	4
assorear,♦ t.d, int, pr.	15	atassalhar, t.d, t.i, pr.	4	atolambar, t.d.	4
assossegar, t.d, int, pr.	14	atauxiar, t.d.	16	atolar, t.d, pr.	4
assovelar, t.d.	4	atavernar, t.d, pr.	4	atoleimar, t.d, pr.	4
assoviar, int, t.d.	16	ataviar, t.d. pr.	16	atomatar, t.d.	4
assovinar, t.d, pr.	4	atazanar, t.d.	4	atombar, t.d.	4
		atear,♦ t.d, t.i, int, pr.	15	atomizar, t.d.	4

atontar, t.d, int, pr.	4	atufar, t.d, t.i, pr.	4	aveludar, t.d, pr.	4
atopetar, t.d.	4	atulhar, t.d, pr.	4	avençar-se, pr.	13
atorar, t.d, int.	4	atumultuar, t.d, int.	4	aventar, t.d, int, pr.	4
atorçalar, t.d.	4	aturar, t.d, t.i, int.	4	aventurar, t.d, t.i, int, pr.	4
atorçoar, t.d.	20	aturdir, t.d, int, pr.	6	averbar, t.d.	4
atordoar, t.d, int, pr.	20	auferir, ♦ t.d, t.i.	57	avergalhar, t.d.	4
atormentar, t.d, int, pr.	4	augurar, t.d, t.i.	4	avergar, t.d, t.i, int.	14
atossicar, [**Br.**], t.d.	12	aumentar, t.d, t.i, int, pr.	4	avergoar, t.d.	20
atracar, t.d, t.i, int, pr.	12	aunar, t.d.	19	avergonhar, t.d, pr.	4
atrafegar-se, pr.	14	aureolar, t.d, pr.	4	averiguar, t.d, t.i, pr.	21
atraiçoar, t.d, pr.	20	auriluzir, ♦ def. imp. int.	72	avermelhar, t.d, pr.	4
atrair, ♦ t.d, t.i, int.	68	aurorescer, def. imp. int.	25	averter, t.d.	5
atrancar, t.d, pr.	12	auscultar, t.d.	4	avessar, t.d.	4
atranqueirar, t.d.	4	ausentar-se, pr.	7	avexar, t.d, pr.	4
atrapachar, [**Br.**], t.d.	4	auspiciar, t.d, t.i.	16	avezar, t.d, t.i, pr.	4
atrapalhar, t.d, int, pr.	4	autenticar, t.d.	12	aviar, t.d, int, pr.	16
atrasar, t.d, int, pr.	4	auto-analisar-se, pr.	7	avigorar, t.d, pr.	4
atravancar, t.d, pr.	12	autobiografar-se, pr.	7	avilanar-se, pr.	7
atravessar, t.d, t.i, pr.	4	autocopiar, t.d.	16	avilar, t.d, pr.	4
atravincar, t.d.	12	autografar, t.d.	4	aviltar, t.d, pr.	4
atreguar, t.d, int, pr.	21	automatizar, t.d.	4	avinagrar, t.d, pr.	4
atrelar, t.d, t.i, pr.	4	autopsiar, t.d.	16	avinhar, t.d, pr.	4
atremar, int, t.i.	4	autorizar, t.d, t.i, pr.	4	avir, ♦ part. irr, t.d, pr.	67
atrever-se, pr.	5	autosporular, int.	4	avisar, t.d, t.i, pr.	4
atribuir, t.d, t.i, pr.	73	auto-sugestionar-se, pr.	7	avistar, t.d, pr.	4
atribular, t.d, int, pr.	4	autuar, t.d.	4	avitualhar, t.d.	4
atrigar-se, pr.	14	auxiliar, t.d, pr.	16	avivar, t.d.	4
atrimarginar, t.d.	4	avacalhar, [**Br.**], t.d, pr.	4	aviventar, t.d, pr.	4
atristar, t.d, pr.	4	avaladar, t.d.	4	avizinhar, t.d, t.i, int, pr.	4
atritar, t.d, pr.	4	avalentoar-se, pr.	20	avoaçar, int.	13
atroar, t.d, int.	20	avaliar, t.d, t.i, pr.	16	avoar, int.	20
atroçoar, t.d.	20	avalizar, t.d.	4	avocar, t.d, t.i.	12
atrofiar, t.d, pr.	16	avaluar, t.d, t.i, pr.	4	avoejar, def. imp. int.	4
atromarginar, t.d.	4	avançar, t.d, pr.	13	avolumar, t.d, int, pr.	4
atrombar, t.d.	4	avantajar, t.d, t.i, pr.	4	avosar, [**Br.**], t.d.	4
atropar, t.d, pr.	4	avarandar, t.d.	4	avozear, ♦ t.d.	15
atropelar, t.d, int, pr.	4	avariar, t.d, int, pr.	16	avultar, t.d, int.	4
atropilhar, t.d.	4	avassalar, t.d, pr.	4	axadrezar, t.d.	4
atuar, [*Br.*], t.d, pr.	4	avelar, int.	4	axicarar, t.d.	4
atubibar, [**Br.**], t.d.	4	avelhantar, t.d.	4	axorcar, t.d.	12
atucanar, [**Br.**], t.d, pr.	4	avelhentar, t.d, pr.	4	azabumbar, t.d.	4

azafamar, t.d, pr.	4
azagaiar, t.d.	16
azamboar, t.d, int.	20
azangar, [Br.], t.d, pr.	14
azar, t.d, pr.	4
azaranzar, t.d, pr.	4
azarar, [Br.], t.d.	4
azebrar, t.d.	4
azedar, t.d, int, pr.	4
azeitar, t.d.	4
azeitonar, t.d, pr.	4
azerar, t.d.	4
azinhavrar, t.d, int, pr.	4
aziumar, [acento no u do radical], t.d, int.	19
azoar, t.d, int, pr.	20
azoinar, t.d, int, pr.	4
azoratar, t.d, pr.	4
azoretar, t.d, pr.	4
azorragar, t.d.	14
azorrar, t.d.	4
azotar, t.d.	4
azougar, t.d, int.	14
azucrinar, [Br.], t.d, int, pr.	4
azular, t.d, int, pr.	4
azulear, ♦ t.d, int.	15
azulecer, t.d, int.	25
azulejar, t.d, int.	4
azumbrar, int.	4
azurrar, int.	4

b

babar, t.d, int, pr.	4
babatar, [Br.], int.	4
babujar, t.d, int, pr.	4

bacafuzar, [Br.], t.d.	4
bacelar, t.d, int.	4
bacharelar, pr, int.	4
bacorejar, t.d, t.i, int.	4
badalar, int, t.d, pr.	4
badalejar, int.	4
badernar, t.d, int.	4
bafejar, t.d, t.i, int.	4
baforar, t.d, int.	4
bagear, ♦ def. imp, int.	15
baguear, ♦ [Br.], int.	15
bagunçar, [Br.], t.d, int.	13
baguncear, ♦ [Br.], t.d, int.	15
baiar, [Br.], int.	16
bailar, int, t.d.	4
bainhar, t.d.	4
baixar, t.d, t.i, int, pr.	4
bajar, int.	4
bajogar, [Br.], t.d.	14
bajoujar, t.d.	4
bajular, t.d.	4
balançar, t.d, int, pr.	13
balancear, ♦ t.d, int, pr.	15
balangar, t.d, int, pr.	14
balanquear, ♦ [Br.], int.	15
balar, def. imp, int.	4
balastrar, t.d.	4
balaustrar, t.d.	19
balbuciar, t.d, int.	16
balburdiar, t.d.	16
baldar, t.d, pr.	4
baldear, ♦ t.d, int, pr.	15
baldoar, t.d, int.	20
baldrocar, t.d, int.	12
balear, t.d.	16
balir, def. imp, int.	4
balistar, t.d, t.i.	4
balizar, t.d, t.i.	4
balnear, ♦ t.d.	15
baloiçar, t.d, int, pr.	13
balouçar, t.d, int, pr.	13

balroar, t.d, t.i, int.	20
balsamar, t.d.	4
balsamizar, t.d.	4
balsar, int.	4
bambalear, ♦ int, pr.	15
bambar, t.d, int.	4
bambear, ♦ t.d, int.	15
bambinar, int.	4
bambochar, int.	4
bambolear, ♦ t.d, int, pr.	15
bamburrar, [Br.], int.	4
banalizar, t.d, pr.	4
bancar, int, t.d.	12
bancarrotear, ♦ [Br.], int.	15
bandar, t.d.	4
bandarilhar, t.d.	4
bandarrear, ♦ int.	15
bandear, ♦ t.d, int.	15
bandear-se, ♦ pr.	15
bandeirar, [Br.], int.	4
bandejar, t.d.	4
bandurrear, ♦ int.	15
bangolar, [Br.], int.	4
bangular, [Br.], int.	4
banhar, t.d, pr.	4
banir, def. p., t.d, t.i.	78
banquetear, ♦ t.d, pr.	15
banzar, t.d, t.i, int.	4
banzear, ♦ t.d, int.	15
baptizar, t.d, t.i, int.	4
batizar, [Br.], t.d, t.i, int.	4
baquear, ♦ int, t.d, pr.	15
baquetar, int.	4
baquetear, ♦ int.	15
barafustar, t.i, int.	4
baralhar, t.d, int.	4
baratear, ♦ t.d, t.i, int, pr.	15
baratinar, [Br.], t.d, int, pr.	4
barbar, int.	4
barbarizar, t.d, int.	4
barbear, ♦ t.d, pr.	15

barbechar, t.d.	4	beiradear,♦ [Br.], t.d.	15	biografar, t.d.	4
bardar, t.d.	4	beiradejar, [Br.], t.d.	4	bipartir, t.d, pr.	6
barganhar, t.d.	4	beirar, t.d, t.i.	4	birrar, int.	4
bargantear,♦ int.	15	beliscar, t.d, int.	12	bisar, t.d.	4
barlaventear,♦ int.	15	bem-fadar, t.d.	4	bisbilhar, [Br.], int.	4
barquejar, int.	4	bem-fazer,♦ part. irr, t.d.	31	bisbilhotar, int, t.d.	4
barrar, t.d, t.i.	4	bem-querer,♦ t.i, pr.	38	biscar, int.	12
barrear,♦ [Br.], t.d.	15	bendizer,♦ part. irr, t.d.	29	biscatear,♦ int.	15
barregar, int.	14	beneficiar, t.d, t.i, pr.	16	bicoitar, t.d.	4
barreirar, t.d.	4	benquistar, t.d, t.i, pr.	4	biscoutar, t.d.	4
barrer, t.d, int.	5	benzer, t.d, int, pr.	5	biselar, t.d.	4
barretear,♦ [Br.], t.d.	15	berganhar, t.d.	4	bisnagar, t.d.	14
barricar, t.d.	12	berrar, int, t.i, t.d.	4	bispar, t.d, int.	4
barrir, def. imp, int.	47	berregar, int.	14	bispar-se, pr.	7
barroar, [Br.], t.d.	20	besantar, t.d.	4	bitolar, t.d.	4
barrotar, t.d.	4	besbilhotar, t.d.	4	bitributar, t.d.	4
barrotear,♦ t.d.	15	bestar, [Br.], int.	4	bivacar, int.	12
barrufar, t.d, t.i, int.	4	bestializar, t.d.	4	bizarrear,♦ int, t.d.	15
barulhar, t.d, int, pr.	4	bestificar, t.d.	12	blasfemar, int, t.i, t.d.	4
basear,♦ t.d, t.i, pr.	15	besuntar, t.d.	4	blasonar, t.d, int, t.i.	4
bastar, int, t.i, pr.	4	betar, t.d, t.i.	4	blaterar, t.d, int.	4
bastardear,♦ t.d, pr.	15	betonar, t.d.	4	blefar, int, t.d.	4
bastecer, t.d.	25	betumar, t.d.	4	blindar, t.d, t.i.	4
basteirar, [Br.], t.d.	4	bexigar, int.	14	blocar, int.	12
batalhar, int, t.i, t.d.	4	bicar, t.d, int, pr.	12	bloquear,♦ t.d.	15
batear,♦ t.d.	15	bichanar, int, t.d, t.i.	4	boatar, int.	4
bater, t.d, t.i, int, pr.	5	bichar, int.	4	bobar, int.	4
batocar, t.d.	12	bicorar, [Br.], t.d.	4	bobear,♦ int.	15
batotar, int.	4	bicotar, [Br.], t.d.	4	bobinar, t.d.	4
batotear,♦ int.	15	bifar, t.d.	4	bocar, t.d.	12
batucar, int, t.d.	12	bifurcar, t.d, pr.	12	bocejar, int, t.d.	4
bautizar, t.d, int, pr.	4	bigamizar, int.	4	bocelar, t.d.	4
bazofiar, int, t.i, t.d.	16	bigodear,♦ t.d.	15	bochechar, t.d, int.	4
beatifiar, t.d, pr.	12	biguar, [Br.], int.	21	bodejar, [Br.], int.	4
beber, t.d, int.	5	bilhardar, int.	4	bodorar, [Br.], t.d.	4
beberar, t.d, int.	4	bilontrar, int.	4	bofar, t.d, int.	4
bebericar, t.d, int.	12	bilrar, int.	4	bofetear,♦ t.d.	15
beberricar, t.d, int.	12	bimbalhar, int.	4	boiar, [acento no o	
bebelhar, int.	4	binar, t.d, int.	4	do radical], t.d, int.	4 ('19)
beijar, t.d, pr.	4	binocular, [Br.], t.d, t.i, int.	4	boiçar, t.d.	13
beijocar, t.d, pr.	12	binoculizar, t.d, t.i, int.	4	bouçar, t.d.	13

boicotar, t.d.	4
boicotear,♦ t.d.	15
bojar, t.d, int.	4
bolar, t.d, t.i, int.	4
bolçar, t.d.	13
bolchevizar, t.d, pr.	4
bolear,♦ t.d, int, pr.	15
boletar, t.d, pr.	4
bolhar, int.	4
bolichar, [Br.], int.	4
bolichear,♦ [Br.], int.	15
bolinar, int, t.d.	4
bolsar, int, t.d.	4
bombardear,♦ t.d.	15
bombear,♦ t.d, int.	15
bonançar, def. imp, int.	13
bonecar, def. imp, int.	12
bongar, [Br.], t.d.	14
bonificar, t.d.	12
boquear,♦ int.	15
boquejar, t.d, t.i, int.	4
boquiabrir,♦ part. irr, t.d, pr.	6
borboletear,♦ int.	15
borbotar, t.d, int.	4
borbulhar, int, t.d.	4
borcar, t.d, int.	12
bordar, t.d, int.	4
bordear,♦ int, t.d.	15
bordejar, int, t.d.	4
bornear,♦ t.d.	15
borrar, t.d, int, pr.	4
borregar, int.	14
borriçar, def. imp, int.	13
borrifar, t.d, int, pr.	4
bosquejar, t.d.	4
bostar, t.d.	4
botar, t.d, t.i, int, pr.	4
botocar, [Br.], int.	12
bouçar, t.d.	13
bracear,♦ t.d, int.	15
bracejar, t.d, t.i, int.	4

bradar, t.d, t.i, int.	4
bradejar, int.	4
bralhar, [Br.], int.	4
bramar, int, t.d.	4
bramir, def. p, int, t.d.	79
brandear,♦ t.d.	15
brandir, def. p, t.d, int.	78
branquear,♦ t.d, int, pr.	15
branquejar, def. imp, int.	4
branquir, def. p, t.d.	79
brasear,♦ t.d.	15
brasonar, t.d, int.	4
bravatear,♦ t.d, int.	15
bravejar, int.	4
brear,♦ t.d.	15
brecar, t.d, int.	12
brechar, t.d, int.	4
brejeirar, int.	4
brevetar, t.d, pr.	4
brigar, int, t.d, t.i.	14
brilhar, int, t.d.	4
brincar, int, t.d, t.i.	12
brindar, t.d, t.i.	4
briquetar, int.	4
briquitar, int.	4
britar, t.d.	4
brocar, t.d, int.	12
brochar, t.d.	4
bromar, t.d, int.	4
bronquear,♦ [Br.], t.i, int.	15
bronzear,♦ t.d, int, pr.	15
broquear,♦ t.d, int.	15
broquelar, t.d.	4
broslar, t.d.	4
brossar, t.d.	4
brotar, def. imp, t.d, t.i, int.	4
broxar, t.d, int.	4
brunir, def. p. 78, t.d.	6
brutalizar, t.d, pr.	4
brutificar, t.d, pr.	12
bruxear,♦ int.	15

bruxulear,♦ int, t.d.	15
bubuiar, [Br.], int.	16
buçalar, [Br.], t.d.	4
bucolizar, int.	4
bufar, int, t.d, t.i.	4
bufir, [Br.], int.	6
bufonear,♦ int, t.d.	15
bugiar, int.	16
buir, def. p, t.d.	79
bular, t.d.	4
bulhar, int, t.i.	4
bulir,♦ t.i, t.d, int, pr.	61
bumbar, [Br.], t.d.	4
buquinar, [Br.], int.	4
burburejar, int.	4
burburinhar, int.	4
burilar, t.d, t.i.	4
burlar, t.d.	4
burlequear,♦ [Br.], int.	15
burlesquear,♦ int, t.d.	15
burnir, def. p. 78, t.d.	6
burocratizar, t.d, pr.	4
burrificar, t.d, pr.	12
buscar, t.d, pr.	12
bussolar, int.	4
butucar, [Br.], t.d.	12
buzegar, def. imp, int.	14
buzinar, int, t.d, t.i.	4

C

cabalar, int, t.d.	4
cabear,♦ def. imp, int.	15
cabecear,♦ int, t.d.	15
caber♦ t.i, int.	34
cablar, [Br.], int.	4

caborocar, **[Br.]**, t.d.	12	
cabortar, **[Br.]**, int.	4	
cabortear, ♦ **[Br.]**, int.	15	
cabotar, int.	4	
caboucar, t.d.	12	
cabrestear, ♦ **[Br.]**, int.	15	
cabriolar, int.	4	
cabritar, int.	4	
cabritear, ♦ int.	15	
cabrocar, **[Br.]**, t.d.	12	
cabrucar, **[Br.]**, t.d.	12	
cabular, int.	4	
caçambar, **[Br.]**, t.d.	4	
caçar, t.d, int.	13	
cacarejar, def, [não se usa nas 1ªs p.], int, t.d.	4	
cacetar, t.d, pr.	4	
cacetear, ♦ t.d, pr.	15	
cachar, t.d, int.	4	
cachear, ♦ **[Br.]**, t.d, int.	15	
cachetar, **[Br.]**, t.i.	4	
cachimbar, int, t.d.	4	
cachinar, int.	4	
cachoar, def. imp, int.	20	
cacicar, **[Br.]**, int.	12	
cacifar, **[Br.]**, int.	4	
cacimbar, **[Br.]**, int.	4	
caçoar, t.i, t.d, int.	20	
cacofoniar, **[Br.]**, int.	16	
cacofonizar, **[Br.]**, int.	4	
cacografar, t.d.	4	
cadastrar, t.d.	4	
cadaverizar, t.d.	4	
cadenciar, t.d.	16	
cadinhar, t.d.	4	
cadmiar, t.d.	16	
caducar, int.	12	
cafangar, **[Br.]**, t.d.	14	
cafelar, t.d.	4	
cafifar, **[Br.]**, t.d.	4	
caftinar, **[Br.]**, int.	4	
cafunar, **[Br.]**, t.d.	4	
cafungar, **[Br.]**, t.d, int.	14	
cagar, int, t.d, pr.	14	
cagüetar, **[Br.]**, t.d, t.i.	4	
caiar, t.d.	16	
caibrar, t.d.	4	
cainhar, int.	4	
cair, ♦ int, t.i.	68	
cairelar, t.d.	4	
caitituar, **[Br.]**, int.	4	
caixeirar, **[Br.]**, int.	4	
calabrear, ♦ t.d, t.i.	15	
calabrotear, ♦ int.	15	
calacear, ♦ int.	15	
calafetar, t.d.	4	
calamistrar, t.d.	4	
calamocar, t.d.	12	
calandrar, t.d.	4	
calar, int, t.d, t.i.	4	
calar-se, pr.	7	
calcar, t.d, t.i.	12	
calçar, t.d, int, pr.	13	
calcetar, t.d.	4	
calcificar, t.d.	12	
calcinar, t.d, int.	4	
calcitrar, int.	4	
calcografar, t.d.	4	
calcorrear, ♦ int, t.d.	15	
calcular, int, t.d, t.i.	4	
caldear, ♦ t.d, t.i, [Br : int.]	15	
calear, ♦ t.d.	15	
calejar, t.d, int, pr.	4	
calemburar, int.	4	
calhar, int, t.i.	4	
calibrar, t.d.	4	
calmar, t.d, int, pr.	4	
calotear, ♦ t.d, int.	15	
caluniar, t.d, int.	16	
calvar, t.d, int.	4	
calvejar, t.d, pr.	4	
cambaiar, **[Br.]**, t.d.	4	
cambalear, ♦ int.	15	
cambalhotar, int.	4	
cambar, int.	4	
cambetear, ♦ int.	15	
cambiar, t.d, t.i, int.	4	
cambitar, **[Br.]**, t.d.	4	
caminhar, int.	4	
campainhar, int.	4	
campanular, int.	4	
campar, t.d, t.i, int.	4	
campear, ♦ t.d, t.i, int.	15	
campir, t.d.	6	
camuflar, t.d.	4	
canalizar, t.d, t.i.	4	
cancelar, t.d.	4	
cancerar, int, pr.	4	
cancerizar, t.d.	4	
canchear, ♦ **[Br.]**, t.d.	15	
candiar, **[Br.]**, t.d.	16	
candidatar-se, pr.	7	
candidizar, t.d.	4	
candilar, t.d.	4	
candongar, t.d, int.	14	
canelar, t.d, int.	4	
canforar, t.d.	4	
cangar, t.d.	14	
canguinhar, int.	4	
canhonar, t.d.	4	
canhonear, ♦ t.d.	15	
canabalizar, t.d.	4	
canivetear, ♦ t.d.	15	
canonizar, t.d.	4	
cansar, t.d, t.i, int, pr.	4	
cantar, t.d, t.i, int.	4	
cantarejar, t.d, int.	4	
cantarolar, t.d, int.	4	
cantear, ♦ t.d.	15	
caotizar, **[Br.]**, t.d.	4	
capacitar, t.d, t.i.	4	
capangar, **[Br.]**, int.	14	
capar, t.d.	4	

capatazar, int, t.d.	4	carguejar, int.	4	castanholar, t.d, int.	4
capatazear,♦ int, t.d.	15	cariar, def. imp, t.d, int.	16	castear,♦ [Br.], int.	15
capear,♦ t.d, int.		caricaturar, t.d.	4	castiçar, t.d, int.	13
capengar, [Br.], int.	15	cariciar, t.d.	16	castificar, t.d.	12
capenguear,♦ [Br.], int.	14	carimbar, t.d.	4	castigar, t.d, pr.	14
capiangar, [Br.], t.d.	15	carmear,♦ t.d.	15	castrar, t.d, pr.	4
capinar, t.d, int.	14	carminar, t.d, pr.	4	catalisar, t.d.	4
capiscar, [Br.], t.d.	4	carnar, t.d.	4	catalogar, t.d.	14
capitalizar, t.d, int.	12	carnear,♦ [Br.], int, t.d.	15	cataplasmar, t.d.	4
capitanear,♦ t.d, int.	4	carnificar-se, pr.	12	catapultar, t.d.	4
capitular, t.d, int.	15	caronear,♦ [Br.], int, t.d.	15	catar, t.d, t.i.	4
capoeirar, [Br.], t.d.	4	carpar, [Br.], t.d.	4	catear,♦ [Br.], int.	15
capotar, [Br.], int.	4	carpear,♦ t.d.	15	categorizar, t.d.	4
caprichar, t.i.	4	carpetear,♦ [Br.], int.	15	catequizar, t.d, t.i.	4
caprificar, t.d.	4	carpintejar, int, t.d.	4	cateterizar, t.d.	4
capsular, t.d.	12	carpir, def. p, t.d, int, pr.	78	catingar, [Br.], int.	14
captar, t.d.	4	carranquear,♦ int, t.d.	15	cativar, t.d, t.i, pr.	4
capturar, t.d.	4	carrapatar-se, [Br.], pr.	7	catolicizar, t.d.	4
capuchar, t.d.	4	carrapatear,♦ t.d.	15	catolizar, t.d.	4
caquear,♦ [Br.], int, t.d.	4	carrear,♦ t.d, t.i, int.	15	catrafiar, t.d.	16
caracolar, int, t.d.	15	carregar, t.d, t.i, int, pr.	14	catrafilar, t.d.	4
caracolear,♦ int, t.d.	4	carrejar, t.d, t.i, int.	4	catucar, [Br.], t.d.	12
caracterizar, t.d, pr.	15	carretar, t.d, t.i.	4	caturrar, int.	4
carambolar, int.	4	carruajar, int, t.d.	4	caturritar, [Br.], int.	4
caramunhar, int.	4	cartear,♦ int, t.d, pr.	15	caucionar, t.d.	4
caranguejar, int.	4	carunchar, int.	4	caudilhar, t.d, pr.	4
carapetar, int.	4	carvoejar, int.	4	caurinar, t.d.	4
caraterizar, [Br.], t.d, pr.	4	casalar, t.d, t.i.	4	causar, t.d, t.i.	4
carbonatar, t.d, pr.	4	casamatar, t.d.	4	causticar, t.d.	12
carbonizar, t.d.	4	casamentear,♦ [Br.], t.d.	15	cautelar, t.d, t.i, int, pr.	4
carburar, t.d.	4	casar, t.d, t.i, int, pr.	4	cauterizar, t.d.	4
carcavar, t.d, int, pr.	4	cascalhar, t.d, int.	4	cavacar, t.d, int.	12
carchear,♦ [Br.], t.d.	4	cascar, t.d, t.i.	12	cavalear,♦ t.d, int.	15
carcomer, t.d.	15	cascatear,♦ int.	15	cavalgar, t.d, int.	14
cardar, t.d.	5	cascavilhar, t.d, t.i, int.	4	cavalar, int.	4
carduçar, t.d.	4	casear,♦ t.d.	15	cavaloar, int.	20
carear,♦ t.d, t.i.	13	caseificar, t.d.	12	cavaquear,♦ int, t.i.	15
carecer, t.i, t.d.	15	casquejar, def. imp, int.	4	cavar, t.d, t.i, int.	4
carenar, t.d, int.	25	casquilhar, int.	4	cavilar, int.	4
caretear,♦ int, t.d, t.i.	4	casquinar, t.d, int.	4	cavilhar, t.d.	4
cargosear,♦ [Br.], int.	15	cassar, t.d.	4	cavoucar, t.d, int.	12

cavucar, [Br.], int.	12	chagar, t.d, pr.	14	chibatear,♦ t.d.	15
caxingar, [Br.], int.	14	chairar, t.d.	4	chicanear,♦ int.	15
cear,♦ t.d, int.	15	chalaçar,♦ int, t.d, t.i.	13	chichiar, [Br.], int.	16
cecear,♦ int, t.d.	15	chalacear,♦ int, t.d, t.i.	15	chicotar, t.d.	4
ceder, t.d, t.i, int.	5	chaleirar, [Br.], t.d.	4	chicotear,♦ t.d.	15
cedilhar, t.d.	4	chalrar, int.	4	chifrar, t.d.	4
cegar, t.d, int, pr.	14	chalrear,♦ int.	15	chilrar, def. imp, int, t.d.	4
ceifar, t.d, int.	4	chamar, t.d, t.i, pr.	4	chilrear,♦ def. imp, int, t.d.	15
celebrar, t.d, int.	4	chambocar, [Br.], t.d.	12	chimarrear,♦ [Br.], int.	15
celebrizar, t.d, pr.	4	chamejar, int, t.d.	4	chimarronear,♦ [Br.], int.	15
cem-dobrar, [Br.], t.d.	4	champirrear,♦ [Br.], t.d.	15	chimbear,♦ int.	15
cementar, t.d.	4	chamuscar, t.d, pr.	12	chimpar, t.d, t.i, pr.	4
censurar, t.d, t.i.	4	chancear,♦ t.d, int.	15	chincar, int, t.d.	12
centelhar, int.	4	chancelar, t.d.	4	chinchar, [Br.], t.d.	4
centralizar, t.d, pr.	4	chanfrar, t.d.	4	chinear,♦ [Br.], int.	15
centrar, t.d.	4	changar, [Br.], int.	14	chinfrinar, int, t.d.	4
centrifugar, t.d.	14	changuear,♦ [Br.], int.	15	chiqueirar, t.d.	4
centuplicar, t.d.	12	chantar, t.d, pr.	4	chiripear,♦ [Br.], int.	15
cepilhar, t.d.	4	chapar, t.d, t.i, pr.	4	chirriar, int.	16
cerar, t.d.	4	chapear,♦ t.d, t.i, pr.	15	chispar, int, t.d.	4
cercar, t.d, t.i.	12	chapinhar, t.d, t.i, int.	4	chispear,♦ int, t.d.	15
cercear,♦ t.d.	15	chapodar, t.d.	4	chocalhar, t.d, int.	4
cercilhar, t.d.	4	chapotar, t.d.	4	chocar, t.i, t.d, int.	12
cerdear,♦ [Br.], t.d.	15	charlar, int.	4	chocar-se, pr.	12
cergir,♦ t.d, t.i, int.	64	charlatanear,♦ int.	15	chocarrear,♦ int, t.d.	15
cerimoniar, t.d.	16	charquear,♦ [Br.], t.d, int.	15	chochar, [Br.], def. imp, int.	4
cernar, t.d.	4	charruar, t.d.	4	chofrar, t.d, t.i, int.	4
cernir,♦ t.d, int.	54	charutear,♦ int.	15	choramigar, int, t.d, t.i.	14
cerrar, t.d, int, pr.	4	chasquear,♦ t.d, t.i, int.	15	choramingar, int, t.d, t.i.	14
certar, int.	4	chatear,♦ t.d, pr, int.	15	chorar, int, t.d, pr.	4
certificar, t.d, t.i, pr.	12	chatinar, t.i, t.d.	4	chorrar, int, t.d.	4
cervejar, int.	4	chavascar, t.d.	12	choutar, int.	4
cerzir,♦ t.d, t.i, int.	58	chavear,♦ t.d.	15	choutear,♦ int.	15
cessar, int, t.d, t.i.	4	chavetar, t.d.	4	chover def. imp, int, t.d.	47
cesurar, t.d.	4	checar, int, t.d, t.i.	12	chuçar, t.d.	13
cevar, t.d, pr.	4	chegar int, t.d, t.i, pr.	14	chuchar, t.d.	4
chaçar, t.i.	13	cheirar, t.d, t.i, int.	4	chuchurrear,♦ t.d.	15
chacinar, t.d.	4	chiar, int.	16	chufar, t.d, t.i, int.	4
chacoalhar, [Br.], t.d, int.	4	chiatar, [Br.], int.	4	chufear,♦ t.d, t.i, int.	15
chacotear,♦ int, t.i, t.d.	15	chibantear,♦ int.	15	chulear,♦ t.d.	15
chafurdar, t.i, t.d, pr.	4	chibatar, t.d.	4	chumaçar, t.d.	13

chumbar, t.d, int.	4	circunavegar, *[Br.],* int, t.d.	14	cloroformizar, t.d.	4
chumbear, ♦ t.d, int.	15	circuncidar, t.d.	4	coabitar, t.d, t.i, int.	4
chumear, ♦ t.d.	15	circundar, t.d, pr.	4	coacervar, t.d.	4
chupar, t.d, int.	4	circundutar, t.d.	4	coactar, t.d.	4
chupitar, t.d.	4	circunfluir, t.d.	73	coadjuvar, t.d, t.i.	4
churrasquear, ♦ [Br.],		circunfundir, t.d, t.i, pr.	6	co-administrar, t.d.	4
int, t.d.	15	circungirar, t.d, int.	4	coadquirir, t.d.	6
chusmar, t.d.	4	circunjazer, int.	33	coadunar, t.d, t.i, pr.	4
chutar, t.d, int.	4	circunscrever, ♦ part. irr,		coagir, t.d, t.i.	52
chuviscar, def. imp, int.	12	t.d, t.i, pr.	6	coagmentar, t.d.	4
cianosar, int.	4	circunstanciar, t.d.	16	coagular, t.d, int, pr.	4
ciar, int, t.d.	16	circunstar, t.d, int.	4	coalescer, t.d.	25
ciar-se, pr.	16	circunvagar, t.d, int.	14	coalhar, t.d, int, pr.	4
cicatrizar, t.d, int, pr.	4	circunvalar, t.d, pr.	4	coalizar-se, pr.	7
cicerar, t.d.	4	circunver, ♦ part. irr, t.d.	40	coar, t.d, t.i, pr.	20
ciciar, int, t.d.	16	circunvizinhar, t.d.	4	coarctar, t.d, pr.	4
cientificar, t.d, t.i, pr.	12	circunvoar, t.d, int.	20	co-arrendar, t.d.	4
cifrar, t.d, t.i, pr.	4	circunvolver, t.d.	5	coatar, t.d.	4
ciganear, ♦ [Br.], int.	15	cirilizar, t.d.	4	coaxar, def. imp, int, t.d.	4
cigarrar, int.	4	ciscar, t.d, t.i, int, pr.	12	cobaltizar, t.d.	4
cilhar, t.d.	4	cismar, int, t.i, t.d.	4	cobiçar, t.d.	13
ciliciar, t.d, pr.	16	citar, t.d.	4	cobrar, t.d, t.i, int, pr.	4
cilindrar, t.d.	4	ciumar, int.	19	cobrear, ♦ t.d.	15
cimbrar, t.d.	4	civilizar, t.d, pr.	4	cobrejar, int.	4
cimentar, t.d, pr.	4	clamar, t.d, t.i, int.	4	cobrir, ♦ part. irr, t.d, t.i, pr.	59
cincar, int, t.i.	12	clangorar, int.	4	cocainizar, t.d.	4
cinchar, t.d.	4	clangorejar, int.	4	cocar, t.d, int.	12
cindir, t.d.	6	clarear, ♦ t.d, int.	15	coçar, t.d, t.i, int, pr.	13
cinematografar, t.d.	4	clarejar, t.d, int.	4	cochar, t.d.	4
cinerar, t.d, pr.	4	clarificar, t.d, pr.	12	cochichar, int, t.i, t.d.	4
cingir, t.d, pr.	52	clarinar, [Br.], int.	4	cochilar, [Br.], int.	4
cintar, t.d, pr.	4	classificar, t.d, pr.	12	cochinar, int.	4
cintilar, int, t.d, t.i.	4	claudicar, int.	12	cocoricar, def. imp, int.	12
cinturar, t.d, int, pr.	4	clausular, t.d.	4	cocular, [Br.], t.d.	4
cinzar, t.d.	4	clausurar, t.d, pr.	4	codificar, t.d.	12
cinzelar, t.d.	4	clemenciar, t.d.	16	codilhar, t.d.	4
cipoar, t.d.	20	climatizar, t.d, t.i.	4	codizar, [Br.], t.d.	4
cirandar, int, t.d.	4	climatizar-se, pr.	7	co-educar, t.d.	12
circuitar, t.d, int.	4	clinicar, int.	12	coerir, ♦ int, t.d.	57
circular, t.d, int.	4	clivar, t.d.	4	cofiar, t.d.	16
circum-navegar, int, t.d.	14	clorar, t.d.	4	cogitar, t.d, t.i, int.	4

cognominar, t.d, pr.	4	
cogular, t.d, t.i.	4	
coibir, t.d, t.i, pr.	77	
coicear, ♦ t.d, int, def. imp.	15	
coimar, t.d, int, pr.	4	
coincidir, t.i.	6	
coiraçar, t.d, pr.	13	
coirear, ♦ t.d.	15	
coisar, **[Br.]**, t.d, t.i, int.	4	
coisificar, t.d.	12	
coitar, t.d.	4	
coivarar, **[Br.]**, t.d.	4	
colaborar, t.i.	4	
colacionar, t.d.	4	
colapsar, int.	4	
colar, t.d, t.i, int.	4	
colar-se, pr.	7	
colchetar, t.d, pr.	4	
colear, ♦ int, t.d, pr.	15	
coleccionar, t.d.	4	
colecionar, *[Br.]*, t.d.	4	
colectar, t.d, pr.	4	
coletar, *[Br.]*, t.d, pr.	4	
colgar, t.d.	14	
colher, t.d, t.i, int.	5	
colidir, t.d, t.i, int.	6	
coligar, t.d, pr.	14	
coligir, t.d, t.i.	52	
colimar, t.d.	4	
colinear, ♦ t.d.	15	
coliquar, t.d.	4	
colmar, t.d, t.i.	4	
colmatar, t.d.	4	
colocar, t.d, t.i, pr.	12	
colonizar, t.d.	4	
colorar, t.d.	4	
colorear, ♦ t.d, int.	15	
colorir, def. imp, t.d, pr.	78	
colorizar, t.d.	4	
coltarizar, t.d.	4	
colubrear, ♦ int.	15	

colunar, t.d.	4	
comanditar, t.d.	4	
combalir, def. p, t.d, pr.	79	
combater, t.d, t.i, int.	5	
combinar, t.d, t.i, int, pr.	4	
comboiar, [accento no o do radical], t.d.	16 ('19)	
comburir, t.d, int, pr.	6	
combustar, t.d, int, pr.	4	
começar t.d, t.i, int.	**13**	
comediar, t.d.	16	
comedir, def. p. 78, t.d, pr.	70	
comemorar, t.d.	4	
comensurar, t.d, t.i.	4	
comentar, t.d.	4	
comer, t.d, t.i, int, pr.	5	
comerciar ♦ int, t.i.	**18**	
cometer, t.d, t.i, pr.	5	
comichar, t.d, int.	4	
cominar, t.d, int.	4	
cominuir, ♦ t.d.	73	
comiserar, t.d, pr.	4	
comissionar, t.d, t.i.	4	
comisturar, t.d, t.i, pr.	4	
comover, t.d, t.i, int, pr.	5	
compactar, t.d.	4	
compadecer, t.d, pr.	25	
compadrar, t.d, pr.	4	
compadrear, ♦ *[Br.]*, int.	15	
compaginar, t.d.	4	
comparar, t.d, t.i, pr.	4	
comparecer, int.	25	
comparticipar, t.i.	4	
compartilhar, t.d, t.i.	4	
compartimentar, t.d.	4	
compartir, t.d, t.i.	6	
compassar, t.d, pr.	4	
compelir, ♦ t.d, t.i.	57	
compendiar, t.d.	16	
compenetrar, t.d, t.i, pr.	4	
compensar, t.d, t.i.	4	

competir, ♦ t.i, pr.	57	
compilar, t.d.	4	
complanar, t.d.	4	
complementar, t.d.	4	
completar, t.d, pr.	4	
complicar, t.d, t.i, pr.	12	
compor, ♦ part. irr, t.d, int, pr.	45	
comportar, t.d, pr.	4	
comprar t.d, t.i.	**4**	
comprazer, [duas formas reg. e irreg. no pret. ind. e derivados: *comprazi* ou *comprouve*], t.d, int, pr.	32	
compreender, t.d, pr.	5	
comprimir, t.d, pr.	6	
comprometer, t.d, pr.	5	
comprovar, t.d.	4	
compulsar, t.d.	4	
compungir, t.d, int, pr.	52	
computar, def. p, [não usado nas 1ª, 2ª e 3ª p. sing. pres. ind], t.d, t.i.	4	
comungar, t.d, t.i, int.	14	
comunicar, t.d, t.i, int, pr.	12	
comutar, t.d, t.i.	4	
concanizar, t.d.	4	
concatenar, t.d.	4	
concavar, t.d.	4	
conceber, t.d, int.	5	
conceder, t.d, t.i.	5	
conceituar, t.d, t.i.	4	
concelebrar, t.d, int.	4	
concentrar, t.d, t.i, pr.	4	
concernir, ♦ usado só nas 3ªs p, t.i.	54	
concertar, t.d, t.i, int, pr.	4	
conchavar, t.d, int, pr.	4	
conchear, ♦ t.d.	15	
conchegar, t.d, t.i, pr.	14	
conciliar, t.d, t.i, pr.	16	

concionar, int.	4	confortar, t.d, pr.	4	consociar, t.d, pr.	16
concitar, t.d, t.i.	4	confranger, t.d, pr.	26	consolar, t.d, t.i, int, pr.	4
conclamar, t.d, int.	4	confraternar, t.d.	4	consolidar, t.d, int, pr.	4
concluir, ♦ t.d, t.i, int.	73	confraternizar, t.d, t.i, int.	4	consonantizar, t.d, pr.	4
concordar, t.d, t.i, int.	4	confrontar, t.d, t.i, pr.	4	consonar, int, t.i.	4
concorrer, t.i.	5	confugir, ♦ int, t.i.	62	consorciar, t.d.	16
concretar, t.d.	4	confundir, t.d, t.i, pr.	6	conspirar, t.d, t.i, int.	4
concretizar, t.d, pr.	4	confutar, t.d.	4	conspurcar, t.d, pr.	12
concriar, t.d.	16	congelar, t.d.	4	constar, def. imp. no sentido	
concubinar-se, pr.	7	congeminar, t.d, t.i, int.	4	de «passar por certo»,	
conculcar, t.d.	12	congeminar-se, pr.	7	int, t.i.	4
concutir, t.d, t.i.	6	congestionar, t.d, pr.	4	constatar, t.d.	4
condecorar, t.d, t.i, pr.	4	conglobar, t.d, t.i, pr.	4	constelar, t.d, pr.	4
condenar, t.d, t.i, pr.	4	conglomerar, t.d, pr.	4	consternar, t.d, pr.	4
condensar, t.d, pr.	4	conglutinar, t.d, pr.	4	constipar, t.d, pr.	4
condescender, t.i, int.	5	congonhar, [Br.], int.	4	constitucionalizar, t.d, pr.	4
condessar, t.d.	4	congraçar, t.d, t.i, int, pr.	13	constituir, ♦ t.d, pr.	73
condicionar, t.d, t.i, pr.	4	congratular, t.d, pr.	4	constranger, t.d, t.i, pr.	26
condimentar, t.d.	4	congregar, t.d, pr.	14	constringir, t.d, pr.	52
condir, t.d.	6	conhecer, t.d, t.i, pr.	25	construir, ♦ t.d, t.i, int.	74
condizer, ♦ part. irr, t.i, int.	29	conjecturar, t.d, int.	4	consubstanciar, t.d, pr.	16
condoer, ♦ t.d, pr.	28	conjeturar, [Br.], t.d, int.	4	consultar, t.d, t.c, int, pr.	4
conduzir, ♦ t.d, t.i, pr.	72	conjugar, t.d, pr.	14	consumar, t.d, pr.	4
confabular, int, t.i.	4	conjuminar, [Br.], t.d, pr.	4	consumir, t.d, t.i, int, pr.	6
confeccionar, t.d.	4	conjungir, t.d.	52	contabescer, int.	25
confederar, t.d, pr.	4	conjuntar, t.d, t.i.	4	contabilizar, t.d.	4
confeiçoar, t.d.	20	conjurar, t.d, t.i, pr.	4	contactar, t.d, t.i, int.	4
confeitar, t.d.	4	conluiar, t.d, pr.	16	contatar, [Br.], t.d, t.i, int.	4
conferenciar, int, t.i.	16	conquistar, t.d, t.i.	4	contagiar, t.d, t.i, pr.	16
conferir, ♦ t.d, t.i, int.	57	consagrar, t.d, t.i, pr.	4	contaminar, t.d, t.i, pr.	4
confessar, t.d, t.i, int, pr.	4	conscientizar, t.d.	4	contar, t.d, t.i, int.	4
confiar, int, t.d, t.i, pr.	16	conscrever, ♦ part. irr, t.d.	5	conteirar, t.d.	4
confidenciar, t.d, t.i, pr.	16	conseguir, ♦ t.d.	55	contemplar, t.d, t.i, int, pr.	4
configurar, t.d.	4	conselhar, t.d.	4	contemporizar, int, t.d, t.i.	4
confinar, t.d, t.i, int, pr.	4	consentir, ♦ t.d, t.i, int.	56	contender, int, t.i.	5
confirmar, t.d, pr.	4	consertar, t.d, t.i.	4	contentar, t.d, pr.	4
confiscar, t.d.	12	conservar, t.d, pr.	4	conter, ♦ t.d, pr.	1
conflagrar, t.d.	4	considerar, t.d, t.i, int, pr.	4	contestar, t.d, t.i, int.	4
conflitar, t.i, int.	4	consignar, t.d, t.i.	4	contiguar, t.d.	21
confluir, ♦ t.c, int.	74	consistir, def. imp, t.i.	6	continuar, t.d, t.i, int, pr.	4
conformar, t.d, t.i, pr.	4	consoar, int, t.d, t.i.	20	contorcer, t.d, pr.	25

contornar, t.d.	4
contornear, t.d.	15
contra-arrazoar, t.d, int.	20
contra-arrestar, t.d.	4
contra-atacar, t.d.	12
contrabalançar, t.d, t.i.	13
contrabandear, ♦ t.d, int.	15
contrabater, t.d.	5
contrabracear, ♦ t.d.	15
contracambiar, t.d.	16
contracenar, int, t.i.	4
contracolar, t.d.	4
contractar, t.d, t.i.	4
contracunhar, t.d.	4
contradançar, int.	13
contraditar, t.d.	4
contradizer, ♦ part. irr, t.d, int, pr.	29
contra-estimular, t.d.	4
contrafazer, ♦ part. irr, t.d, pr.	31
contra-impelir, ♦ t.d.	57
contra-indicar, t.d, t.i.	12
contrair, ♦ t.d, pr.	68
contramalhar, t.d.	4
contramarcar, t.d.	12
contramarchar, int.	4
contraminar, t.d.	4
contraminutar, t.d.	4
contramoldar, t.d.	4
contramurar, t.d, t.i.	4
contranivelar, t.d.	4
contra-ofertar, int, t.d.	4
contra-ordenar, int.	4
contrapesar, t.d.	4
contrapontar, t.d.	4
contrapontear, ♦ t.d.	15
contrapor, ♦ part. irr, t.d, t.i, pr.	45
contraproduzir, ♦ int.	72
contrapropor, ♦ part. irr, t.d.	45

contraprovar, t.d.	4
contrariar, t.d, pr.	16
contra-selar, t.d.	4
contrastar, t.d, t.i.	4
contrastear, ♦ t.d.	15
contratar, t.d, int, pr.	4
contratelar, t.d.	4
contratirar, t.d.	4
contravalar, t.d.	4
contraverter, t.d.	5
contravir, ♦ part. irr, t.d, t.i.	67
contribuir, ♦ t.i, t.d, int.	74
contristar, t.d, int, pr.	4
controlar, t.d, pr.	4
controverter, t.d.	5
contubernar, t.i, pr.	4
contundir, t.d, pr.	5
conturbar, t.d, pr.	4
convalescer, int, t.d.	25
convalidar, t.d.	4
convelir, t.d, int.	6
convencer, t.d, t.i, pr.	25
convencionar, t.d, pr.	4
convergir, ♦ t.i.	64
conversar, t.i, t.d.	4
converter, t.d, t.i, int.	5
convidar, t.d, t.i, int.	4
convir, ♦ part. irr, def. imp. no sentido de «ser conveniente», t.i.	67
conviver, t.i.	5
convizinhar, t.i, int.	4
convocar, t.d, t.i.	12
convolar, t.i.	4
convulsar, int, pr.	4
convulsionar, t.d, pr.	4
coobar, t.d.	4
coocupar, t.d.	4
cooficiar, t.d, int.	16
coonestar, t.d.	4
cooperar, t.i, int.	4

cooptar, t.d.	4
coordenar, t.d, t.i.	4
copar, t.d, int, pr.	4
co-participar, t.i.	4
copeirar, [Br.], int.	4
copejar, t.d.	4
copelar, t.d.	4
copiar, t.d, t.i, pr.	16
copidescar, t.d.	12
copilar, t.d.	4
copiografar, t.d.	4
co-produzir, ♦ t.d.	72
copular, t.d, t.i, int.	4
corar, t.d, int, pr.	4
corcovar, t.d, int, pr, def. imp.	4
corcovear, ♦ t.d, int, pr.	15
cordear, ♦ t.d.	15
coriscar, def. imp, int, t.d.	12
cornar, t.d.	4
cornear, ♦ t.d.	15
cornetear, ♦ [Br.], int.	15
coroar, t.d, pr.	20
corporalizar, t.d, pr.	4
corporificar, t.d, pr.	12
correger, t.d.	26
correlacionar, t.d, t.i, pr.	4
correlatar, t.d.	4
correr, int, t.d, t.c, pr.	5
corresponder, t.i.	5
corretar, [Br.], int.	4
corricar, int.	12
corrigir, t.d, pr.	52
corroborar, t.d, pr.	4
corroer, t.d, pr.	28
corromper, t.d, pr.	5
corruchiar, [Br.], int.	16
corrugar, t.d.	14
corrupiar, [Br.], int.	16
corsear, ♦ int.	15
cortar, t.d, int.	4
cortar-se, pr.	7

cortejar, t.d, int, pr.	4	crestar, t.d.	4	cumprir, t.d, int, pr.	6
cortilhar, t.d.	4	crestar-se, pr.	7	cumular, t.d, t.i.	4
cortinar, t.d.	4	cretinizar, t.d, pr.	4	cunhar, t.d.	4
coruscar, def. imp, int, t.d.	12	criar, t.d, t.i, int, pr.	16	curar, t.d, t.i, int, pr.	4
corvejar, int, t.d.	4	cricrilar, def. imp, int.	4	curarizar, t.d.	4
coscosear,♦ [Br.],		criminar, t.d, pr.	4	curetar, t.d.	4
def. imp, int.	15	criptoanalisar, t.d.	4	currar, [Br.], t.d.	4
coscuvilhar, int.	4	criptografar, t.d.	4	cursar, t.d, int.	4
coser, t.d, t.i, int, pr.	5	crisalidar, def. imp, int, pr.	4	curtir, t.d, int.	6
cosicar, t.d.	12	crismar, t.d, pr.	4	curvar, t.d, int, pr.	4
costear,♦ t.d, int, pr.	15	crispar, t.d, pr.	4	curvetear,♦ int.	15
costumar, t.d, t.i, pr.	4	cristalizar, t.d, t.i, int, pr.	4	cuspilhar, int, t.d.	4
costurar, t.d, int.	4	cristear,♦ t.d.	15	cuspinhar, int, t.d.	4
cotar, t.d, t.i.	4	cristianizar, t.d, pr.	4	cuspir,♦ int, t.d.	61
cotejar, t.d, t.i.	4	criticar, t.d.	12	custar, int.	4
cotiar, t.d.	16	crivar, t.d, t.i, pr.	4	custear,♦ t.d.	15
cotizar, t.d.	4	crocitar, int.	4	custodiar, t.d.	16
cotovelar, t.d, int, pr.	4	cromar, t.d.	4	cutilar, [Br.], t.d.	4
couraçar, t.d, pr.	13	cronometrar, t.d.	4	cutisar, t.d.	4
courear,♦ t.d.	15	cruciar, t.d.	16	cutucar, [Br.], t.d.	12
cousar, t.d, t.i.	4	crucificar, t.d.	12		
cousificar, t.d.	12	crucifixar, t.d.	4		
coutar, t.d.	4	cruentar, t.d, pr.	4		
covear,♦ [Br.], t.d.	15	cruzar, t.d, t.c, int, pr.	4		
coxear,♦ int, t.i.	15	cubar, t.d.	4		
cozer, t.d, int.	5	cubicar, t.d.	12		
cozinhar, t.d, int.	4	cucar, def. imp, int.	12		
crapulear,♦ int.	15	cucar, [Br.], int, t.d.	12		
crasear,♦ [Br.], t.d.	15	cucular, int.	4		
cravar, t.d, t.i, pr.	4	cucurbitar, int.	4	dactilografar, t.d, int.	4
cravejar, t.d, t.i.	4	cucuricar, def. imp, int.	12	datilografar, [Br.], t.d, int.	4
creditar, t.d, t.i, pr.	4	cucuritar, int.	4	dadivar, t.d.	4
cremar, t.d.	4	cuidar, t.d, t.i, pr.	4	daguerreotipar, t.d, pr.	4
crenar, t.d, int.	4	cuinchar, int.	4	daltonizar, t.d.	4
creosotar, t.d.	4	culatrear,♦ [Br.], t.d.	15	damasquinar, t.d.	4
crepitar, int.	4	culminar, int.	4	damejar, t.d, int.	4
crepusculejar, def. imp, int.	4	culpar, t.d, t.i, pr.	4	danar, t.d, int, pr.	4
crer,♦ t.d, t.i, int, pr.	37	cultivar, t.d, t.i, pr.	4	dançar, int, t.d.	13
crescer, int, t.d, t.i.	25	cultuar, t.d.	4	dandinar, int, pr.	4
crespar, t.d.	4	cumpliciar, t.d, pr.	16	danificar, t.d, pr.	12
crespir, t.d.	6	cumprimentar, t.d, int.	4	daninhar, [Br.], t.d, int.	4

D/D

dar, ♦ t.d, t.i, int, pr.	11
dardar, t.d, int.	4
dardejar, t.d, t.i, int.	4
datar, t.d, t.i.	4
dealbar, t.d, int.	4
dealvar, t.d, int.	4
deambular, int.	4
dearticular, t.d.	4
debandar, t.d, int, pr.	4
debar, t.d, int.	4
debater, t.d, int, pr.	5
debelar, t.d.	4
debenturar, t.d.	4
debicar, t.d, t.i, int.	12
debilitar, t.d, pr.	4
debitar, t.d, t.i, pr.	4
deblaterar, t.d, int, t.i.	4
debochar, t.d, t.i, pr.	4
deborcar, t.d.	12
debrear, ♦ t.d, int.	15
debruar, t.d.	4
debruçar, t.d, pr.	13
debulhar, t.d, pr.	4
debutar, int.	4
debuxar, t.d, t.i, pr.	4
decair, ♦ int, t.i.	68
decalcar, t.d.	12
decampar, int.	4
decantar, t.d, t.i, pr.	4
decapar, t.d.	4
decapitar, t.d.	4
deceinar, t.d.	4
decemplicar, t.d, int.	12
decepar, t.d.	4
decepcionar, t.d, pr.	4
decertar, int.	4
decernir, ♦ t.d, t.i, int.	54
decidir, t.d, t.i, int, pr.	6
decifrar, t.d.	4
decimar, t.d.	4
declamar, t.d, int, t.i.	4

declarar, t.d, t.i, int, pr.	4
declinar, int, t.d, t.i.	4
declivar, int, t.d.	4
decoar, t.d.	20
decolar, int.	4
decompor, ♦ part. irr, t.d, pr.	45
decorar, t.d, int.	4
decorrer, int, t.i.	5
decorticar, t.d.	12
decotar, t.d, pr.	4
decrescer, int.	25
decretar, t.d, t.i, int.	4
decriptar, t.d.	4
decruar, t.d.	4
decuplar, t.d, int.	4
decuplicar, t.d, int.	12
dedecorar, t.d.	4
dedetizar, t.d.	4
dedicar, t.d, t.i, pr.	12
dedignar-se, pr.	7
dedilhar, t.d.	4
dedo-durar, [Br.], t.d, int.	4
dedurar, [Br.], t.d, int.	4
deduzir, ♦ t.d, t.i, int.	72
defasar, t.d.	4
defecar, t.d, t.i, int, pr.	12
defender, 2 part, [defeso usado só no sentido de proibir], t.d, t.i, pr.	5
deferir, ♦ t.d, t.i.	57
definhar, t.d, int, pr.	4
definir, t.d, pr.	6
deflacionar, t.d.	4
deflagrar, int, t.d.	4
deflectir, ♦ t.i, int.	54
deflegmar, t.d.	4
deflexionar, t.i, int.	4
deflorar, t.d.	4
defluir, ♦ int, t.i.	73
deformar, t.d, pr.	4

defraudar, t.d, t.i.	4
defrontar, t.i, t.d, pr.	4
defumar, t.d, pr.	4
defuntar, [Br.], int, t.d.	4
defuntear, ♦ [Br.], int, t.d.	15
degasar, t.d.	4
degelar, t.d, int, pr.	4
degenerar, int, pr, t.d, t.i.	4
deglutir, t.d, int.	6
degolar, t.d, pr.	4
degotar, t.d, pr.	4
degradar, t.d, t.i, pr.	4
degranar, t.d.	4
degredar, t.d.	4
degringolar, [Br.], int.	4
degustar, t.d.	4
deificar, t.d.	12
deitar, t.d, t.i, pr.	4
deixar, t.d, t.i, pr.	4
dejarretar, t.d.	4
dejejuar, t.d, int, pr.	4
dejetar, int, t.d.	4
dejungir, def. pess. [em geral, mais usado nas 3as pess.], t.d.	79
delamber-se, pr.	5
delatar, t.d, t.i, pr.	4
delegar, t.d, t.i.	14
deleitar, t.d, pr.	4
deletrear, ♦ t.d, int.	15
delibar, t.d.	4
deliberar, t.d, int, t.i, pr.	4
deliciar, t.d, pr.	16
delimitar, t.d.	4
delinear, ♦ t.d.	15
delinquir, def. pess, int.	78
deliquar, t.d, pr.	21
deliquescer, int.	25
delir, def. pess, t.d, pr.	79
delirar, int.	4
delivrar, t.d, pr.	4

delongar, t.d, pr.	14	depolarizar, t.d.	4	desabitar, t.d.	4
deludir, t.d.	6	depolmar, [**Br.**], int.	4	desabituar, t.d, t.i, pr.	4
deluzir-se, ♦ pr,		depopular, t.d.	4	desabocar, [**Br.**], int.	12
def. imp, t.d.	72	depor, ♦ part. irr, t.d, t.i,		desaboçar, t.d.	13
demandar, t.d, t.i, int.	4	int, pr.	45	desabonar, t.d, pr.	4
demarcar, t.d.	12	deportar, t.d.	4	desabordar, t.d, pr.	4
demasiar-se, pr.	16	depositar, t.d, t.c, pr.	4	desabotoar, t.d, int, pr.	20
dementar, t.d, pr.	4	depravar, t.d, pr.	4	desabraçar, t.d.	13
demitir, t.d, t.i, pr.	6	deprecar, t.d, t.i, int.	12	desabrigar, t.d.	14
demitizar, int.	4	depreciar, t.d, pr.	16	desabrir, ♦ part. reg.	
democratizar, t.d, pr.	4	depredar, t.d, t.i.	4	*desabrido*, t.d, t.i, pr.	6
demolhar, t.d.	4	depreender, t.d, t.i.	5	desabrochar, def. imp, t.d, int,	
demolir, def. pess, t.d.	78	deprimir, t.d, pr.	6	pr.	4
demonetizar, t.d.	4	depurar, t.d, t.i, pr.	4	desabrolhar, t.d, int.	4
demonstrar, t.d, t.i, pr.	4	deputar, t.d, t.i.	4	desabusar, t.d, pr.	4
demorar, t.d, t.i, t.c, int, pr.	4	dequitar-se, pr.	7	desaçaimar, t.d.	4
demostrar, t.d, t.i, pr.	4	derivar, t.d, t.i, int, pr.	4	desaçamar, t.d.	4
demover, t.d, t.i, pr.	5	derrabar, t.d, pr.	4	desacampar, int.	4
demudar, t.d, t.i, pr.	4	derramar, t.d, t.i, pr.	4	desacanhar, t.d.	4
denegar, t.d, t.i, pr.	14	derrancar, t.d, int, pr.	12	desacasalar, t.d.	4
denegrecer, t.d, pr.	25	derrancar-se, pr.	12	desacatar, t.d, int.	4
denegrir, ♦ t.d, pr.	58	derrapar, [**Br.**], int.	4	desacautelar, t.d, pr.	4
denodar, t.d.	4	derrear, ♦ t.d, pr.	15	desacavalar, t.d.	4
denominar, t.d, pr.	4	derregar, t.d.	14	desaceitar, t.d.	4
denotar, t.d.	4	derrengar, [**Br.**], t.d, pr.	14	desacelerar, t.d.	4
dentar, t.d, int.	4	derreter, t.d, int, pr.	5	desacentuar, t.d.	4
dentear, ♦ t.d.	15	derribar, t.d, pr.	4	desacerbar, t.d.	4
denticular, t.d.	4	derriçar, t.d.	13	desacertar, t.d, int, pr.	4
denudar, t.d, pr.	4	derriscar, t.d, t.i.	12	desachegar, t.d, pr.	14
denunciar, t.d, t.i, pr.	16	derrocar, t.d, pr.	12	desacidificar, t.d.	12
deparar, t.d, t.i, pr.	4	derrogar, t.d, t.i, int.	14	desaclimar, t.d, pr.	4
departir, t.d, t.i, int, pr.	6	derrotar, t.d.	4	desaclimatar, t.d, pr.	4
depauperar, t.d, pr.	4	derrotar-se, pr.	7	desacobardar, t.d, pr.	4
depenar, t.d, pr.	4	derrubar, t.d, pr, int.	4	desacochar, [**Br.**], int.	4
depender, t.i.	5	derruir, ♦ t.d, pr.	73	desacoimar, t.d.	4
dependurar, t.d, t.i, pr.	4	desabafar, t.d, t.i, int, pr.	4	desacoitar, t.d.	4
depenicar, t.d, t.i, int.	12	desabalar, int.	4	desacolchetar, t.d.	4
deperecer, int.	25	desabalroar, int.	20	desacolchoar, t.d.	20
depilar, t.d, pr.	4	desabar, t.d, int.	4	desacolher, t.d.	5
deplorar, t.d, pr.	4	desabelhar, int.	4	desacolherar, [**Br.**], t.d.	4
deplumar, t.d.	4	desabilitar, t.d.	4	desacomodar, t.d, pr.	4

desacompanhar, t.d.	4	desagastar, t.d, pr.	4	desamassar, t.d, int.	4
desaconchegar, t.d.	14	desaglomerar, t.d.	4	desambientar, t.d, pr.	4
desaconselhar, t.d, t.i.	4	desagradar, t.i, pr.	4	desamigar, t.d.	14
desacorçoar, t.d, int.	20	desagradecer, t.d, t.i.	25	desamodorrar, t.d, int.	4
desacordar, t.d, t.i, int, pr.	4	desagravar, t.d, pr.	4	desamoedar, t.d.	4
desacoroçoar, t.d, int.	20	desagregar, t.d, t.i, pr.	14	desamolgar, t.d.	14
desacorrentar, t.d.	4	desagrilhoar, t.d.	20	desamontoar, t.d.	20
desacostumar, t.d, t.i, pr.	4	desaguar, t.d, int, pr.	21	desamortalhar, t.d.	4
desacoutar, t.d.	4	desaguaxar, **[Br.]**, t.d, pr.	4	desamortizar, t.d.	4
desacovardar, t.d, pr.	4	desainar, t.d.	4	desamotinar, t.d.	4
desacreditar, t.d, pr.	4	desairar, t.d, pr.	4	desamparar, t.d, pr.	4
desacumular, t.d, t.i.	4	desajeitar, t.d.	4	desamuar, t.d, pr.	4
desacunhar, t.d.	4	desajoujar, t.d, pr.	4	desancar, t.d.	12
desadmoestar, t.d, t.i.	4	desajudar, t.d.	4	desancorar, t.d, int.	4
desadorar, t.d, int.	4	desajuizar, [accento		desandar, t.d, t.i, int.	4
desadormecer, t.d.	25	no *i* do radical], t.d.	4 ('19)	desanelar, t.d.	4
desadornar, t.d.	4	desajuntar, t.d.	4	desanexar, t.d, t.i.	4
desadunar, t.d.	4	desajustar, t.d, pr.	4	desanichar, t.d.	4
desafaimar, t.d.	4	desalagar, t.d, t.i.	14	desanimar, t.d, int, pr.	4
desafamar, t.d.	4	desalastrar, t.d.	4	desaninhar, t.d.	4
desafastar, t.d, pr.	4	desalbardar, t.d.	4	desanojar, t.d, t.i, pr.	4
desafazer, ◆ part. irr, t.d,		desaleitar, t.d.	4	desanuviar, t.d, pr.	16
t.i, pr.	31	desalentar, t.d, int, pr.	4	desapadrinhar, t.d.	4
desafear, ◆ t.d.	15	desalforjar, t.d.	4	desapagar, t.d.	14
desafeiçoar, t.d, t.i, pr.	20	desalgemar, t.d.	4	desapaixonar, t.d, pr.	4
desafeitar, t.d.	4	desalhear, ◆ t.d.	15	desaparafusar, t.d, pr.	4
desaferrar, t.d, t.i, pr.	4	desaliar, t.d.	16	desaparecer, int.	25
desaferrolhar, t.d, pr.	4	desalijar, t.d.	4	desaparelhar, t.d, int.	4
desafervoar, t.d.	20	desalinhar, t.d, pr.	4	desapartar, t.d.	4
desafiar, t.d, pr.	16	desalinhavar, t.d.	4	desapavorar, t.d.	4
desafinar, t.d, t.i, int, pr.	4	desalistar, t.d.	4	desapear, ◆ t.d, t.i, pr.	15
desafivelar, t.d.	4	desaliviar, t.d, t.i, pr.	16	desapegar, t.d, t.i, pr.	14
desafixar, t.d.	4	desalojar, t.d, t.i, int, pr.	4	desaperceber, t.d, t.i, pr.	5
desafogar, t.d, int, pr.	14	desalterar, t.d, pr.	4	desaperrar, t.d.	4
desafoguear, ◆ t.d.	15	desamagoar-se, **[Br.]**, pr.	20	desapertar, t.d, t.i, pr.	4
desaforar, t.d, pr.	4	desamalgamar-se, pr, t.d, t.i.	7	desapiedar, t.d, pr.	4
desafreguesar, t.d, pr.	4	desamamentar, t.d.	4	desaplaudir, t.d.	4
desafrontar, t.d, t.i, pr.	4	desamanhar, t.d.	4	desaplicar, t.d, t.i.	12
desagaloar, t.d.	20	desamar, t.d, pr.	4	desapoderar, t.d, t.i, pr.	4
desagarrar, t.d.	4	desamarrar, t.d, t.i, pr.	4	desapoiar, [acento no *o*	
desagasalhar, t.d, pr.	4	desamarrotar, t.d.	4	do radical], t.d.	4 ('19)

desapolvilhar, t.d.	4	desarruar, t.d.	4	desatremar, int, t.d.	4
desapontar, t.d.	4	desarrufar, t.d, pr.	4	desautorar, t.d, t.i, pr.	4
desapontar-se, pr.	7	desarrugar, t.d.	14	desautorizar, t.d, pr.	4
desapoquentar, t.d.	4	desarrumar, t.d.	4	desavagar, t.d.	14
desaportuguesar, t.d.	4	desarticular, t.d.	4	desaverbar, t.d.	4
desaposentar, t.d.	4	desarvorar, t.d, int, pr.	4	desavergonhar, t.d, pr.	4
desapossar, t.d, t.i, pr.	4	desasar, t.d.	4	desavexar, t.d.	4
desaprazer,♦ t.i.	32	desasir, t.d, pr.	6	desavezar, t.d, pr.	4
desapreçar, t.d.	13	desasnar, t.d.	4	desaviar, t.d.	16
desapreciar, t.i.	16	desassanhar, t.d, pr.	4	desavir,♦ part. irr, t.d,	
desaprender, t.d.	5	desassear,♦ t.d.	15	t.i, pr.	67
desapresilhar, t.d.	4	desasselvajar, t.d.	4	desavisar, t.d, pr.	4
desapressar, t.d, t.i, pr.	4	desassemelhar, t.d.	4	desavistar, t.d.	4
desapropriar, t.d, t.i, pr.	16	desassenhorear,♦ t.d.	15	desavolumar, t.d, pr.	4
desaprovar, t.d.	4	desassestar, t.d.	4	desbabar, t.d.	4
desaproveitar, t.d.	4	desassimilar, t.d.	4	desbabelizar, int.	4
desaprumar, t.d, int, pr.	4	desassisar, t.d, pr.	4	desbagoar, t.d.	20
desaquartelar, t.d.	4	desassociar, t.d, pr.	16	desbagulhar, t.d.	4
desaquinhoar, t.d, pr.	20	desassombrar, t.d, pr.	4	desbalizar, t.d.	4
desaranhar, t.d.	4	desassossegar, t.d, pr.	14	desbancar, t.d.	12
desarar, int.	4	desassustar, t.d, pr.	4	desbandeirar, t.d.	4
desarborizar, t.d.	4	desatabafar, t.d, pr.	4	desbaratar, t.d, pr.	4
desarcar, t.d, pr.	12	desatacar, t.d.	12	desbarbar, t.d.	4
desarear,♦ t.d.	15	desatar, t.d, t.i, pr.	4	desbarrancar, **[Br.]**, t.d.	12
desarmar, t.d, int, pr.	4	desatarraxar, t.d.	4	desbarrar, t.d.	4
desarmonizar, t.d, pr.	4	desatascar, t.d, t.i, pr.	12	desbarretar, t.d, pr.	4
desaromar, t.d.	4	desataviar, t.d, pr.	16	desbastar, t.d.	4
desaromatizar, t.d.	4	desatemorizar, t.d.	4	desbastardar, t.d.	4
desarquear,♦ t.d.	15	desatender, t.d, t.i.	5	desbatizar, t.d, pr.	4
desarraigar, t.d, t.i.	14	desatentar, t.i.	4	desbeiçar, t.d.	13
desarrancar, t.d.	12	desaterrar, t.d.	4	desbloquear,♦ t.d.	15
desarranchar, t.d, int.	4	desatestar, t.d, t.i.	4	desbocar, t.d, t.i, pr.	12
desarranjar, t.d, pr.	4	desatinar, t.d, int.	4	desbolinar, t.d.	4
desarrazoar, int.	20	desativar, [Br.], t.d.	4	desbolotar, **[Br.]**, t.d.	4
desarrear,♦ t.d.	15	desatolar, t.d, t.i.	4	desborcar, t.d, int.	12
desarredondar, t.d.	4	desatolar-se, [Br : pr.]	7	desborcinar, t.d.	4
desarregaçar, t.d.	13	desatordoar, t.d.	20	desbordar, int, t.d, t.i, pr.	4
desarreigar, t.d, t.i.	14	desatracar, t.d, int, pr.	12	desboroar, t.d, pr.	20
desarrimar, t.d, t.i.	4	desatravancar, t.d.	12	desborrar, t.d.	4
desarrochar, t.d.	4	desatravessar, t.d, pr.	4	desbotar, t.d, int, pr.	4
desarrolhar, t.d.	4	desatrelar, t.d.	4	desbragar, t.d.	14

desbravar, t.d, int.	4	descaroçar, t.d.	13	descolmar, t.d.	4
desbravejar, [Br.], t.d.	4	descarrar, t.d.	4	descolorar, t.d, int, pr.	4
desbriar, t.d, pr.	16	descarregar, t.d, t.i, int, pr.	14	descolorir, def. p, t.d, int, pr.	79
desbridar, t.d, pr.	4	descarreirar, t.d.	4	descomedir-se, ♦ pr,	
desbrochar, int.	4	descarrilar, t.d, int.	4	def. p. 78.	70
desbulhar, t.d, pr, t.i.	4	descarrilhar, [Br.], t.d, int.	4	descomer, int.	5
desbundar, [Br.], int.	4	descartar, t.d, pr.	4	descometer, t.d, t.i.	5
desburrificar, t.d.	12	descasalar, t.d.	4	descomover, t.d.	5
descabaçar, [Br.], t.d.	13	descasar, t.d, t.i, pr.	4	descompadrar, t.d, pr.	4
descabeçar, t.d, int.	13	descascar, t.d, int.	12	descompassar, t.d, int, pr.	4
descabelar, t.d, pr.	4	descascar-se, pr.	12	descompor, ♦ part. irr,	
descaber, ♦ [em geral,		descaspar, t.d.	4	t.d, pr.	45
só usado no part. e		descativar, t.d, pr.	4	descomprazer, ♦ t.d, t.i.	32
nas 3as p.], int, t.i.	34	descaudar, t.d.	19	descomprimir, t.d.	6
descachaçar, [Br.], t.d.	13	descavalgar, t.d, int.	14	descomungar, t.d.	14
descadeirar, t.d, pr.	4	descavar, t.d.	4	desconceituar, t.d, pr.	4
descair, ♦ t.d, int, t.i, pr.	68	descelular, t.d.	4	desconcentrar, t.d.	4
descalar, [Br.], t.d.	4	descender, t.i, t.c.	5	desconcertar, t.d, t.i, pr.	4
descalçar, 2 part, t.d, pr.	13	descentralizar, t.d, int.	4	desconchavar, t.d, t.i, int, pr.	4
descalhoar, t.d.	20	descentrar, t.d.	4	desconchegar, t.d.	14
descaliçar, t.d.	13	descer, t.d, t.i, int, pr.	25	desconciliar, t.d.	16
descalvar, t.d.	4	descercar, t.d, pr.	12	desconcordar, t.d, t.i.	4
descamar, t.d.	4	descerebrar, t.d, pr.	4	descondensar, t.d, pr.	4
descambar, int, t.i.	4	descerrar, t.d, t.i, pr.	4	desconfiar, t.d, t.i, int.	16
descaminhar, t.d, t.i, pr.	4	deschancelar, t.d.	4	desconformar, t.i.	4
descamisar, t.d.	4	deschapelar-se, pr.	7	desconfortar, t.d.	4
descampar, int.	4	descimbrar, t.d.	4	desconfranger, t.d.	26
descangar, t.d.	14	descimentar, t.d.	4	descongelar, t.d, pr.	4
descangotar, [Br.], int.	4	descingir, t.d, t.i.	52	descongestionar, t.d, pr.	4
descanhotar, [Br.], t.d, pr.	4	desclassificar, t.d.	12	desconhecer, t.d, pr.	25
descanjicar, [Br.], t.d.	12	descoagular, t.d, int, pr.	4	desconjuntar, t.d, pr.	4
descansar, t.d, t.i, int.	4	descoalhar, t.d, int, pr.	4	desconjurar, t.d, t.i, pr.	4
descantar, t.d, t.i, int.	4	descobrir, ♦ part. irr, t.d,		desconsagrar, t.d.	4
descantear, ♦ t.d.	15	int, pr.	59	desconsentir, ♦ t.i.	56
descapacitar-se, pr.	7	descocar-se, pr.	12	desconsertar, t.d.	4
descaracterizar, t.d, pr.	4	descochar, [Br.], int.	4	desconsiderar, t.d, pr.	4
descarapuçar, t.d.	13	descodear, ♦ t.d.	15	desconsolar, t.d, pr.	4
descarar, t.d, pr.	4	descofrar, t.d.	4	descontar, t.d, t.i, int.	4
descaraterizar, [Br.], t.d, pr.	4	descoimar, t.d.	4	descontentar, t.d, pr.	4
descarbonizar, t.d.	4	descovairar, [Br.], t.d.	4	descontinuar, t.d, int.	4
descarnar, t.d, t.i, pr.	4	descolar, t.d, t.i, int, pr.	4	descontratar, t.d.	4

descontrolar, t.d, pr.	4	desdizer, ♦ part. irr, t.d,		desembravecer, t.d, int, pr.	25
desconvencer, t.d, t.i, pr.	25	t.i, pr.	29	desembrear, ♦ t.d.	15
desconversar, t.d, int.	4	desdobrar, t.d, pr.	4	desembrenhar, t.d, pr.	4
desconverter, t.d.	5	desdoirar, t.d, pr.	4	desembriagar, t.d, pr.	14
desconvidar, t.d.	4	desdourar, t.d, pr.	4	desembridar, t.d, pr.	4
desconvir, ♦ part. irr, int, t.i.	67	deseclipsar, t.d, int, pr.	4	desembrulhar, t.d.	4
descoordenar, t.d.	4	desedificar, t.d.	12	desembruscar, t.d.	12
descorar, t.d, int, pr.	4	deseducar, t.d.	12	desembrutecer, t.d.	25
descorçoar, t.d, int.	20	deseixar, t.d.	4	desembruxar, t.d.	4
descordar, int.	4	desejar, t.d, t.i, int.	4	desembuçar, t.d, pr.	13
descornar, t.d, pr.	4	desemaçar, t.d.	13	desembuchar, t.d, int.	4
descoroar, t.d.	20	desemadeirar, t.d.	4	desemburrar, t.d. int, pr.	4
descoroçoar, t.d, int.	20	desemalar, t.d.	4	desemedar, t.d.	4
descorrelacionar, t.d.	4	desemalhar, t.d.	4	desemoinhar, t.d.	4
descortejar, t.d.	4	desemaranhar, t.d.	4	desemoldurar, t.d.	4
descorticar, t.d.	12	desembaciar, t.d.	16	desempacar, [Br.], t.d.	12
descortiçar, t.d.	13	desembainhar, t.d.	4	desempachar, t.d, pr.	4
descortinar, t.d.	4	desembalar, t.d.	4	desempacotar, t.d.	4
descoser, t.d, pr.	5	desembandeirar, t.d.	4	desempalhar, t.d.	4
descostumar, t.d, t.i, pr.	4	desembaraçar, t.d, t.i, pr.	13	desempalmar, t.d.	4
descosturar, t.d, pr.	4	desembaralhar, t.d.	4	desempanar, t.d.	4
descotoar, t.d.	20	desembarcar, t.d, int.	12	desempapelar, t.d.	4
descravar, t.d, t.i.	4	desembargar, t.d, t.i.	14	desempar, t.d.	4
descravejar, t.d.	4	desembarrancar, t.d.	12	desemparceirar, t.d.	4
descravizar, t.d.	4	desembarrigar, [Br.], t.d.	14	desemparedar, t.d.	4
descreditar, t.d.	4	desembarrilar, t.d.	4	desemparelhar, t.d.	4
descremar, [Br.], t.d.	4	desembaular, t.d.	19	desempastar, t.d.	4
descrer, ♦ t.d, t.i.	37	desembebedar, t.d.	4	desempastelar, t.d, t.i.	4
descrever, part. irr, t.d.	5	desembestar, t.d, t.i, int.	4	desempatar, t.d, int.	4
descriminar, t.d.	4	desembezerrar, t.d, int.	4	desempavesar, t.d.	4
descristianizar, t.d.	4	desembirrar, t.d, int.	4	desempeçar, t.d.	13
descruzar, t.d.	4	desembocar, t.d, int.	12	desempecer, t.d, t.i, pr.	25
descuidar, t.d, t.i.	4	desembolar, t.d.	4	desempecilhar, t.d, t.i, pr.	4
desculpar, t.d, t.i, pr.	4	desembolsar, t.d.	4	desempedernir, def. p, t.d.	79
descultivar, t.d.	4	desemborcar, t.d.	12	desempedrar, t.d.	4
descumprir, t.d.	6	desemborrachar, t.d, pr.	4	desempegar, t.d.	14
descurar, t.d, t.i.	4	desemborrascar, t.d.	12	desempenar, t.d, pr.	4
descurvar, t.d.	4	desemboscar, t.d.	12	desempenhar, t.d, int, pr.	4
desdar, ♦ t.d, pr.	11	desembotar, t.d.	4	desemperrar, t.d, t.i, int, pr.	4
desdenhar, t.d, t.i, pr.	4	desembraçar, t.d.	13	desempestar, t.d.	4
desdentar, t.d, pr.	4	desembramar, [Br.], t.d.	4	desempilhar, t.d.	4

desemplastrar, t.d.	4	desencarapelar, t.d.	4	desencordoar, t.d.	20
desemplumar, t.d.	4	desencarapinhar, t.d.	4	desencorpar, t.d.	4
desempoar, t.d, pr.	20	desencarcerar, t.d.	4	desencorrear, ♦ t.d, pr.	15
desempobrecer, t.d, int.	25	desencardir. t.d, t.c.	6	desencortiçar, t.d.	13
desempoçar, t.d, t.i.	13	desencarecer, t.d, int.	25	desencoscorar, ♦ t.d.	4
desempolar, t.d, int.	4	desencarnar, int, t.d.	4	desencostar, t.d, t.i, pr.	4
desempoleirar, t.d.	4	desencarquilhar, t.d.	4	desencovar, t.d.	4
desempolgar, t.d.	14	desencarrancar, t.d.	12	desencovilar, t.d, pr.	4
desempossar, t.d, t.i, pr.	4	desencarregar, t.d, t.i.	14	desencravar, t.d, t.c, int.	4
desempregar, t.d.	14	desencarreirar, t.d.	4	desencravilhar, t.d.	4
desemprenhar, int.	4	desencarretar, t.d.	4	desencrencar, [Br.], t.d.	12
desemproar, t.d.	20	desencarrilar, t.d, int.	4	desencrespar, t.d, int, pr.	4
desempunhar, t.d.	4	desencarrilhar, [Br.], t.d, int.	4	desencruzar, t.d.	4
desemudecer, t.d, int.	25	desencartar, t.d.	4	desencurralar, t.d.	4
desenamorar, t.d, pr.	4	desencassar, t.d.	4	desencurvar, t.d.	4
desenastrar, t.d.	4	desencascar, t.d.	12	desendemoninhar, t.d.	4
desencabar, t.d, pr.	4	desencasquetar, t.d, t.i, pr.	4	desendeusar, t.d.	4
desencabeçar, t.d, t.i.	13	desencastelar, t.d.	4	desendividar, t.d, pr.	4
desencabrestar, t.d, pr.	4	desencastoar, t.d.	20	desenegrecer, t.d.	25
desencabritar, [Br.], int.	4	desencatarroar, t.d, pr.	20	desenervar, t.d.	4
desencabular, int.	4	desencavar, [Br.], t.d.	4	desenevoar, t.d, pr.	20
desencadear, ♦ t.d, int, pr.	15	desencavernar, t.d.	4	desenfadar, t.d, pr.	4
desencadernar, t.d.	4	desencavilhar, t.d.	4	desenfaixar, t.d.	4
desencaiporar, [Br.], t.d, int.	4	desencepar, t.d.	4	desenfardar, t.d.	4
desencaixar, t.d, t.c, pr.	4	desencerar, t.d.	4	desenfarpelar, t.d.	4
desencaixilhar, t.d.	4	desencerrar, t.d, pr.	4	desenfastiar, t.d, pr.	16
desencaixotar, t.d.	4	desencharcar, t.d.	12	desenfeitar, t.d, pr.	4
desencalacrar, t.d, pr.	4	desencher, t.d.	5	desenfeitiçar, t.d, t.i, pr.	13
desencalhar, t.d, int.	4	desencilhar, t.d.	4	desenfeixar, t.d.	4
desencalmar, t.d, pr.	4	desenclaustrar, t.d.	4	desenfermar, int.	4
desencaminhar, t.d, t.i, pr.	4	desenclavinhar, t.d.	4	desenferrujar, t.d.	4
desencamisar, t.d.	4	desencobrir, ♦ part. irr, t.d.	59	desenfezar, t.d.	4
desencampar, t.d.	4	desencoifar, t.d.	4	desenfiar, t.d, int, pr.	16
desencanastrar, t.d.	4	desencoivarar, [Br.], t.d.	4	desenfileirar, t.d.	4
desencantar, t.d, pr.	4	desencolar, t.d.	4	desenflorar, t.d, int.	4
desencantoar, t.d.	20	desencolerizar, t.d, pr.	4	desenforcar, t.d.	12
desencapar, t.d.	4	desencolher, t.d, pr.	5	desenforjar, t.d.	4
desencapelar, t.d, int.	4	desencomendar, t.d.	4	desenformar, t.d.	4
desencapoeirar, t.d.	4	desenconchar, t.d, t.i, pr.	4	desenfornar, t.d.	4
desencapotar, t.d, int.	4	desencontrar, t.d, int, pr.	4	desenfrascar, t.d.	12
desencaracolar, t.d.	4	desencorajar, t.d.	4	desenfrear, ♦ t.d, pr.	15

desenfrenar, *[Br.]*, t.d.	4	desenlaçar, t.d, pr.	13	desensoberbecer, t.d, pr.	25
desenfronhar, t.d.	4	desenlambuzar, t.d.	4	desensolvar, t.d.	4
desenfueirar, t.d.	4	desenlamear,♦ t.d, pr.	15	desensombrar, t.d.	4
desenfunar-se, pr.	7	desenlapar, t.d.	4	desensopar, t.d.	4
desenfurecer, t.d, pr.	25	desenlear,♦ t.d, pr.	15	desensurdecer, t.d, int.	25
desenfurnar, t.d, pr.	4	desenlevar, t.d.	4	desentabuar, t.d.	4
desengaçar, t.d.	13	desenliçar, t.d, pr.	13	desentaipar, t.d.	4
desengaiolar, t.d, pr.	4	desenlodar, t.d, pr.	4	desentalar, t.d, t.i, pr.	4
desengajar, int, pr.	4	desenlouquecer, t.d, int.	25	desentaramelar, t.d.	4
desengalfinhar, t.d, pr.	4	desenlutar, t.d, pr.	4	desentarraxar, t.d.	4
desenganar, t.d, t.i, pr.	4	desenobrecer, t.d, pr.	25	desentediar, t.d.	16
desenganchar, t.d.	4	desenodoar, t.d.	20	desentender, t.d, pr.	5
desengarrafar, t.d.	4	desenojar, t.d, t.i, pr.	4	desentenebrecer, t.d.	25
desengasgar, t.d.	14	desenovelar, t.d, pr.	4	desenternecer, t.d.	25
desengastar, t.d, t.i.	4	desenquadrar, t.d.	4	desenterrar, t.d, t.i.	4
desengatar, t.d.	4	desenraiar, t.d.	4	desenterroar, t.d.	20
desengatilhar, t.d.	4	desenraivecer, t.d, pr.	25	desentesar, t.d, int.	4
desengavetar, t.d.	4	desenraizar, [acento no *i*		desentesoirar, t.d.	4
desenglobar, t.d.	4	do radical], t.d, t.i, pr.	4 ('19)	desentesourar, t.d.	4
desengodar, t.d.	4	desenramar, t.d.	4	desentibiar, t.d.	16
desengolfar, t.d, t.i.	4	desenrascar, t.d, pr.	12	desentoar, int, pr.	20
desengolir,♦ t.d, int.	59	desenredar, t.d, pr.	4	desentocar, t.d.	12
desengomar, t.d.	4	desenregelar, t.d.	4	desentolher, t.d.	5
desengonçar, t.d, pr.	13	desenriçar, t.d.	13	desentonar, t.d.	4
desengordar, t.d, int.	4	desenrijar, t.d, pr.	4	desentorpecer, t.d, int, pr.	25
desengordurar, t.d.	4	desenriquecer, t.d, int, pr.	25	desentortar, t.d.	4
desengraçar, t.d, int.	13	desenristar, t.d.	4	desentrançar, t.d.	13
desengrandecer, t.d.	25	desenrizar, t.d.	4	desentranhar, t.d, pr.	4
desengranzar, t.d.	4	desenrodilhar, t.d, pr.	4	desentravar, t.d.	4
desengravescer, t.d.	25	desenrolar, t.d, pr.	4	desentrelinhar, t.d.	4
desengraxar, t.d.	4	desenroscar, t.d, pr.	12	desentrincheirar, t.d.	4
desengrazar, t.d.	4	desenroupar, t.d.	4	desentristecer, t.d, int, pr.	25
desengrimpar-se, pr.	7	desenrubescer, t.d, int.	25	desentronizar, t.d.	4
desengrinaldar, t.d, pr.	4	desenrugar, t.d.	14	desentropilhar, *[Br.]*, int.	4
desengrossar, t.d, int.	4	desensaboar, t.d.	20	desentulhar, t.d.	4
desengrumar, t.d.	4	desensaburrar, t.d.	4	desentumecer, t.d, int.	25
desenguaranchar, **[Br.]**, t.d.	4	desensacar, t.d.	12	desentupir,♦ [pres. ind.:	
desenguiçar, t.d.	13	desensanguentar, t.d.	4	grafam-se com *u* ou *o*	
desengulhar, t.d.	4	desensarilhar, t.d.	4	as 2ª e 3ª p. sing.	
desenhar, t.d, int, pr.	4	desensebar, t.d.	4	e 3ª pl.], t.d, int, pr.	61
desenjoar, t.d, pr.	20	desensinar, t.d.	4	desenturvar, t.d.	4

desenvasar, t.d.	4	desferir, ♦ t.d.	57	desgravidar, t.d, int.	4
desenvasilhar, t.d.	4	desferrar, t.d.	4	desgraxar, t.d.	4
desenvencilhar, t.d, t.i, pr.	4	desfiar, t.d, int.	16	desgregar, t.d.	14
desenvenenar, t.d.	4	desfibrar, t.d, pr.	4	desgrenhar, t.d, pr.	4
desenvergar, t.d.	14	desfibrinar, t.d.	4	desgrilhoar, t.d.	20
desenvernizar, t.d.	4	desfigurar, t.d, pr.	4	desgrinaldar, t.d, pr.	4
desenviesar, t.d.	4	desfilar, int, t.d.	4	desgrudar, t.d, pr.	4
desenviolar, t.d.	4	desfilhar, t.d, pr.	4	desgrumar, t.d.	4
desenviscar, t.d.	12	desfitar, t.d, t.i.	4	desguampar, [Br.], t.d.	4
desenvolver, 2 part, t.d, pr.	5	desflegmar, t.d.	4	desguardar, t.d.	4
desenxabir, t.d.	4	desflorar, t.d.	4	desguaritar, [Br.], int, pr.	4
desenxamear, ♦ t.d.	15	desflorescer, int.	25	desguarnecer, t.d, pr.	25
desenxarciar, t.d.	16	desflorestar, [Br.], t.d.	4	desguedelhar, t.d, pr.	4
desenxofrar, t.d.	4	desflorir, def. p, int, pr.	79	desguiar, [Br.], int.	16
desenxovalhar, t.d.	4	desfolhar, t.d, pr.	4	desidratar, t.d, pr.	4
desenxovar, t.d.	4	desforçar, t.d, pr.	13	desidrogenar, t.d.	4
desequilibrar, t.d, pr.	4	desformar, t.d.	4	designar, t.d, t.i.	4
deserdar, t.d, pr.	4	desforrar, t.d, t.i.	4	desigualar, t.d, t.i.	4
desertar, t.d, t.i, int.	4	desforrar-se, pr.	7	desiludir, t.d, t.i, pr.	6
desesperançar, t.d, pr.	13	desfortalecer, t.d.	25	desimaginar, t.d, t.i, pr.	4
desesperar, t.d, t.i, int, pr.	4	desfradar, t.d.	4	desimpedir, ♦ t.d.	70
desestagnar, t.d.	4	desfraldar, t.d, pr.	4	desimplicar, t.d.	12
desespeirar, t.d.	4	desfrangir, t.d.	52	desimprensar, t.d.	4
desestimar, t.d, pr.	4	desfranjar, t.d.	4	desimpressionar, t.d, t.i, pr.	4
desestorvar, t.d.	4	desfranzir, t.d, pr.	6	desinçar, t.d, t.i.	13
desevangelizar, t.d.	4	desfrechar, t.d.	4	desinchar, t.d, int, pr.	4
desexcomungar, t.d.	14	desfruir, ♦ t.d, t.i.	73	desinclinar, t.d, t.i.	4
desfabricar, t.d.	12	desfrutar, t.d, t.i.	4	desincompatibilizar, t.d.	4
desfabular, t.d.	4	desfundar, t.d, pr.	4	desincorporar, t.d, pr.	4
desfaçar-se, pr.	13	desgabar, t.d.	4	desincumbir-se, pr.	6
desfadigar, t.d, pr.	14	desgadelhar, t.d, pr.	4	desindiciar, t.d.	16
desfalcar, t.d, int.	12	desgalgar, t.d, int.	14	desindividualizar, t.d, pr.	4
desfalecer, t.d, int.	25	desgalhar, t.d.	4	desinfamar, t.d.	4
desfanatizar, t.d.	4	desgarrar, t.d, t.i, int, pr.	4	desinfeccionar, t.d.	4
desfarelar, t.d.	4	desgarronar, [Br.], t.d.	4	desinfecionar, [Br.], t.d.	4
desfavorecer, t.d.	25	desgastar, t.d, pr.	4	desinfernar, t.d.	4
desfazer, ♦ part. irr. t.d,		desgelar, t.d.	4	desinfestar, t.d, t.i.	4
t.i, pr.	31	desgornir, t.d.	6	desinfetar, t.d, int.	4
desfear, ♦ t.d.	15	desgostar, t.d, t.i, pr.	4	desinficionar, t.d.	4
desfechar, t.d, t.i.	4	desgovernar, t.d, int. pr.	4	desinflamar, t.d, int, pr.	4
desfeitear, ♦ t.d.	15	desgraçar, t.d, pr.	13	desinfluir, ♦ t.d, t.i.	73

desingurgitar, t.d.	4	desleixar, t.d, pr.	4	desmedrar, int, t.d.	4
desinibir, t.d, pr.	6	deslembrar, t.d, pr.	4	desmedular, t.d.	4
desinjuriar, t.d.	16	deslendear,♦ t.d.	15	desmelancolizar, t.d.	4
desinquietar, t.d.	4	desliar, t.d.	16	desmelhorar, t.d.	4
desintegrar, t.d, t.i, pr.	4	desligar, t.d, int, pr.	14	desmelindrar, t.d.	4
desinteirar, [Br.], t.d.	4	deslindar, t.d, t.i.	4	desmembrar, t.d, pr.	4
desinteiriçar-se, pr.	13	deslinguar, t.d, pr.	4	desmemoriar, t.d, t.i.	16
desinteressar, t.d, t.i, pr.	4	deslisar, t.d, pr.	4	desmentir,♦ t.d, t.i, pr.	56
desinternar, t.d.	4	deslizar, int, t.i, t.d, pr.	4	desmerecer, t.d, t.i, int.	25
desintimidar, t.d.	4	deslocar, t.d.	12	desmesurar, t.d, pr.	4
desintoxicar, t.d.	12	deslodar, t.d.	4	desmilitarizar, t.d, pr.	4
desintricar, t.d.	12	deslograr, t.d.	4	desmineralizar, t.d.	4
desintrincar, t.d.	12	deslombar, t.d.	4	desmiolar, t.d.	4
desintumescer, t.d.	25	desloucar, t.d.	14	desmiudar, t.d.	19
desinvernar, int.	4	deslouvar, t.d.	4	desmobilar, t.d.	4
desinvestir,♦ t.d, t.i.	54	deslumbrar, t.d, int, pr.	4	desmobilhar, t.d.	4
desipotecar, [Br.], t.d.	12	deslustrar, t.d, pr.	4	desmobiliar, t.d.	16
desirmanar, t.d, pr.	4	desluzir,♦ t.d, pr.	72	desmobilizar, t.d.	4
desiscar, t.d.	12	desmagnetizar, t.d.	4	desmochar, t.d, t.i.	4
desistir, t.i, int.	6	desmaiar, t.d, int, pr.	4	desmoderar, t.d, pr.	4
desjarretar, t.d.	4	desmalhar, t.d.	4	desmodular, t.d.	4
desjejuar, int, pr, t.d.	4	desmamar, t.d.	4	desmoitar, t.d.	4
desjuizar, [acento no *i*		desmanar, t.d, pr.	4	desmoldar, t.d.	4
do radical] t.d.	4 ('19)	desmanchar, t.d, pr.	4	desmonetizar, t.d.	4
desjungir, def. p, [em geral		desmandar, t.d, pr.	4	desmonopolizar, t.d.	4
usado nas 3ªˢ p.], t.d.	79	desmandibular, t.d, pr.	4	desmontar, t.d, t.i, int, pr.	4
deslaçar, t.d, pr.	13	desmanear,♦ [Br.], t.d.	15	desmoralizar, t.d, pr.	4
deslacrar, t.d.	4	desmanivar, [Br.], t.d.	4	desmoronar, t.d, pr.	4
desladrilhar, t.d.	4	desmantelar, t.d, pr.	4	desmorrer, int.	6
deslajear,♦ t.d.	15	desmarcar, t.d.	12	desmortificar, [Br.], t.d.	12
deslanar, t.d.	4	desmarcializar, t.d.	4	desmoutar, t.d.	4
deslanchar, [Br.], int.	4	desmarear,♦ t.d, pr.	15	desmunhecar, [Br.], t,d, int.	12
deslapar, t.d.	4	desmarginar, t.d.	4	desmurar, t.d.	4
deslassar, t.d.	4	desmascarar, t.d, pr.	4	desnacionalizar, t.d, pr.	4
deslastrar, t.d.	4	desmastrar, t.d, pr.	4	desnalgar-se, pr.	14
deslastrear,♦ t.d.	15	desmastrear,♦ t.d, pr.	15	desnarigar, t.d.	14
deslavar, t.d.	4	desmatar, [Br.], t.d.	4	desnasalar, t.d.	4
deslavrar, t.d.	4	desmaterializar, t.d, pr.	4	desnasalizar, t.d.	4
deslealdar, t.d.	4	desmazelar-se, pr.	7	desnastrar, t.d.	4
deslegitimar, t.d.	4	desmazorrar, [Br.], t.d.	4	desnatar, t.d.	4
desleitar, t.d.	4	desmedir-se,♦ pr.	70	desnaturalizar, t.d, pr.	4

desnaturar, t.d, pr.	4	desovar, int, t.d.	4	despenhar, t.d, pr.	4
desnegociar, t.d.	16	desoxidar, t.d.	4	despentear,♦ t.d, pr.	15
desnervar, t.d.	4	desoxigenar, t.d.	4	desperceber, t.d, pr.	6
desnevar, t.d, int.	4	despachar, t.d, t.i, int, pr.	4	desperdiçar. t.d.	13
desniquelar, t.d.	4	despadrar, t.d, pr.	4	desperecer, int.	25
desnivelar, t.d.	4	despaginar, t.d.	4	desperfilar, t.d.	4
desnobrecer, t.d, pr.	25	despalatalizar, t.d.	4	despersonalizar, t.d, pr.	4
desnodoar, t.d.	20	despalatizar, t.d.	4	despersuadir, t.d, t.i, pr.	6
desnoivar, t.d.	4	despaletar, [Br.], t.d.	4	despertar, 2 part, t.d, t.i,
desnortear,♦ t.d, int, pr.	15	despaletear,♦ [Br.], t.d.	15	int, pr.	4
desnotar, t.d.	4	despalhar, t.d.	4	despescar, [Br.], t.d.	12
desnovelar, t.d, pr.	4	despalmar, t.d.	4	despetalar, t.d, pr.	4
desnuar, t.d, pr.	4	despalmilhar, t.d, int, pr.	4	despicar, t.d, pr.	12
desnublar, t.d, pr.	4	despampanar, t.d.	4	despiedar,♦ VER apiedar,
desnucar, t.d.	12	despapar, int, pr.	4	t.d, pr.	4
desnudar, t.d, pr.	4	desparafinar, t.d.	4	despilchar, t.d.	4
desnutrir, t.d, pr.	6	desparafusar, t.d, pr.	4	despinçar, t.d.	13
desobedecer, t.i, int.	25	desparamentar, t.d, pr.	4	despinicar, [Br.], t.d.	12
desobrigar, t.d, t.i, pr.	14	desparecer, int.	25	despintar, t.d, pr.	4
desobscurecer, t.d.	25	despargir, t.d, pr.	52	despir,♦ t.d, t.i, pr.	57
desobstruir,♦ t.d.	73	desparramar, t.d, int, pr.	4	despistar, t.d.	4
desocupar, t.d, pr.	4	desparrar, t.d.	4	desplantar, t.d.	4
desodorar, t.d.	4	despartir, t.d.	6	desplumar, t.d	4
desodorizar, t.d.	4	desparzir, def. p, t.d, pr.	79	despoetizar, t.d, pr.	4
desoficializar, t.d.	4	despassar, t.d.	4	despojar, t.d, t.i, pr.	4
desofuscar, t.d, int, pr.	12	despastar, [Br.], t.d.	4	despolarizar, t.d.	4
desolar, t.d, pr.	4	despavorir, def. p, t.d.	79	despolir,♦ t.d, pr.	60
desolhar, t.d.	4	despear,♦ t.d, int.	15	despolpar, t.d.	4
desonerar, t.d.	4	despear-se,♦ pr.	15	despoluir,♦ t.d.	73
desonestrar, t.d.	4	despedaçar, t.d, pr.	13	desponderar, t.d.	4
desonrar, t.d, pr.	4	despedir,♦ t.d, int, pr.	70	despontar, t.d, t.i, int, pr.	4
desopilar, t.d.	4	despegar, t.d, t.i, pr.	14	despontuar, t.d.	4
desopressar, t.d.	4	despeitar, t.d, pr.	4	despopularizar, t.d, pr.	4
desoprimir, t.d, t.i, pr.	6	despeitorar, t.d, pr.	4	desportilhar, t.d.	4
desorbitar, t.d.	4	depejar, t.d, int, pr.	4	desposar, t.d, t.i, pr.	4
desordenar, t.d, pr.	4	despelar, t.d.	4	despossar, t.d.	4
desorelhar, t.d.	4	despenar, t.d, t.i, int.	4	despossuir,♦ t.d.	73
desorganizar, t.d, pr.	4	despenar-se, pr.	7	despostigar, t.d.	14
desorientar, t.d, pr.	4	despencar, int, [Br : t.d.]	12	despotizar, t.d, int.	4
desornar, t.d.	4	despender, t.d, t.i, int.	5	despovoar, t.d, pr.	20
desossar, t.d.	4	despendurar, t.d.	4	despratear,♦ t.d.	15

desprazer, ♦ t.i, int.	32	desrevestir-se, ♦ pr.	54	dessolhar, t.d.	4
desprecatar-se, pr.	7	desriçar, t.d.	13	dessorar, t.d, pr.	4
desprecaver, def. p, t.d, pr.	50	desrizar, t.d.	4	dessortear, ♦ t.d.	15
despregar, t.d, t.i, pr.	14	desrolhar, t.d.	4	dessorver, t.d.	5
despreguiçar, t.d, pr.	13	desrugar, t.d.	14	dessossegar, t.d, pr.	14
despremiar, t.d.	16	dessaber, ♦ t.d, int.	35	dessoterrar, t.d.	4
desprender, t.d, t.i, pr.	5	dessaborar, t.d.	4	dessuar, int, t.d.	4
despreocupar, t.d, pr.	4	dessaborear, ♦ t.d.	15	dessubjugar, t.d.	14
despresilhar, t.d.	4	dessaburrar, t.d.	4	dessubstanciar, t.d.	16
desprestigiar, t.d, pr.	16	dessagrar, t.d.	4	dessujar, t.d.	4
desprevenir, ♦ t.d, t.i, pr.	58	dessaibrar, t.d.	4	dessulfurar, t.d.	4
desprezar, t.d, pr.	4	dessalgar, t.d.	14	dessumir, ♦ t.d.	61
desprimorar, t.d, pr.	4	dessalinizar, t.d.	4	destabocar-se, [Br.], pr.	12
desprivar, t.d.	4	dessamoucar, t.d.	12	destacar, t.d, t.i, int, pr.	12
desprivilegiar, t.d.	16	dessangrar, t.d, pr.	4	destalar, [Br.], t.d.	4
desprofanar, t.d.	4	dessarroar, t.d.	20	destalingar, t.d.	14
despronunciar, t.d.	16	dessaudar, t.d.	19	destampar, t.d, t.i.	4
desproporcionar, t.d	4	dessazonar, t.d.	4	destapar, t.d.	4
despropositar, int.	4	dessecar, t.d, pr.	12	destaquear, ♦ [Br.], t.d.	15
desproteger, t.d.	26	dessedentar, t.d, pr.	4	destecer, t.d.	25
desprover, ♦ t.d, t.i.	41	dessegredar, t.d.	4	destelhar, t.d.	4
desquadrar, t.d, t.i.	4	desseguir, ♦ t.d.	55	destemer, t.d.	5
desquadrilhar, t.d.	4	dessegurar, t.d.	4	destemperar, t.d, int, pr.	4
desqualificar, t.d, pr.	12	desseivar, t.d.	4	desterneirar, [Br.], t.d.	4
desquartar, [Br.], int, pr.	4	desselar, t.d.	4	desterrar, t.d, pr.	4
desqueixar, t.d.	4	dessemelhar, t.d, t.i, pr.	4	desterroar, t.d.	20
desquerer, ♦ t.d.	38	dessensibilizar, t.d.	4	destetar, t.d.	4
desquiciar, t.d, pr.	16	dessentir, ♦ t.d.	56	destilar, t.d, int.	4
desquietar, t.d.	4	dessepultar, t.d.	4	destinar, t.d, t.i, pr.	4
desquitar, t.d, t.i, pr.	4	desservir, ♦ t.d, int.	54	destingir, 2 part, t.d, int, pr.	52
desrabar, t.d.	4	dessexuar, t.d.	4	destituir, ♦ t.d, t.i, pr.	73
desraigar, t.d.	14	dessexualizar, t.d.	4	destoar, int, t.i.	20
desraizar, t.d.	4	dessimpatizar, t.d.	4	destocar, t.d.	12
desramar, t.d.	4	dessitiar, t.d.	16	destoldar, t.d, pr.	4
desratizar, t.d.	4	dessoar, t.i.	20	destopetear, ♦ t.d.	15
desrefolhar, t.d.	4	dessobraçar, t.d.	13	destorcer, t.d, t.i, int, pr.	25
desregrar, t.d, pr.	4	dessocar, [Br.], t.d.	12	destorpecer, t.d, int, pr.	25
desrelvar, t.d.	4	dessoçobrar, t.d.	4	destorroar, t.d.	20
desremediar, ♦ t.d.	17	dessocorrer, t.d.	5	destoucar, t.d.	12
desrepublicanizar, t.d.	4	dessolar, t.d.	4	destramar, t.d.	4
desrespeitar, t.d.	4	dessoldar, t.d, pr.	4	destrambelhar, t.d, int.	4

destrancar, t.d.	12	desvelejar, int.	4	detorar, t.d.	4
destrançar, t.d.	13	desvencilhar, t.d, t.i, pr.	4	detrair, ♦ t.d, t.i.	68
destratar, [Br.], t.d.	4	desvendar, t.d, t.i.	4	detratar, [Br.], t.d.	4
destravancar, t.d.	12	desvenerar, t.d.	4	detruncar, t.d.	12
destravar, t.d, pr.	4	desventrar, t.d.	4	deturbar, t.d.	4
destrelar, t.d.	4	desventurar, t.d.	4	deturpar, t.d, pr.	4
destrepar, int, t.c.	44	desverceder, int.	25	devanear, ♦ t.d, t.i, int.	15
destribalizar, t.d.	4	desvergonhar, t.d, pr.	4	devassar, t.d, t.i, pr.	4
destribar-se, pr.	7	desvestir, ♦ t.d, pr.	54	devastar, t.d.	4
destrincar, t.d.	12	desvezar, t.d.	4	devenir, ♦ VER devir, int.	67
destrinçar, t.d.	13	desviar, t.d, t.i, pr.	16	dever, t.d, t.i, int, pr.	5
destrinchar, [Br.], t.d.	4	desvidrar-se, pr.	7	devir, ♦ int.	67
destripar, t.d.	4	desvigar, t.d.	14	devisar, t.d.	4
destripular, t.d.	4	desvigiar, t.d.	16	devitrificar, t.d.	12
destristecer, t.d, int.	25	desvigorar, t.d, pr.	4	devolver, t.d, t.i, pr.	5
destrocar, t.d.	12	desvigorizar, t.d, pr.	4	devorar, t.d.	4
destroçar, t.d.	13	desvincar, t.d.	12	devotar, t.d, t.i, pr.	4
destronar, t.d.	4	desvincilhar, t.d.	4	diademar, t.d, pr.	4
destroncar, t.d.	12	desvincular, t.d, t.i, pr.	4	diagnosticar, t.d.	12
destronizar, t.d.	4	desvirar, t.d.	4	diagramar, t.d, int.	4
destruir, ♦ t.d, int.	74	desvirgar, t.d.	14	dialisar, t.d.	4
destrunfar, t.d.	4	desvirginar, t.d.	4	dialogar, t.d, int.	14
desultrajar, t.d, t.i.	4	desvirginizar, t.d.	4	diamantizar, t.d.	4
desumanar, t.d, pr.	4	desvirgular, t.d.	4	dicar, t.d, t.i.	12
desumanizar, t.d, pr.	4	desvirilizar, t.d.	4	dicionarar, t.d, int.	4
desunhar, t.d, int, pr.	4	desvirtuar, t.d.	4	dicionarizar, t.d, int.	4
desunificar, t.d.	12	desviscerar, t.d.	4	dicotomizar, t.d.	4
desunir t.d, pr.	6	desvisgar, t.d.	14	diesar, t.d.	4
desurdir, t.d.	6	desvitalizar, t.d.	4	difamar, t.d, t.i, pr.	4
desusar, t.d, pr.	4	desvitrificar, t.d.	12	diferençar, t.d, t.i, pr.	13
desvaecer, t.d, pr.	25	desviver, int.	5	diferenciar, t.d, t.i, pr.	16
desvairar, t.d, t.i, int, pr.	4	desvizinhar, t.i.	4	diferir, ♦ t.d, t.i, int.	57
desvair-se, ♦ pr.	68	deszelar, t.d.	4	dificultar, t.d, t.i, pr.	4
desvaler, ♦ t.d, int.	43	detalhar, t.d.	4	difluir, ♦ int.	73
desvaliar, t.d, pr.	16	detectar, t.d.	4	difractar, t.d.	4
desvalidar, t.d, pr.	4	deter, ♦ t.d, pr.	1	difratar, [Br.], t.d.	4
desvalijar, t.d, t.i.	4	detergir, ♦ def. imp, t.d.	64	difundir, t.d, pr.	6
desvalorizar, t.d, pr.	4	deteriorar, t.d, pr.	4	digerir, ♦ t.d, int.	57
desvanecer, t.d, pr.	25	determinar, t.d, t.i, pr.	4	digestir, [Br.], t.d.	6
desvariar, t.d, int.	16	detestar, t.d, pr.	4	digladiar, int, pr.	16
desvelar, t.d, pr.	4	detonar, int.	4	dignar-se, pr.	7

dignificar, t.d, pr.	12
digressionar, int.	4
dilacerar, t.d, pr.	4
dilapidar, t.d.	4
dilatar, t.d, pr.	4
diligenciar, t.d, t.i.	16
dilucidar, t.d.	4
diluir,♦ t.d, pr.	73
diluviar, int.	16
dimanar, int, t.c, t.i.	4
dimensionar, t.c.	4
dimidiar, t.d.	16
diminuir,♦ t.d, t.i, int, pr.	73
dinamitar, t.d.	4
dinamizar, t.d.	4
diplomaciar, int, t.i.	16
diplomar, t.d, pr.	4
dirigir, t.d, t.i, int, pr.	52
dirimir, t.d.	6
diruir,♦ t.d.	73
discar, t.d, int, [Br.].	12
discernir, t.d, t.i, int.	54
disciplinar, t.d, pr.	4
discordar, int, t.i.	4
discorrer, int, t.d.	5
discrepar, t.i.	4
discretear,♦ int, t.c.	15
discriminar, t.d, t.i.	4
discursar, int, t.c, t.d.	4
discutir, t.d, t.i, int.	6
disfarçar, t.d, t.i, pr.	13
disferir,♦ t.d.	57
disformar, t.d.	4
disgregar, t.d.	14
disjungir, def. imp, t.d.	52
disparar, t.d, t.i, int.	4
disparatar, int.	4
dispartir, t.d, t.i, pr.	6
dispensar, t.d, t.i, pr.	4
disperder,♦ t.d, pr.	44
dispersar, t.d, int, pr.	4
dispor,♦ part. irr, t.d, t.i, int, pr.	45
disputar, t.d, t.i, int.	4
dissaborear,♦ t.d.	15
dissecar, t.d.	12
disseminar, t.d, pr.	4
dissentir,♦ t.i.	56
dissertar, t.i, int.	4
dissidiar, int.	16
dissidir, int.	6
dissimilar, t.d, pr.	4
dissimular, t.d, t.i, int, pr.	4
dissipar, t.d, pr.	4
dissociar, t.d, pr.	16
dissolver, t.d, pr.	5
dissonar, int.	4
dissuadir, t.d, t.i, pr.	6
distanciar, t.d, t.i, pr.	16
distar, int, t.i.	4
distender, t.d, pr.	5
distinguir, t.d, t.i, int, pr.	53
distorcer, t.d.	25
distrair,♦ t.d, t.i, pr.	68
distratar, t.d.	4
distribuir,♦ t.d, t.i.	73
disturbar, t.d.	4
ditar, t.d, t.i.	4
ditongar, t.d.	14
divagar, int, t.d.	14
divergir,♦ int, t.d, t.i.	64
diversificar, t.d, t.i, int.	12
divertir,♦ t.d, t.i, pr.	54
dividir, t.d, t.i, int, pr.	6
divinizar, t.d, pr.	4
divisar, t.d.	4
divorciar, t.d, t.i, pr.	16
divulgar, t.d, pr.	14
dizer,♦ part. irr, t.d, t.i, int.	29
dizimar, t.d, int.	4
doar, t.d, t.i, pr.	20
dobar, t.d, int.	4
dobrar, t.d, int, pr.	4
docilizar, t.d, pr.	4
documentar, t.d.	4
doer,♦ def. imp. ou pr, int, t.i.	48
doestar, t.d, pr.	4
dogmatizar, t.d, int.	4
doidejar, int.	4
doirar, t.d, pr.	4
domar, t.d, pr.	4
domesticar, t.d, pr.	12
domiciliar, t.d, pr.	16
dominar, t.d, t.i, pr.	4
donairear,♦ t.d, int.	15
dopar, t.d, pr.	4
dorminhar, [Br.], int.	4
dormir,♦ int, t.i, t.d.	59
dormitar, int, t.d.	4
dosar, t.d.	4
dosear,♦ t.d.	15
dosificar, t.d.	12
dotar, t.d, t.c, pr.	4
doudejar, int.	4
dourar, t.d, pr.	4
doutorar, t.d, pr.	4
doutrinar, t.d, int.	4
dragar, t.d.	14
dramatizar, t.d, int, pr.	4
drapear,♦ t.d, int.	15
drapejar, t.d, int.	4
drenar, t.d.	4
driblar, t.d.	4
drogar, t.d, pr.	14
dualizar, t.d.	4
dublar, [Br.], t.d.	4
duchar, [Br.], t.d.	4
duelar, int, pr.	4
dulcificar, t.d, pr.	12
duplicar, t.d, int.	12
durar, int.	4
duvidar, t.d, t.i, int.	4

e

ebanizar, t.d.	4
ebulir, ♦ int.	61
ecar, [Br.], int.	12
eclipsar, t.d, pr.	4
eclodir, def. imp, int.	6
ecoar, int, t.d.	20
economizar, t.d, int.	4
edemaciar, t.d.	16
edificar, t.d, int, pr.	12
editar, t.d.	4
editorar, t.d.	4
educar, t.d, pr.	12
edulcorar, t.d.	4
eduzir, ♦ t.d.	72
efectuar, t.d, pr.	4
efeituar, t.d, pr.	4
efeminar, t.d, pr.	4
efervescer, int.	25
efectivar, t.d.	4
efetivar, [Br.], t.d.	4
efetuar, [Br.], t.d, pr.	4
efigiar, t.d.	16
eflorescer, int.	25
efundir, t.d, pr.	6
eguar, [Br.], int.	4
eivar, t.d, int, pr.	4
ejacular, t.d, int.	4
ejectar, t.d.	4
ejetar, [Br.], t.d.	4
elaborar, t.d, pr.	4
elanguescer, int, pr.	25
elastecer, t.d, int.	25

electrificar, t.d.	12
electrizar, t.d, pr.	4
electrocutar, t.d.	4
electrolisar, t.d.	4
electrotipar, t.d.	4
eleger, 2 part, t.d.	26
eletrificar, [Br.], t.d.	4
eletrizar, [Br.], t.d, pr.	4
eletrocutar, [Br.], t.d.	4
eletrolisar, [Br.], t.d.	4
eletrotipar, [Br.], t.d.	4
elevar, t.d, t.i, pr.	4
eliciar, t.d.	16
elidir, t.d.	6
eliminar, t.d, t.i, pr.	4
elogiar, t.d.	16
elucidar, t.d, pr.	4
eludir, t.d.	6
eluir, ♦ t.d.	73
emaçar, t.d.	13
emaciar, t.d, int, pr.	16
emadeirar, t.d.	4
emadeixar, t.d.	4
emagotar, t.d, pr.	4
emagrecer, t.d, int, pr.	25
emagrentar, t.d.	4
emalar, t.d.	4
emalhar, t.d.	4
emalhetar, t.d.	4
emanar, t.i.	4
emancipar, t.d, t.i, pr.	4
emanocar, [Br.], t.d.	12
emanquecer, t.d, int.	25
emantar, t.d.	4
emaranhar, t.d, pr.	4
emarar-se, pr.	7
emareceler, t.d, int.	25
emartilhar, [Br.], t.d.	4
emascarar, t.d, pr.	4
emascular, t.d, pr.	4
emassar, t.d.	4

emassilhar, [Br.], t.d.	4
emastrar, t.d.	4
emastrear, ♦ t.d.	15
embaçar, t.d, int, pr.	13
embacelar, t.d.	4
embaciar, t.d, int.	16
embainhar, t.d, t.c, int.	4
embair, def. p, t.d.	79
embalançar, t.d.	13
embalar, t.d, int.	4
embalar-se, pr.	7
embalçar, t.d.	13
embalsamar, t.d, pr.	4
embalsar, t.d.	4
embambecer, [Br.], t.d	25
embananar-se, [Br.], pr.	7
embandar, t.d.	4
embandar-se, pr.	7
embandeirar, t.d, pr.	4
embaraçar, t.d, pr.	13
embarafustar, [Br.], t.i, pr.	4
embaralhar, t.d.	4
embarbar, t.d.	4
embarbascar, t.d, int.	12
embarbecer, int.	25
embarbelar, int, pr.	4
embarbilhar, t.d.	4
embarcar, t.d, t.i, int, pr.	12
embargar, t.d, t.i.	14
embarrancar, t.d, int, pr.	12
embarrar, t.d.	4
embarrear, ♦ [Br.], t.d.	15
embarreirar, t.d, pr.	4
embarrelar, t.d.	4
embarricar, t.d, pr.	12
embarrigar, [Br.], int.	14
embarrilar, t.d.	4
embasar, t.d, pr.	4
embasbacar, int, t.d, pr.	12
embastar, t.d.	4
embastecer, t.d, pr.	25

embastir, **[Br.]**, t.d.	6	embonecrar, *[Br.]*, t.d, int.	4	embudar, t.d, int.	4
embater, t.d, pr.	5	emborcar, t.d, int, pr.	12	embuizar, [acento no *i*	
embatocar, t.d.	12	embornalar, t.d.	4	do radical], t.d.	4 ('19)
embatucar, t.d, int.	12	emborquilhar, **[Br.]**, t.d.	4	emburacar, **[Br.]**, int.	12
embatumar, **[Br.]**, t.d.	4	emborrachar, int, t.d, pr.	4	emburrar, t.d, int.	4
embaucar, t.d, t.i.	12 ('19)	emborralhar, t.d.	4	emburricar, t.d.	12
embaular, t.d.	19	emborrar, t.d.	4	embustear, ♦ t.d.	15
embebecer, t.d, pr.	25	emborrascar, t.d, pr.	12	embutir, t.d, t.i.	6
embebedar, t.d, pr.	4	emboscar, t.d, pr.	12	embuziar, t.d, int, pr.	16
embeber, t.d, t.c, pr.	5	embostar, t.d.	4	embuzinar, t.d.	4
embeberar, t.d, t.i, pr.	4	embostear, ♦ t.d.	15	emedar, t.d.	4
embeiçar, t.d, t.i, pr.	13	embostelar, t.d, pr.	4	emelar, t.d, pr.	4
embelecar, t.d, pr.	12	embotar, t.d, pr.	4	emendar, t.d, pr.	4
embelecer, t.d.	25	embotelhar, t.d.	4	ementar, t.d.	4
embelezar, t.d, pr.	4	embotijar, t.d.	4	emergir, def. p, 2 part,	
embernar, **[Br.]**, int.	4	embrabar, **[Br.]**, int, pr.	4	int, t.d.	78
embespinhar, t.d, pr.	4	embrabecer, int, pr.	25	emertizar, t.d.	4
embestar, t.d, int.	4	embraçar, t.d.	13	emigrar, int, t.c.	4
embetesgar, t.d, t.i, pr.	14	embramar, **[Br.]**, int.	4	emitir, t.d, int.	6
embevecer, t.d, pr.	25	embrancar, t.d, pr.	12	emocionar, t.d, int, pr.	4
embezerrar, int, pr.	4	embrandecer, t.d, int.	25	emoldar, t.d, t.i.	4
embicar, t.d, t.i, int, pr.	12	embranquecer, t.d, int, pr.	25	emoldurar, t.d.	4
embilocar, int.	12	embravear, ♦ t.d, int, pr.	15	emolir, def. p, t.d.	79
embiocar, t.d, pr.	12	embravecer, t.d, int.	25	emonar-se, **[Br.]**, pr.	7
embirar, **[Br.]**, t.d.	4	embrear, ♦ t.d, int.	15	emordaçar, t.d.	13
embirrar, t.i, int.	4	embrechar, t.d, t.i.	4	emortecer, t.d.	25
embirutar, **[Br.]**, int.	4	embrenhar, t.d, pr.	4	emostar t.d, int, pr.	4
emblemar, t.d, t.i, int.	4	embretar, **[Br.]**, t.d, pr.	4	emouquecer t.d, int.	25
embocar, t.d, t.i, t.c, int.	12	embriagar, t.d, int, pr.	14	empacar, t.d, int.	12
emboçar, t.d.	13	embridar, t.d, int, pr.	4	empacavirar, t.d.	4
embodegar, t.d.	14	embrincar, t.d.	12	empachar, t.d, pr.	4
embodocar-se, **[Br.]**, pr.	12	embromar, **[Br.]**, t.d, int.	4	empaçocar, **[Br.]**, t.d.	12
emboizar, [acento no *i*		embruacar, **[Br.]**, t.d.	12	empacotar, t.d, int.	4
do radical], t.d.	4 ('19)	embrulhar, t.d, pr.	4	empadroar, t.d, pr.	20
embolar, t.d, int, pr.	4	embruscar, t.d, int, pr.	12	empaiolar, **[Br.]**, t.d	4
embolorar, t.d, int.	4	embrutar , t.d, int, pr.	4	empalamar-se, **[Br.]**, pr.	7
embolorecer, t.d, int.	25	embrutecer, t.d, int, pr.	25	empalar, t.d.	4
embolotar, **[Br.]**, int, pr.	4	embruxar, t.d.	4	empalecer, t.d, int.	25
embolsar, t.d, t.i.	4	embuçalar, **[Br.]**, t.d.	4	empaletar, t.d.	4
embonar, t.d.	4	embuçar, t.d, pr.	13	empalhar, t.d.	4
embonecar, t.d, int, pr.	12	embuchar, t.d, int.	4	empalheirar, t.d.	4

empalidecer, t.d, int.	25	empeireirar, [Br.], t.d, int.	4	empolgar, t.d, t.i.	14
empalmar, t.d.	4	empeiticar, t.i.	12	empolhar, t.d, int.	4
empampanar, t.d, pr.	4	empelamar, t.d.	4	empolmar, t.d.	4
empanar, t.d, pr.	4	empelicar, t.d.	12	empombar, [Br.], t.i.	4
empancar, t.d.	12	empenachar, t.d.	4	empopar, [Br.], int.	4
empadeirar, t.d.	4	empenar, t.d, int.	4	emporcalhar, t.d, pr.	4
empandilhar, t.d, pr.	4	empendoar, [Br.], int.	20	empossar, t.d, t.i, pr.	4
empaneirar, [Br.], t.d.	4	empenhar, t.d, t.i, pr.	4	empostar, t.d.	4
empanemar, [Br.], t.d.	4	empenhorar, t.d.	4	emprazar, t.d, pr.	4
empangar, [Br.], int.	14	empepinar, t.d.	4	empreender, t.d.	5
empantanar, t.d, pr.	4	emperiquitar-se, [Br.], pr.	7	empregar, t.d, t.i, pr.	14
empatufar-se, pr.	7	emperlar, t.d, pr.	4	empreguiçar, t.d.	13
empanturrar, t.d, t.c, pr.	4	empernar, int.	4	empreitar, t.d.	4
empanzinar, t.d, pr.	4	emperrar, t.d, int, pr.	4	emprenhar, t.d, int.	4
empapar, t.d, t.c.	4	empertigar, t.d, pr.	14	empresar, t.d, int.	4
empapelar, t.d.	4	empesgar, t.d.	14	emprestadar, [Br.], t.d.	4
empapuçar, t.d, pr.	13	empestar, t.d, int.	4	emprestar, t.d, t.i, pr.	4
empaquetar-se, [Br.], pr.	7	empetecar, [Br.], t.d, pr.	12	emprisionar, t.d.	4
emparceirar, t.d, t.i, pr.	4	empezar, t.d.	4	emproar, t.d, t.i, int.	20
empardar, [Br.], t.d.	4	empezinhar, t.d.	4	empubescer, int, pr.	25
empardecer, t.d, int.	25	empicotar, t.d.	4	empulhar, t.d.	4
emparedar, t.d, pr.	4	empilchar, [Br.], t.d, pr.	4	empunhar, t.d.	4
emparelhar, t.d, t.i, pr.	4	empilhar, t.d, pr.	4	empurrar, t.d, t.i.	4
emparrar, t.d, pr.	4	empinar, t.d, pr.	4	empuxar, t.d.	4
emparreirar, t.d.	4	empiorar, t.d, int, pr.	4	emudecer, t.d, int.	25
emparvar, t.d, pr, [Br : int.]	4	empipocar, [Br.], def. imp, int.	12	emular, t.d, t.i, pr.	4
emparvecer, t.d, int.	25	empirrear, ♦ [Br.],		emulsificar, t.d.	12
emparvoecer, t.d, int.	25	def. imp, t.d.	15	emulsionar, t.d.	4
empastar, t.d, pr.	4	empistolar, [Br.], t.d.	4	emundar, t.d.	4
empastelar, t.d, pr.	4	emplacar, [Br.], t.d.	12	emurcherer, t.d, int.	25
empatar, t.d, t.i.	4	emplasmar, t.d.	4	enaipar, t.d.	4
empavesar, t.d, int, pr.	4	emplastar, t.d.	4	enaltar, t.d.	4
empavonar, t.d, pr.	4	emplastrar, t.d.	4	enaltecer, t.d.	25
empeçar, t.d, t.i, int.	13	emplumar, t.d, pr.	4	enamorar, t.d, pr.	4
empecer, t.d, t.i, int.	25	empoar, t.d.	20	enarrar, t.d, t.i.	4
empeçonhar, t.d.	4	empobrecer, t.d, int, pr.	25	enastrar, t.d.	4
empeçonhentar, t.d, pr.	4	empoçar, t.d, int, pr.	13	enatar, t.d.	4
empedernecer, t.d, pr.	25	empocilgar, t.d.	14	enateirar, t.d.	4
empedernir, def. p, t.d, pr.	78	empoeirar, t.d, pr.	4	enausear, ♦ t.d, int, pr.	15
empedrar, t.d, int.	4	empolar, t.d, int, pr.	4	encabar, t.d.	4
empegar, t.d, t.c, pr.	14	empoleirar, t.d, pr.	4	encabeçar, t.d, t.i, pr.	4

encabeirar, t.d.	4	encamaçar, [Br.], t.d.	13	encaracolar, t.d, int, pr.	4
encabelar, t.d.	4	encamar, t.d, int.	4	encaramelar, t.d, int, pr.	4
encabeliçar, t.d.	13	encamarotar, t.d.	4	encaramonar, t.d, pr.	4
encabrestar, t.d, pr.	4	encambar, t.d.	4	encaramujar-se, [Br.], pr.	7
encabritar, int, pr.	4	encambitar, [Br.], int, t.d.	4	encarangar, t.d, int, pr.	14
encabular, [Br.], t.d, pr.	4	encamboar, [Br.], t.d.	20	encaranguejar, int.	4
encaçapar, t.d.	4	encambonar, [Br.], t.d.	4	encarapelar, t.d, int, pr.	4
encachaçar-se, [Br.], pr.	13	encambulhar, t.d, t.i, pr.	4	encarapinhar, t.d, int, pr.	4
encachar, t.d.	4	encaminhar, t.d, t.i, pr.	4	encarapitar, t.d, pr.	4
encachoeirar, t.d, pr.	4	encamisar, t.d.	4	encarapuçar, t.d, pr.	13
encacholar, [Br.], t.d.	4	encapar, t.d, t.i.	4	encarar, t.d, t.i, pr.	4
encadear, ♦ t.d, t.i, pr.	15	ençampar, [Br.], t.d.	4	encarcerar, t.d, pr.	4
encadeirar, t.d.	4	encamurçar, t.d, int.	13	encardir, t.d, int.	6
encadernar, t.d, pr.	4	encanar, t.d, int.	4	encardumar, [Br.], int.	4
encafifar, [Br.], t.d, int.	4	encanastrar, t.d, int, pr.	4	encarecer, t.d, int.	25
encafuar, t.d, pr.	4	encancerar, int, pr.	4	encaretar-se, pr.	7
encafurnar, t.d, pr.	4	encandear, ♦ t.d, int, pr.	15	encargar, t.d, t.i.	14
encaibrar, t.d.	4	encandilar, t.d, pr.	4	encarijar, [Br.], t.d.	4
encaieirar, [Br.], int.	4	encanecer, t.d, int.	25	encarnar, t.d, t.i, int, pr.	4
encaipirar-se, [Br.], pr.	7	encanelar, t.d.	4	encarneirar, int, pr.	4
encaiporar, [Br.], t.d, int, pr.	4	encanfinfar, [Br.], t.d.	4	encarniçar, t.d, pr.	13
encaixar, t.d, int, pr.	4	encangalhar, t.d.	4	encaroçar, [Br.], int, pr.	13
encaixilhar, t.d.	4	encangar, t.d.	14	encarochar, t.d.	4
encaixotar, t.d.	4	encangotar, [Br.], t.d.	4	encarquilhar, t.d, pr.	4
encalacrar, t.d, pr.	4	encaniçar, t.d.	13	encarrancar, t.d.	12
encalamechar, [Br.], t.d.	4	encanoar, [Br.], int.	20	encarrapichar-se, [Br.], pr.	7
encalamistrar, t.d.	4	encantar, t.d, pr.	4	encarrapitar, t.d, pr.	4
encalamoucar, t.d.	12	encanteirar, t.d.	4	encarrar, t.d.	4
encalcar, t.d.	12	encantoar, t.d, pr.	20	encarrascar-se, pr.	12
encalçar, t.d.	13	encanudar, t.d.	4	encarraspanar-se, pr.	7
encaldeirar, t.d.	4	encanzinar, t.d, pr.	4	encarregar, 2 part, t.d, t.i, pr.	14
encalecer, def. imp, int.	25	encanzoar, t.d, pr.	20	encarreirar, t.d, pr.	4
encaleirar, t.d.	4	encapachar, t.d.	4	encarretar, t.d.	4
encalhar, t.d, int.	4	encapar, t.d.	4	encarrilhar, t.d, int, t.i.	4
encaliçar, t.d.	13	encapelar, t.d, int.	4	encartar, t.d, int.	4
encalir, t.d.	6	encapetar-se, [Br.], pr.	7	encartuchar, t.d.	4
encalistar, t.d.	4	encapoeirar, t.d.	4	encarvoar, t.d, pr.	20
encalistrar, [Br.], t.d, int.	4	encapotar, t.d, int, pr.	4	encarvoejar, t.d.	4
encalmar, t.d, int, pr.	4	encaprichar-se, pr.	7	encasacar-se, pr.	12
encalombar, [Br.], int.	4	encapsular, t.d.	4	encasar, t.d.	4
encalvecer, int.	25	encapuzar, t.d, pr.	4	encascar, int, t.d.	12

encasmurrar, t.d, pr.	4	encher, t.d, t.i, int, pr.	5	enconcar, t.d, int, pr.	12
encasquetar, t.d, t.i, pr.	4	enchiqueirar, [Br.], t.d, int.	4	enconchar, t.d, pr.	4
encasquilhar, t.d, pr.	4	enchocalhar, t.d.	4	encondar, t.d.	4
encastelar, t.d, pr.	4	enchoçar, t.d, pr.	13	encontrar, t.d, t.i, pr.	4
encastoar, t.d.	20	enchoiriçar, t.d.	13	encontroar, t.d, pr.	20
encastrar, t.d.	4	enchouriçar, t.d, pr.	13	encopar, t.d.	4
encasular, t.d.	4	enchumaçar, t.d.	13	encoquinar, t.d.	4
encataplasmar, t.d.	4	encilhar, t.d.	4	encoquinhar, t.d.	4
encatarrar-se, pr.	7	encimar, t.d, t.i.	4	encorajar, t.d, pr.	4
encatarroar-se, pr.	20	encinchar, t.d.	4	encorcundar, t.d, pr.	4
encatrinar-se, pr.	7	encintar, t.d.	4	encordoar, t.d, int, [Br : pr.]	20
encauchar, [Br.], t.d.	4	encinzar, t.d.	4	encornar, int.	4
encausticar, t.d.	12	encistar, t.d, t.i, int, pr.	4	encoronhar, t.d.	4
encavacar, int.	12	enciumar, [acento no *u*		encorpar, t.d, int.	4
encavalar, t.d, pr.	4	do radical], t.d, pr.	4 ('19)	encorrear, ♦ t.d, int, pr.	15
encavalgar, t.d.	14	enclaustrar, t.d, pr.	4	encorrentar, t.d, t.i, pr.	4
encavar, t.d.	4	enclausurar, t.d, pr.	4	encorriar, [Br.], t.d, int.	16
encavernar, t.d, pr.	4	enclavinhar, t.d.	4	encorrilhar, t.d, pr.	4
encavilhar, t.d.	4	encloar, t.d.	20	encorrugir, [Br.], t.d.	52
encedrar, [Br.], t.d.	4	encobardar, t.d, pr.	4	encortelhar, t.d	4
enceguecer, int.	25	encobertar, 2 part, t.d, pr.	4	encortiçar, t.d, int, pr.	13
encelar, t.d.	4	encobrir, ♦ part. irr, t.d,		encortinar, t.d.	4
enceleirar, t.d.	4	t.i, int, pr.	59	encorujar-se, [Br.], pr.	7
encenar, t.d, int.	4	encocurutar, [Br.], t.d.	4	encoscorar, t.d, int.	4
encender, t.d.	5	encodear, ♦ t.d, int.	15	encostalar, t.d.	4
encentrar, t.d.	4	encofar, t.d.	4	encostar, t.d, t.i, pr.	4
encepar, t.d.	4	encofrar, t.d.	4	encostelar, [Br.], t.i.	4
encerar, t.d, pr.	4	encoifar, t.d.	4	encouchar, t.d, pr.	4
encerebrar, t.d.	4	encoimar, t.d, t.i, int, pr.	4	encouraçar, t.d.	13
enceroilar, t.d.	4	encoiraçar, t.d.	13	encourar, t.d, int, pr.	4
enceroular, t.d.	4	encoirar, t.d, int, pr.	4	encovar, t.d, int, pr.	4
encerrar, t.d, pr.	4	encoivarar, [Br.], t.d.	4	encovardar, t.d, pr.	4
encervejar, t.d, pr.	4	encolar, t.d.	4	encovilar, t.d, pr.	4
encestar, [Br.], t.d, int.	4	encoleirar, t.d.	4	encrassar, int.	4
encetar, t.d, pr.	4	encolerizar, t.d, pr.	4	encravar, t.d, int, pr.	4
enchacotar, t.d.	4	encolher, t.d, int, pr.	5	encravelhar, t.d, pr.	4
enchafurdar, t.i, t.d, pr.	4	encomendar, t.d, t.i, pr.	4	encravilhar, t.d, pr.	4
enchapelar-se, pr.	7	encomiar, t.d.	16	encrencar, t.d, t.i, int, pr.	12
encharcar, t.d, pr.	12	encomissar, int.	4	encrespar, t.d, pr.	4
encharolar, t.d.	4	encomoroçar, t.d.	13	encrisar, [Br.], int.	4
enchavetar, t.d.	4	encompridar, [Br.], t.d.	4	encristar-se, pr.	7

encrostar, int.	4	enfaixar, t.d.	4	enflorescer, t.d, int.	25
encruar, t.d, int, pr.	4	enfanicar-se, pr.	12	enfobiar, t.d.	16
encrudelecer, t.d, pr.	25	enfarar, t.d, pr.	4	enfocar, t.d.	12
encruecer, t.d, int.	25	enfardar, t.d.	4	enfogar, t.d.	14
encruelecer, t.d, pr.	25	enfardelar, t.d.	4	enfolhar, int, pr.	4
encruentar, t.d, int.	4	enfarelar, t.d.	4	enfolipar, t.d.	4
encruzar, t.d, pr.	4	enfarinhar, t.d, t.i, pr.	4	enforcar, t.d, pr.	12
encruzilhar, t.d.	4	enfarpelar, t.d, pr.	4	enforjar, t.d.	4
encubar, t.d.	4	enfarrapar, t.d.	4	enformar, t.d, int.	4
encucar, [Br.], int.	12	enfarruscar, t.d, int, pr.	12	enfornar, t.d.	4
encucharrar, t.d.	4	enfartar, t.d.	4	enforquilhar, [Br.], t.d, pr.	4
encumear,♦ t.d.	15	enfastiar, t.d, int, pr.	16	enfortir, t.d.	6
encurralar, t.d, pr.	4	enfatiotar-se, [Br.], pr.	7	enfragar, t.d.	14
encurtar, t.d.	4	enfatizar, t.d.	4	enfranquear,♦ t.d.	15
encurvar, t.d, int, pr.	4	enfatuar, t.d, pr.	4	enfraquecer, t.d, int, pr.	25
endechar, int.	4	enfear,♦ t.d.	15	enfraquentar, t.d, int, pr.	4
endefluxar-se, pr.	7	enfebrecer, int, t.d.	25	enfrascar, t.d, pr.	12
endemoninhar, t.d, pr.	4	enfeirar, int.	4	enfrear,♦ t.d, int, pr.	15
endentar, t.d, t.i.	4	enfeitar, t.d, int, pr.	4	enfrenar, [Br.], t.d.	4
endentecer, int.	25	enfeitiçar, t.d, pr.	13	enfrenesiar, t.d, int, pr.	16
endereçar, t.d, t.i, pr.	13	enfeixar, t.d.	4	enfrentar, t.d, t.i.	4
endeusar, t.d, pr.	4	enfeltrar, t.d.	4	enfrestar, t.d.	4
endiabrar, t.d, pr.	4	enfelujar, t.d.	4	enfriar, t.d.	16
endinheirar, t.d, pr.	4	enfenecer, t.d.	25	enfroixecer, t.d.	25
endireitar, t.d, t.i, int, pr.	4	enfermar, t.d, int.	4	enfronhar, t.d, t.i, pr.	4
endividar, t.d, pr.	4	enferrujar, t.d, int, pr.	4	enfrouxecer, t.d.	25
endoidar, t.d, int.	4	enfestar, t.d, [Br : int.]	4	enfrutecer, int.	25
endoidecer, t.d, int.	25	enfestoar, t.d, pr.	20	enfueirar, t.d.	4
endomingar, t.d, pr.	14	enfeudar, t.d, pr.	4	enfulijar, t.d.	4
endorsar, t.d.	4	enfezar, t.d, int, pr.	4	enfumaçar, t.d.	13
endossar, t.d, t.i.	4	enfiar, t.d, t.i, t.c, int, pr.	16	enfumar, t.d.	4
endoudar, t.d, int.	4	enfileirar, t.d, pr.	4	enfumarar, t.d.	4
endoudecer, t.d, int.	25	enfincar, [Br.], t.d.	12	enfunar, t.d, pr.	4
endurar, t.d, int, pr.	4	enfitar, t.d.	4	enfunilar, t.d.	4
endurecer, t.d, int, pr.	25	enfitar-se, pr.	7	enfurecer, t.d, int, pr.	25
endurentar, t.d, int, pr.	4	enfiteuticar, t.d.	12	enfuriar, t.d, int, pr.	16
enegrecer, t.d, int, pr.	25	enfivelar, t.d.	4	enfurnar, t.d, pr.	4
enervar, t.d, int, pr.	4	enfixar, [Br.], t.d.	4	enfusar, [Br.], int.	4
enesgar, t.d, int.	14	enflanelar, t.d.	4	enfuscar, t.d.	12
enevoar, t.d, pr.	20	enflorar, t.d, int, pr.	4	enfustar, [Br.], t.d.	4
enfadar, t.d, pr.	4	enflorear,♦ t.d, int.	15	engabelar, [Br.], t.d.	4

engaçar, t.d.	13	englobar, t.d.	4	engrupir, **[Br.]**, t.d.	6
engadanhar-se, pr.	7	englobular, t.d.	4	enguiçar, t.d, [Br : int.]	13
engadelhar, t.d.	4	engodar, t.d.	4	enguirlandar, t.d, pr.	4
engafecer, t.d.	25	engodilhar, t.d, int.	4	engulhar, t.d, int.	4
engaiar, t.d.	4	engoiar-se, pr.	4 ('19)	engulosinar, t.d, pr.	4
engaifonar, int.	4	engolfar, t.d, t.c, pr.	4	engunhar, t.d.	4
engaiolar, t.d, pr.	4	engolipar, t.d.	4	engurujar-se, **[Br.]**, pr.	7
engajar, t.d, pr.	4	engolir,♦ t.d.	59	enigmar, t.d.	4
engalanar, t.d, pr.	4	engomar, t.d, int.	4	enjambrar, int, [Br : pr.]	4
engalar, int, pr.	4	engonçar, t.d.	13	enjangar, t.d.	14
engalfinhar, t.d, pr.	4	engordar, t.d, int.	4	enjaular, t.d.	4
engalgar, t.d.	14	engordurar, t.d, pr.	4	enjeitar, t.d, pr.	4
engalhardetar, t.d.	4	engorrar-se, pr.	7	enjerir-se,♦ pr.	57
engalinhar, t.d.	4	engraçar, t.d, t.i, pr.	13	enjicar, **[Br.]**, t.i.	12
engalispar-se, pr.	7	engradar, t.d.	4	enjoar, t.d, int.	20
engambelar, **[Br.]**, t.d.	4	engradecer, int.	25	enjugar, t.d.	14
engambitar, **[Br.]**, t.d.	4	engraecer, def. imp, int.	25	enlabiar, t.d.	16
enganar, t.d, int.	4	engrambelar, **[Br.]**, t.d.	4	enlabirintar, t.d.	4
enganchar, t.d, pr.	4	engrampar, t.d.	4	enlaçar, t.d, t.i, pr.	13
engar, t.d, t.i, int.	14	engramponar-se, pr.	7	enladeirar, t.d.	4
engarantar, **[Br.]**, int.	4	engrandecer, t.d, t.i, int, pr.	25	enlaivar, t.d, pr.	4
engarapar, **[Br.]**, t.d.	4	engranzar, t.d.	4	enlambujar, int.	4
engaravitar-se, pr.	7	engravatar-se, pr.	7	enlambuzar, t.d, pr.	4
engarfar, int.	4	engravatizar-se, pr.	7	enlamear,♦ t.d, pr.	15
engargantar, t.d, pr.	4	engravescer, t.d, int, pr.	25	enlaminar, t.d.	4
engarrafar, t.d.	4	engravidar, t.d, int.	4	enlanguescer, int, pr.	25
engarupar-se, pr.	7	engravitar-se, pr.	7	enlanzar, **[Br.]**, t.d.	4
engasgalhar-se, pr.	7	engraxar, t.d.	4	enlapar, t.d, pr.	4
engasgar, t.d, int, pr.	14	engrazar, t.d.	4	enlatar, t.d.	4
engastar, t.d, t.i.	4	engrelar, int, pr.	4	enlear,♦ t.d, t.i.	15
engatar, t.d, t.i.	4	engrenar, t.d, int.	4	enleivar, t.d.	4
engatilhar, t.d.	4	engrenhar, t.d.	4	enlerdar, t.d.	4
engatinhar, int, t.i.	4	engrifar, t.d, pr.	4	enlevar, t.d, int, pr.	4
engavelar, t.d.	4	engrilar, t.d, pr.	4	enliçar, t.d, pr.	13
engavetar, t.d, [Br : pr.]	4	engrimpar-se, pr.	7	enlocar, t.d.	12
engazopar, **[Br.]**, t.d.	4	engrimpinar-se, pr.	7	enlodaçar, t.d.	13
engazupar, t.d.	4	engrinaldar, t.d, pr.	4	enlodar, t.d, pr.	4
engelhar, t.d, int, pr.	4	engrolar, t.d, int, pr.	4	enloirar, t.d.	4
engendrar, t.d.	4	engrossar, t.d, t.i, int, pr.	4	enloirecer, t.d, int.	25
engenhar, t.d, pr.	4	engrujar-se, **[Br.]**, pr.	7	enloisar, t.d.	4
engessar, t.d.	4	engrunhir, t.d.	6	enlojar, t.d.	4

enlombar, t.d.	4	enredouçar, t.d.	13	ensambenitar, t.d.	4
enlouquecer, t.d, int.	25	enregelar, t.d.	4	ensamblar, t.d.	4
enlourar, t.d.	4	enrelhar, [Br.], t.d.	4	ensanchar, t.d.	4
enlourecer, t.d, int.	25	enremessar, t.d.	4	ensandalar, t.d.	4
enlousar, t.d.	4	enrenquear, ♦ t.d.	15	ensandecer, t.d, int.	25
enludrar, t.d, pr.	4	enresinar, t.d, int, pr.	4	ensanefar, t.d.	4
enlurar, t.d, pr.	4	enresmar, t.d.	4	ensanguentar, [o u pro	
enlutar, t.d, pr.	4	enrestar-se, [Br.], pr.	7	nuncia-se como se levasse	
enobrecer, t.d, pr.	25	enricar, t.d, int.	12	diérese : ü], t.d, pr.	4
enodar, t.d.	4	enriçar, t.d.	13	ensanguinhar, t.d.	4
enodoar, t.d, pr.	20	enrijar, t.d, int, pr.	4	ensarilhar, t.d, int.	4
enoiriçar, t.d.	13	enrijecer, t.d, int, pr.	25	ensarnecer, int.	25
enoitar, t.d.	4	enrilhar, int.	4	ensartar, t.d.	4
enoitecer, t.d, int.	25	enrinconar, [Br.], t.d.	4	ensebar, t.d.	4
enojar, t.d, pr.	4	enripar, [Br.], t.d.	4	ensecar, t.d.	12
enouriçar, t.d.	13	enriquecer, t.d, int, pr.	25	enseirar, t.d.	4
enovelar, t.d, pr.	4	enristar, t.d, t.i.	4	ensejar, t.d, t.i, pr.	4
enquadrar, t.d, t.i, pr.	4	enrizar, t.d.	4	ensementar, [Br.], t.d.	4
enquadrilhar, [Br.], t.d, pr.	4	enrocar, t.d, int, pr.	12	ensenhorear-se, ♦ pr.	15
enquartar, [Br.], int.	4	enrodelar, t.d.	4	ensilar, [Br.], t.d.	4
enqueijar, t.d.	4	enrodilhar, t.d, pr.	4	ensimesmar-se, pr.	7
enquistar, t.d, t.i, int, pr.	4	enrolar, t.d, pr.	4	ensinar, t.d, t.i, int, pr.	4
enquizilar, t.d, int, pr.	4	enroscar, t.d, pr.	12	ensoar, int, pr, t.d.	20
enrabar, t.d.	4	enroupar, t.d, pr.	4	ensoberbecer, t.d, pr.	25
enrabichar, t.d, pr.	4	enrouquecer, t.d, int, pr.	25	ensobradar, t.d.	4
enraiar, t.d.	4	enroxar-se, pr.	7	ensofregar, t.d.	14
enraivar, t.d, int, pr.	4	enrubescer, t.d, int, pr.	25	ensolvar, t.d.	4
enraivecer, t.d, int, pr.	25	enruçar, t.d, int, pr.	13	ensombrar, t.d, pr.	4
enraizar, [acento no i		enrudecer, t.d, int.	25	ensombrear, ♦ t.d.	15
do radical], t.d, int, pr.	4 ('19)	enrufar-se, pr.	7	ensopar, t.d, pr.	4
enramalhar, t.d.	4	enrugar, t.d, pr.	14	ensornar, [Br.], int.	4
enramalhetar, t.d.	4	enrustir, [Br.], t.d.	6	ensumagrar, t.d.	4
enramar, t.d, t.i.	4	ensaboar, t.d, pr.	20	ensurdecer, t.d, t.i, int.	25
enramilhetar, t.d, int, pr.	4	ensaburrar, t.d, pr.	4	ensurroar-se, [Br.], pr.	20
enrançar, t.d, pr.	13	ensacar, t.d.	12	entabocar, [Br.], t.d.	12
enranchar, t.d, int, pr.	4	ensaiar, t.d, t.i.	4	entabuar, t.d, pr.	4
enrarecer, t.d, int, pr.	25	ensaibrar, t.d.	4	entabular, t.d.	4
enrascar, t.d, pr.	12	ensalmar, t.d.	4	entaipar, t.d.	4
enredar, t.d, t.i, int, pr.	4	ensalmoirar, t.d.	4	entalar, t.d.	4
enredear, ♦ t.d.	15	ensalmourar, t.d.	4	entalecer, int.	25
enredoiçar, t.d.	13	ensamarrar, t.d.	4	entaleigar, t.d, pr.	14

173

entalhar, t.d, int.	4	entontecer, t.d, int.	25	entremisturar, t.d, pr.	4
entaliscar, t.d, pr.	12	entornar, t.d, int, pr.	4	entremostrar, t.d, t.i, pr.	4
entancar, [Br.], t.d.	12	entorpecer, t.d, int, pr.	25	entrenublar-se, pr, def. imp.	7
entanguecer, int, pr.	25	entorroar, t.d, pr.	20	entreolhar-se, pr.	7
entanguir, def. p, t.d, pr.	53	entortar, t.d, int, pr.	4	entreouvir, ♦ t.d.	71
entaniçar, t.d.	13	entouçar, int.	13	entreparar, int.	4
entapizar, t.d, pr.	4	entrabrir, part. irr, t.d,		entrepor, ♦ part. irr, t.d,	
entaramelar, t.d, pr.	4	int, pr.	6	t.i, pr.	45
entardecer, def. imp, int.	25	entrajar, t.d.	4	entrequerer-se, pr, def. p : só	
entarraxar, t.d.	4	entralhar, t.d, int.	4	conjugável nas p. do pl.	5
entear, ♦ t.d.	15	entrançar, t.d, pr.	13	entrescolher, t.d.	5
entecar, [Br.], int, pr.	12	entranhar, t.d, t.i, pr.	4	entresilhar, t.d.	4
entecer, t.d.	25	entrapar, t.d, pr.	4	entressachar, t.d, t.i, pr.	4
entediar, t.d, pr.	16	entrar, int, t.i, t.d, pr.	4	entressemear, ♦ t.d, t.i.	15
entejar, t.d.	4	entravar, t.d.	4	entressolhar, t.d.	4
entelar, t.d.	4	entreabrir, ♦ part. irr, t.d,		entressonhar, t.d, int.	4
entender, t.d, t.i, int, pr.	5	int, pr.	6	entretalhar, t.d, int.	4
entenebrecer, def. imp,		entrebater-se, pr.	5	entretecer, t.d, t.i, pr.	25
t.d, int, pr.	25	entrecerrar, t.d.	4	entretelar, t.d.	4
entenrecer, t.d, int.	25	entrechar, t.d.	4	entreter, ♦ t.d, int, pr.	1
enternecer, t.d, pr.	25	entrechocar-se, pr.	12	entreturbar, t.d.	4
enterrar, t.d, pr.	4	entreconhecer, t.d, pr.	25	entrevar, t.d, int, pr.	4
enterreirar, t.d, pr.	4	entrecorrer, t.d, int.	5	entrevecer, t.d, int, pr.	25
enterroar, t.d, pr.	20	entrecortar, t.d, pr.	4	entrever, ♦ part. irr, t.d, pr.	40
entesar, t.d, int, pr.	4	entrecozer, t.d.	5	entreverar, [Br.], t.d, pr.	4
entesoirar, t.d.	4	entrecruzar-se, pr.	7	entrevistar, t.d, pr.	4
entesourar, t.d.	4	entredilacerar-se, pr.	7	entrezar, t.d.	4
entestar, t.i, t.d.	4	entredizer, ♦ part. irr, t.d, pr.	29	entrincheirar, t.d, pr.	4
entibecer, t.d, pr.	25	entrefalar, [Br.], t.d.	4	entristecer, t.d, int, pr.	25
entibiar, t.d, int, pr.	16	entrefechar, t.d.	4	entroixar, t.d, pr.	4
enticar, [Br.], t.i.	12	entrefolhar, t.d.	4	entronar, t.d, t.i, pr.	4
entijolar, t.d.	4	entregar, 2 part, t.d, t.i, pr.	14	entroncar, int, t.d, t.i, pr	12
entijucar, [Br.], t.d.	12	entrelaçar, t.d, t.i, pr.	13	entronchar, int, [Br : t.d.]	4
entintar, t.d.	4	entrelembrar-se, pr.	7	entronizar, t.d, pr.	4
entisicar, t.d, int, pr.	12	entrelinhar, t.d.	4	entronquecer, int.	25
entivar, t.d.	4	entreluzir, ♦ def. imp,		entropicar, [Br.], int.	12
entoar, t.d, t.i.	20	int, t.d, pr.	72	entropigaitar, [Br.], t.d, pr.	4
entocar, [Br.], t.d, pr.	12	entrematar-se, pr.	7	entropilhar, [Br.], t.d, pr.	4
entoiçar, int.	13	entremear, ♦ t.d, t.i, int, pr.	15	entrosar, t.d, t.c, int.	4
entojar, t.d, int.	4	entremesclar, t.d, pr.	4	entrouxar, t.d, pr.	4
entonar, t.d, pr.	4	entremeter, t.d, t.i, pr.	5	entroviscar, t.d, pr.	12

entrudar, int, t.d.	4	envernizar, t.d, pr.	4
entuchar, **[Br.]**, t.d, int.	4	enverrugar, t.d, int.	14
entufar, t.d, [Br : pr.]	4	envesar, t.d.	4
entujucar, **[Br.]**, t.d.	12	envesgar, t.d, t.i.	14
entulhar, t.d, t.i, pr.	4	envessar, t.d.	4
entupigaitar, **[Br.]**, t.d, pr.	4	enviar, t.d, t.i.	16
entupir, [pres. ind. reg.		envidar, t.d, pr.	4
ou irr, grafam-se com *u*		envidilhar, t.d.	4
ou *o* as 2ª e 3ª p. sing.		envidraçar, t.d, pr.	13
e 3ª pl.], t.d, int, pr.	60 ; 61	enviesar, t.d, pr.	4
enturbar, t.d.	4	envilecer, t.d, int, pr.	25
enturmar, **[Br.]**, t.i, int.	4	envinagrar, t.d, pr.	4
enturvar, t.d, pr.	4	envincilhar, t.d, pr.	4
enturviscar-se, pr.	12	enviperar, t.d, pr.	4
entusiasmar, t.d, pr.	4	enviscar, t.d, pr.	12
enublar, t.d.	4	enviuvar, t.d, int, t.i.	4 ('19)
enuclear, ♦ t.d.	15	enviveirar, t.d.	4
enumerar, t.d.	4	envolver, 2 part, t.d, pr.	5
enunciar, t.d, pr.	16	enxadrezar, t.d.	4
enuviar, t.d.	16	enxaguar, t.d.	21
envaidar, t.d, pr.	4	enxaimear, ♦ **[Br.]**, int.	15
envaidecer, t.d, pr.	25	enxalmar, t.d.	4
envalar, t.d.	4	enxambrar, t.d, int, pr.	4
envarar, t.d.	4	enxamear, ♦ t.d, int.	15
envaretar, **[Br.]**, int.	4	enxamear-se, ♦ pr.	15
envasar, t.d.	4	enxaquetar, t.d.	4
envasilhar, t.d.	4	enxarciar, t.d.	16
envelhacar, t.d, pr.	12	enxaropar, t.d, pr.	4
envelhecer, t.d, int.	25	enxequetar, t.d.	4
envelhentar, t.d.	4	enxercar, t.d, int.	12
envelopar, **[Br.]**, t.d.	4	enxergar, t.d, t.i.	14
envencilhar, t.d, pr.	4	enxerir, ♦ t.d, t.i, [Br : pr.]	57
envenenar, t.d, int, pr.	4	enxertar, t.d, t.i, pr.	4
enventanar, t.d, pr.	4	enxofrar, t.d, pr.	4
enverdecer, t.d, int, pr.	25	enxombrar, **[Br.]**, t.d.	4
enverdejar, t.d, int, pr.	4	enxotar, t.d.	4
enveredar, int, t.d.	4	enxovalhar, t.d, pr.	4
envergar, t.d, int, pr.	14	enxugar, 2 part, t.d, int, pr.	14
envergonhar, t.d, pr.	4	enxumbrar, t.d, int, pr.	4
envermelhar, t.d, pr.	4	enxundiar, t.d.	16
envermelhecer, t.d, pr.	25	enxurdar-se, pr.	7

enxurrar, t.d, int.	4
enzampar, t.d.	4
epidemiar, t.d.	16
epigenizar, t.d.	4
epigrafar, t.d.	4
epigramatizar, t.d, int.	4
epilogar, t.d, pr.	14
episodiar, t.d.	16
epistar, t.d.	4
epistolar, t.d.	4
epitetar, t.d.	4
epitomar, t.d, t.i.	4
equacionar, t.d.	4
equidistar, t.i.	4
equilibrar, t.d, t.i, pr.	4
equimosar-se, pr.	7
equipar, t.d, pr.	4
equiparar, t.d, t.i, pr.	4
equiponderar, t.d, int, pr.	4
equivaler, ♦ t.i, pr.	43
equivocar, t.d, t.i, int, pr.	12
erar, **[Br.]**, t.d.	4
erguer(-se), t.d, pr.	27
eriçar, t.d, pr.	13
erigir, t.d, t.i, pr.	52
erisipelar, int.	4
ermar, t.d, int, pr.	4
eroder, t.d.	5
erodir, t.d.	6
erradicar, t.d.	12
errar, t.d, t.i, int.	4
erriçar, t.d, pr.	13
erubescer, int.	25
ervecer, int.	25
esbaforir-se, pr.	6
esbagaçar, **[Br.]**, t.d.	13
esbagachar, t.d.	4
esbaganhar, t.d.	4
esbagoar, t.d, int, pr.	20
esbagulhar, t.d.	4
esbambear, ♦ t.d, int.	15

esbamboar-se, pr.	20	esbracejar, int.	4	escamisar, t.d.	4
esbandalhar, t.d, pr.	4	esbrasear, ♦ t.d, int, pr.	15	escamotar, t.d, int, pr.	4
esbandeirar, t.d, pr. [Br : pr.]	4	esbravear, ♦ int.	15	escamotear, ♦ t.d, int, pr.	15
esbandulhar, t.d.	4	esbravecer, int.	25	escampar, int.	4
esbanjar, t.d.	4	esbravejar, int, t.i, t.d.	4	escamurrengar, [Br.], int.	14
esbaralhar, t.d.	4	esbroar, t.d, int, pr.	20	escançar, t.d.	13
esbarbar, t.d.	4	esbrugar, t.d.	14	escancarar, t.d, t.i, pr.	4
esbarbotar, t.d.	4	esbugalhar, t.d.	4	escancear, ♦ t.d.	15
esbarrancar, [Br.], t.d.	12	esbulhar, t.d, t.i.	4	escancelar, [Br.], t.d.	4
esbarrar, t.i, t.d, pr.	4	esburacar, t.d, pr.	12	escanchar, t.d, pr.	4
esbarrigar, t.d.	14	esburgar, t.d.	14	escandalizar, t.d, int, pr.	4
esbarroar, [Br.], int.	20	esburnir, [Br.], t.d.	6	escandescer, t.d, int, pr.	25
esbarrocar, int.	12	esbuxar, t.d.	4	escandir, t.d.	6
esbarrondar, t.d, t.i.	4	escabecear, ♦ int.	15	escangalhar, t.d, pr.	4
esbater, t.d, pr.	5	escabelar, t.d, pr.	4	escanganhar, t.d.	4
esbeatar, [Br.], t.d.	4	escabichar, t.d.	4	escangotar, [Br.], t.d.	4
esbeiçar, t.d, t.i, pr.	13	escabrear, ♦ t.d, int, pr.	15	escanhoar, t.d, pr.	20
esbeltar, t.d, pr.	4	escabujar, int.	4	escanifrar, t.d.	4
esbilhotar, [Br.], t.d, int.	4	escabulhar, t.d.	4	escantilhar, [Br.], t.d.	4
esbirrar, [Br.], t.d.	4	escacar, t.d.	12	escanzurrar, [Br.], t.d, pr.	4
esboçar, t.d.	13	escachar, t.d.	4	escapar, 3 part. : *escapado,*	
esbodegar, [Br.], t.d, pr.	14	escachoar, int.	20	*escapo e escape,*	
esbofar, t.d, int, pr.	4	escacholar, t.d.	4	t.d, int, pr.	4
esbofetear, ♦ t.d.	15	escadear, ♦ t.d.	15	escapelar, t.d.	4
esboiçar, t.d.	13	escadeirar, t.d.	4	escapulir, ♦ int, t.i, t.d, pr.	61
esbombardear, ♦ t.d.	15	escadelecer, int.	25	escaquear, ♦ t.d.	15
esborcelar, t.d.	4	escafeder-se, pr.	5	escaqueirar, t.d.	4
esborcinar, t.d.	4	escalar, t.d, t.i.	4	escarafunchar, t.d.	4
esbordar, t.d, int.	4	escalavrar, t.d.	4	escarambar-se, pr.	7
esbordoar, t.d.	20	escaldar, t.d, int, pr.	4	escaramuçar, int, [Br : t.d.], t.i.	13
esborniar, ♦ [Br.], int.	15	escalfar, t.d.	4	escarapelar, t.d, int, pr.	4
esboroar, t.d, int, pr.	20	escaliçar, t.d.	13	escaravelhar, int.	4
esborrachar, t.d, pr.	4	escalonar, t.d.	4	escarçar, t.d, int.	13
esborralhar, t.d, pr.	4	escalpar, t.d.	4	escarçar-se, pr.	13
esborrar, def. imp. no		escalpelar, t.d.	4	escarcavelar, t.d.	4
sentido próprio, int, t.d.	4	escalpelizar, t.d.	4	escacear, ♦ int.	15
esborratar, t.d.	4	escalrachar, int.	4	escarchar, t.d.	4
esborregar, t.d.	14	escalvar, t.d.	4	escardear, ♦ t.d, int.	15
esborretar, t.d.	4	escamar, t.d, pr.	4	escardilhar, t.d.	4
esborrifar, t.d.	4	escambar, t.d.	4	escarduçar, t.d.	13
esbouçar, t.d.	13	escambichar, [Br.], t.d.	4	escarear, ♦ t.d.	15

escarificar, t.d.	12	esconjurar, t.d, t.i, pr.	4	escudelar, t.d.	4
escarmentar, t.d, pr.	4	escopear,♦ [Br.], t.d.	15	esculachar, [Br.], t.d.	4
escarnar, t.d, int.	4	escopetear,♦ t.d, int.	15	esculhambar, [Br.], t.d.	4
escarnecer, t.d, t.i.	25	escorar, t.d, t.i, pr.	4	esculpir, t.d, t.i, int.	6
escarnicar, int.	12	escorçar, t.d.	13	escultar, t.d, int.	4
escarnificar, t.d.	12	escorchar, t.d, t.i.	4	esculturar, t.d, int.	4
escarnir, t.d, t.i.	6	escordar, t.d, t.i.	4	escumar, t.d, int.	4
escarolar, t.d, pr.	4	escordar-se, pr.	7	escumilhar, [Br.], int.	4
escarpar, t.d.	4	escoriar, t.d.	16	escurecer, def. imp, int, t.d.	25
escarpelar, t.d.	4	escoriar-se, pr.	16	escurejar, def. imp, int.	4
escarpetear,♦ [Br.], int.	15	escorificar, t.d.	12	escurentar, def. imp, int, t.d.	4
escarranchar, t.d, t.c, pr.	4	escorjar, t.d, int, pr.	4	escusar, t.d, t.i, pr.	4
escarrapachar, t.d, pr.	4	escornar, t.d, pr, [Br : int.]	4	escutar, t.d, int.	4
escarrapiçar, t.d.	13	escornear,♦ t.d.	15	esdruxular, int.	4
escarrapichar, t.d.	4	escornichar, t.d.	`4	esdruxulizar, t.d, int.	4
escarrar, int, t.d.	4	escoroar, t.d.	20	esfacelar, t.d, pr.	4
escarvar, t.d.	4	escorraçar, t.d.	13	esfachear,♦ [Br.], t.d.	15
escarvoar, t.d.	20	escorregar, int, t.i.	14	esfaimar, t.d.	4
escascar, t.d.	12	escorrer, t.d, int.	5	esfalfar, t.d, pr.	4
escasquear,♦ t.d, pr.	15	escorropichar, t.d.	4	esfanicar, t.d.	12
escassear,♦ t.d, t.i, int.	15	escortinar, t.d.	4	esfaquear,♦ t.d, pr.	15
escatelar, t.d.	4	escorvar, t.d.	4	esfarelar, t.d, pr.	4
escavacar, t.d, int.	12	escoucear,♦ t.d.	15	esfarinhar, t.d.	4
escavaçar, t.d.	13	escoucinhar, t.d.	4	esfarpar, t.d.	4
escavar, t.d, pr.	4	escovar, t.d.	4	esfarrapar, t.d.	4
escaveirar, t.d.	4	escovilhar, t.d.	4	esfarripar, t.d.	4
escindir, t.d.	6	escrachar, [Br.], t.d.	4	esfatiar, t.d.	16
esclarecer, t.d, t.i, int, pr.	25	escrachetar, [Br.], t.d.	4	esfazer,♦ part. irr, t.d, pr.	31
esclerosar, t.d, pr.	4	escramuçar, [Br.], int.	13	esfervilhar, int.	4
escoar, t.d, int, pr.	20	escrapetear,♦ [Br.], int.	15	esfiampar, t.d, int, pr.	4
escodar, t.d.	4	escravizar, t.d, t.i, pr.	4	esfiapar, t.d, int, pr.	4
escodear,♦ t.d.	15	escrever, 2 part, part. irr,		esfiar, t.d, t.i, int, pr.	16
escoicear,♦ t.d, int.	15	t.d, t.i, int, pr.	5	esflorar, t.d.	4
escoicinhar, t.d.	4	escrevinhar, t.d, int.	4	esfoguear,♦ t.d, pr.	15
escoimar, t.d, t.i, pr.	4	escriturar, t.d, pr.	4	esfoguetear,♦ t.d, int.	15
escolarizar, t.d.	4	escrunchar, [Br.], int.	4	esfolar, t.d, pr.	4
escolher, t.d.	5	escrupulear,♦ t.d, t.i, int.	15	esfolegar, int.	14
escoliar, t.i.	16	escrutar, t.d.	4	esfolhar, t.d.	4
escolmar, t.d.	4	escrutinar, int.	4	esfolhear,♦ t.d.	15
escoltar, t.d.	4	escudar, t.d, t.i, pr.	4	esfoliar, t.d.	16
esconder, t.d, t.i, pr.	5	escudeirar, t.d, int.	4	esfomear,♦ t.d.	15

esforçar, t.d, int, pr.	13	esgrimir, t.d, t.i, int.	6	esmurrar, t.d.	4
esfraldar, **[Br.]**, t.d.	4	esguardar, t.d, int, pr.	4	esmurregar, **[Br.]**, t.d.	14
esfrançar, t.d.	13	esguedelhar, t.d.	4	esmurrengar, **[Br.]**, t.d.	14
esfrangalhar, t.d.	4	esgueirar, t.d, t.i, pr.	4	esnocar, t.d.	12
esfregar, t.d, pr.	14	esguelhar, t.d.	4	espaçar, t.d.	13
esfriar, t.d, int, pr.	16	esguichar, t.d, int.	4	espacear, ♦ t.d.	15
esfrolar, t.d.	4	esladroar, t.d.	20	espacejar, t.d.	4
esfulinhar, t.d.	4	eslagartar, t.d.	4	espadachinar, int.	4
esfumaçar, t.d.	13	eslingar, t.d.	14	espadanar, t.d, int.	4
esfumar, t.d, pr.	4	esmadrigar, t.d, int.	14	espadar, t.d.	4
esfumarar, t.d.	4	esmaecer, int, pr.	25	espadeirar, t.d.	4
esfumear, ♦ int, t.d.	15	esmagar, t.d, int, pr.	14	espadelar, t.d.	4
esfuracar, t.d.	12	esmaiar, t.d, t.i, int.	4	espaduar, t.d, int, pr.	4
esfuziar, int, t.d.	16	esmalhar, t.d.	4	espairecer, t.d, t.i, int, pr.	25
esfuzilar, int.	4	esmaltar, t.d, pr.	4	espaldear, ♦ t.d.	15
esgaçar, t.d, int, pr.	13	esmaniar, int.	16	espaldeirar, t.d.	4
esgadanhar, t.d, pr.	4	esmar, t.d, t.i.	4	espalhafatar, int.	4
esgadelhar, t.d.	4	esmechar, t.d.	4	espalhagar, t.d.	14
esgaivar, t.d.	4	esmechar, def. imp, int.	4	espalhar, t.d, int, pr.	4
esgaldripar, t.d.	4	esmeraldear, ♦ t.d.	15	espalmar, t.d, int, pr.	4
esgalgar, t.d.	14	esmerar, t.d, pr.	4	espamparar, t.d.	4
esgalhar, t.d, int, pr.	4	esmerilar, t.d, pr.	4	espanar, t.d.	4
esganar, t.d, pr.	4	esmerilhar, t.d, pr.	4	espanascar, t.d.	12
esganiçar, t.d, pr.	13	esmigalhar, t.d, pr.	4	espancar, t.d.	12
esgarabulhar, int.	4	esmiolar, t.d.	4	espandongar, **[Br.]**, t.d.	14
esgaratujar, t.d, int.	4	esmirrar-se, pr.	7	espanejar, t.d.	4
esgaravatar, t.d.	4	esmiuçar, t.d.	13 ('19)	espantar, t.d, int, pr.	4
esgaravatear, ♦ t.d.	15	esmiudar, t.d.	19	espapaçar, t.d, pr.	13
esgarçar, t.d, int, pr.	13	esmocar, t.d.	12	espapar, int, pr.	4
esgargalar, t.d.	4	esmochar, t.d.	4	espargir, t.d.	52
esgargalhar-se, pr.	7	esmoer, t.d, int.	28	espargir, def. p. 78, t.d.	52
esgarrar, t.d, t.i, int, pr.	4	esmolar, t.d, t.i, int.	4	esparralhar, t.d.	4
esgatanhar, t.d, pr.	4	esmoncar, t.d, pr.	12	esparramar, t.d, int, pr.	4
esgazear, ♦ t.d.	15	esmondar, t.d.	4	esparrar-se, **[Br.]**, pr.	7
esgoelar, t.d, int, pr.	4	esmordaçar, t.d.	13	esparregar, t.d.	14
esgorjar, t.d.	4	esmordicar, t.i, t.d.	12	esparrinhar, t.d, int.	4
esgotar, t.d, int, pr.	4	esmorecer, t.d, t.i, int.	25	espartilhar, t.d, pr.	4
esgrafiar, t.d.	16	emorraçar, t.d.	13	esparzir, def. p, t.d.	78
esgraminhar, t.d.	4	esmorrar, t.d.	4	esparmar, t.d, int, pr.	4
esgravatar, t.d.	4	esmoucar, t.d.	12	espatifar, t.d.	4
esgravatear, ♦ t.d.	15	esmurraçar, t.d.	13	espaventar, t.d, pr.	4

espavorecer, t.d, pr.	25	espionar, t.d, int.	4	esquadriar, t.d.	16
espavorir, def. p, t.d, pr.	79	espipar, int, t.d.	4	esquadrilhar, t.d.	4
espavorizar, t.d, pr.	4	espipocar, [Br.], def. imp, int.	12	esquadrinhar, t.d.	4
especar, t.d, int, pr.	12	espiralar, t.d, int, pr.	4	esquartejar, t.d.	4
espeçar, t.d.	13	espirar, t.d, int.	4	esquartelar, t.d.	4
especializar, t.d, pr.	4	espiritar, t.d, t.i.	4	esquecer, t.d, t.i, int, pr.	25
especificar, t.d.	12	espiritualizar, t.d, pr.	4	esquematizar, t.d.	4
especular, t.d, t.i, int.	4	espirrar, t.d, int.	4	esquentar, t.d, pr.	4
espedaçar, t.d.	13	esplandecer, int.	25	esquiar, int.	16
espedregar, t.d.	14	esplendecer, int.	25	esquifar, int, t.d.	4
espelhar, t.d, int, pr.	4	esplender, int.	5	esquifar-se, pr.	7
espeletear,♦ [Br.], int.	15	esplendorar, int.	4	esquilar, [Br.], t.d.	4
espenejar, t.d, pr.	4	espoar, t.d.	20	esquinar, t.d.	4
espenicar, t.d, pr.	12	espocar, [Br.], def. imp, int.	12	esquipar, t.d, pr, [Br : int.]	4
espenifrar, int.	4	espojar, t.d, pr.	4	esquivar, t.d, t.i, int, pr.	4
esperançar, t.d, pr.	13	espoldrar, t.d.	4	estabelecer, t.d, t.i, pr.	25
esperar, t.d, t.i, int.	4	espoletar, t.d.	4	estabilizar, t.d, pr.	4
esperdiçar, t.d.	13	espoletear,♦ [Br.], int.	15	estabular, t.d.	4
espermatizar, t.d.	4	espoliar, t.d, t.i.	16	estacar, t.d, int.	12
espernear,♦ int.	15	espolinar, t.d.	4	estacionar, int, t.c, t.d.	4
espernegar, int.	14	espolinhar-se, pr.	7	estadear,♦ t.d, pr.	15
espertar, t.d, int, pr.	4	esponjar, t.d.	4	estafar, t.d, int, pr.	4
espertinar, t.d, int.	4	espontar, t.d, int.	4	estafetar, [Br.], t.d, pr.	4
espescoçar, t.d, pr.	13	esporar, t.d, t.i.	4	estagiar, int.	16
espessar, t.d, pr.	4	esporear,♦ t.d, t.i, int.	15	estagnar, t.d, int, pr.	4
espetar, t.d, t.i, pr.	4	esporrar, [Br.], int, pr.	4	estaiar, t.d.	4
espevitar, t.d, pr.	4	esportular, t.d, pr.	4	estalar, t.d, int.	4
espezinhar, t.d.	4	esposar, t.d, t.i, pr.	4	estaleirar, [Br.], t.d.	4
espiar, t.d, int.	16	espostejar, t.d.	4	estalejar, t.d, int.	4
espicaçar, t.d.	13	espragatar-se, [Br.], pr.	7	estalicar, int.	12
espichar, t.d, int, pr.	4	espraiar, t.d, int, pr.	4	estalidar, int, t.d.	4
espicular, t.d.	4	espreguiçar, t.d, pr.	13	estambrar, t.d.	4
espigar, int, t.d, pr.	14	espreitar, t.d, int, pr.	4	estaminar, t.d.	4
espiguilhar, t.d.	4	espremer, t.d, pr.	5	estampar, t.d, pr.	4
espinafrar, [Br.], t.d.	4	espritar-se, [Br.], pr.	7	estampilhar, t.d.	4
espinçar, t.d.	13	espulgar, t.d, pr.	14	estancar, t.d, t.i, int, pr.	12
espingardear,♦ t.d.	15	espumar, t.d, int.	4	estanciar, int, pr.	16
espinhar, t.d.	4	espumejar, t.d, int.	4	estandardizar, t.d.	4
espinicar-se, pr.	12	esputar, int.	4	estanhar, t.d, [Br : pr.]	4
espinotear,♦ int.	15	esquadrar, t.d.	4	estapear,♦ t.d.	15
espiolhar, t.d.	4	esquadrejar, t.d.	4	estaquear,♦ t.d.	15

estar, ♦ pred, t.c, t.i, imp, pr.	10	estivar, t.d.	4	estrelejar, def. imp, int, t.d.	4
estardalhaçar, [Br.], int.	13	estocar, t.d.	12	estremar, t.d, t.i, pr.	4
estardalhar, [Br.], int.	4	estofar, t.d.	4	estremecer, t.d, int, pr.	25
estarrecer, t.d, int, pr.	25	estoirar, int.	4	estremunhar, t.d, int, pr.	4
estatelar, t.d, pr.	4	estojar, t.d.	4	estrepar, t.d, pr.	4
estatizar, t.d.	4	estomagar, t.d, pr.	12	estrepitar, int.	4
estatuar, t.d, pr.	4	estomentar, t.d.	4	estresir, t.d.	6
estatuir, ♦ t.d.	73	estonar, t.d.	4	estressar, t.d.	4
estazar, t.d.	4	estontear, ♦ t.d, pr.	15	estriar, t.d.	16
estear, ♦ t.d, t.i, pr.	15	estontecer, t. d.	25	estribar, t.d, t.i, pr.	4
esteirar, t.d.	4	estopar, t.d.	4	estribilhar, [Br.], t.d, int.	4
estender, t.d, t.i, int, pr.	5	estopetar, t.d.	4	estriçar, t.d.	13
estenografar, t.d.	4	estoquear, ♦ t.d.	15	estridular, int, t.d.	4
estenosar, t.d.	4	estorcegar, t.d, pr.	14	estrigar, t.d.	14
estenotipar, t.d.	4	estorcer, t.d, int, pr.	25	estrilar, [Br.], int.	4
estercar, t.d, int.	12	estornar, t.d.	4	estrincar, t.d.	12
estereotipar, t.d, pr.	4	estorricar, t.d, int.	12	estrinchar, int.	4
esterilizar, t.d, pr.	4	estorroar, t.d.	20	estringir, [Br.], t.d.	52
esterrecer, t.d.	25	estortegar, t.d.	14	estripar, t.d.	4
esterroar, t.d.	20	estorvar, t.d, t.i.	4	estroçar, t.d.	13
estertorar, int.	4	estourar, int, t.d.	4	estroinar, int.	4
estetizar, t.d.	4	estrabar, int.	4	estrompar, t.d.	4
estevar, int.	4	estraçalhar, [Br.], t.d, pr.	4	estroncar, t.d.	12
estiar, int, pr.	16	estracinhar, [Br.], t.d, pr.	4	estrondar, int.	4
esticar, t.d, int.	12	estraçoar, [Br.], t.d, pr.	20	estrondear, ♦ int.	15
estigmar, [Br.], t.d.	4	estradar, t.d, t.i.	4	estropear, ♦ int.	15
estigmatizar, t.d.	4	estrafegar, t.d, pr.	14	estropiar, t.d, pr.	16
estilar, t.d, int.	4	estragar, t.d, pr.	14	estrotejar, int.	4
estiletear, ♦ [Br.], t.d.	15	estralar, int.	4	estrouxar, [Br.], t.d.	4
estilhaçar, t.d, pr.	13	estralejar, int.	4	estrugir, [em geral, usado	
estilhar, t.d, pr.	4	estrangeirar, t.d.	4	nas 3ᵃˢ p.] int, t.d.	52
estilizar, t.d.	4	estrangular, t.d, pr.	4	estruir, ♦ t.d.	73
estimar, t.d, pr.	4	estranhar, t.d, pr.	4	estrumar, t.d, int.	4
estimular, t.d, t.i.	4	estransilhar-se, [Br.], pr.	7	estrupidar, int.	4
estingar, t.d.	14	estrapilhar, [Br.], t.d.	4	estruturar, t.d.	4
estinhar, t.d.	4	estratificar, t.d, pr.	12	estuar, int.	4
estiolar, t.d, int, pr.	4	estravar, int.	4	estucar, t.d, int.	12
estipendiar, t.d.	16	estrear, ♦ t.d, pr.	15	estuchar, t.d.	4
estipular, t.d.	4	estrebuchar, int, pr, t.d.	4	estudar, t.d, int.	4
estiraçar, t.d, pr.	13	estreitar, t.d, int, pr.	4	estufar, t.d.	4
estirar, t.d, pr.	4	estrelar, t.d, int, pr.	4	estugar, t.d.	14

estultificar, t.d, pr.	12	eviscerar, t.d.	4	exculpar, t.d, t.i, pr.	4
estumar, [Br.], t.d, t.i.	4	evitar, t.d, t.i.	4	excursionar, int.	4
estupefazer, ♦ part. irr, t.d.	31	evocar, t.d.	12	excutir, t.d.	6
estupeficar, t.d.	12	evolar-se, pr.	7	execrar, t.d, pr.	4
estupidificar, t.d, pr.	12	evolucionar, int, t.d.	4	executar, t.d.	4
estuporar, t.d, int, pr.	4	evoluir, ♦ int.	73	exemplar, [Br.], t.d.	4
estuprar, t.d.	4	evolver, int, t.i, pr.	5	exemplificar, t.d.	12
esturdiar, int.	16	exacerbar, t.d, pr.	4	exercer, t.d.	25
esturrar, t.d, int, pr.	4	exagerar, t.d, int, pr.	4	exercitar, t.d, t.i, pr.	4
esturricar, t.d.	12	exagitar, t.d, pr.	4	exerdar, t.d, pr.	4
esvaecer, t.d, int, pr.	25	exalar, t.d, pr.	4	exibir, t.d, pr.	6
esvair-se, ♦ pr, t.d.	68	exalçar, t.d, pr.	13	exigir, t.d, t.i.	52
esvanecer, t.d, pr.	25	exaltar, t.d, pr.	4	exilar, t.d, t.i, pr.	4
esvazar, [Br.], t.d, pr.	4	examinar, t.d, pr.	4	eximir, t.d, t.i, pr.	6
esvaziar, t.d, pr.	16	exarar, t.d.	4	exinanir, def. p, t.d, pr.	79
esventar, t.d.	4	exarticular, t.d.	4	existir, int.	6
esverdear, ♦ t.d, int.	15	exasperar, t.d, pr.	4	exonerar, t.d, t.i, pr.	4
esverdinhar, t.d, int, pr.	4	exatificar, t.d.	12	exorar, t.d, t.i.	4
esvidar, t.d.	4	exaurir, def. p. 78, [só usado		exorbitar, t.d, t.i, int.	4
esvidigar, t.d.	14	quando o *r* é seguido		exorcizar, t.d.	4
esviscerar, t.d.	4	de *e* ou *i*], t.d, pr.	78	exordiar, t.d, int.	16
esvoaçar, int, pr.	13	exaustar, t.d, pr.	4	exornar, t.d.	4
esvoejar, t.d.	4	exaustorar, t.d, t.i.	4	exortar, t.d, t.i.	4
esvurmar, t.d.	4	exarcerar, t.d.	4	expandir, t.d, pr.	6
eterificar, t.d.	12	exceder, t.d, t.i, pr.	5	expatriar, t.d, pr.	16
eterizar, t.d, pr.	4	exceler, def. p. 78, [só usado		expectar, int.	4
eternizar, t.d, pr.	4	quando o *l* é seguido		expectorar, t.d, int.	4
etimologizar, t.d, int.	4	de *e* ou *i*], int.	78	expedir, ♦ t.d, t.i, pr.	70
etiquetar, t.d.	4	excelir, def. p, VER *exceler*,		expedrar, t.d.	4
eufonizar, t.d.	4	int.	6	expelir, ♦ 2 part, t.d, t.i.	57
europeizar, [acento no *i*		excepcionar, t.d.	4	expender, t.d, t.i.	5
do radical], t.d, pr.	4 ('19)	exceptuar, t.d, t.i, int, pr.	4	experimentar, t.d, pr.	4
evacuar, t.d, int, pr.	4	excetuar, [Br.], t.d, t.i, int, pr.	4	expiar, t.d, pr.	16
evadir, t.d, pr.	6	excitar, t.d, t.i, int, pr.	4	expilar, t.d.	4
evangelizar, t.d.	4	exclamar, t.d, t.i, int.	4	expirar, t.d, int.	4
evaporar, t.d, int, pr.	4	excluir, ♦ t.d, t.i, pr.	73	explanar, t.d.	4
evaporizar, t.d, int, pr.	4	excogitar, t.d, int.	4	explicar, t.d, t.i, pr.	12
evencer, t.d.	25	excomungar, t.d.	14	explicitar, t.d.	4
eventrar, t.d.	4	excrescer, int.	25	explodir, def. p. 78, int, t.d.	78
everter, t.d.	5	excretar, t.d.	4	explorar, t.d.	4
evidenciar, t.d, pr.	16	excruciar, t.d, pr.	16	explotar, t.d.	4

expluir, ♦ int.	73
expor, ♦ part. irr, t.d, t.i, pr.	45
exportar, t.d.	4
expressar, 2 part, t.d, t.i, pr.	4
exprimir, 2 part, t.d, t.i, pr.	6
exprobar, t.d, t.i.	4
exprobrar, t.d, t.i.	4
expropriar, t.d, t.i.	16
expugnar, t.d.	4
expulsar, 2 part, t.d, t.i.	4
expungir, def. p. 78, t.d, t.i.	52
expurgar, t.d, t.i, pr.	14
exsicar, t.d.	12
exsolver, t.d.	5
exsuar, t.d, int.	4
exsudar, t.d, int.	4
exsurgir, int.	52
extasiar, t.d, pr.	16
extenuar, t.d, pr.	4
exteriorizar, t.d, pr.	4
exterminar, t.d, t.i.	4
externar, t.d, pr.	4
extinguir, 2 part, t.d, pr.	53
extirpar, t.d.	4
extorquir, def. p, t.d, t.i.	78
extraditar, t.d.	4
extrair, ♦ t.d, t.i.	68
extrapassar, t.d, int.	4
extrapolar, t.d.	4
extrapor, ♦ part. irr, t.d.	45
extratar, t.d.	4
extravaganciar, int, t.d.	16
extravagar, int.	14
extravasar, t.d, t.i, int, pr.	4
extraviar, t.d, pr.	16
extremar, t.d, pr.	4
exuberar, int, t.i, t.d.	4
exular, int.	4
exulcerar, t.d, pr.	4
exultar, int.	4
exumar, t.d.	4

$$\int$$

fabricar, t.d, t.i, int.	12
fabular, t.d, int, t.i.	4
fabulizar, t.d, t.i, int.	4
faccionar, t.d.	4
facear, ♦ t.d, t.i.	15
faceirar, [Br.], int.	4
facetar, t.d.	4
facetear, ♦ t.d, int.	15
fachear, ♦ [Br.], int.	15
fachear-se, ♦ [Br.], pr.	15
facilitar, t.d, t.i, int, pr.	4
facionar, t.d.	4
fac-similar, t.d.	4
factorar, t.d.	4
facturar, t.d, t.i, int.	4
facultar, t.d, t.i.	4
facundar, int.	4
fadar, t.d, t.i.	4
fadejar, int.	4
fadigar, t.d, int, pr.	14
fagulhar, int.	4
faiar, t.d.	4
faiscar, [acento no *i* do radical], int, t.d.	12 ('19)
faixar, t.d.	4
faixear, ♦ t.d.	15
falar, int, t.d, t.i, pr.	4
falazar, t.d, t.i.	4
falcaçar, t.d.	13
falcatruar, t.d.	4
falcoar, t.d.	20
falecer, int.	25

falhar, t.d, t.i, int.	4
falir, def. p, int, t.i.	79
falquear, ♦ t.d.	15
falquejar, t.d.	4
falsar, t.d, int.	4
falsear, ♦ t.d, t.i, int.	15
falsetear, ♦ t.d.	15
falsificar, t.d.	12
faltar, t.i, int.	4
familiarizar, t.d, t.i, pr.	4
famular, t.d, pr.	4
fanar, t.d.	4
fanar-se, pr.	7
fanatizar, t.d, pr.	4
fandangar, int.	14
fandanguear, ♦ int.	15
fanfarrear, ♦ int.	15
fanfarronar, int.	4
fanhosear, ♦ int, t.d.	15
fanicar, int.	12
fantasiar, t.d, int, pr.	16
faquear, ♦ [Br.], t.d.	15
faradizar, t.d.	4
farandolar, int.	4
fardar, t.d, pr.	4
farejar, t.d, int.	4
farfalhar, int.	4
farinar, t.d.	4
fariscar, t.d, int.	12
farpar, t.d, pr.	4
farpear, ♦ t.d.	15
farrapar, t.d.	4
farrear, [Br.], int.	15
farromear, ♦ [Br.], int.	15
farsantear, ♦ t.d, int.	15
farsolar, int.	4
fartar, 2 part, t.d, t.c, int, pr.	4
fascinar, t.d, int.	4
fasquiar, t.d.	16
fastar, t.d, int.	4
fatagear, ♦ int.	15

fatejar, [Br.], t.d.	4
fatiar, t.d.	16
fatigar, t.d, int, pr.	14
faturar, [Br.], t.d, t.i, int.	4
faular, t.d.	19
fautorizar, t.d.	4
favonear, ♦ t.d.	15
favoniar, t.d.	16
favorecer, t.d, pr.	25
faxinar, t.d.	4
fazer, ♦ part. irr, t.d, t.i, int, pr.	31
febricitar, int.	4
fechar, t.d, t.i, int, pr.	4
fecundar, t.d, int, pr.	4
feder, int, t.i.	5
federalizar, t.d.	4
federar, t.d.	4
feirar, int.	4
feitar, [Br.], t.d.	4
feitiar, t.d.	16
feitorar, [Br.], t.d.	4
feitoriar, [Br.], t.d.	16
feitorizar, [Br.], t.d.	4
felicitar, t.d, pr.	4
felpar, t.d.	4
feltrar, t.d, int.	4
feminizar, t.d, pr.	4
fenar, [Br.], int.	4
fender, t.d, int, pr.	5
fenecer, int.	25
fenestrar, t.d.	4
feriar, t.d, int, pr.	16
ferir, ♦ t.d, int, pr.	57
fermentar, t.d, int.	4
ferrar, t.d, t.i, t.c, int, pr.	4
ferretar, t.d.	4
ferretear, ♦ t.d.	15
ferretoar, t.d.	20
ferroar, t.d, int.	20
ferrolhar, t.d.	4
ferropear, ♦ t.d.	15
fertilizar, t.d, int, pr.	4
ferver, t.d, int.	5
fervilhar, int, t.i.	4
festar, [Br.], int.	4
festejar, t.d.	4
festoar, t.d.	20
festonar, t.d.	4
fiar, t.d, t.i, int.	16
fiar-se, pr.	16
ficar, t.c, t.i, t.d, pred, int, pr.	12
fichar, t.d.	4
figurar, t.d, t.i.	4
filar, t.d, t.i, int, pr.	4
filetar, t.d.	4
filhar, t.d, int.	4
filharar, int.	4
filiar, t.d, t.i.	16
filigranar, int, t.d.	4
filmar, t.d, int.	4
filosofar, int, t.i, t.d.	4
filtrar, t.d, t.i, int, pr.	4
fimbriar, t.d, t.i.	16
finalizar, t.d, int, pr.	4
financiar, t.d.	16
finar, int, pr.	4
fincar, t.d, t.i, pr.	12
findar, t.d, int.	4
fingir, t.d, int, pred, pr.	52
fintar, t.d, pr.	4
firmar, t.d, t.i, int, pr.	4
fiscalizar, t.d, int.	4
fisgar, t.d.	14
fistular, t.d, int, pr.	4
fitar, t.d, t.i, pr.	4
fixar, t.d, t.i, pr.	4
flabelar, t.d, int.	4
flagelar, t.d, pr.	4
flagiciar, t.d.	16
flagrar, [Br.], int, t.d.	4
flamar, t.d.	4
flambar, t.d.	4
flamear, ♦ int, t.d.	15
flamejar, def. imp, int, t.d.	4
flanar, int.	4
flanquear, ♦ t.d.	15
flautar, t.d, int.	4
flautear, ♦ int, t.d.	15
flavescer, int.	25
flechar, t.d, t.i, int.	4
flectir, ♦ t.d, int.	65
flertar, [Br.], int, t.i.	4
flexibilizar, t.d.	4
flexionar, t.d, pr.	4
flexuar, int.	4
florar, int, t.d.	4
florear, ♦ t.d, int.	15
florejar, int, t.d.	4
florescer, def. imp, int, t.d.	25
floretear, ♦ t.d, int.	15
florir, def. p, int, t.d.	79
fluidificar, t.d, pr.	12
fluir, int, t.c, t.i.	73
fluorescer, int.	25
flutuar, int, t.d, t.i.	4
fobar, [Br.], t.d, pr.	4
focalizar, t.d.	4
focar, t.d.	12
focinhar, t.d, t.i, int.	4
foder, t.d, int.	5
fofar, t.d, [Br : t.i., int.]	4
fofocar, [Br.], int.	12
foguear, ♦ t.d.	15
foguetear, ♦ int.	15
foiçar, t.d, int.	13
folear, ♦ [Br.], t.d.	15
folegar, int.	14
folgar, t.d, t.i, int.	14
folgazar, int.	4
folhar, t.d, int, pr.	4
folhear, ♦ t.d.	15
folhetear, ♦ t.d.	15

foliar, int.	16	fossar, t.d, int.	4	freirar, t.d, int, pr.	4
fomentar, t.d, pr.	4	fossilizar, t.d, pr.	4	fremir, def. p. 78, [só usado	
fonetizar, t.d.	4	fotear,♦ t.d.	15	quando o *m* é seguido	
fonfonar, int.	4	fotocopiar, t.d.	16	de *e* ou *i*], int, t.d.	78
fonofilmar, t.d.	4	fotografar, t.d, int.	4	frenar, t.d.	4
fonografar, t.d, pr.	4	fotogravar, t.d, int.	4	frender, int, t.d.	5
foragir-se, pr.	52	fotolitografar, t.d.	4	frenesiar, t.d, int, pr.	16
forcar, t.d.	12	fototipar, t.d.	4	frentear,♦ **[Br.]**, t.d.	15
forçar, t.d, t.i, pr.	13	fototipiar, t.d.	16	frequentar, t.d.	4
forcejar, t.i, int, pr.	4	fouçar, t.d.	13	fresar, t.d.	4
forjar, t.d.	4	fracassar, t.d, int.	4	fretar, t.d, t.i.	4
forjicar, t.d.	12	fracatear,♦ **[Br.]**, int.	15	fretejar, int.	4
formalizar, t.d, pr.	4	fraccionar, t.d, t.i, pr.	4	fretenir, def. imp, int.	6
formar, t.d, t.i, int, pr.	4	fracionar, *[Br.]*, t.d, t.i, pr.	4	friccionar, t.d, pr.	4
formigar, int, t.i.	14	fracturar, t.d.	4	frigir,♦ 2 part, t.d, int, pr.	63
formiguejar, int.	4	fradar-se, pr.	7	frigorificar, int, t.d.	12
formilhar, int.	4	fradejar, int.	4	frisar, t.d, int, t.i, pr.	4
formolizar, t.d.	4	fragalhotear,♦ int.	15	fritar, t.d, int.	4
formosear,♦ t.d, pr.	15	fragmentar, t.d, pr.	4	frondar, **[Br.]**, int.	4
formosentar, t.d, pr.	4	fragorar, int.	4	frondear,♦ t.d, int.	15
formular, t.d, pr.	4	fraguar, t.d.	4	frondejar, t.d, int.	4
fornear,♦ int.	15	fraldar, t.d, pr.	4	frondescer, t.d, int.	25
fornecer, t.d, t.i, pr.	25	fraldear,♦ t.d.	15	frontear,♦ t.d, .t.i	15
fornejar, int.	4	fraldejar, t.d, int.	4	fronteirar, t.d.	4
fornicar, int, t.d.	12	francear,♦ t.d, int.	15	frufrulhar, **[Br.]**, int.	4
fornir, def. p, t.d, t.i.	79	francesiar, int.	16	frufrutar, **[Br.]**, int.	4
forquear,♦ t.d, pr.	15	frangalhar, t.d.	4	fruir,♦ t.d, t.i.	73
forquilhar, t.d.	4	frangalhotear,♦ int.	15	frustrar, t.d, pr.	4
forragear,♦ t.d, int.	15	franger, t.d, pr.	26	frutar, t.d.	4
forrar, t.d, t.i.	4	frangir, t.d, pr.	52	frutear,♦ int, t.d.	15
forrar-se, pr.	7	franguear,♦ **[Br.]**, int.	15	frutescer, int.	25
fortalecer, t.d, pr.	25	franjar, t.d, t.c.	4	frutificar, def. imp, int, t.d.	12
fortalezar, t.d.	4	franquear,♦ t.d, t.i.	15	fubecar, **[Br.]**, t.d.	12
fortificar, t.d, pr.	12	franzir, t.d, pr.	6	fuçar, **[Br.]**, t.d.	13
fortunar, t.d, pr.	4	fraquejar, int.	4	fugar, t.d.	14
foscar, t.d.	12	frasear,♦ int, t.d.	15	fugir,♦ int, t.d, pr.	62
fosforar, t.d.	4	fraternizar, t.d, t.i, int.	4	fujicar, **[Br.]**, t.d.	12
fosforear,♦ int.	15	fraudar, t.d, t.i, pr.	4	fulgir, def. p, int, t.d.	78
fosforejar, def. imp, int.	4	frautear,♦ int.	15	fulgurar, int.	4
fosforescer, int.	25	frear,♦ t.d, int.	15	fulminar, t.d, t.i, int.	4
fosforizar, t.d.	4	frechar, t.d, t.i, int.	4	fumaçar, int, [Br : t.d.]	13

fumar, t.d, int. — 4
fumarar, t.d, int. — 4
fumear,♦ int, t.d. — 15
fumegar, int, t.d. — 14
fumigar, t.d. — 14
funcionalizar-se, pr. — 7
funcionar, int. — 4
fundamentar, t.d, t.i, pr. — 4
fundar, t.d, t.i, t.c, int, pr. — 4
fundear,♦ int. — 15
fundilhar, t.d. — 4
fundir, t.d, t.i, int. — 6
fundir-se, pr. — 6
funestar, t.d, int. — 4
fungar, t.d, int. — 14
furacar, t.d. — 12
furar, t.d, int. — 4
furdunçar, [Br.], int. — 13
furoar, t.d. — 20
furtar, t.d, t.i, int, pr. — 4
furungar, [Br.], t.i, int. — 14
fusionar, t.d. — 4
fustigar, t.d. — 14
futicar, [Br.], t.d. — 12
futilizar, t.d, int. — 4
futricar, t.d, int. — 12
futucar, [Br.], t.d. — 12
fuxicar, t.d, int. — 12
fuzarquear,♦ [Br.], int. — 15
fuzilar, t.d, int. — 4

g

gabar, t.d, pr. — 4
gabionar, t.d. — 4

gadanhar, t.d. — 4
gadunhar, [Br.], t.d, int. — 4
gafar, t.d, int, pr. — 4
gaguejar, int, t.d. — 4
gaiatar, int. — 4
gaifonar, int. — 4
gaitear,♦ int, t.d. — 15
gaivar, t.d. — 4
galanear,♦ int, t.d. — 15
galantear,♦ t.d, int. — 15
galar, t.d. — 4
galardoar, t.d. — 20
galear,♦ int. — 15
galgar, t.d, t.i, int. — 14
galhardear,♦ int, t.d. — 15
galhofar, int, t.i, t.d. — 4
galhofear,♦ int, t.i, t.d. — 15
galiciparlar, int. — 4
galicismar, int. — 4
galicizar, int. — 4
galimatizar, int. — 4
galivar, t.d. — 4
galonar, t.d. — 4
galopar, int, t.d. — 4
galopear,♦ [Br.], t.d, int. — 15
galopinar, int. — 4
galrar, int. — 4
galrear,♦ int. — 15
galrejar, int, t.d. — 4
galvanizar, t.d. — 4
galvanotipar, t.d. — 4
gamar, [Br.], t.i, int. — 4
gambelar, [Br.], t.d. — 4
gambetear,♦ t.d, [Br : int.] — 15
gamenhar, [Br.], int. — 4
gananciar, t.d. — 16
ganchar, t.d. — 4
gandaiar, int. — 4
gandular, [Br.], int. — 4
gangrenar, t.d, int, pr. — 4
ganhar, 2 part, t.d, t.i, int. — 4

ganiçar, [Br.], int. — 13
ganir, def. imp, int. — 6
gapinar, [Br.], t.d. — 4
gapuiar, [Br.], int. — 4
garabulhar, t.d. — 4
garalhar, [Br.], int. — 4
garançar, t.d. — 13
garantir, t.d, t.i. — 6
garatujar, t.d, int. — 4
garavetar, int. — 4
garfar, t.d, int. — 4
garfiar, [Br.], int. — 16
gargalaçar, t.d, int. — 13
gargalhadear,♦ int. — 15
gargalhar, int. — 4
gargantear,♦ int, t.d. — 15
gargarejar, t.d, int. — 4
garguitear,♦ [Br.], int, t.d. — 15
garimpar, [Br.], int. — 4
garnear,♦ t.d. — 15
garnir, t.d. — 6
garoar, [Br.], def. imp, int. — 20
garotar, int. — 4
garrar, t.d, int. — 4
garrear,♦ [Br.], t.d, int. — 15
garrir, def. p, int, pr. — 79
garrochar, t.d. — 4
garrotar, t.d. — 4
garrotear,♦ t.d. — 15
garruchar, [Br.], int. — 4
garrular, int. — 4
garuar, [Br.], def. imp, int. — 4
gasalhar, t.d. — 4
gasear,♦ t.d. — 15
gaseificar, t.d, pr. — 12
gasguitar, [Br.], int. — 4
gasguitear,♦ [Br.], int. — 15
gasificar, t.d, pr. — 12
gaspear,♦ t.d. — 15
gastar, 2 part, t.d, t.i, int, pr. — 4
gatafunhar, t.d. — 4

gatear,♦ t.d, int.	15
gatinhar, int.	4
gatunar, t.d, int.	4
gatunhar, [Br.], t.d, int.	4
gaturar, [Br.], t.d.	4
gaturrar, [Br.], t.d.	4
gauchar, [Br.], int.	19
gaucherear,♦ [Br.], int.	15
gauderiar, [Br.], t.d, int.	16
gavar, t.d, int.	4
gavionar, [Br.], int.	4
gazear,♦ int, t.d.	15
gazetear,♦ int.	15
gear,♦ def. imp, int, t.d.	15
gebar, t.d.	4
gelar, t.d, int, pr.	4
gelatinizar, t.d, pr.	4
gemar, t.d, int.	4
gemelhicar, int.	12
gemer, int, t.d.	5
gemicar, int.	12
geminar, t.d.	4
generalizar, t.d, int, pr.	4
genrear,♦ [Br.], int.	15
gentilizar, t.d, int.	4
genuflectir,♦ int, t.d.	65
genufletir,♦ [Br.], int, t.d.	65
geografar, [Br.], t.d.	4
geometrizar, t.d.	4
gerar, t.d, int, pr.	4
gerenciar, t.d.	16
gerir,♦ t.d.	57
germanar, t.d, pr.	4
germanizar, t.d, pr.	4
germinar, def. imp, int.	4
gessar, t.d.	4
gesticular, int, t.d.	4
gigantear,♦ int.	15
ginetear,♦ [Br.], int.	15
gingar, int.	14
girar, int, t.d, t.i.	4

girogirar, int.	4
girovagar, int.	14
gizar, t.d.	4
gladiar, t.i, pr.	16
glomerar, t.d.	4
gloriar, t.d, pr.	16
glorificar, t.d, pr.	12
glosar, t.d, int.	4
gloterar, int.	4
glotorar, int.	4
glutinar, t.d.	4
goderar, int, [Br: t.d.]	4
goelar, int.	4
gofar, t.d.	4
goivar, t.d, pr.	4
golear,♦ [Br.], int.	15
golejar, int, t.d.	4
golelhar, int.	4
golfar, t.d, int.	4
golfejar, t.d, int.	4
golpear,♦ t.d, [Br: pr.]	15
gondolar, int.	4
gongar, [Br.], t.d.	14
gongorizar, t.d, int.	4
gorar, t.d, int, pr.	4
gorgolar, int.	4
gorgolejar, int, t.d.	4
gorgolhar, int.	4
gorjear,♦ int, t.d.	15
gornir, t.d.	6
gosmar, t.d, int.	4
gostar, t.i, t.d, pr.	4
gotear,♦ int, t.d.	15
gotejar, int, t.d.	4
governar, t.d, t.c, int, pr.	4
gozar, t.d, t.i, int, pr.	4
gracejar, int, t.d, t.i.	4
gracitar, int.	4
graçolar, int.	4
gradar, t.d, int.	4
gradear,♦ t.d.	15

gradecer, int.	25
gradinar, t.d, int.	4
graduar, t.d, t.i, pr.	4
grafar, t.d.	4
gralhar, int.	4
gramar, t.d.	4
gramaticar, int, [Br: t.d.]	12
grampar, t.d.	4
grampear,♦ t.d.	15
granar, t.d, int, [Br: int.]	4
granear,♦ [Br.], int.	15
granir, t.d.	6
granitar, t.d.	4
granizar, int, t.d.	4
granjear,♦ t.d, t.i.	15
granular, t.d.	4
grasnar, def. imp, int, t.d.	4
grasnir, def. imp, int, t.d.	6
grassar, def. imp, int.	4
gratear,♦ t.d.	15
gratificar, t.d, t.i, int.	12
gratular, t.d.	4
gravar, t.d, t.i, pr.	4
gravatear,♦ [Br.], t.d.	15
gravetar, int.	4
gravidar, t.d, pr.	4
gravitar, t.i, int.	4
gravotear,♦ t.d.	15
graxear,♦ [Br.], int.	15
grazinar, int, t.d.	4
grecizar, t.d.	4
greguejar, int.	4
grelar, int, t.d.	4
grelhar, t.d.	4
gretar, t.d, int, pr.	4
grifar, t.d.	4
grilar, [Br.], t.d, int, pr.	4
grimpar, int, t.d.	4
grinaldar, t.d.	4
grinfar, int.	4
gripar, int.	4

gripar-se, [Br.], pr.	7
grisalhar, int.	4
grisar, t.d, [Br : int.]	4
gritar, int, t.i, t.d.	4
grivar, int.	4
grosar, t.d.	4
grudar, t.d, int, pr.	4
grugrulhar, [Br.], def. imp, int.	4
grugulejar, def. imp, int.	4
grugunzar, [Br.], int.	4
gruir, ♦ int.	73
grulhar, int.	4
grumar, t.d, int, pr.	4
grumecer, t.d, int, pr.	25
grunhir, def. p. 78, int, t.d.	6
grupar, t.d.	4
guaiar, int, t.d.	4
gualdir, t.d.	6
gualdripar, t.d.	4
guampear, ♦ [Br.], t.d.	15
guapear, ♦ [Br.], int.	15
guapetonear, ♦ [Br.], int.	15
guardar, t.d, t.i, pr.	4
guardear, ♦ t.d.	15
guarecer, t.d, int, pr.	25
guarir, t.d, int, pr.	6
guarnecer, t.d, t.i.	25
guarnir, ♦ def. p, t.d.	79
guasquear, ♦ [Br.], t.d.	15
guerrear, ♦ t.d, int.	15
guerrilhar, int.	4
guiar, t.d, t.i, int, pr.	16
guilhotinar, t.d.	4
guinar, int, t.d.	4
guinchar, int, t.d.	4
guindar, t.d, t.i, pr.	4
guisar, t.d.	4
guitarrear, ♦ int, t.d.	15
guizalhar, t.d, [Br : int.]	4
gulosar, int.	4
gungunar, [Br.], t.d, int.	4

gurnir, [Br.], int, t.d.	6
guturalizar, t.d.	4

habilitar, t.d, t.i, t.c, pr.	4
habitar, t.d, t.c.	4
habituar, t.d, t.i, pr.	4
hachurar, t.d.	4
haraganar, [Br.], int.	4
haraganear, ♦ [Br.], int.	15
harmonizar, t.d, t.i, int, pr.	4
harpar, t.d, pr.	4
harpear, ♦ t.d, int.	15
harpejar, t.d, int.	4
hastear, ♦ t.d, pr.	15
haurir, def. p. 78, t.d.	6
haver, ♦ t.d, int, t.i, pr,	
imp, aux.	2
hebetar, t.d.	4
hebraizar, [acento no *i*	
do radical], int.	4 ('19)
heleborizar, t.d.	4
helenizar, t.d, int.	4
hematosar, t.d, pr.	4
hemolisar, t.d.	4
hepatizar-se, pr.	7
herborizar, int.	4
herdar, t.d, t.i.	4
heroificar, t.d.	12
hesitar, int, t.i, t.d.	4
hiatizar, t.d.	4
hibernar, int.	4
hidratar, t.d.	4

hidrogenar, t.d, pr.	4
hiemalizar, t.d.	4
hierarquizar, t.d.	4
hifenizar, t.d.	4
higienizar, t.d.	4
hilarizar, t.d.	4
hinir, def. imp, int.	6
hiperestesiar, t.d.	16
hipertrofiar, t.d.	16
hipnotizar, t.d, pr.	4
hipostasiar-se, pr.	16
hipotecar, t.d, t.i.	12
hispar-se, [Br.], pr.	7
hispidar-se, pr.	4
hissopar, t.d.	4
historiar, t.d, t.i.	16
homenagear, ♦ t.d.	15
homiliar, t.d.	16
homiziar, t.d, pr.	16
homogeneizar, [acento	
no *i* do radical], t.d.	4 ('19)
homologar, t.d.	14
honestar, t.d, pr.	4
honestizar, t.d.	4
honorar, t.d.	4
honorificar, t.d.	12
honrar, t.d, pr.	4
horoscopar, int.	4
horoscopizar, int.	4
horripilar, t.d, pr.	4
horrorizar, t.d, int, pr.	4
hortar, t.d, [Br : int.]	4
hospedar, t.d, pr.	4
hospitalar, t.d.	4
hospitalizar, t.d.	4
hostilizar, t.d.	4
humanar, ,t.d pr.	4
humanizar, t.d, pr.	4
humectar, t.d.	4
humedecer, t.d, pr.	25
humidificar, t.d, int, pr.	12

humildar, t.d, pr. — 4

humilhar, t.d, t.i, int, pr. — 4

i

iberizar, t.d. — 4

içar, t.d. — 13

idealizar, t.d, pr. — 4

idear, [acento no *e* do radical], t.d. — 15 ('19)

identificar, t.d, t.i, pr. — 12

idiotar, [**Br.**], t.d, int, pr. — 4

idiotizar, t.d. — 4

idolatrar, t.d, int. — 4

ignizar-se, pr. — 7

ignominiar, t.d. — 16

ignorar, t.d, pr. — 4

igualar, t.d, t.i, pr. — 4

igualizar, t.d. — 4

ilaquear, ♦ t.d, int, pr. — 15

ilegalizar, t.d. — 4

ilhar, t.d, pr. — 4

ilibar, t.d. — 4

iliçar, t.d. — 13

ilidir, t.d. — 6

iligar, t.d. — 14

iludir, t.d, pr. — 6

iluminar, t.d, pr. — 4

ilustrar, t.d, pr. — 4

ilutar, t.d. — 4

imaginar, t.d, t.i, int, pr. — 4

imanar, t.d. — 4

imanizar, t.d. — 4

imantar, t.d. — 4

imaterializar, t.d, pr. — 4

imbecilizar, t.d, pr. — 4

imbicar, t.d. — 12

imbricar, t.d, pr. — 12

imbuir, ♦ t.d, t.i. — 73

imediatar, int. — 4

imergir, def. p, 2 part, t.d, t.c, pr. — 78

imigrar, int. — 4

imiscuir-se, ♦ pr. — 74

imitar, t.d. — 4

imitir, t.d. — 6

imobilizar, t.d, pr. — 4

imolar, t.d, t.i, pr. — 4

imortalizar, t.d, pr. — 4

impacientar, t.d, pr. — 4

impaludar, t.d, pr. — 4

impar, int, t.d. — 4

imparcializar, t.d. — 4

impassibilizar, t.d, pr. — 4

impedir, ♦ t.d, t.i. — 70

impelir, ♦ t.d, t.i. — 57

impender, t.i, int. — 5

imperar, int, t.d. — 4

imperfeiçoar, t.d. — 20

impermeabilizar, t.d. — 4

impermear, ♦ t.d. — 15

impersonalizar, t.d. — 4

impessoalizar, t.d. — 4

impetar, t.d. — 4

impeticar, t.i. — 12

impetrar, t.d, t.i. — 4

impingir, t.d, t.i. — 52

implantar, t.d, t.c, pr. — 4

implementar, t.d. — 4

implicar, t.d, t.i, int, pr. — 12

implorar, t.d, t.i, int. — 4

impopularizar, t.d, pr. — 4

impor, ♦ part. irr, t.d, t.i, int, pr. — 45

importar, t.d, t.i, int, pr. — 4

importunar, t.d. — 4

impossibilitar, t.d, t.i. — 4

impostar, t.d. — 4

imposturar, int. — 4

imprecar, t.d, t.i, int. — 12

impregnar, t.d, t.i, pr. — 4

imprensar, t.d. — 4

impressionar, t.d, int, pr. — 4

imprestabilizar, t.d, pr. — 4

imprimar, t.d. — 4

imprimir, 2 part, t.d, t.i, pr. — 6

improbar, t.d. — 4

impronunciar, [**Br.**], t.d. — 16

improperar, t.d. — 4

impropriar, t.d, t.i, pr. — 16

improvar, t.d. — 4

improvisar, t.d, int, pr. — 4

impugnar, t.d. — 4

impulsar, t.d, t.i. — 4

impulsionar, t.d, t.i. — 4

impurificar, t.d. — 12

imputar, t.d, t.i. — 4

imunizar, t.d, t.i. — 4

imutar, t.d. — 4

inabilitar, t.d, t.i, pr. — 4

inactivar, t.d, pr. — 4

inadaptar, t.d. — 4

inadestrar, t.d. — 4

inadimplir, t.d. — 6

inalar, t.d. — 4

inanir, def. p. 78, t.d, pr. — 6

inativar, [*Br.*], t.d. — 4

inaugurar, t.d, t.i, pr. — 4

incandescer, t.d, int. — 25

incapacitar, t.d, t.i, pr. — 4

incardinar, t.d. — 4

incender, t.d, pr. — 5

incendiar, ♦ t.d, pr. — 17

incensar, t.d, int. — 4

incentivar, t.d. — 4

incertar, t.d. — 4

incestar, t.d, int.	4	indocilizar, t.d, pr.	4	informar, t.d, t.i, int, pr.	4
inchar, t.d, int, pr.	4	indulgenciar, t.d.	16	infortunar, t.d.	4
incidir, t.i, t.d.	6	indultar, t.d, pr.	4	infringir, t.d.	52
incinerar, t.d, pr.	4	industrializar, t.d, pr.	4	infuleimar, [Br.], t.d, pr.	4
incisar, t.d.	4	industriar, t.d, t.i, pr.	16	infundir, t.d, t.i, pr.	6
incitar, t.d, t.i, pr.	4	indutar, t.d.	4	infunicar, t.d.	12
inclinar, t.d, t.i, int, pr.	4	induzir, ♦ t.d, t.i, int.	72	infusar, [Br.], int.	4
incluir, ♦ 2 part, t.d, t.i, pr.	73	inebriar, t.d, pr.	16	ingerir, ♦ t.d, t.i.	57
incoar, t.d.	20	inerciar, t.d.	16	inglesar, t.d, pr.	4
incomodar, t.d, int, pr.	4	inerir, ♦ t.i.	57	ingressar, t.c.	4
incompatibilizar, t.d, t.i, pr.	4	inervar, t.d.	4	ingurgitar, t.d, int, pr.	4
inconfortar, t.d.	4	inexistir, int.	6	inibir, t.d, t.i, pr.	6
incorporar, t.d, t.i, int, pr.	4	infamar, t.d, pr.	4	iniciar, t.d, t.i.	16
incorrer, t.i, t.d.	5	infantilizar, t.d, pr.	4	inimistar, t.d, t.i.	4
incrementar, t.d.	4	infeccionar, t.d, int, pr.	4	inimizar, t.d, t.i, int, pr.	4
increpar, t.d, t.i.	4	infecionar, [Br.], t.d, int, pr.	4	injectar, t.d, pr.	4
incriminar, t.d, t.i, pr.	4	infectar, t.d, int, pr.	4	injetar, [Br.], t.d, pr.	4
incruentar, t.d.	4	infecundar, t.d.	4	injungir, def. p. 78, t.d, t.i.	52
incrustar, t.d, t.c, pr.	4	infelicitar, t.d, pr.	4	injuriar, t.d, pr.	16
incubar, t.d, int, pr.	4	inferiorizar, t.d, pr.	4	inocentar, t.d, pr.	4
inculcar, t.d, pr.	12	inferir, ♦ t.d, t.i.	57	inocular, t.d, t.i, pr.	4
inculpar, t.d, pr.	4	infernar, t.d, pr.	4	inorar, [Br.], t.d, int.	4
incumbir, t.d, t.i, pr.	6	infernizar, t.d.	4	inovar, t.d.	4
incutir, t.d, t.i.	6	infertilizar, t.d, pr.	4	inquerir, t.d.	6
indagar, t.d, t.i.	14	infestar, t.d.	4	inquietar, t.d, pr.	4
indeferir, ♦ t.d.	57	infetar, t.d, int, pr.	4	inquinar, t.d.	4
indemnizar, t.d, t.i, pr.	4	infibular, t.d.	4	inquirir, t.d, t.i, int.	6
indenizar, [Br.], t.d, t.i, pr.	4	inficionar, t.d, int, pr.	4	insalivar, t.d.	4
independentizar, t.d, pr.	4	infiltrar, t.d, t.i, pr.	4	inscrever, part. irr, t.d, t.c.	5
indeterminar, t.d.	4	infingir, t.d, int, pr.	52	insculpir, def. p. 78, t.d,	
indexar, t.d.	4	infirmar, t.d.	4	t.i, pr.	6
indicar, t.d, t.i.	12	inflacionar, t.d.	4	inseminar, t.d.	4
indiciar, t.d.	16	inflamar, t.d, pr.	4	insensibilizar, t.d, pr.	4
indigestar, [Br.], int, pr.	4	inflar, t.d, int, pr.	4	inserir, ♦ 2 part, t.d, t.c, pr.	57
indigitar, t.d, t.i.	4	inflectir, ♦ [1ª p. sing. pres.		insidiar, t.d.	16
indignar, t.d, pr.	4	ind. não usual], t.d, t.i.	65	insimular, t.d, t.i.	4
indisciplinar, t.d, pr.	4	infletir, ♦ [1ª p. sing. pres.		insinuar, t.d, t.i, pr.	4
indispor, ♦ part. irr, t.d,		ind. não usual], t.d, int, pr.	65	insistir, t.i, int.	6
t.i, pr.	45	infligir, t.d, t.i.	52	insolar, t.d, int.	4
individualizar, t.d, pr.	4	influenciar, t.d, pr.	16	insossar, t.d.	4
individuar, t.d, pr.	4	influir, ♦ t.d, t.i, int, pr.	73	inspeccionar, t.d.	4

inspecionar, [Br.], t.d.	4
inspectar, t.d.	4
inspetar, [Br.], t.d.	4
inspirar, t.d, t.i, pr.	4
inspissar, t.d, pr.	4
instalar, t.d, t.i, pr.	4
instar, t.d, t.i, int.	4
instaurar, t.d.	4
instigar, t.d, t.i.	14
instilar, t.d, t.i, pr.	4
institucionalizar, t.d, pr.	4
instituir, ♦ t.d, t.i.	73
instruir, ♦ t.d, t.i, pr.	73
instrumentar, t.d, int.	4
insubordinar, t.d, pr.	4
insuflar, t.d, t.i.	4
insular, t.d, pr.	4
insultar, t.d.	4
insurgir, t.d, t.i, pr.	52
insurreccionar, t.d, pr.	4
insurrecionar, [Br.], t.d, pr.	4
integralizar, t.d.	4
integrar, t.d, pr.	4
inteirar, t.d, t.i, pr.	4
inteiriçar, t.d, pr.	13
intelectualizar, t.d, pr.	4
intencionar, t.d.	4
intender, t.d, pr.	5
intensar, t.d, pr.	4
intensificar, t.d, pr.	12
intentar, t.d.	4
interagir, int.	52
intercalar, t.d, t.i, pr.	4
interceder, t.i.	5
interceptar, t.d.	4
intercomunicar-se, pr.	12
interdepender, int.	5
interditar, t.d.	4
interdizer, ♦ part. irr, t.d, t.i.	29
interespacejar, t.d.	4
interessar, t.d, t.i, int, pr.	4

interferir, ♦ t.i.	57
interfoliar, t.d.	16
interinar, int.	4
interlaçar, t.d.	13
interligar, t.d, pr.	14
intermear, ♦ t.d.	15
intermediar, ♦ t.d, t.i, int.	17
intermeter, t.d, t.i.	5
intermitir, int.	6
internacionalizar, t.d, pr.	4
internar, t.d, pr.	4
interpelar, t.d.	4
interpenetrar-se, pr.	7
interpolar, t.d, t.i.	4
interpor, ♦ part. irr, t.d, pr.	45
interpender, t.d.	5
interpresar, t.d.	4
interpretar, t.d.	4
inter-relacionar-se, pr.	7
interrogar, t.d, t.i, int, pr.	14
interromper, t.d, pr.	5
interserir, ♦ um só part, t.d, t.i.	57
intertecer, t.d, t.i, pr.	5
intervalar, t.d, t.i, pr.	4
interver, ♦ part. irr, t.d, pr.	40
intervir, ♦ part. irr, t.i, int.	67
intimar, t.d, t.i, int.	4
intimidar, t.d, int, pr.	4
intitular, t.d, pr.	4
intoxicar, t.d, pr.	12
intranquilizar, t.d, pr.	4
intransitivar, t.d.	4
intricar, t.d, pr.	12
intrigar, t.d, t.i, int, pr.	14
intrincar, t.d, pr.	12
introduzir, ♦ t.d, t.c, pr.	72
introjetar, t.d.	4
intrometer, t.i.	5
introrsar, t.d, pr.	4
introverter, t.d, pr.	5

intrujar, t.d, int, pr.	4
intrujir, t.d.	6
intuicionar, t.d, int.	4
intuir, ♦ t.d, int.	73
intumescer, t.d, int, pr.	25
inturgescer, t.d, int, pr.	25
inumar, t.d.	4
inundar, t.d, int, pr.	4
inutilizar, t.d, pr.	4
invadir, t.d.	6
invaginar, t.d, pr.	4
invalescer, int.	25
invalidar, t.d, pr.	4
invectivar, t.d.	4
invejar, t.d, int.	4
invencionar, t.d.	4
inventar, t.d, int.	4
inventariar, t.d.	16
invernar, t.i, int, [Br : t.d.]	4
inverter, t.d, int, pr.	5
investigar, t.d.	14
investir, ♦ t.d, t.i, int, pr.	54
inveterar, t.d, t.i, pr.	4
inviabilizar, t.d.	4
inviscerar, t.d.	4
invisibilizar-se, pr.	7
invitar, t.d.	4
invocar, t.d.	12
inzonar, [Br.], t.d.	4
iodar, t.d.	4
ir, ♦ int, t.c, t.i, pred, pr.	66
irar, t.d, pr.	4
iriar, t.d, int, pr.	16
irisar, t.d, int, pr.	4
irizar, [Br.], int.	4
irmanar, t.d, t.i, pr.	4
ironizar, t.d, int.	4
irracionalizar, t.d.	4
irradiar, t.d, t.i, int, pr.	16
irresponsabilizar, t.d, pr.	4
irrigar, t.d.	14

irritar, t.d.	4
irrogar, t.d, t.i.	14
irromper, int.	5
irrorar, t.d.	4
iscar, t.d, t.i, pr.	12
isentar, 2 part, t.d, t.i, pr.	4
isolar, t.d, t.i, int, pr.	4
italianizar, t.d, pr.	4
iterar, t.d.	4

j

jacobinizar, t.d, pr.	4
jactar-se, pr.	7
jacular, t.d, int.	4
jaezar, t.d, pr.	4
janotar, int.	4
janotear, ♦ int.	15
jantar, int, t.d.	4
japonesar, t.d.	4
japonizar, t.d.	4
jardinar, t.d, int.	4
jarretar, t.d.	4
jaspear, ♦ t.d.	15
jatar-se, pr.	7
javrar, t.d.	4
jazer, int, pred, pr.	33
jejuar, int, t.i.	4
jiboiar, [Br, acento no *o*	
do radical], int, t.d.	4 ('19)
joeirar, t.d.	4
jogar, t.d, t.i, int, pr.	14
joguetar, int.	4
joguetear, ♦ int.	15
jongar, [Br.], int.	14

jornadear, ♦ int, t.c, t.d.	15
jorrar, int, t.d.	4
jovializar, t.d, int.	4
jubilar, t.d, int, pr.	4
judaizar, [acento no *i* do	
radical], int, t.d.	4 ('19)
judiar, t.d.	16
judiciar, int.	16
jugadar, t.d.	4
jugar, t.d.	14
jugular, t.d.	4
julgar, t.d, t.i, int, pr.	14
juncar, t.d, t.i.	12
jungir, def. p, [em geral	
usado nas 3ᵃˢpess.] t.d, t.i.	78
juntar, 2 part, t.d, t.i, int, pr.	4
juramentar, t.d, pr.	4
jurar, t.d, t.i, int.	4
jurisdicionar, t.d.	4
justapor, ♦ part. irr, t.d,	
t.i, pr.	45
justar, int, t.d, t.i.	4
justiçar, t.d.	13
justificar, t.d, pr.	12
juvenescer, t.d, pr.	25

l

labializar, t.d.	4
laborar, int, t.d, t.i.	4
labrear, ♦ [Br.], t.d.	15
labutar, int, t.d.	4
labuzar, t.d.	4
lacaiar, [Br.], t.d.	4
laçar, t.d, pr.	13

lacerar, t.d, pr.	4
laconizar, t.d, int.	4
lacranar, [Br.], t.d.	4
lacrar, t.d.	4
lacrear, ♦ t.d.	15
lacrimar, int.	4
lacrimejar, int, t.d.	4
lactar, t.d, int.	4
ladear, ♦ t.d, int.	15
ladrar, [1ᵃ p. sing. pres. ind.	
não usual] int, t.d.	4
ladrilhar, t.d, int.	4
ladroar, t.d.	20
ladroeirar, int.	4
lagartear, ♦ [Br.], int.	15
lagrimar, int.	4
lagrimejar, t.d, int.	4
laicificar, t.d.	12
laicizar, t.d.	4
laivar, t.d.	4
lajear, ♦ t.d, pr.	15
lambancear, ♦ [Br.], int.	15
lambar, [Br.], t.d.	4
lambarar, int.	4
lambazar, t.d.	4
lamber, t.d, int, pr.	5
lambetear, ♦ [Br.], int.	15
lambiscar, t.d, int.	12
lambrecar, t.d.	12
lambrisar, [Br.], t.d.	4
lambuçar, t.d, pr.	13
lambujar, int.	4
lambuzar, t.d, pr.	4
lamelar, t.d, int.	4
lamentar, t.d, pr.	4
laminar, t.d.	4
lampadejar, def. imp, int.	4
lampejar, def. imp, int, t.d.	4
lamuriar, int, pr, t.d.	16
lançar, t.d, t.i, int, pr.	13
lancear, ♦ t.d, [Br : int.]	15

lancetar, t.d.	4	laxar, t.d.	4	lexicografar, t.d.	4
lanchar, [Br.], int, t.d.	4	lazarar, t.d.	4	liar, t.d, pr.	16
lancinar, t.d.	4	lealdar, t.d.	4	libar, t.d, int.	4
languescer, int.	25	lecionar, t.d, t.i, int, pr.	4	libelar, int.	4
languir, def. p. 78, int.	53	legalizar, t.d.	4	liberalizar, t.d, t.i, pr.	4
lanhar, t.d.	4	legar, t.d, t.i.	14	liberar, t.d, t.i.	4
lantejoilar, t.d.	4	legendar, t.d.	4	libertar, 2 part, t.d, t.i, pr.	4
lantejoular, t.d.	4	legiferar, int.	4	librar, t.d, t.i, pr.	4
lanternar, [Br.], t.d.	4	legislar, int, t.i, t.d.	4	librinar, [Br.], int.	4
lapear, ♦ [Br.], t.d, int.	15	legitimar, t.d.	4	licenciar, ♦ t.d, pr.	18
lapidar, t.d.	4	legrar, t.d.	4	licitar, int, t.d.	4
lapidificar, t.d, pr.	12	leiautar, [Br.], t.d.	4	lidar, t.d, t.i, int.	4
lapijar, int.	4	leigar, t.d, pr.	14	liderar, t.d.	4
lapisar, t.d.	4	leiloar, t.d.	20	lidimar, t.d.	4
laquear, ♦ t.d.	15	leirar, t.d.	4	ligar, t.d, t.i, int, pr.	14
larachear, ♦ int.	15	leitar, int.	4	lignificar-se, pr.	12
larapiar, t.d.	16	leixar, t.d, t.i.	4	limar, t.d.	4
lardear, ♦ t.d, t.i.	15	lembrar, t.d, t.i, pr.	4	limitar, t.d, t.i, pr.	4
largar, t.d, t.i, int, pr.	14	lengalengar, int.	14	limpar, 2 part, t.d, pr.	4
larguear, ♦ t.d, int.	15	lenhar, int.	4	linchar, t.d.	4
lascar, t.d, int, pr.	12	lenhificar, t.d, pr.	12	lindar, t.d, t.i.	4
lassar, t.d.	4	lenificar, t.d.	12	linfatizar, t.d.	4
lassear, ♦ [Br.], int.	15	lenir, def. p, t.d.	79	lingar, t.d.	14
lastimar, t.d.	4	lentar, t.d, int.	4	linimentar, t.d.	4
lastimar-se, pr.	7	lentear, ♦ t.d, int.	15	linotipar, t.d.	4
lastrar, t.d, int.	4	lentejar, def. imp, t.d, int.	4	liofilizar, t.d.	4
lastrear, ♦ t.d.	15	lentejoilar, t.d.	4	liquefazer, ♦ t.d, pr.	31
latanhar, [Br.], t.d.	4	lentejoular, t.d.	4	liquescer, def. imp, int.	25
latear, ♦ t.d.	15	lentescer, t.d, int.	25	liquidar, t.d, int, pr.	4
latejar, int.	4	ler, ♦ t.d, t.i, int.	42	liquidificar, t.d, pr.	12
later, def. imp, int.	5	lerdear, ♦ [Br.], int.	15	liricar, t.d, pr.	12
latinar, int, t.d.	4	lesar, t.d, int, pr.	4	lisboetizar, t.d, pr.	4
latinizar, t.d, int.	4	lesmar, int.	4	lisonjear, ♦ t.d, pr.	15
latir, def. imp, int, pr.	6	letargiar, t.d.	16	listrar, t.d.	4
latrocinar, t.d.	4	letificar, t.d.	12	literatejar, int.	4
laudanizar, t.d.	4	letrear, ♦ t.d.	15	literaturar, t.d.	4
laurear, ♦ t.d, int.	15	levantar, t.d, t.i, int, pr.	4	litigar, t.d, t.i, int.	14
lavar, t.d, int.	4	levar, t.d, t.i, t.c, int, pr.	4	litigiar, t.d, t.i, int.	16
lavar-se, ♦ pr.	7	levedar, t.d, int.	4	litografar, t.d.	4
lavorar, t.d.	4	levigar, t.d.	14	livelar, t.d, t.i, pr.	4
lavrar, t.d.	4	levitar, int, pr, t.d.	4	livrar, t.d, t.i, pr.	4

lixar, t.d, pr.	4	luitar, int.	4	madeirar, t.d, int.	4
lixiviar, t.d.	16	lumpesinar, **[Br.]**, int.	4	madeixar-se, pr.	7
lizar, t.d.	4	lurar, t.d.	4	madornar, t.d, int.	4
loar, t.d.	20	lusitanizar, t.d, int.	4	madorrar, t.d, int.	4
lobregar, t.d.	14	lustrar, t.d, int.	4	madraçar, int.	13
lobrigar, t.d.	14	lutar, int, t.d, t.i.	4	madracear, ♦ int.	15
localizar, t.d, t.c, pr.	4	luxar, t.d, int.	4	madrigalizar, int.	4
locar, t.d.	12	luxuriar, int, t.d.	16	madrinhar, **[Br.]**, t.d.	4
locionar, t.d.	4	luziluzir, ♦ **[Br.]**, def. imp, int.	72	madrugar, int.	14
locomover-se, pr.	5	luzir, ♦ def. imp. no sentido		madurar, t.d, int.	4
locucionar, t.d.	4	próprio, int, t.d, t.i.	72	madurecer, t.d, int.	25
locupletar, t.d, t.i, pr.	4			magicar, t.d, t.i, int.	12
logicar, int.	12			maginar, int.	4
lograr, t.d, int, pr.	4			magnetizar, t.d.	4
loirejar, int, t.d.	4			magnificar, t.d, pr.	12
lombear, ♦ **[Br.]**, t.d.	15	*ℳ*		magoar, t.d, int, pr.	20
lombear-se, ♦ **[Br.]**, pr.	15			maisquerer, ♦ t.d, t.i.	38
lombilhar, **[Br.]**, t.d.	4			maiusculizar, t.d.	4
lonquear, ♦ **[Br.]**, t.d.	15			majorar, **[Br.]**, t.d.	4
lordar, int.	4	macabrear, ♦ int.	15	maladrar, int.	4
lorotar, **[Br.]**, int.	4	macacar, t.d.	12	malandrear, ♦ **[Br.]**, int.	15
lotar, t.d, t.i, int.	4	macadamizar, t.d.	4	malar, **[Br.]**, int.	4
lotear, ♦ *[Br.]*, t.d.	15	macambuziar, int.	16	malaxar, t.d.	4
louçainhar, t.d.	4	maçanetar, t.d.	4	malbaratar, t.d, t.i.	4
louçanear, ♦ t.d.	15	macaquear, ♦ t.d.	15	malbaratear, ♦ *[Br.]*, t.d, t.i.	15
louquejar, int.	4	maçar, t.d, int.	13	malconfiar, t.d, t.i, int.	16
lourecer, t.d, int.	25	maçarocar, **[Br.]**, int.	12	maldar, **[Br.]**, t.d, t.i, int.	4
lourejar, [mais usado		macarronar, int.	4	maldiçoar, t.d.	20
nas 3ᵃˢ p.] int, t.d.	4	macerar, t.d, int, pr.	4	maldizer, ♦ part. irr, t.d, t.i.	29
louvaminhar, t.d.	4	macetar, t.d, int.	4	maleabilizar, t.d.	4
louvar, t.d, pr.	4	macetear, ♦ *[Br.]*, t.d, int.	15	malear, ♦ t.d.	15
lubricar, t.d.	12	machadar, int.	4	maleficiar, t.d.	16
lubrificar, t.d, pr.	12	machear, ♦ t.d, int.	15	malfadar, t.d.	4
luchar, t.d.	4	machiar, int.	16	malfazer, ♦ [em geral usado	
lucidar, t.d.	4	machucar, t.d, pr.	12	no inf. e no gerúndio]	
lucilar, int.	4	maciar, t.d.	16	t.d, int, t.i.	31
luciluzir, ♦ def. imp, int.	72	maçonizar, t.d, int.	4	malferir, ♦ t.d.	57
lucrar, t.d, t.i.	4	macotear, ♦ **[Br.]**, int.	15	malgastar, 2 part, t.d.	4
lucubrar, int, t.i, t.d.	4	macucar, **[Br.]**, int.	12	malgovernar, t.d.	4
ludibriar, t.d, t.i.	16	macular, t.d, pr.	4	malhar, t.d, t.i, int.	4
lufar, int.	4	madeficar, t.d.	12	malhetar, t.d.	4

maliciar, t.d, t.i.	16	mangonear, ♦ int.	15	marafonear, ♦ int.	15
malignar, t.d, int.	4	mangorrear, ♦ [Br.], t.d.	15	maragatear, ♦ [Br.], int.	15
malinar, [Br.], int.	4	mangrar, t.d, int, pr.	4	marambaiar, [Br.], int.	4
malocar, [Br.], t.d, pr.	12	manguear, ♦ [Br.], t.d.	15	maranhar, t.d, pr.	4
malograr, t.d, pr.	4	manheirar, int.	4	marasnar, t.d, int, pr.	4
malparar, t.d.	4	manhosar, [Br.], int.	4	maravilhar, t.d, int, pr.	4
malparir, int.	6	maniatar, t.d, t.i.	4	marcar, t.d, int.	12
malquerer, ♦ t.d.	38	manietar, t.d, t.i.	4	marceneirar, int.	4
malquistar, t.d, t.i, int, pr.	4	manifestar, t.d, t.i, pr.	4	marchar, int, t.i.	4
malsinar, t.d.	4	maniganciar, [Br.], int.	16	marchetar, t.d, t.i.	4
maltar, t.d.	4	manilhar, t.d.	4	marcializar, t.d.	4
maltratar, t.d.	4	maninhar, t.d.	4	marear, ♦ t.d, int, pr.	15
malucar, int, t.i.	12	manipular, t.d.	4	marejar, t.d, t.i, int, pr.	4
maluquear, ♦ int.	15	manivelar, int, t.d.	4	marfar, t.d, pr.	4
mal-usar, t.d.	4	manjar, t.d, t.i, int.	4	marfinizar, t.d, pr.	4
malversar, t.d.	4	manobrar, t.d, int.	4	margar, t.d.	14
mamar, t.d, t.i, int.	4	manocar, t.d, int.	12	margear, ♦ t.d.	15
mampar, [Br.], t.d, int.	4	manosear, ♦ [Br.], t.d.	15	marginalizar, t.d, pr.	4
mamparrear, ♦ [Br.], int.	15	manotear, ♦ [Br.], t.d, int.	15	marginar, t.d.	4
mamujar, int.	4	manquecer, int.	25	maridar, t.d, t.i, pr.	4
manar, t.d, t.i, int.	4	manquejar, int, t.i.	4	marimbar, int, t.d.	4
mancar, t.d, int, pr.	12	manquetear, ♦ [Br.], int.	15	marinar, t.d.	4
manchar, t.d, pr.	4	manquitar, [Br.], int.	4	marinhar, t.d, int.	4
manchear, ♦ [Br.], t.d.	15	manquitolar, [Br.], int.	4	mariolar, int.	4
mancomunar, t.d, t.i, pr.	4	mantar, t.d.	4	mariposar, int.	4
mancornar, int.	4	mantear, ♦ t.d.	15	mariposear, ♦ int.	15
mandar, t.d, t.i, int, pr.	4	manter, ♦ t.d, pr.	1	mariscar, t.d, int.	12
mandingar, t.d.	14	manufacturar, t.d.	4	marlotar, t.d.	4
mandrianar, int.	4	manufaturar, [Br.], t.d.	4	marmorear, ♦ t.d.	15
mandriar, int.	16	manumitir, t.d.	6	marmorizar, t.d.	4
mandrilar, t.d.	4	manuscrever, part. irr, t.d.	5	marombar, [Br.], int.	4
mandrionar, int.	4	manusear, ♦ t.d.	15	marombear, ♦ [Br.], int.	15
manducar, t.d, int.	12	manutenir, [Br.], def. p, t.d.	79	marotear, ♦ int.	15
manear, ♦ t.d.	15	manzanzar, [Br.], int.	4	marralhar, int, t.i.	4
maneirar, [Br.], t.d, int.	4	mapear, ♦ [Br.], t.d.	15	marrar, int, t.i.	4
manejar, t.d, int.	4	mapiar, [Br.], int.	16	marretar, t.d, int.	4
manetear, ♦ [Br.], int.	15	maquiar, t.d, int.	16	marroquinar, t.d.	4
mangabar, [Br.], t.d.	4	maquiar-se, pr.	16	martelar, t.d, int.	4
mangar, t.i, int.	14	maquivelizar, int.	4	martelejar, int.	4
mangolar, [Br.], int.	4	maquilar, t.d, pr.	4	martilhar, [Br.], t.d, int, pr.	4
mangonar, int.	4	maquinar, t.d, t.i.	4	martirizar, t.d, pr.	4

marulhar, int.	4
mascar, t.d, int.	12
mascarar, t.d, pr.	4
mascarrar, t.d.	4
mascatear, ♦ [Br.], int, t.d.	15
mascavar, t.d, pr.	4
mascotar, t.d.	4
masculinizar, t.d, pr.	4
massacrar, t.d.	4
massagear, ♦ t.d, int.	15
massificar, t.d, pr.	12
mastigar, t.d, int.	14
mastrear, ♦ t.d.	15
masturbar, t.d, pr.	4
matar, 2 part, t.d, int, pr.	4
matear, ♦ [Br.], int.	15
matejar, int.	4
materializar, t.d, pr.	4
maticar, def. imp, int.	12
matinar, t.d, int.	4
matizar, t.d, pr.	4
matracar, int, t.d.	12
matracolejar, [Br.], def. imp, int.	4
matraquear, ♦ int, t.d, t.i.	15
matreirar, [Br.], int.	4
matreirear, ♦ [Br.], int.	15
matricular, t.d, pr.	4
matrimoniar, t.d, t.i, pr.	16
matrizar, t.d.	4
matrucar, [Br.], t.d.	12
maturar, t.d, int.	4
maturrangar, [Br.], int.	14
maturranguear, ♦ [Br.], int.	15
maturrenguear, ♦ [Br.], int.	15
matutar, int, t.d, t.i.	4
maximalizar, t.d.	4
maximizar, [Br.], t.d.	4
maxixar, [Br.], int.	4
mazanzar, [Br.], int.	4
mazelar, t.d, pr.	4
meandrar, int.	4
mear, ♦ t.d, int, pr.	15
mecanizar, t.d.	4
mechar, t.d.	4
medalhar, t.d.	4
mediar, ♦ t.d, t.i.	17
medicamentar, t.d, pr.	4
medicar, t.d, int, pr.	12
medicinar, t.d, int, pr.	4
mediocrizar, t.d, pr.	4
medir, ♦ t.d, t.i, int, pr.	70
meditar, t.d, int, t.i.	4
medrar, int, t.d.	4
medular, int.	4
meirinhar, int.	4
melancolizar, t.d, pr.	4
melanizar, t.d.	4
melar, t.d, int.	4
melar-se, pr.	7
melhorar, t.d, t.i, int, pr.	4
melificar, t.d, int.	12
melifluentar, t.d.	4
melindrar, t.d, pr.	4
melodiar, t.d, int, pr.	16
melodizar, t.d.	4
melodramatizar, t.d.	4
memorar, t.d.	4
memoriar, t.d.	16
memorizar, t.d.	4
mencionar, t.d.	4
mendigar, t.d, t.i, int.	14
menear, ♦ t.d.	15
mengar, [Br.], int.	14
menoscabar, t.d.	4
menospreçar, t.d.	13
menosprezar, t.d.	4
menstruar, int.	4
mensurar, t.d.	4
mentalizar, t.d.	4
mentar, t.d.	4
mentir, ♦ int, t.i, t.d.	56
mentirolar, int.	4
mentorear, ♦ [Br.], int.	15
mercadejar, int, t.i, t.d.	4
mercadizar, int.	4
mercanciar, int, t.i, t.d.	16
mercantilizar, t.d, int.	4
mercar, t.d.	12
merecer, t.d, t.i.	25
merejar, [Br.], int.	4
merendar, t.d, int.	4
meretriciar, t.d, pr.	16
mergulhar, t.d, t.c, int, pr.	4
mermar, t.d, int.	4
mesclar, t.d, t.i, pr.	4
mesquinhar, t.d, t.i, pr, [Br: int.]	4
mestiçar-se, pr.	13
mestrear, ♦ [Br.], int.	15
mesurar, t.d, pr.	4
metabolizar, t.d.	4
metafisicar, t.d, int.	12
metaforizar, t.d, int.	4
metalizar, t.d.	4
metamorfosear, ♦ t.d, t.i, pr.	15
meteorizar, t.d, pr.	4
meter, t.d, t.i, t.c, int, pr.	5
metodizar, t.d.	4
metralhar, t.d.	4
metrificar, t.d, int.	12
mexer, t.d, t.i, int, pr.	5
mexericar, t.d, int, pr.	12
mexerucar, t.d.	12
mezinhar, t.d.	4
miar, int, def. imp.	16
microfilmar, t.d.	4
migalhar, t.d, pr.	4
migar, t.d.	14
migrar, t.i, int.	4
mijar, int, t.d, pr.	4
milhar, [Br.], t.d.	4
militarizar, t.d, pr.	4

mimar, t.d.	4	mobiliar, *[Br.]*, t.d.	16	monodiar, int.	16
mimar-se, pr.	7	mobilizar, t.d.	14	monografar, t.d.	4
mimeografar, t.d.	4	moçar, **[Br.]**, t.d, int.	13	monologar, int, t.d.	14
mimetizar, t.d, pr.	4	mochar, t.d, int.	4	monopolizar, t.d.	4
mimicar, **[Br.]**, t.d, int.	12	mocozear,♦ **[Br.]**, t.d.	15	monotipar, t.d.	4
mimosear,♦ t.d, t.i, pr.	15	modelar, t.d, t.i, pr.	4	monotonizar, t.d.	4
minar, t.d, int.	4	moderar, t.d, pr.	4	montar, t.d, t.i, int, pr.	4
mineralizar, t.d, pr.	4	modernizar, t.d, pr.	4	montear,♦ t.d, int.	15
minerar, t.d, int.	4	modicar, t.d.	12	monumentalizar, t.d.	4
minguar, int, t.d, t.i.	4	modificar, t.d, pr.	12	moquear,♦ **[Br.]**, t.d.	15
miniar, t.d.	16	modilhar, int.	4	moquecar-se, **[Br.]**, pr.	12
miniaturar, t.d.	4	modornar, t.d, int.	4	moralizar, t.d, t.i, int.	4
miniaturizar, t.d.	4	modorrar, t.d, int.	4	morar, t.c, int.	4
minimalizar, t.d.	4	modular, t.d, t.i, int.	4	morbidizar, t.d, pr.	4
minimizar, t.d.	4	moer, t.d, int, pr.	28	morcegar, t.d, int.	14
ministrar, t.d, t.i, int.	4	mofar, t.d, int, t.i.	4	mordaçar, t.d.	13
ministrificar, t.d.	12	mofumbar, **[Br.]**, t.d.	4	morder, t.d, int, pr.	5
minorar, t.d.	4	mogangar, **[Br.]**, int.	14	mordicar, t.d.	12
minuciar, t.d.	16	moirar, int.	4	mordiscar, t.d.	12
minudenciar, t.d.	16	moirejar, int, t.i.	4	mordomar, t.d, int.	4
minuir,♦ t.d.	73	moirizar, t.d.	4	mordomear, t.d, int.	16
minusculizar, t.d, pr.	4	moitar, **[Br.]**, int.	4	morfinizar, t.d, pr.	4
minutar, t.d.	4	mojicar, **[Br.]**, t.d, int.	12	morgar, **[Br.]**, int.	14
miquear,♦ **[Br.]**, t.d.	15	moldar, t.d, t.i, pr.	4	morigerar, t.d, int, pr.	4
mirar, t.d, t.i, pr.	4	moldurar, t.d.	4	mornar, t.d, int.	4
mirificar, t.d.	12	molear,♦ **[Br.]**, t.d, pr.	15	morremorrer, **[Br.]**, int.	5
mirrar, t.d, int, pr.	4	molecar, **[Br.]**, int.	12	morrer, 2 part, int, t.i, pred,	
miscrar, t.d.	4	molengar, int.	14	t.d, pr.	5
miserar, t.d, pr.	4	molequear,♦ **[Br.]**, int.	15	morrinhar, int.	4
missar, t.i, int.	4	molestar, t.d, pr.	4	morsegar, t.d.	14
missionar, int, t.d.	4	molhar, t.d, pr.	4	mortificar, t.d, pr.	12
misticizar, t.d.	4	molificar, t.d.	12	moscar,♦ [muda o o em u	
mistificar, t.d.	12	molinhar, t.d, int.	4	como *polir*], int, pr.	12
misturar, t.d, t.i, pr.	4	monarquiar,♦ int.	15	mosquear,♦ t.d, pr, [Br : int.]	15
mitificar, t.d.	12	monarquizar, t.d, pr.	4	mosquetear,♦ t.d, int.	15
mitigar, t.d, pr.	14	moncar, int.	12	mossegar, t.d.	14
mitridatizar, t.d, pr.	4	mondar, t.d, t.i, int.	4	mostrar, t.d, t.i, pr.	4
miudear,♦ t.d.	15	monetizar, t.d.	4	mostrengar, t.d, pr.	14
mixar, **[Br.]**, int, t.d.	4	monir, def. p. 78, [só usado		motejar, t.d, t.i.	4
mobilar, t.d.	4	quando o *n* é		motinar, t.d, pr.	4
mobilhar, *[Br.]*, t.d.	4	seguido de *e* ou *i*], t.d.	6	motivar, t.d, t.i.	4

motomecanizar, t.d.	4
motorizar, t.d, [Br : pr.]	4
mourar, int.	4
mourejar, int, t.i.	4
mourizar, t.d.	4
mover, t.d, t.i, pr.	5
movimentar, t.d, pr.	4
moxamar, t.d.	4
moxar, t.d.	4
mudar, t.d, t.i, int, pr.	4
mugir, def. imp, int.	52
mugir, t.d.	52
multar, t.d.	4
multicolorir, t.d.	6
multigrafar, t.d.	4
multipartir, t.d, pr.	6
multiplicar, t.d, t.i, int, pr.	12
mumificar, t.d, int, pr.	12
mundiar, [Br.], t.d.	16
mundificar, t.d, t.i, pr.	12
mungir, t.d.	52
munhecar, [Br.], t.d.	12
municiar, t.d.	16
municionar, t.d.	4
munir, t.d, t.i, pr.	6
mupicar, [Br.], int.	12
mupucar, [Br.], int.	12
muquinhar, [Br.], int.	4
muralhar, t.d.	4
murar, t.d, t.i, int.	4
murar-se, pr.	7
murchar, def. imp, int, t.d, pr.	4
murchecer, def. imp, int, t.d.	25
murmulhar, [Br.], int.	4
murmurar, t.d, t.i, int.	4
murmurejar, int.	4
murmurinhar, int, t.d.	4
musicar, int, t.d.	12
musiquear, ♦ int.	15
mussitar, int, t.d.	4

mutilar, t.d, pr.	4
mutuar, t.d, t.i, pr.	4
muxicar, [Br.], t.d.	12
muxoxar, [Br.], int.	4
muxoxear, ♦ [Br.], int.	15
muxurundar, [Br.], t.d.	4

ℕ

nacarar, t.d.	4
nacionalizar, t.d, pr.	4
nadar, int, t.i, t.d.	4
nadificar, t.d.	12
naipar, [Br.], int.	4
namorar, t.d, t.i, int, pr.	4
namoricar, t.d, int.	12
namoriscar, t.d, int.	12
nanar, int.	4
narcisar-se, pr.	7
narcotizar, t.d.	4
narrar, t.d, t.i.	4
nasalar, t.d.	4
nasalizar, t.d.	4
nascer, int, t.i, pred.	25
naturalizar, t.d, pr.	4
naufragar, int, t.d.	14
nausear, ♦ t.d, int, pr.	15
navalhar, t.d.	4
navegar, t.d, int.	14
neblinar, [Br.], int.	4
nebulizar, t.d.	4
necear, ♦ int.	15
necessitar, t.d, t.i, int.	4

necrosar, t.d, pr.	4
negacear, ♦ t.d, int.	15
negar, t.d, t.i, int, pr.	14
negativar, t.d.	4
negligenciar, t.d.	16
negociar, ♦ int, t.i, t.d.	18
negrejar, int, t.d.	4
neologismar, int.	4
neutralizar, t.d, pr.	4
nevar, def. imp, int, t.d, pr.	4
neviscar, def. imp, int.	22
nevoar, def. imp, int, t.d, pr.	20
nicar, t.d, int.	12
nicotizar, t.d.	4
nidificar, int.	12
nigelar, t.d.	4
nimbar, t.d.	4
ninar, t.d, int, pr.	4
ninhar, int.	4
niquelar, t.d.	4
nitidizar, t.d.	4
nitrificar, t.d, pr.	12
nitrir, def. p. 78, int.	6
nivelar, t.d, t.i, pr.	4
nobilitar, t.d, pr.	4
nobrecer, t.d.	25
nocautear, ♦ t.d.	15
nodoar, t.d, pr.	20
noitecer, int.	25
noivar, int, t.i.	4
nomadizar, t.d, pr.	4
nomear, ♦ t.d, pr.	15
nomenclar, t.d.	4
nomenclaturar, t.d.	4
nordestear, ♦ int.	15
normalizar, t.d, int, pr.	4
noroestear, ♦ int.	15
nortear, ♦ t.d, t.i, pr.	15
nostalgizar, t.d.	4
notabilizar, t.d, pr.	4
notar, t.d.	4

noticiar, t.d, t.i, pr.	16
notificar, t.d, t.i.	12
noutecer, int.	25
novar, t.d.	4
novelar, int.	4
noviciar, int, t.i.	16
nuançar, t.d.	13
nublar, t.d, pr.	4
nuclear, ♦ t.d, pr.	15
nulificar, t.d, pr.	12
numerar, t.d, t.i.	4
nupciar-se, pr.	16
nuquear, ♦ [Br.], t.d.	15
nutar, int.	4
nutrir, t.d, t.i, int, pr.	6

O

obcecar, t.d, pr.	12
obdurar, t.d, pr.	4
obedecer, t.i, int.	25
oberar, t.d, pr.	4
obfirmar, int.	4
objectar, t.d, t.i.	4
objectivar, t.d, t.i.	4
objetar, [Br.], t.d, t.i.	4
objetificar, t.d.	12
objetivar, [Br.], t.d, t.i.	4
objurgar, t.d.	14
obliquar, int, pr.	21
obliterar, t.d, pr.	4
obnubilar, t.d, pr.	4
obrar, t.d, int.	4
obrigar, t.d, t.i, pr.	14

ob-rogar, int.	14
obscenizar, t.d.	4
obscurantizar, t.d.	4
obscurecer, t.d, int, pr.	25
obsecrar, t.d, t.i.	4
obsedar, [Br.], t.d.	4
obsediar, t.d.	16
obsequiar, ♦ t.d, t.i.	18
observar, t.d, t.i, pr.	4
obsidiar, t.d.	16
obsoletar, t.d.	4
obstaculizar, [Br.], t.d.	4
obstar, t.i, t.d.	4
obstinar, t.d, pr.	4
obstipar, t.d.	4
obstringir, def. imp, t.d.	52
obstruir, ♦ t.d, pr.	73
obtemperar, t.d, t.i, int.	4
obter, ♦ t.d.	1
obtestar, t.d, t.i.	4
obtundir, t.d.	6
obturar, t.d.	4
obumbrar, t.d, pr.	4
obviar, t.d, t.i.	16
obvir, ♦ part. irr, t.i.	67
ocar, t.d.	12
ocasionar, t.d, t.i, pr.	4
ocidentalizar, t.d, pr.	4
ocluir, ♦ t.d.	73
ocorrer, int, t.i.	5
octuplicar, t.d.	12
ocultar, t.d, t.i, pr.	4
ocupar, t.d, int, pr.	4
odiar, ♦ t.d, t.i, int, pr.	17
odorar, int.	4
ofegar, int.	12
ofender, t.d, pr.	5
oferecer, t.d, t.i, pr.	25
oferendar, t.d.	4
ofertar, t.d, t.i, pr.	4
oficializar, t.d.	4

oficiar, int, t.i, t.d.	16
ofuscar, t.d, int, pr.	12
oirar, t.d, int.	4
oirar-se, pr.	7
oiriçar, t.d, pr.	13
oitavar, t.d.	4
ojerizar, [Br.], t.d, t.i.	4
olear, ♦ t.d.	15
olhar, t.d, t.i, int, pr.	4
oligarquizar, t.d.	4
olorizar, t.d.	4
olvidar, t.d, pr.	4
ombrear, ♦ t.d, t.i.	15
ominar, t.d.	4
omitir, t.d, pr.	6
onanizar-se, pr.	7
ondar, int, t.d, pr.	4
ondear, ♦ int, t.d, pr.	15
ondular, int, t.d, pr.	4
onerar, t.d, t.i, pr.	4
onzenar, int, t.d.	4
onzeneirar, int, t.d.	4
opacificar, t.d, pr.	12
opalizar, t.d, pr.	4
opar, int, pr.	4
operar, t.d, int, pr.	4
opiar, t.d.	16
opilar, t.d, pr.	4
opinar, int, t.i, t.d.	4
opor, ♦ part. irr, t.d, t.i, pr.	45
oprimir, 2 part, t.d, int.	6
optar, t.i, int, t.d.	4
optimizar, t.d.	4
opugnar, t.d.	4
opulentar, t.d, pr.	4
orar, int, t.i, t.d.	4
orbitar, int.	4
orçamentar, t.d, t.i, int.	4
orçar, t.d, t.i, int.	13
ordenar, t.d, t.i, int, pr.	4
ordenhar, t.d, int.	4

orear, ♦ [Br.], t.d, int.	15
orelhar, [Br.], t.d.	4
orfanar, t.d, t.i.	4
organizar, t.d, pr.	4
organsinar, t.d.	4
orgulhar, t.d, pr.	4
orientar, t.d, t.i, pr.	4
originar, t.d, pr.	4
orlar, t.d.	4
ornamentar, t.d, pr.	4
ornar, t.d, pr.	4
ornear, ♦ def. p, [em geral, não usual nas 1ªs p.], int.	15
ornejar, def. p, [em geral, não usual nas 1ªs p.], int.	4
orquestrar, t.d, pr.	4
ortogonalizar, t.d.	4
ortografar, t.d.	4
ortonormalizar, t.d.	4
orvalhar, def. imp, int, t.d, pr.	4
oscilar, int, t.i, t.d.	4
oscitar, int.	4
oscular, t.d.	4
ossificar, t.d, pr.	12
ostentar, t.d, int, pr.	4
otimizar, [Br.], t.d.	4
ourar, t.d, int.	4
ourar-se, pr.	7
ouriçar, t.d, pr.	13
ousar, t.d, t.i, int.	4
outar, t.d.	4
outonar, int, t.d.	4
outonear, ♦ [Br.], int.	15
outorgar, t.d, t.i, pr.	14
ouvir, ♦ t.d, t.i, int.	71
ovacionar, t.d.	4
ovalar, t.d.	4
ovar, int.	4
oxidar, t.d, pr.	4
oxigenar, t.d, pr.	4
ozonizar, t.d.	4

p

pabular, [Br.], int, pr, t.d.	4
pacejar, int.	4
pacholar, int, [Br : pr.]	4
pacientar, int.	4
pacificar, t.d, pr.	12
pactuar, t.d.	21
padecer, t.d, t.i, int.	25
padejar, t.d, int.	4
padrar-se, pr.	7
padrear, ♦ int.	15
padronizar, t.d.	4
paganizar, t.d, int.	4
pagar, 2 part, t.d, t.i, int, pr.	14
paginar, t.d, int.	4
pagodear, ♦ int, t.i.	15
pairar, int, t.c, t.d.	4
pajear, ♦ t.d.	15
paladinar, int.	4
palanquear, ♦ [Br.], t.d.	15
palatalizar, t.d.	4
palatizar, t.d.	4
palavrear, ♦ int, t.i.	15
palear, ♦ [Br.], int, t.d.	15
palejar, [Br.], int.	4
paleografar, int.	4
palermar, [Br.], int.	4
palestrar, int, t.i, t.d.	4
palestrear, ♦ int, t.i, t.d.	15
paletear, ♦ [Br.], t.d.	15
palhetar, t.i, int.	4
palhetear, ♦ t.i, int.	15
paliar, t.d, int.	16

palificar, t.d.	12
palitar, t.d, int, pr.	4
palmar, t.d, t.i.	4
palmatoar, t.d.	20
palmatoriar, [Br.], t.d.	16
palmear, ♦ t.d, int.	15
palmilhar, t.d.	4
palombar, t.d.	4
palpabilizar, t.d.	4
palpar, t.d, t.i, pr.	4
palpitar, int, t.d, t.i.	4
palrar, int, t.d.	4
palrear, ♦ int, t.d.	15
pamparrear, ♦ [Br.], int.	15
panar, t.d.	4
pandear, ♦ t.d.	15
pandegar, int.	14
pandilhar, int.	4
pandulhar, int.	4
panejar, t.d, int.	4
pangaiar, int.	4
panificar, t.d.	12
panriar, int.	16
pantanizar, t.d.	4
pantear, ♦ t.d, int.	15
pantomimar, int, t.d.	4
pantominar, int, t.d.	4
papagaiar, int, t.d.	4
papaguear, ♦ int, t.d.	15
papar, t.d.	4
paparicar, t.d.	12
paporrotear, ♦ int, t.d.	15
papear, ♦ int.	15
papocar, [Br.], t.d, int.	12
papujar, int.	4
paqueirar, [Br.], t.d, int.	4
paquerar, [Br.], t.d, int.	4
parabenizar, [Br.], t.d.	4
paracletear, ♦ t.d.	15
paradear, ♦ [Br.], int.	15
paradoxar, int.	4

parafinar, t.d.	4
parafrasear, ♦ t.d.	15
parafusar, t.d, t.i, int.	4
paragonar, t.d.	4
paragrafar, t.d.	4
paralelizar, t.d.	4
paralisar, t.d, int, pr.	4
paraliticar, t.d, pr.	12
paramentar, t.d, pr.	4
parangonar, t.d.	4
paraninfar, t.d.	4
parapeitar, t.d.	4
parar, [acento no *a* do radical da 2ª e 3ª p. sing. pres. ind.], int, t.c. t.i, t.d, pr.	4
parasitar, int, t.d.	4
parasitear, ♦ int, t.d.	15
parcelar, t.d, t.i.	4
parchear, ♦ t.d.	15
parcializar, t.d, t.i, pr.	4
parear, ♦ t.d.	15
parecer, pred, int, t.i, pr.	25
parentar, t.d, t.i, pr.	4
parentear, ♦ int.	15
parir, ♦ [na 1ª p. sing. pres. ind. acrescenta um *i*: pairo, e em todo o pres. conj.], int, t.d.	6
parlamentar, int, t.i.	4
parlamentarizar, t.d.	4
parlamentear, ♦ int, t.i.	15
parlapatear, ♦ int, t.d.	15
parlar, int, t.i.	4
parlendar, int.	4
parlengar, int.	14
parodiar, t.d.	16
parolar, int, t.i.	4
parolear, ♦ int, t.i.	15
paroquiar, t.d, int.	16
parquear, ♦ [Br.], t.d.	15
parrafar, t.d.	4

parrar-se, pr.	7
partejar, t.d, int.	4
participar, t.d, t.i.	4
particularizar, t.d, pr.	4
partilhar, t.d, t.i.	4
partir, t.d, t.i, int, pr.	6
parturejar, t.d.	4
parturir, int.	6
parvoeirar, int.	4
parvoejar, int.	4
pascentar, t.d, t.i, pr.	4
pascer, def. p. 78, int, t.d, pr.	25
pascoar, int.	20
pasigrafar, t.d, int.	4
pasmar, t.d, t.i, int, pr.	4
pasquinar, t.d, int.	15
passagear, ♦ t.d.	4
passajar, t.d.	4
passamanar, t.d.	4
passar, t.d, t.c, t.i, int, pr.	4
passarinhar, int.	4
passear, ♦ int, t.d.	15
passinhar, int.	4
passivar, t.d.	4
pastar, int, t.d, t.i.	4
pastejar, int, t.d.	4
pasteurizar, t.d.	4
pastichar, int, t.d.	4
pastilhar, [Br.], int.	4
pastorar, t.d.	4
pastorear, ♦ int, t.d.	15
pastorejar, [Br.], t.d.	4
pastorizar, t.d.	4
patalear, ♦ [Br.], int.	15
pataratar, int, t.i.	4
pataratear, ♦ int, t.i.	15
patear, ♦ t.d, int.	15
patejar, int.	4
patentear, ♦ t.d, t.i, pr.	15
patetar, int.	4
patetear, ♦ [Br.], int.	15

patinar, int.	4
patinhar, int.	4
patolar, [Br.], t.d.	4
patranhar, int.	4
patrizar, int.	4
patroar, [Br.], t.d, int.	20
patrocinar, t.d.	4
patrolar, [Br.], int.	4
patronar, t.d, int.	4
patrulhar, t.d, int.	4
patuscar, int.	12
paulificar, [Br.], t.d, int.	12
pausar, int, t.d.	4
pautar, t.d, t.i.	4
pautear, ♦ [Br.], int.	15
pavesar, t.d.	4
pavimentar, t.d.	4
pavonear, ♦ int, t.d, pr.	15
paxalizar, t.d, int.	4
pazear, ♦ int.	15
paziguar, t.d, pr.	4
pealar, [Br.], t.d.	4
pear, ♦ t.d.	15
pecar, int, t.i.	12
pechar, [Br.], t.d, pr.	4
pechinchar, t.d, int.	4
pechiringar, [Br.], int.	14
pecorear, ♦ int.	15
pedalar, t.d, int.	4
pedantear, ♦ int.	15
pedinchar, t.d, int.	4
pedir, ♦ t.d, t.i, int.	70
pegar, t.d, t.i, int, pr.	14
peguilhar, int.	4
peguinhar, t.d, int.	4
peidar, int.	4
peitar, t.d.	4
peitorrear, ♦ int.	15
peixar, t.d.	4
pejar, t.d, t.i, int, pr.	4
pejorar, int.	4

pelar, [acento agudo no *e* do radical das 1ª, 2ª e 3ª p. sing. pres. ind.], t.d, int, pr.	4	percolar, t.d.	4	perobear, ♦ [Br.], t.d.	15
pelear, ♦ [Br.], int.	15	percorrer, t.d.	5	perolar, t.d.	4
pelechar, [Br.], int.	4	percutir, t.d, t.i.	6	perolizar, t.d.	4
peleguear, ♦ [Br.], int.	15	perder, ♦ t.d, int, pr.	44	perorar, int, t.d, t.i.	4
pelejar, int, t.i, t.d.	4	perdoar, t.d, t.i, int, pr.	20	peroxidar, t.d.	4
pelintrar, t.d.	4	perdurar, int.	4	perpassar, t.i, int, t.d.	4
pelotear, ♦ t.d.	15	perecer, int.	25	perpetrar, t.d.	4
peludear, ♦ [Br.], int.	15	peregrinar, int, t.c, t.d.	4	perpetuar, t.d, t.i, pr.	4
penalizar, t.d, pr.	4	perenizar, t.d.	4	perquirir, t.d, int.	6
penar, int, t.d, pr.	4	pererecar, [Br.], int.	12	perrengar, [Br.], int.	14
pender, int, t.i, t.d, pr.	5	perfazer, ♦ part. irr, t.d.	31	perrenguear, ♦ [Br.], int.	15
pendoar, [Br.], int.	20	perfeiçoar, t.d.	20	perscrutar, t.d, int.	4
pendulear, ♦ int, t.d.	15	perfilar, t.d, t.i, pr.	4	perseguir, ♦ t.d, pr.	55
pendurar, t.d, t.c, pr.	4	perfilhar, t.d, int.	4	persentir, ♦ t.d.	56
peneirar, t.d, int, pr.	4	perfolhear, ♦ t.d.	15	perseverar, t.i, pred, int.	4
penejar, t.d.	4	perfumar, t.d, pr.	4	persignar-se, pr.	7
peneplanizar, t.d.	4	perfurar, t.d.	4	persistir, t.i, pred, int.	6
penetrar, t.d, t.i, t.c, pr.	4	perguntar, t.d, t.i, int, pr.	4	persolver, t.d.	5
penhorar, t.d, t.i, pr.	4	periclitar, int.	4	personalizar, t.d, int.	4
peniscar, int.	12	perifrasear, ♦ t.d.	15	personificar, t.d, t.i.	12
penitenciar, t.d, pr.	16	perigar, int.	14	perspectivar, t.d.	4
pensamentar, int.	4	perimir, t.d.	6	perspetivar, [Br.], t.d.	4
pensamentear, ♦ int.	15	periodizar, t.d.	4	perspirar, int, t.d.	4
pensar, int, t.i, t.d.	4	peripatetizar, int.	4	persuadir, t.d, t.i, int.	6
pensionar, t.d, t.i.	4	periquitar, [Br.], int.	4	pertencer, t.i.	25
pentear, ♦ t.d, pr.	15	perjurar, t.d, t.i, int.	4	pertentar, t.d.	4
penujar, [3ª p. pl. pres. conj.: *penujem*], int.	4	perlar, t.d.	4	pertransir, t.d.	6
		perlavar, t.d, t.i.	4	perturbar, t.d, int, pr.	4
penumbrar, [Br.], t.i, int.	4	perlongar, t.d, t.i.	14	peruar, int, t.d.	4
pepinar, [Br.], t.d, int.	4	perlustrar, t.d.	4	pervagar, t.d, int.	14
peptizar, t.d.	4	perluzir, ♦ def. imp, int, t.d.	72	pervencer, t.d.	25
peraltar, int.	4	permanecer, pred, t.i, int.	25	perverter, t.d, pr.	5
peraltear, ♦ int.	15	permeabilizar, t.d, pr.	4	pesar, t.d, t.i, int, pr.	4
peralvilhar, int.	4	permear, ♦ t.d, t.i, int.	15	pescar, t.d, t.i, int.	12
perambular, [Br.], int.	4	permitir, t.d, t.i, pr.	6	pescocear, ♦ [Br.], t.d, int.	15
percalçar, t.d.	13	permutar, t.d.	4	pesgar, t.d.	14
perceber, t.d.	5	pernear, ♦ int.	15	pespegar, t.d, t.i.	14
percingir, t.d.	52	pernejar, int.	4	pespontar, t.d.	4
percintar, t.d.	4	pernetear, ♦ [Br.], int.	15	pespontear, ♦ t.d.	15
		pernoitar, int.	4	pesquisar, t.d, int.	4
		pernoutar, int.	4	pessoalizar, t.d.	4

pestanear, int.	4
pestanejar, int.	4
pestear, ♦ t.d, int.	15
pestiferar, t.d.	4
petar, int.	4
petardar, t.d.	4
petardear, ♦ t.d.	15
petecar, t.d, pr.	12
petegar, t.d.	14
petequear, ♦ [Br.], int.	15
peticionar, int.	4
petiscar, int, t.i, t.d.	12
petrarquizar, int.	4
petrechar, t.d.	4
petrificar, t.d, pr.	12
petrolear, ♦ t.d.	15
piabar, [Br.], int, t.d.	4
piançar, [Br.], t.i.	13
piar, int, t.d.	16
picar, t.d, int, pr.	12
piçarrar, [Br.], t.d.	4
pichar, [Br.], t.d, int.	4
picotar, [Br.], t.d.	4
picuar, [Br.], t.d.	4
pifar, t.d, t.i, int.	4
pigarrar, int.	4
pigarrear, ♦ int.	15
pigmentar, t.d, pr.	4
pilar, t.d.	4
pilhar, t.d, pr.	4
pilheriar, int, t.i.	16
pilotar, t.d, int.	4
pilotear, ♦ t.d, int.	15
pimpar, int.	4
pimpolhar, int.	4
pimponar, int.	4
pimponear, ♦ int.	15
pinar, [Br.], t.d.	4
pinçar, t.d.	13
pincelar, t.d.	4
pinchar, t.d, t.i, t.c, int, pr.	4

pindarizar, t.d, int.	4
pindocar, [Br.], t.d.	12
pindongar, [Br.], int.	14
pingar, t.d, int.	14
pingolar, t.d, t.i, int.	4
pingotear, ♦ [Br.], t.d, int.	15
pinguelear, ♦ [Br.], int.	15
pinicar, t.d.	12
pinotear, ♦ int.	15
pintainhar, int.	4
pintalgar, t.d, pr.	14
pintar, t.d, t.i, int, pr.	4
pinturilar, t.d, int.	4
piolhar, [Br.], int.	44
piorar, t.d, int.	15
piparotear, ♦ int.	4
pipetar, t.d.	16
pipiar, int, t.d.	4
pipilar, int, t.d.	4
pipitar, int, t.d.	12
pipocar, [Br.], int.	15
pipoquear, ♦ [Br.], int.	4
piquetar, t.d.	15
piquetear, ♦ [Br.], t.d.	14
pirangar, int.	4
pirar, int, pr.	15
piratear, ♦ t.d, int.	4
pirilampear, ♦ [Br.], def. imp, int.	15
pirilampejar, [Br.], def. imp, int.	4
piriricar, [Br.], int, t.d.	12
pirocar, [Br.], int, t.d.	12
pirraçar, int, t.d.	13
pirracear, ♦ int, t.d.	15
pirronizar, int.	4
piruetar, int.	4
pisar, t.d, int.	4
pisca-piscar, int.	12
piscar, t.d, t.i, int, pr.	12
pisgar-se, pr.	14

pisoar, t.d.	20
pisotear, ♦ [Br.], t.d.	15
pissitar, int.	4
pitadear, ♦ int, t.d, pr.	15
pitar, [Br.], t.d, int.	4
placar, t.d.	12
placitar, t.d.	4
plagiar, t.d.	16
planar, int.	4
planchar, [Br.], int, pr.	4
planchear, ♦ [Br.], int, pr.	15
planear, ♦ t.d.	15
planejar, t.d.	4
planger, int, t.d.	26
planificar, t.d.	12
plantar, t.d, t.i, pr.	4
plasmar, t.d.	4
plasticizar, t.d.	4
plastificar, t.d.	12
platinar, t.d.	4
plaudir, t.d.	6
plebeizar, [Br.], [acento no *i* do radical], t.d, pr.	4 ('19)
pleitear, ♦ t.d, int, t.i.	15
plenificar, t.d.	12
plicar, t.d.	12
plissar, t.d.	4
plotar, t.d.	4
plugar, t.d.	14
plumar, t.d.	4
plumbear, ♦ t.d.	15
pluralizar, t.d.	4
pocar, def. imp, int.	12
poçuquear, ♦ [Br.], t.d.	15
podar, t.d.	4
poder, ♦ t.d, int, t.i.	36
podometrar, [Br.], t.d.	4
poematizar, t.d.	4
poetar, t.d, int.	4
poetificar, t.d.	12
poetizar, t.d, int.	4

poiar, t.d, int.	4	popularizar, t.d, pr.	4	pranchear, ♦ [Br.], int, t.d.	15
poisar, t.d, t.c, int, pr.	4	pôr, ♦ part. irr, t.d, t.i, t.c, int.	45	prantar, t.d, t.i, pr.	4
poitar, t.d, int.	4	porejar, t.d, int.	4	prantear, ♦ t.d, int, pr.	15
pojar, int, t.d.	4	porfiar, int, t.i, t.d.	16	pratear, ♦ t.d.	15
polarizar, t.d, pr.	4	porfirizar, t.d.	4	praticar, t.d, t.i, int.	12
polcar, int.	12	pormenorizar, t.d.	4	prazentear, ♦ t.d, int.	15
polear, ♦ t.d.	15	pornografar, t.d.	4	prazer, def. imp, t.i.	49
polemicar, int.	12	pororocar, [Br.], def. imp, int.	12	pré-ajustar, t.d, t.i, int.	4
polemizar, int.	4	portar, t.d, t.i, pr.	4	prealagar, t.d.	14
policiar, t.d, pr.	16	portear, ♦ t.d.	15	preambular, t.d.	4
policromar, t.d.	4	portugalizar, t.d.	4	preanunciar, t.d.	16
policromizar, t.d.	4	portuguesar, t.d, pr.	4	preaquecer, t.d.	25
poligrafar, t.d.	4	posar, int.	4	prear, ♦ t.d, int.	15
polimentar, t.d.	4	pós-datar, t.d.	4	prebendar, t.d.	4
polinizar, t.d, int.	4	posfaciar, t.d.	16	precantar, t.d.	4
polir, ♦ t.d, pr.	60	posicionar, t.d.	4	precatar, t.d, t.i, pr.	4
politicar, int.	12	positivar, t.d, pr.	4	precaucionar-se, pr.	7
politizar, t.d.	4	pospontar, t.d.	4	precaver(-se), def. p, pr, t.d, t.i.	50
politonar, [Br.], t.d, int.	4	pospor, ♦ part. irr, t.d, t.i.	45	preceder, t.d, t.i, int.	5
polonizar, t.d.	4	possear, ♦ [Br.], t.d.	15	preceituar, t.d, int.	4
poltronear, ♦ int.	15	possibilitar, t.d, t.i.	4	precingir, t.d.	52
poltronear-se, ♦ pr.	15	possuir, ♦ t.d, pr.	73	precintar, t.d, t.i.	4
poluir, ♦ t.d, pr.	73	postar, t.d.	4	precipitar, t.d, t.i, int, pr.	4
polvilhar, t.d, t.i.	4	postar-se, pr.	7	precisar, t.d, t.i, int, pr.	4
pomadear, ♦ [Br.], int.	15	postear, ♦ [Br.], t.d.	15	precluir, ♦ def. imp, int.	73
pombear, ♦ [Br.], int, t.d.	15	postejar, t.d.	4	precogitar, t.d.	4
pombeirar, [Br.], int, t.d.	4	postemar, t.d, int, pr.	4	preconceber, t.d.	5
pompear, ♦ t.d, int.	15	postergar, t.d.	14	preconizar, t.d.	4
ponçar, t.d.	13	postular, t.d, t.i.	4	pré-datar, t.d.	4
ponderar, t.d, t.i.	4	potencializar, t.d.	4	predefinir, t.d.	6
pongar, [Br.], t.d.	14	potenciar, t.d.	16	predestinar, t.d, t.i.	4
ponhar, [Br.], t.d, t.i.	4	potocar, [Br.], int.	12	predeterminar, t.d.	4
pontaletar, t.d.	4	potrear, ♦ [Br.], t.d, int.	15	predicar, t.d.	12
pontapear, ♦ t.d.	15	poupar, t.d, t.i, int, pr.	4	predispor, ♦ part. irr, t.d, t.i.	45
pontar, t.d, int.	4	pousar, t.d, t.c, int, pr.	4	predizer, ♦ part. irr, t.d, t.i.	29
pontear, ♦ t.d, [Br : int.]	15	poutar, t.d, int.	4	predominar, int, t.d.	4
pontificar, int.	12	povoar, t.d, t.i, pr.	20	preencher, t.d.	5
pontilhar, t.d.	4	pracear, ♦ t.d.	15	preestabelecer, t.d.	25
pontoar, t.d.	20	pracejar, t.d.	4	preexistir, int, t.i.	6
pontuar, t.d, int.	4	praguejar, int, t.i, t.d.	4	prefaciar, t.d.	16
popocar, def. imp, int.	12	pranchar, [Br.], t.d.	4	preferir, ♦ t.d, t.i.	57

prefigurar, t.d, pr.	4	preparar, t.d, t.c, pr.	4	proar, t.d, t.i.	20
prefinir, t.d.	6	prepor,♦ part. irr, t.d, t.i.	45	problematizar, t.d.	4
prefixar, t.d.	4	presar, t.d.	4	proceder, t.i, int.	5
pré-formar, t.d.	4	prescindir, t.i.	6	processar, t.d.	4
prefulgir, def. p. 78, int.	52	prescrever, part. irr, t.d, int.	6	proclamar, t.d, pr.	4
pregar, t.d, t.i, int.	14	presenciar,♦ t.d.	18	procastinar, t.d, int.	4
pregar-se, pr.	14	presentar, t.d, t.i, pr.	4	procriar, t.d, int.	16
pregoar, t.d.	20	presentear,♦ t.d, t.i.	15	procumbir, int.	6
pregostar, t.d.	4	preservar, t.d, t.i, pr.	4	procurar, t.d, t.i, int.	4
preguear,♦ t.d, int.	15	presidiar, t.d.	16	prodigalizar, t.d, t.i.	4
preguiçar, int.	13	presidir, t.d, t.i, int.	6	prodigar, t.d, t.i.	14
preguntar, t.d, t.i, int, pr.	4	presilhar, t.d.	4	produzir,♦ t.d, t.i, int.	72
pregustar, int.	4	pressagiar, t.d, t.i, pr.	16	proejar, t.c.	4
preitear,♦ t.d, t.i.	15	pressentir,♦ t.d.	56	proemiar, t.d.	16
preitejar, **[Br.]**, int.	4	pressionar, t.d, t.i, int.	4	profanar, t.d.	4
pretejar, t.d, t.i.	4	pressupor,♦ part. irr, t.d.	45	proferir,♦ t.d.	57
prejudicar, t.d, pr.	12	pressurizar, t.d.	4	professar, t.d, int, t.i.	4
prejulgar, t.d.	14	prestacionar, t.d.	4	professorar, t.d, int.	4
prelaciar, int.	16	prestar, t.d, t.i, int, pr.	4	profetar, t.d, t.i, int.	4
preleccionar, t.d, int, t.c.	4	prestigiar, t.d.	16	profetizar, t.d, t.i, int.	4
prelevar, int, t.d.	4	prestimanear,♦ t.d, int.	15	profissionalizar, t.d, pr.	4
preliar, int.	16	presumir, t.d, t.i, pr.	6	profligrar, t.d.	4
prelibar, t.d.	4	pretender, t.d, t.i, int, pr.	5	profundar, t.d, t.i, pr.	4
preludiar, t.d, int.	16	preterir,♦ t.d.	57	prognosticar, t.d, t.i, int.	12
preluzir,♦ def. imp, int.	72	pretermitir, t.d.	6	programar, t.d, int.	4
premar, t.d.	4	pretextar, t.d.	4	progredir,♦ int, t.i.	58
prematurar, **[Br.]**, t.d.	4	pré-traçar, t.d.	13	proibir, t.d, t.i.	77
premeditar, t.d.	4	prevalecer, int, t.i, pr.	25	projectar, t.d, t.i, pr.	4
premer, t.d, pr.	5	prevaricar, int, t.i, t.d.	12	projetar, *[Br.]*, t.d, t.i, pr.	4
premiar,♦ t.d.	18	prevenir,♦ t.d, t.i, pr.	58	prolatar, **[Br.]**, t.d.	4
premir, t.d, pr.	6	prever,♦ part. irr, t.d, int.	40	proletarizar, t.d, pr.	4
premunir, t.d, t.i, pr.	6	previver, int.	5	proliferar, int.	4
prendar, t.d, t.i.	4	prezar, t.d, pr.	4	prolificar, int.	12
prender, 2 part, t.d, t.i, pr.	5	primar, t.d, t.i.	4	prologar, t.d.	14
prenominar, t.d.	4	primaverar, int.	4	prolongar, t.d, t.i, pr.	14
prenotar, t.d.	4	principiar, t.d, t.i, pred, int.	16	promanar, t.i.	4
prensar, t.d.	4	priscar, **[Br.]**, int, pr.	12	promandar, t.d.	4
prenunciar, t.d.	16	prismatizar, t.d.	4	promediar, t.d.	16
preocupar, t.d, pr.	4	privar, t.d, t.i, pr.	4	prometer, t.d, t.i, int, pr.	5
preopinar, int.	4	privatizar, **[Br.]**, t.d.	4	promiscuir-se,♦ pr.	73
preordenar, t.d, t.i.	4	privilegiar, t.d, pr.	16	promover, t.d, t.i.	5

promover-se, pr.	5
promulgar, t.d.	14
pronominalizar, t.d, pr.	4
prontificar, t.d, pr.	12
pronunciar, t.d, t.i, pr.	16
propagar, t.d, int, pr.	14
propalar, t.d, pr.	4
propelir,♦ t.d.	57
propender, t.i.	5
propiciar, t.d, t.i.	16
propinar, t.d, t.i.	4
propolizar, t.d.	4
propor,♦ part. irr, t.d, t.i, int, pr.	45
proporcionar, t.d, t.i, pr.	4
propugnar, t.d, t.i.	4
propulsar, t.d.	4
prorrogar, t.d.	14
prorromper, t.i, int.	5
prosar, int.	4
proscrever,♦ part. irr, t.d, t.i.	5
prosear,♦ *[Br.]*, int.	15
prospectar, t.d.	4
prosperar, int, t.i, t.d, pr.	4
prospetar, *[Br.]*, t.d.	4
prosseguir,♦ t.d, t.i, int.	55
prosternar, t.d, pr.	4
prostituir,♦ t.d, t.i, pr.	73
prostrar, t.d, pr.	4
protagonizar, **[Br.]**, t.d.	4
proteger, t.d, t.i.	26
protelar, t.d.	4
protender, t.d.	5
protestar, t.d, t.i, int.	4
protocolar, **[Br.]**, t.d.	4
protocolizar, t.d.	4
protrair,♦ t.d, pr.	68
protuberar, int.	4
provar, t.d, t.i, int.	4
prover,♦ t.d, t.i, int, pr.	41
proverbializar, t.d.	4

proverbiar, int.	16
providenciar,♦ t.d, int, t.i.	18
provincianizar-se, **[Br.]**, pr.	7
provir,♦ t.d.	67
provisionar, t.d.	4
provocar, t.d, t.i, int.	12
prudenciar, t.d, int.	16
pruir,♦ def. p.78, t.d, int, t.i.	73
prumar, int.	4
prurir, def. p.78, t.d, int, t.i.	6
prussianizar, t.d, pr.	4
psicanalisar, t.d, pr.	4
psicografar, t.d.	4
psicologizar, int, t.d.	4
pubar, **[Br.]**, t.d.	4
pubescer, int.	25
publicar, t.d, pr.	12
puerilizar-se, pr.	7
pugnar, t.d, t.i, int.	4
puir,♦ def. p. 78, t.d.	73
puitar, **[Br.]**, t.d	4
pujar, t.d, int.	4
pular, int, t.c, t.d.	4
pulhar, int.	4
pulsar, t.d, t.i, int.	4
pulsear,♦ int, t.d.	15
pulular, int, t.d.	4
pulverizar, t.d, pr.	4
punçar, t.d.	13
puncionar, t.d.	4
pungir, def. p, int, t.d, t.i.	78
punguear,♦ **[Br.]**, t.d.	15
punir, t.d, t.i, pr.	6
pupilar, def. imp, int.	4
pupilar-se, pr.	7
purgar, t.d, t.i, int, pr.	14
purificar, t.d, t.i, pr.	12
purpurar, t.d.	4
purpurear,♦ t.d, int, pr.	15
purpurejar, t.d, int, pr.	4
purpurizar, t.d, int, pr.	4

putear,♦ **[Br.]**, t.d.	15
putrefazer,♦ t.d, int, pr.	31
putrificar, t.d, int, pr.	12
puxar, t.d, t.i, pr.	4

q

quadrar, t.d, t.i, int.	4
quadricular, t.d.	4
quadrinizar, **[Br.]**, t.d.	4
quadrupedar, int.	4
quadriplicar, t.d, int, pr.	12
qualificar, t.d, pr.	12
quantificar, t.d.	12
quantizar, t.d.	4
quarar, **[Br.]**, int.	4
quarentenar, int.	4
quaresmar, int.	4
quartar, int.	4
quartear,♦ t.d.	15
quartejar, t.d.	4
quebrantar, t.d, int, pr.	4
quebrar, t.d, int, t.i, pr.	4
quedar, int, pred, pr.	4
queijar, int.	4
queimar, t.d, int, pr.	4
queixar-se, pr.	7
quentar, t.d.	4
querelar, t.i, pr.	4
querenar, t.d.	4
querer,♦ t.d, t.i, int, pr.	38
querosenar, **[Br.]**, t.d.	4
questionar, t.d, t.i, int.	4
quibandar, **[Br.]**, t.d.	4
quicar, **[Br.]**, int.	12
quietar, t.d, int, pr.	4

quilatar, t.d, pr.	4	
quilhar, t.d.	4	
quilificar, t.d.	12	
quilometrar, t.d.	4	
quilotar, **[Br.]**, t.d, pr.	4	
quimerizar, int, t.d.	4	
quimificar, t.d.	12	
quinar, int, t.d.	4	
quinhoar, t.d, t.i.	20	
quinta-essenciar, t.d.	16	
quintar, t.d.	4	
quintessenciar, t.d.	16	
quintuplicar, t.d, pr.	12	
quirerear, ♦ **[Br.]**, t.d.	15	
quitandar, **[Br.]**, int.	4	
quitar, t.d, t.i, pr.	4	
quizilar, t.d, int, pr.	4	
quotizar, t.d.	4	

r

rabear, ♦ int, t.i, t.d.	5	
rabejar, t.d, int.	4	
rabiar, int.	16	
rabinizar, int.	4	
rabiscar, int, t.d.	12	
rabonar, **[Br.]**, t.d.	4	
rabujar, int.	4	
rabular, int.	4	
rabulear, ♦ int.	15	
rabulejar, **[Br.]**, int.	4	
rabunar, t.d.	4	
racear, ♦ t.d.	15	
rachar, t.d, t.i, int, pr.	4	
racinar, t.d.	4	
raciocinar, int, t.i.	4	

racionalizar, t.d.	4
racionar, t.d.	4
racontar, t.d.	4
radiar, int, t.d.	16
radicalizar, t.d, int, pr.	4
radicar, t.d, t.i, pr.	12
radiodiagnosticar, t.d.	12
radiodifundir, t.d.	6
radiofonizar, **[Br.]**, t.d.	4
radiografar, t.d, int.	4
radiotransmitir, t.d.	4
radobar, t.d.	4
raer, t.d.	5
rafar, t.d, pr.	4
raiar, int, t.d, t.i.	4
raivar, int, t.i, t.d.	4
raivecer, int, t.i.	25
raivejar, int, t.i, t.d.	4
rajar, t.d, t.i.	4
ralar, t.d, pr.	4
ralear, ♦ t.d, int, pr.	15
ralentar, t.d, int, pr.	4
ralhar, int, t.i.	4
ramalhar, t.d, int.	4
ramear, ♦ t.d.	15
ramelar, int, pr.	4
ramificar, t.d, pr.	12
ramilhetar, t.d.	4
rampear, ♦ t.d.	15
rançar, int.	13
rancescer, int.	25
rancidificar, int.	12
rancorar-se, pr.	7
ranger, int, t.d.	26
rangir, int, t.d.	52
ranhar, t.d.	4
rapar, t.d, int, t.i, pr.	4
rapinar, t.d, int.	4
rapinhar, t.d.	4
raposar, t.d.	4
raposear, ♦ *[Br.]*, t.d.	15

raposinhar, int.	4
raptar, t.d, t.i.	4
raquitizar, t.d.	4
rarear, ♦ t.d, int.	15
rarefazer, ♦ part. irr, t.d, pr.	31
rasar, t.d, pr.	4
rascar, t.d, int.	12
rascunhar, t.d.	4
rasgar, t.d, int, pr.	14
rasoirar, t.d.	4
rasourar, t.d.	4
raspar, t.d, t.i, pr.	4
rasquetear, ♦ **[Br.]**, t.d.	15
rastaquerar, **[Br.]**, int.	4
rastear, ♦ **[Br.]**, t.d, int.	15
rasteirar, t.d.	4
rastejar, t.d, int.	4
rastelar, t.d.	4
rastrear, ♦ t.d, int.	15
rasurar, t.d.	4
ratar, t.d.	4
ratear, ♦ t.d, int, [def. imp.]	15
ratificar, t.d, pr.	12
ratinhar, int, t.d, t.i.	4
ratonar, int.	4
ratonear, ♦ int.	15
razoar, int, t.d, t.i.	20
reabastecer, t.d, t.i, pr.	25
reabilitar, t.d, pr.	4
reabitar, t.d.	4
reabjurar, t.d.	4
reabotoar, t.d.	20
reabrir, part. irr, t.d, pr.	6
reabsorver, t.d.	5
reacender, 2 part, t.d, pr.	5
reacomodar, t.d.	4
reactivar, t.d.	4
reacusar, t.d.	4
readaptar, t.d.	4
readmitir, t.d.	6
readoptar, t.d.	4

readormecer, int.	25	rebaptizar, t.d.	4	recaldear,♦ t.d.	15
readotar, [Br.], t.d.	4	rebar, t.d.	4	recamar, t.d, t.i, pr.	4
readquirir, t.d.	6	rebarbar, t.d, int.	4	recambiar, t.d, t.i, int.	16
reafirmar, t.d.	4	rebater, t.d, int.	5	recantar, t.d.	4
reagir, int, t.d.	52	rebatizar, [Br.], t.d.	4	recapacitar, t.i.	4
reagradecer, t.d, t.i.	25	rebeijar, t.d.	4	recapar, [Br.], t.d.	4
reagravar, t.d, int, pr.	4	rebelar, t.d, t.i, pr.	4	recapear,♦ t.d.	15
reajustar, t.d, t.i.	4	rebelionar, t.d.	4	recapitalizar, t.d.	4
realçar, t.d, pr.	13	rebenquear,♦ [Br.], t.d.	15	recapitular, t.d.	4
realegrar, t.d, pr.	4	rebentar, int, t.i, t.d.	4	recapturar, t.d.	4
realejar, [Br.], t.d.	4	rebenzer, t.d, pr.	5	recargar, t.d.	14
realimentar, t.d.	4	rebimbar, [Br.], int.	4	recasar, t.d, int.	4
realizar, t.d, pr.	4	rebitar, t.d.	4	recatar, t.d, t.i, pr.	4
reamanhecer, int.	25	reboar, int.	20	recativar, t.d.	4
reanimar, t.d, int, pr.	4	rebobinar, t.d.	4	recauchutar, t.d.	4
reaparecer, int.	25	rebocar, t.d.	12	recaucionar, t.d.	4
reaplicar, t.d.	12	rebojar, [Br.], int, t.d.	4	recavalgar, t.d.	14
reapoderar-se, pr.	7	rebolar, t.d, int, pr.	4	recavar, t.d.	4
reapreciar, t.d.	16	rebolcar, t.d, t.i, pr.	12	recear,♦ t.d, t.i, pr.	15
reaprender, t.d, t.i.	5	rebolear,♦ [Br.], t.d, pr.	15	receber, t.d, t.i, int, pr.	5
reapresentar, t.d.	4	rebolir, [Br.], int, pr.	6	receitar, t.d, t.i, int.	4
reaproximar, t.d, t.i, pr.	4	rebolquear-se,♦ [Br.], pr.	15	recenar, t.d.	4
reaquecer, t.d, pr.	25	rebombar, int.	4	recender, t.d, int, t.i.	5
reaquistar, t.d.	4	reboquear,♦ t.d.	15	recensear,♦ t.d.	15
rearborizar, t.d.	4	rebordar, t.d, int.	4	recepcionar, int, t.d.	4
rearmar, t.d, pr.	4	rebotar, t.d, pr.	4	receptar, t.d.	4
rearrepender-se, pr.	5	rebramar, int, pr.	4	rechaçar, t.d.	13
rearticular, t.d, pr.	4	rebramir, def. imp, int.	6	rechear,♦ t.d, t.i, pr.	15
reascender, t.i, t.d.	5	rebrilhar, int.	4	rechegar, t.d.	14
reassumir, t.d.	6	rebrotar, int.	4	rechiar, int.	16
reatar, t.d.	4	rebuçar, t.d, pr.	13	rechinar, int.	4
reativar, [Br.], t.d, pr.	4	rebuliçar, [Br.], int.	13	reciclar, t.d.	4
reavaliar, t.d.	16	rebulir,♦ t.d, t.i.	61	recingir, t.d.	52
reaver,♦ def. p, t.d.	51	rebuscar, t.d, [Br : pr.]	12	reciprocar, t.d, t.i, pr.	12
reaviar, t.d, t.i, pr.	16	rebusnar, def. imp, int.	4	recitar, t.d, int.	4
reavisar, t.d, t.i.	4	recachar, t.d, int.	4	recivilizar, t.d, pr.	4
reavivar, t.d.	4	recair,♦ int, t.i.	68	reclamar, t.i, int, t.d.	4
reavultar, int.	4	recalar, int.	4	reclassificar, t.d.	12
rebaixar, t.d, int, pr.	4	recalcar, t.d.	12	reclinar, t.d, t.c, pr.	4
rebalsar, int, pr.	4	recalcitrar, int, t.i, t.d.	4	recluir,♦ t.d.	73
rebanhar, t.d.	4	recalcular, t.d.	4	recobrar, t.d, pr.	4

recobrir,♦ part. irr, t.d, pr.	59	
recoitar, t.d.	4	
recolher, t.d, t.c, pred, int, pr.	5	
recolocar, t.d.	12	
recolonizar, t.d.	4	
recombinar, t.d.	4	
recomeçar, t.d, t.i.	13	
recomendar, t.d, t,.i pr.	4	
recomer, t.d.	5	
recompensar, t.d, pr.	4	
recompor,♦ part. irr, t.d, pr.	45	
recomprar, t.d.	4	
reconcentrar, t.d, pr.	4	
reconcertar, t.d.	4	
reconciliar, t.d, t.i, pr.	16	
recondicionar, [Br.], t.d.	4	
reconduzir,♦ t.d, t.i.	72	
reconfirmar, t.d.	4	
reconfortar, t.d, pr.	4	
recongraçar, t.d, t.i, pr.	13	
reconhecer, t.d, t.i, pr.	25	
reconquistar, t.d.	4	
reconsertar, t.d.	4	
reconsiderar, t.d, int.	4	
reconsolidar, t.d, int, pr.	4	
reconstituir,♦ t.d.	73	
reconstruir,♦ t.d, int.	74	
recontar, t.d, t.i, pr.	4	
reconvalescer, int.	25	
reconvir,♦ part. irr, t.d.	67	
reconvocar, t.d.	12	
recopiar, t.d.	16	
recopilar, t.d.	4	
recordar, t.d, t.i, pr.	4	
recoroar, t.d.	20	
recorrer, t.d, t.i.	5	
recorrigir, t.d.	52	
recortar, t.d, t.i, pr.	4	
recoser, t.d.	5	
recostar, t.d, t.i, pr.	4	
recoutar, t.d.	4	

recovar, t.d, int.	4	
recozer, t.d.	5	
recravar, t.d, t.i, pr.	4	
recrear,♦ t.d, pr.	15	
recrescer, int, t.i, pr.	25	
recrestar, t.d.	4	
recriar, t.d.	16	
recriminar, t.d.	4	
recrucificar, t.d.	12	
recrudescer, int.	25	
recrutar, t.d.	4	
recruzar, t.d.	4	
rectificar, t.d, pr.	12	
recuar, int, t.d.	4	
recuidar, t.d, t.i.	4	
recumbir, t.c.	6	
recunhar, t.d.	4	
recuperar, t.d, pr.	4	
recurvar, t.d, pr.	4	
recusar, t.d, t.i, pr.	4	
redactar, t.d, int.	4	
redactilografar, t.d.	4	
redar, int.	4	
redar,♦ t.d.	11	
redarguir,♦ t.d, t.i.	75	
redatilografar, [Br.], t.d.	4	
redeclarar, t.d, t.i.	4	
redefinir, t.d.	6	
redemocratizar, t.d, pr.	4	
redemoinhar, int.	4	
redengar-se, [Br.], pr.	14	
redescender, int.	5	
redescobrir,♦ part. irr, t.d.	59	
redescontar, t.d.	4	
redesenhar, t.d.	4	
redestilar, t.d.	4	
redibir, t.d.	6	
redigir, t.d, int.	52	
redimir, t.d, t.i, pr.	6	
redintegrar, t.d, t.i, pr.	4	
rediscutir, t.d.	6	

redissolver, t.d.	5	
redistribuir,♦ t.d, t.i.	73	
redizer,♦ part. irr, t.d, t.i.	29	
redobrar, t.d, t.i, int.	4	
redoirar, t.d.	4	
redomonear,♦ [Br.], t.d.	15	
redondear,♦ t.d.	15	
redopiar, int.	16	
redourar, t.d.	4	
redrar, t.d.	4	
redundar, int, t.i.	4	
reduplicar, t.d, int, pr.	12	
reduzir,♦ t.d, t.i, int, pr.	72	
reedificar, t.d.	12	
reeditar, t.d.	4	
reeditorar, t.d.	4	
reeducar, t.d.	12	
reeleger, 2 part, t.d, pr.	26	
reembarcar, int, pr.	12	
reembolsar, t.d, t.i, pr.	4	
reemendar, t.d.	4	
reemitir, t.d.	6	
reempossar, t.d, t.i.	4	
reempregar, 2 part, t.d.	14	
reencadernar, t.d.	4	
reencapar, t.d.	4	
reencarnar, int, pr.	4	
reencher, t.d.	5	
reencontrar, t.d, pr.	4	
reendossar, t.d.	4	
reengajar-se, pr.	7	
reenlaçar, t.d, pr.	13	
reentrar, t.i.	4	
reentronizar, t.d.	4	
reenviar, t.d; t.i.	16	
reenvidar, t.d.	4	
reequilibrar, t.d, pr.	4	
reequipar, t.d.	4	
reerguer, t.d, pr.	27	
reescalonar, t.d.	4	
reescrever, part. irr, t.d.	5	

reestampar, t.d.	4	refortificar, t.d.	12	regraxar, t.d.	4
reestruturar, t.d.	4	refractar, t.d, pr.	4	regredir, ♦ int.	57
reestudar, t.d.	4	refranger, t.d, pr.	26	regressar, t.d, t.c.	4
reexaminar, t.d.	4	refranzear, ♦ int.	15	reguingar, int, t.d, t.i.	14
reexpedir, ♦ t.d.	70	refratar, [Br.], t.d, pr.	4	regulamentar, t.d.	4
reexplorar, t.d.	4	refrear, ♦ t.d, pr.	15	regular, t.d, t.i, pr.	4
reexportar, t.d.	4	refregar, int.	14	regularizar, t.d, pr.	4
reextraditar, t.d.	4	refrescar, t.d, int, pr.	12	regurgitar, t.d, t.i, int.	4
refalsear, ♦ t.d.	15	refrigerar, t.d, pr.	4	reimplantar, t.d.	4
refazer, ♦ part. irr, t.d, t.i, pr.	31	refrisar, t.d.	4	reimpor, ♦ part. irr, t.d.	45
refecer, int, t.d.	25	refugar, t.d, int.	14	reimprimir, 2 part, t.d.	6
refegar, t.d.	14	refugiar-se, pr.	16	reinar, int, t.d, t.i.	4
refender, t.d.	5	refugir, ♦ int, t.i, t.d.	62	reincidir, t.i, int.	6
referenciar, t.d, t.i, pr.	16	refulgir, def. p. 78, [no		reincitar, t.d.	4
referendar, t.d.	4	Brasil não é def.], int.	52	reincorporar, t.d.	4
referir, ♦ t.d, t.i, pr.	57	refundar, t.d.	4	reinflamar, t.d, pr.	4
refermentar, int.	4	refundir, t.d, int, pr.	6	reinfundir, t.d, t.i.	6
referver, int, t.d.	5	refusar, t.d.	4	reingressar, t.c.	4
refestelar-se, pr.	7	refutar, t.d.	4	reiniciar, t.d.	16
refiar, t.d.	16	regaçar, t.d, pr.	13	reinquirir, t.d, int.	6
refilar, t.d, int.	4	regalar, t.d, t.i, int, pr.	4	reinscrever, ♦ part. irr,	
refilhar, int.	4	regalardoar, t.d.	20	t.d, pr.	5
refilmar, t.d.	4	reganhar, t.d.	4	reinsistir, int.	6
refinar, t.d, int, pr.	4	regar, t.d, t.i.	14	reinstalar, t.d, pr.	4
refincar, t.d.	12	regatar, t.d, int.	4	reinstituir, ♦ t.d.	73
refitar, t.d.	4	regatear, ♦ t.d, t.i, int.	15	reintegrar, t.d, t.i, pr.	4
reflar, [Br.], t.d.	4	regelar, t.d, int.	4	reinventar, t.d.	4
reflectir, ♦ t.d, t.i, int, pr.	65	regenerar, t.d, pr.	4	reinvestir, ♦ t.d.	54
refletir, ♦ [Br.], t.d, t.i, int, pr.	65	regentar, t.d.	4	reiterar, t.d, t.i.	4
reflexionar, int.	4	reger, t.d, pr.	26	reiunar, [Br.], t.d.	4
reflorescer, def. imp, int, t.d.	25	regerar, t.d.	4	reivindicar, t.d.	12
reflorestar, t.d.	4	regirar, t.d, int.	4	reixar, [Br.], int.	4
reflorir, def. p, int.	79	registar, t.d.	4	rejeitar, t.d, t.i.	4
refluir, ♦ int, t.i.	73	registrar, t.d.	4	rejubilar, t.d, int, pr.	4
refocilar, t.d, pr.	4	regoar, t.d.	20	rejuntar, [Br.], t.d.	4
refogar, t.d.	14	regolfar, int.	4	rejuvenescer, t.d, int, pr.	25
refolgar, int.	14	regorjear, ♦ int, t.d.	15	relacionar, t.d, t.i, pr.	4
refolhar, t.d, int, pr.	4	regougar, def. imp, int.	14	relacrar, t.d.	4
reforçar, t.d, pr.	13	regozijar, t.d, pr.	4	relamber, t.d.	5
reformar, t.d, t.i, pr.	4	regrar, t.d, pr.	4	relampadear, ♦ def. imp,	
reformular, t.d.	4	regravar, t.d.	4	int, t.d, t.i.	15

relampadejar, def. imp, int, t.d, t.i.	4
relampaguear, def. imp, int, t.d, t.i.	24
relampear, ♦ def. imp, int, t.d, t.i.	15
relampejar, def. imp, int, t.d, t.i.	4
relançar, t.d, t.i.	13
relancear, ♦ t.d, t.i.	15
relar, t.d, int.	4
relatar, t.d, t.i.	4
relaxar, t.d, int, t.i, pr.	4
relegar, t.d, pr.	14
relembrar, t.d, t.i.	4
reler, ♦ t.d.	42
relevar, t.d, t.i, int, pr.	4
relhar, t.d.	4
relicitar, t.d, int.	4
religar, t.d.	14
relimar, t.d.	4
relinchar, def. imp, int.	4
relotear, ♦ [Br.], t.d.	15
relumbrar, int.	4
relutar, int.	4
reluzir, ♦ def. imp, int.	72
relvar, t.d, int.	4
relvejar, def. imp, int.	4
remanchar, t.d, int.	4
remanchar-se, pr.	7
remanchear, ♦ int, pr.	15
remanejar, t.d.	4
remanescer, int.	25
remangar, int, pr.	14
remaniscar, [Br.], int.	12
remansar-se, pr.	7
remansear, ♦ int, pr.	15
remanusear, ♦ t.d.	15
remar, t.d.	4
remarcar, t.d.	12
remascar, t.d.	12

remastigar, t.d.	14
rematar, t.d, int, t.i, pr.	4
remedar, t.d.	4
remediar, ♦ t.d, t.i, pr.	17
remedir, ♦ t.d.	70
remelar, int, pr.	4
remembrar, int.	4
rememorar, t.d.	4
remendar, t.d.	4
remenear, ♦ t.d.	15
remenicar, int, t.i.	12
remerecer, t.d.	25
remergulhar, t.d.	4
remessar, t.d, pr.	4
remeter, t.d, t.i, pr.	5
remexer, t.d, t.i, pr.	5
remigrar, int.	4
reminar-se, [Br.], pr.	7
remir(-se), def. p, t.d, t.i, pr.	80
remirar, t.d, pr.	4
remitir, t.d, t.i, int, pr.	6
remobilizar, t.d.	4
remocar, t.d, t.i.	12
remoçar, t.d, int, pr.	13
remodelar, t.d.	4
remoer, t.d, int, pr.	28
remoinhar, int.	4
remolhar, t.d.	4
remondar, t.d.	4
remontar, t.d, t.i, int, pr.	4
remoquear, ♦ t.d, int.	15
remorar, t.d.	4
remorder, t.d, t.i, pr.	5
remover, t.d, t.i.	5
remudar, t.d, t.i.	4
remugir, def. imp, int, t.d.	52
remunerar, t.d.	4
remungir, int, t.d.	52
remurmurar, int.	4
renascer, int.	25
renavegar, t.d, int.	14

rendar, t.d, t.i.	4
render, t.d, t.i, int, pr.	5
rendilhar, t.d.	4
renegar, t.d, t.i.	14
renguear, ♦ [Br.], int.	15
renhir, def. p, int, t.d, t.i, pr.	79
renitir, int, t.i.	6
renovar, t.d, t.i, int, pr.	4
rentar, t.i.	4
rentear, ♦ t.d, t.i.	15
renuir, ♦ t.d.	73
renunciar, t.d, t.i, int.	16
renutrir, t.d, int.	6
reocupar, t.d.	4
reordenar, t.d.	4
reorganizar, t.d.	4
reorientar, t.d.	4
reouvir, ♦ t.d, int.	71
reoxidar, t.d.	4
reparar, t.d, t.i, pr.	4
repagar, 2 part, t.d.	14
repaginar, t.d.	4
repanhar, t.d, pr.	4
reparar, t.d, t.i, pr.	4
reparecer, int.	25
repartir, t.d, t.i, pr.	6
repascer, def. p. 78 [só usado quando o c é seguido de e ou i], int, t.d.	25
repassar, t.d, t.i, int, pr.	4
repastar, t.d, int, pr.	4
repatanar-se, pr.	7
repatriar, t.d, pr.	16
repavimentar, t.d.	4
repechar, [Br.], t.d, int.	4
repedir, ♦ t.d.	70
repelar, t.d, pr.	4
repelir, ♦ t.d, pr.	57
repenicar, t.d, int.	12
repensar, int, t.i.	4
repercorrer, t.d.	5

repercutir, t.d, int, pr.	6	reprofundar, t.d, t.i.	4	reslumbrar, int.	4
reperguntar, t.d.	4	reprometer, t.d, t.i.	5	resmar, t.d.	4
repertoriar, t.d.	16	repropor,♦ part. irr, t.d.	45	resmelengar, [Br.], int.	14
repesar, t.d.	4	reprovar, t.d.	4	resmonear,♦ t.d, int.	15
repetenar-se, pr.	7	repruir, def. p, t.d, int.	79	resmungar, t.d, int.	14
repetir,♦ t.d, t.i, int, pr.	57	reprurir, def. p, t.d, int.	79	resmuninhar, t.d, int.	4
repicar, t.d, int.	12	reptar, int, t.d.	4	resolver, t.d, t.i, int, pr.	5
repingar, t.d, pr.	14	republicanizar, t.d, pr.	4	respaldar, t.d.	4
repinchar, int.	4	republicar, t.d.	12	respançar, t.d.	13
repintar, t.d, int.	4	repudiar, t.d.	16	respeitar, t.d, t.i, pr.	4
repiquetar, t.d.	4	repugnar, t.d, int, t.i.	4	respigar, int, t.d.	14
repisar, t.d, t.i.	4	repulsar, t.d.	4	respingar, int, t.d, pr.	14
repiscar, t.d, t.i.	12	repulular, int.	4	respirar, int, t.d.	4
replantar, t.d.	4	repurgar, t.d.	14	resplandecer, int, t.d.	25
repletar, t.d.	4	repurificar, t.d.	12	resplendecer, int.	25
replicar, t.d, t.i, int.	12	reputar, t.d, t.i, pr.	4	resplender, int, t.d.	5
repoisar, t.d, int, t.i.	4	repuxar, t.d, int.	4	responder, t.d, t.i, int, pr.	5
repolegar, t.d.	14	requebrar, t.d, t.i, pr.	4	responsabilizar, t.d, t.i, pr.	4
repolgar, t.d.	14	requeimar, t.d, pr.	4	responsar, t.d, t.i.	4
repolhar, int.	4	requentar, t.d, pr.	4	respostar, int.	4
repolir,♦ t.d.	60	requerer,♦ t.d, t.i.	39	ressaber,♦ t.d, t.i.	35
repoltrear-se,♦ pr.	15	requestar, t.d.	4	ressabiar, int, pr.	16
repoltronear-se,♦ pr.	15	requintar, t.d, t.i, int, pr.	4	ressacar, t.d, int.	12
repontar, int, t.d.	4	requisitar, t.d, t.i.	4	ressacar-se, [Br : pr.]	12
repontuar, t.d.	4	rerratificar, t.d.	12	ressaibar, int.	4
repopularizar, t.d, pr.	4	rescaldar, t.d.	4	ressair,♦ int, t.i.	68
repor,♦ part. irr, t.d, t.i, pr.	45	rescindir, t.d.	6	ressalgar, t.d.	14
reportar, t.d, t.i, pr.	4	rescrever, part. irr, t.d, t.i.	5	ressaltar, t.d, int.	4
repossuir,♦ t.d.	73	resenhar, t.d.	4	ressaltear,♦ t.d.	15
repostar, t.d.	4	reservar, t.d, t.i, pr.	4	ressaltitar, int.	4
repotrear-se,♦ pr.	15	resfolegar, int, t.d.	14	ressalvar, t.d, t.i, pr.	4
repousar, t.d, int, t.i, t.c.	4	resfolgar, int, t.d.	14	ressarcir, def. p, t.d, t.i, pr.	79
repovoar, t.d, pr.	20	resfriar, t.d, int, pr.	16	ressaudar, t.d.	19
repreender, t.d, t.i.	5	resgatar, t.d, pr.	4	ressecar, t.d, pr.	12
repregar, t.d.	14	resguardar, t.d, t.i, pr.	4	ressegar, t.d.	14
represar, t.d.	4	residir, t.c, t.i.	6	ressegurar, t.d.	4
representar, t.d, t.i, int, pr.	4	resignar, t.d, pr.	4	resselar, t.d.	4
representear,♦ t.d, t.i.	15	resilir, t.d, t.i.	6	ressemear,♦ t.d.	15
reprimir, t.d, pr.	6	resinar, t.d.	4	ressentir,♦ t.d, pr.	56
reprochar, t.d, t.i.	4	resinificar, t.d, pr.	12	ressequir, def. p, t.d, pr.	79
reproduzir,♦ t.d, pr.	72	resistir, t.d, int.	6	resserenar, t.d, int, pr.	4

R/R

resservir, ♦ t.d.	54
ressicar, t.d, pr.	12
ressoar, t.d, int.	20
ressobrar, int.	4
ressoldar, t.d.	4
ressolhar, [Br.], int.	4
ressonar, t.d, int.	4
ressoprar, t.d.	4
ressorver, t.d.	5
ressuar, int.	4
ressudar, int, t.d.	4
ressulcar, t.d.	12
ressumar, t.d, int.	4
ressumbrar, t.d, int.	4
ressupinar, t.d.	4
ressurgir, int, t.d.	52
ressurtir, int.	6
ressuscitar, t.d, int.	4
restabelecer, t.d, t.i, pr.	25
restampar, t.d.	4
restar, int, t.i, t.d.	4
restaurar, t.d, pr.	4
restelar, t.d.	4
restilar, t.d.	4
restinguir, t.d.	53
restituir, ♦ t.d, t.i, pr.	73
restolhar, int, t.d.	4
restribar, t.i, pr.	4
restringir, t.d, t.i, pr.	52
restrugir, def. imp, int, t.d.	52
restucar, t.d.	12
resultar, t.i.	4
resumir, t.d, t.i, pr, int.	6
resvalar, t.d, t.i, int.	4
retalhar, t.d.	4
retaliar, t.d, int.	16
retanchar, t.d.	4
retardar, t.d, int, pr.	4
retelhar, t.d.	4
retemperar, t.d, pr.	4
reter, ♦ t.d, t.i, pr.	1
retesar, t.d, pr.	4
reticenciar, t.d.	16
reticular, t.d.	4
retificar, [Br.], t.d, pr.	12
retingir, t.d.	52
retinir, def. p. 78 [só usado quando o n é seguido de e ou i], int, t.d.	6
retintinir, def. p. 78 [só usado quando o n é seguido de e ou i], int.	6
retirar, t.d, t.i, t.c, int, pr.	4
retocar, t.d.	12
retoiçar, int, t.d, pr.	13
retomar, t.d.	4
retorcer, t.d, pr.	25
retoricar, int.	12
retornar, t.i, int, t.d, t.c.	4
retorquir, def. p. 78 [só usado quando o ou é seguido de e ou i], t.d, t.i, int.	78
retorqüir, [Br.], def. p. 78 [só usado quando o qu é seguido de e ou i], t.d, t.i, int.	78
retostar, t.d.	4
retoucar, t.d.	12
retouçar, int, t.d, pr.	13
retovar, [Br.], t.d.	4
retraçar, t.d.	13
retraduzir, ♦ t.d.	72
retrair, ♦ t.d, t.i, pr.	68
retramar, t.d.	4
retrancar, t.d.	12
retransir, t.d, pr.	6
retransmitir, t.d.	6
retrasar, t.d.	4
retratar, t.d.	4
retratar-se, pr.	7
retravar, t.d.	4
retremer, t.d, int.	5
retribuir, ♦ t.d, t.i.	73
retrilhar, t.d.	4
retrincar, t.d, int.	12
retroagir, int.	52
retroar, int.	20
retroceder, int, t.d, t.i.	5
retrogradar, int, t.d, t.i.	4
retrosseguir, ♦ int.	55
retrotrair, ♦ t.d, t.i, int, pr.	68
retrovender, t.d, t.i.	5
retroverter, t.d.	5
retrucar, t.d, t.i.	12
retumbar, int, t.d.	4
retundir, t.d.	6
reumatizar, t.d.	4
reunificar, t.d, pr.	12
reunir, t.d, t.i, int, pr.	76
reurbanizar, t.d.	4
revacinar, t.d, pr.	4
revalidar, t.d.	4
revalorizar, t.d.	4
revelar, t.d, t.i, pr.	4
revelir, ♦ t.d.	57
revender, t.d, t.i.	5
revenerar, t.d.	4
rever, ♦ part. irr, t.d, pr, int.	40
reverberar, t.d, int.	4
reverdecer, int, t.d.	25
reverdejar, def. imp, int.	4
reverenciar, t.d, int.	16
reverificar, t.d.	12
reverter, t.i.	5
revessar, t.d, int.	4
revestir, ♦ t.d, t.i, pr.	54
revezar, t.d, t.i, int, pr.	4
reviçar, int, t.d.	13
revidar, t.d, t.i, int.	4
revigorar, t.d, int, pr.	4
revingar, t.d.	14
revir, ♦ int.	67
revir, ♦ [Br.], def. imp, int.	67
revirar, t.d, t.c, pr.	4

reviravoltear, ♦ int.	15	rivalizar, t.i, t.d, pr.	4	rosear, ♦ t.d, int, pr.	15
revisar, t.d.	4	rixar, t.i.	4	rosetar, [Br.], t.d, int.	4
revisitar, t.d.	4	rizar, t.d.	4	rosetear, ♦ [Br.], t.d, int.	15
revistar, t.d.	4	roborar, t.d.	4	rosnar, t.d, t.i, int.	4
reviver, int, t.d.	5	roborizar, t.d.	4	rosquear, ♦ [Br.], t.d.	15
revivescer, t.d, int.	25	robustecer, t.d, int, pr.	25	rostear, ♦ [Br.], t.d.	15
revivificar, t.d.	12	roçagar, t.d, int.	14	rostir, [Br.], t.d.	6
revoar, int.	20	rocar, int.	12	rotar, int.	4
revocar, t.d, t.i.	12	roçar, t.d, t.i, pr.	13	rotear, ♦ int, t.d.	15
revogar, t.d.	14	rocegar, t.d.	14	roteirizar, [Br.], t.d.	4
revolcar, t.d, t.i, pr.	12	rociar, t.d, t.i, int.	16	rotogravar, t.d.	4
revoltar, t.d, t.i, t.c, int, pr.	4	rocinar, [Br.], t.d.	4	rotular, t.d.	4
revoltear, ♦ t.d, int.	15	rodar, t.d, t.c, int.	4	roubar, t.d, t.i, int, pr.	4
revolucionar, t.d, pr.	4	rodear, ♦ t.d, pr.	15	roufenhar, int.	4
revolutear, ♦ int.	15	rodilhar, t.d.	4	roupar, t.d, pr.	4
revolver, t.d, int, pr.	5	rodopiar, int.	16	rouquejar, int, t.d.	4
revulsar, t.d.	4	roer, t.d, t.i, int.	28	rouxinolear, ♦ int.	15
rezar, t.d, t.i, int.	4	rogar, t.d, t.i, int.	14	roxear, ♦ t.d, int, pr.	15
rezingar, t.d, t.i, int.	14	rojar, t.d, t.i, int, pr.	4	rubejar, def. imp, int.	4
ribeirar, [Br.], t.d.	4	rolar, t.d, int, pr.	4	rubescer, t.d, int, pr.	25
ribombar, int.	4	roldar, t.d.	4	rubificar, t.d, int, pr.	12
riçar, t.d, int.	13	roldear, ♦ t.d.	15	ruborescer, t.d, pr.	25
ricochetar, int.	4	roletar, t.d.	4	ruborizar, t.d, pr.	4
ricochetear, ♦ int.	15	rolhar, t.d.	4	rubricar, t.d.	12
ridicularizar, t.d, pr.	4	romancear, ♦ t.d, int.	15	ruçar, t.d, int, pr.	13
ridiculizar, t.d, pr.	4	romanear, ♦ t.d.	15	rufar, t.d, int.	4
rifar, t.d.	4	romanizar, t.d, pr.	4	rufiar, int.	16
rilhar, t.d, int.	4	romantizar, t.d, int.	4	ruflar, int, t.d.	4
rimar, t.d, t.i, int.	4	romper, 2 part, t.d, t.i, pr.	5	rugar, t.d, pr.	14
ribombar, int.	4	roncar, int, t.i, t.d.	12	rugir, def. imp, int, t.d.	52
rinchar, def. p. [não usado		roncear, ♦ int.	15	rugitar, [Br.], int.	4
nas 1ᵃˢ p], int.	4	ronchar, [Br.], t.d.	4	ruidar, int.	4
rinchavelhar, int.	4	rondar, t.d, int.	4	ruir, ♦ def. p. 78 [só usado	
rinconar, int, [Br : t.d.]	4	rondear, ♦ t.d, int.	15	quando o *u* é seguido	
ringir, t.d, int.	52	ronquear, ♦ t.d.	15	de *e* ou *i*], int.	73
rinhar, [Br.], int.	4	ronquejar, int.	4	rumar, t.d, t.i, t.c.	4
ripar, t.d.	4	ronronar, int.	4	rumbear, ♦ [Br.], t.c.	15
ripostar, int, t.d.	4	rorar, [Br.], t.d, int.	4	ruminar, def. imp, int, t.d.	4
rir, ♦ int, pr, t.i, t.d.	69	rorejar, t.d, int.	4	rumorar, int.	4
riscar, t.d, int, pr.	12	rosar, t.d, pr.	4	rumorejar, int, t.d.	4
ritmar, t.d.	4	roscar, t.d.	12	ruralizar, t.d, int, pr.	4

rusgar, int.	14	sagrar, t.d, t.i.	4	sanear, ♦ t.d, t.i, pr.	15
russificar, t.d.	12	saibrar, t.d.	4	sanfoninar, int, t.d.	4
rusticar, t.d, int.	12	sair, ♦ t.c, t.i, int, pred, t.d, pr.	68	sanforizar, t.d.	4
rustir, [Br.], t.d.	6	saldar, t.d.	4	sangrar, t.d, int, pr.	4
rutilar, t.d, int.	4	salgar, t.d, pr.	14	sanguificar, t.d.	12
		salientar, t.d, pr.	4	sanguinhar, [Br.], int.	4
		salinar, t.d.	4	sanificar, t.d.	12

S

		salitrar, t.d.	4	sanjar, t.d, int.	4
		salitrizar, t.d.	4	sanquitar, t.d.	4
		salivar, int, t.d.	4	santificar, t.d, pr.	12
		salmear, ♦ t.d, int.	15	santigar, t.d, pr.	14
		salmodiar, t.d, int.	16	santiguar, t.d, pr.	4
sabadear, ♦ int.	15	salmoirar, t.d.	4	sapar, int.	4
sabatinar, t.d, int.	4	salmourar, t.d.	4	sapatear, ♦ int, t.d.	15
sabatizar, int.	4	salpicar, t.d, t.i.	12	sapear, ♦ [Br.], t.d.	15
saber, ♦ t.d, t.i.	35	salpimentar, t.d.	4	sapecar, [Br.], t.d, t.i, int.	12
saberecar, [Br.], t.d.	12	salpintar, [Br.], t.d.	4	sapejar, int.	4
sabererecar, [Br.], t.d.	12	salpresar, t.d.	4	saponificar, t.d.	12
sabichar, t.d.	4	saltar, int, t.i, t.d.	4	sapremar, [Br.], t.d.	4
saborear, ♦ t.d, pr.	15	saltarelar, int.	4	saquear, ♦ t.d.	15
sabotear, ♦ t.d, int.	15	saltaricar, int.	12	sarabandear, ♦ int, t.d.	15
sabrecar, [Br.], t.d.	12	saltarilhar, int.	4	saracotear, ♦ t.d, int, pr.	15
sabucar, [Br.], t.d, int.	12	saltarinhar, int.	4	saraivar, def. imp, int, t.d.	4
sabugar, [Br.], t.d.	14	saltear, ♦ t.d, int, pr.	15	sarandear, ♦ [Br.], int.	15
sabujar, t.d, int.	4	saltitar, int, t.i.	4	sarapantar, t.d, pr, int.	4
saburrar, t.d.	4	salubrificar, t.d.	12	sarapintar, t.d.	4
sacanear, ♦ [Br.], int, t.d.	15	saluçar, int, t.d.	13	sarar, t.d, t.i, int, pr.	4
sacar, t.d, t.i, pr.	12	saludar, t.d.	4	sargentear, ♦ int.	15
saçaricar, [Br.], int.	12	salvaguardar, t.d.	4	sarilhar, t.d.	4
sacarificar, t.d.	12	salvar, 2 part, t.d, t.i, int, pr.	4	sarjar, t.d.	4
sachar, t.d.	4	samangar, [Br.], int.	14	sarpar, t.d.	4
sacholar, t.d.	4	sambar, [Br.], int.	4	sarrafaçar, int, t.d.	13
saciar, t.d, pr.	16	sambear, ♦ int.	15	sarrafar, int.	4
sacolejar, t.d.	4	sambenitar, t.d.	4	sarrafear, ♦ t.d.	15
sacramentar, t.d, pr.	4	samblar, t.d.	4	sarrar, [Br.], t.d, int.	4
sacrificar, t.d, t.i, int, pr.	12	sambocar, [Br.], t.d.	12	sartar, t.d.	4
sacudir, ♦ t.d, t.i, pr.	61	samear, ♦ t.d, t.i, int.	15	satanizar, t.d.	4
safar, t.d, t.i, pr.	4	sampar, [Br.], t.d, t.i.	4	satirizar, t.d, int.	4
safrejar, [Br.], int.	4	sanar, t.d, pr.	4	satisdar, int.	4
saginar, t.d.	4	sancionar, t.d.	4	satisfazer, ♦ part. irr, t.d,	
sagitar, t.d.	4	sandejar, int.	4	t.i, int, pr.	31

satrapear, ♦ int.	15	sentenciar, ♦ t.d, t.i, int.	18	sibilar, int, t.d.	4
saturar, t.d, t.i.	4	sentimentalizar, t.d.	4	siderar, t.d.	4
saudar, t.d, pr.	19	sentir, ♦ t.d, int, pr.	56	sifilizar, t.d, pr.	4
sazonar, t.d, int, pr.	4	separar, t.d, t.i, int, pr.	4	sigilar, t.d.	4
secar, t.d, int, pr.	12	sepultar, t.d, pr.	4	siglar, t.d.	4
seccionar, t.d, pr.	4	sequestrar, t.d, t.i.	4	siglizar, t.d.	4
secionar, *[Br.]*, t.d, pr.	4	sequiar, *[Br.]*, int.	16	siglonimizar, t.d.	4
secretar, t.d.	4	ser, ♦ pred, int, t.c.	3	significar, t.d, t.i.	12
secretariar, t.d, int.	16	serenar, t.d, int, pr.	4	silabar, int.	4
sectorizar, t.d, pr.	4	seriar, t.d.	16	silenciar, ♦ t.d, t.i, int.	18
secularizar, t.d.	4	seregrafar, t.d.	4	silhuetar, t.d, pr.	4
secundar, t.d.	4	seringar, t.d.	14	silogizar, int.	4
sedar, t.d.	4	seroar, int.	20	silvar, int, t.d.	4
sedear, ♦ t.d.	15	serpear, ♦ int.	15	simbolizar, t.d, int.	4
sedimentar, int.	4	serpejar, int.	4	simetrizar, t.d, t.i, int.	4
seduzir, ♦ t.d.	72	serpentar, int.	4	simpatizar, t.i, pr.	4
segar, t.d, int.	14	serpentear, ♦ int.	15	simplificar, t.d.	12
segmentar, t.d.	4	serralhar, t.d, int.	4	simular, t.d.	4
segredar, t.d, t.i, int.	4	serrar, t.d, int.	4	sinalar, t.d.	4
segregar, t.d, t.i, pr.	14	serrazinar, int, t.i.	4	sinalizar, int, t.d.	4
seguir, ♦ t.d, t.c, int, pr.	55	serrear, ♦ t.d.	15	sinapizar, t.d.	4
segundar, t.d.	4	serrilhar, t.d, int.	4	sincopar, t.d, int.	4
segurar, t.d, t.i, pr.	4	serrotar, t.d.	4	sincopizar, t.d, int, pr.	4
selar, t.d, int, pr.	4	sertanejar, int.	4	sincronizar, t.d.	4
seleccionar, t.d.	4	sertanizar, *[Br.]*, int.	4	sindicalizar, t.d, pr.	4
selecionar, *[Br.]*, t.d.	4	servilizar, t.d, pr.	4	sindicar, t.d, int, t.i, pr.	12
selectar, t.d.	4	servir, ♦ int, t.i, t.d, pr.	54	sinetar, *[Br.]*, t.d.	14
seletar, *[Br.]*, t.d.	4	sesmar, t.d.	4	singrar, int, t.d.	4
semear, ♦ t.d, t.i, int.	15	sessar, *[Br.]*, t.d.	4	singularizar, t.d, pr.	4
semelhar, pred, t.i, pr.	4	sestear, ♦ t.d, int.	15	sinistrar, int.	4
sementar, t.d.	4	sestrar, *[Br.]*, int.	4	sinonimizar, t.d, t.i, int.	4
semicerrar, t.d.	4	setear, ♦ t.d.	15	sintecar, *[Br.]*, t.d.	12
semierguer, t.d.	27	setorizar, *[Br.]*, t.d.	4	sintetizar, t.d.	4
semiviver, int.	5	setuplicar, t.d, int, pr.	12	sintonizar, t.d, t.i, int.	4
sengar, *[Br.]*, t.d.	14	sevantijar-se, pr.	7	sirgar, t.d.	14
senhorear, ♦ t.d, t.i, int, pr.	15	sevar, *[Br.]*, t.d.	4	sirigaitar, int.	4
senilizar, t.d.	4	severizar, t.d.	4	siriricar, *[Br.]*, int.	12
sensibilizar, t.d, pr.	4	seviciar, t.d.	16	sisar, t.d, t.i, int.	4
sensificar, t.d.	12	sextavar, t.d.	4	sistematizar, t.d.	4
sensualizar, t.d, pr.	4	sextuplicar, t.d, int, pr.	12	sitiar, t.d.	16
sentar, t.d, int, pr.	4	siar, t.d.	16	situar, t.d, t.i, pr.	4

soabrir, ♦ part. irr, t.d, pr.	6	sobremaravilhar, t.d, t.i,		socializar, t.d, pr.	4
soalhar, t.d, int.	4	int, pr.	4	soçobrar, t.d, int, pr.	4
soar, def. imp, int, t.i, t.d.	20	sobrenadar, int.	4	soçocar, [Br.], int.	12
soassar, t.d.	4	sobrenaturalizar, t.d, pr.	4	socorrer, t.d, pr.	5
sobalçar, t.d.	13	sobrenomear, ♦ t.d.	15	sodar, t.d.	4
sobejar, int, t.i, pr.	4	sobreolhar, t.d.	4	soer, def. p. 78, int, t.d.	28
soberanizar, t.d.	4	sobrepairar, t.i, int.	4	soerguer, t.d, pr.	27
sobestar, t.i.	4	sobrepartilhar, t.d.	4	sofismar, t.d.	4
sobnegar, t.d, t.i.	14	sobrepensar, t.d, t.i.	4	sofisticar, t.d, int.	12
soborralhar, t.d.	4	sobrepesar, t.d, t.i, int.	4	sofraldar, t.d, pr.	4
sobpor, ♦ part. irr, t.d, t.i.	45	sobrepor, ♦ part. irr, t.d,		sofrear, ♦ t.d, pr.	15
sobraçar, t.d, pr.	13	t.i, pr.	45	sofrenar, [Br.], t.d.	4
sobradar, t.d.	4	sobrepovoar, t.d.	20	sofrer, t.d, int, t.i, pr.	5
sobrancear, ♦ t.d.	15	sobrepratear, ♦ t.d.	15	sogar, t.d.	14
sobrar, t.d, t.c, int.	4	sobrepujar, t.d, int, t.i.	4	sograr, [Br.], int.	4
sobrasar, t.d.	4	sobrerestar, t.d, int.	4	sojigar, [Br.], t.d.	14
sobreabundar, int.	4	sobre-roldar, t.d.	4	sojugar, t.d.	14
sobreafligir, t.d.	52	sobre-rondar, t.d, int.	4	solancar, [Br.], int.	12
sobreaquecer, t.d.	25	sobre-saturar, t.d, pr.	4	solapar, t.d, pr.	4
sobreazedar-se, pr.	7	sobrescrever, part. irr, t.d.	5	solar, t.d, int.	4
sobrecabecear, ♦ t.d.	15	sobrescritar, part. irr, t.d, t.i.	4	solavancar, int.	4
sobrecarregar, t.d.	14	sobre-semear, ♦ t.d.	15	soldar, t.d, t.i, int, pr.	4
sobrechegar, int, t.i.	14	sobre-solar, t.d.	4	solecar, t.d.	12
sobrecoser, t.d.	5	sobresperar, t.d, int.	4	solecizar, int.	4
sobredistender, t.d.	5	sobressair, ♦ int, t.i.	68	solenizar, t.d.	4
sobredoirar, t.d, pr.	4	sobressaltar, t.d, pr.	4	soletrar, t.d, int.	4
sobredourar, t.d, pr.	4	sobressaltear, ♦ t.d, pr.	15	solevantar, t.d, pr.	4
sobrelevar, t.d, t.i.	4	sobressarar, int, t.d.	4	solevar, t.d.	4
sobreerguer, t.d, t.i.	27	sobrestar, ♦ int, t.d.	10	solfar, t.d, int.	4
sobreestar, ♦ t.d, int.	10	sobretecer, t.d, t.i.	25	solfejar, t.d, int.	4
sobreestimar, t.d.	4	sobrevestir, ♦ t.d.	54	solhar, t.d.	4
sobreexaltar, t.d.	4	sobrevigiar, t.d.	16	solicitar, t.d, t.i, int, pr.	4
sobreexceder, t.d, t.i.	5	sobrevir, ♦ int, t.i.	67	solidar, t.d.	4
sobreexcitar, t.d, t.i.	4	sobreviver, int, t.i.	5	solidarizar, t.d, t.i, pr.	4
sobrefacturar, t.d.	4	sobrevoar, int, t.d.	20	solidificar, t.d, pr.	12
sobrefaturar, [Br.], t.d.	4	socalcar, t.d.	12	soliloquiar, int.	16
sobre-humanizar, t.d, pr.	4	socar, t.d.	12	solinhar, t.d, int.	4
sobreintender, t.d.	5	socar, [Br.], def. imp, int.	12	soltar, 2 part, t.d, t.i, pr.	4
sobreirritar, t.d.	4	socavar, t.d, int.	4	solubilizar, t.d.	4
sobrelevar, t.d, t.i, pr.	4	sochantrear, ♦ int.	15	soluçar, int, t.d.	13
sobrelotar, [Br.], t.d.	4	sociabilizar, t.d, pr.	4	solucionar, t.d.	4

solver, t.d.	5	sovar, t.d.	4	subscrever, part. irr, t.d, t.i, pr.	5
somar, t.d, t.i, int, pr.	4	sovelar, t.d.	4	subscritar, part. irr, t.d.	4
sombrar, t.d.	4	soverter, t.d, pr.	5	subsecretariar, ♦ t.d, int.	15
sombrear, ♦ t.d, int, pr.	15	sovietizar, t.d.	4	subseguir, ♦ t.d, pr, int.	55
sombrejar, t.d, int.	14	sovinar, t.d.	4	subsidiar, t.d.	16
somiticar, [Br.], int.	12	suadir, t.d.	6	subsistir, int.	6
sonambular, int.	4	suar, int, t.c, t.d.	4	subsolar, t.d.	4
sondar, t.d, int.	4	suavizar, t.d, pr.	4	substabelecer, t.d, t.i.	25
sonegar, t.d, t.i, pr.	14	subalternar, t.d, t.i, int, pr.	4	substancializar, t.d.	4
sonetar, int, t.d.	4	subalternizar, t.d, pr.	4	substanciar, t.d.	16
sonetear, ♦ int, t.d.	15	subalugar, t.d, t.i.	14	substantificar, t.d.	12
sonhar, int, t.i, t.d, pr.	4	subarrendar, t.d, t.i.	4	substantivar, t.d.	4
sonorizar, t.d.	4	subastar, t.d.	4	substituir, ♦ t.d, t.i, pr.	73
sopapar, t.d.	4	subdelegar, t.d, t.i.	14	subsultar, t.d.	4
sopapear, ♦ t.d.	15	subdividir, t.d, pr.	6	subsumir, ♦ t.d.	61
sopear, ♦ t.d.	15	subemprazar, t.d.	4	subtender, t.d.	5
sopesar, t.d, pr.	4	subenfiteuticar, t.d.	12	subterfugir, ♦ t.d, t.i.	62
sopetear, ♦ t.d.	15	subentender, t.d.	5	subtilizar, t.d, t.i, int, pr.	4
sopitar, t.d.	4	suberizar, t.d, t.i.	4	subtrair, ♦ t.d, t.i.	68
sopontar, t.d.	4	subestimar, t.d.	4	subvencionar, t.d.	4
soporizar, t.d.	4	subfacturar, t.d.	4	subverter, t.d, pr.	5
soprar, t.d, t.i, int.	4	subfaturar, [Br.], t.d.	4	suceder, [em certos sentidos, def. imp.], int, t.i, t.d, pr.	5
sopresar, t.d.	4	subfretar, t.d, t.i.	4	suciar, int.	16
soquear, ♦ t.d.	15	subir, ♦ int, t.c, t.i, t.d, pr.	61	sucumbir, t.i, int.	6
soqueixar, t.d.	4	subjazer, ♦ int.	33	sufixar, t.d, int.	4
soquetear, ♦ t.d.	15	subjetivar, t.d.	4	sufocar, t.d, int.	12
sorar, t.d.	4	subjugar, t.d, pr.	14	sufragar, t.d.	14
sornar, int.	4	sublevar, t.d, pr.	4	sufumigar, t.d.	14
sororocar, [Br.], int.	12	sublimar, t.d, t.i, pr.	4	sugar, t.d, t.i.	14
sorrabar, t.d.	4	sublinhar, t.d.	4	sugerir, ♦ t.d, t.i.	57
sorrir, ♦ int, pr, t.d, t.i.	69	sublocar, t.d.	12	sugestionar, t.d.	4
sortear, ♦ t.d.	15	submergir, def. p, 2 part., t.d, int, pr.	78	sugilar, t.d.	4
sortir, ♦ t.d, t.i, int, pr.	60	submeter, t.d, t.i, pr.	5	suicidar-se, pr.	7
sorvar, int, pr, t.d.	4	subministrar, t.d, t.i.	4	sujar, t.d, int, pr.	4
sorver, t.d.	5	subnutrir, t.d.	6	sujeitar, 2 part, t.d, t.i, pr.	4
sossegar, t.d, int, pr.	14	subordinar, t.d, t.i, pr.	4	sujigar, [Br.], t.d.	14
sotaquear, ♦ t.d.	15	subornar, t.d.	4	sulaventear, ♦ int.	15
sotaventear, ♦ t.d, int, pr.	15	subpor, ♦ part. irr, t.d, t.i.	45	sulcar, t.d.	12
soterrar, t.d, pr.	4	sub-repassar, t.d.	4	sulfatar, t.d.	4
sotopor, ♦ part. irr, t.d, t.i.	45	sub-rogar, t.d, t.i, pr.	14		
sotrancar, t.d.	12				

sulfatizar, t.d.	4	supurar, int, t.d.	4	tabeliar, int.	16
sulfetar, t.d.	4	suputar, t.d.	4	tabernear, ♦ int.	15
sulfurar, t.d.	4	surdear, ♦ int.	15	tabicar, t.d.	12
sulfuretar, t.d.	4	surdinar, int, t.d.	4	tabizar, t.d.	4
sultanear, ♦ int.	15	surdir, int, t.i.	6	taboquear, ♦ [Br.], t.d.	15
sumagrar, t.d.	4	surgir, int, t.i, t.c.	52	tabular, t.d.	4
sumariar, t.d.	16	surpreender, 2 part, t.d,		tacanhear, ♦ int.	15
sumir, ♦ t.d, t.i, pr, int.	61	t.i, int, pr.	5	tachar, t.d, t.i.	4
sumular, t.d.	4	surpresar, t.d, t.i, pr.	4	tachar-se, pr.	7
sungar, [Br.], t.d.	14	surrar, t.d, pr.	4	tachear, ♦ [Br.], t.d.	15
superabundar, int, t.i.	4	surribar, t.d.	4	tachonar, t.d, t.i.	4
superactivar, t.d, pr.	4	surripiar, t.d, t.i.	16	tafular, int.	4
superalimentar, t.d.	4	surrupiar, [Br.], t.d, t.i.	16	tafulhar, t.d, pr.	4
superaquecer, t.d.	25	surtir, def. imp, t.d, t.i.	6	tagantar, t.d.	4
superar, t.d.	4	surucar, [Br.], int.	12	tagantear, ♦ t.d.	15
superativar, [Br.], t.d.	4	sururucar, [Br.], t.d, int.	12	tagarelar, int.	4
supercalandrar, t.d.	4	susceptibilizar, t.d, pr.	4	taipar, t.d.	4
superciliar, int.	16	suscetibilizar, [Br.], t.d, pr.	4	talar, t.d.	4
superestimar, t.d.	4	suscitar, t.d, t.i.	4	talhar, t.d, t.i, int, pr.	4
superexaltar, t.d.	4	suspeitar, t.d, t.i.	4	talingar, t.d, t.i.	14
superexcitar, t.d.	4	suspender, 2 part, t.d, t.i, pr.	6	talionar, t.d.	4
superintender, t.d.	5	suspirar, t.d, t.i, int.	4	talonar, int.	4
superiorizar, t.d, pr.	4	sussurrar, int, t.d, t.i.	4	talonear, ♦ [Br.], int, t.d.	15
superlativar, t.d.	4	sustar, t.d, int, pr.	4	taludar, [Br.], t.d.	4
superlotar, [Br.], t.d.	4	sustenizar, t.d.	4	tamancar, [Br.], t.d.	12
superoxidar, t.d.	4	sustentar, t.d, pr.	4	tamanquear, ♦ int.	15
superpor, ♦ part. irr, t.d,		suster, ♦ t.d, pr.	1	tamborilar, int.	4
t.i, pr.	45	sutar, t.d.	4	tamisar, t.d.	4
superpovoar, t.d.	20	sutilizar, [Br.], t.d, t.i, int, pr.	4	tampar, t.d.	4
supersaturar, t.d, pr.	4	suturar, t.d.	4	tamponar, t.d.	4
supervisar, t.d.	4	suxar, t.d.	4	tanchar, t.d.	4
supervisionar, t.d.	4			tangar, t.d, int.	14
suplantar, t.d.	4			tangenciar, t.d.	16
suplementar, t.d.	4			tanger, t.d, int, t.i.	26
suplicar, t.d, t.i, int.	12			tanoar, int.	20
supliciar, t.d.	16			tantalizar, t.d.	4
supor, ♦ part. irr, t.d, t.i.	45			tapar, t.d, pr.	4
suportar, t.d.	4			tapear, ♦ [Br.], t.d.	15
supra-excitar, t.d.	4			tapeçar, t.d.	13
suprimir, 2 part, t.d.	6	tabaquear, ♦ t.d, int.	15	tapetar, t.d, pr.	4
suprir, t.d, t.i.	6	tabelar, t.d, t.i.	4	tapizar, t.d, pr.	4

t

tapulhar, t.d.	4	telefotografar, t.d.	4	testilhar, int, t.i.	4
taquigrafar, t.d, int.	4	telegrafar, t.d, t.i, int.	4	tetanizar, t.d.	4
taralhar, int.	4	teleguiar, t.i.	16	tibungar, [Br.], int.	14
taramelar, int, t.d.	4	telever,♦ [Br.], t.d, int.	40	ticar, t.d, int.	12
taramelear,♦ int, t.d.	15	televisar, t.d.	4	tilar, t.d.	4
tarar, t.d, t.i.	4	televisionar, t.d.	4	tildar, t.d.	4
tardar, t.d, t.i, int.	4	telexar, t.d.	4	tilintar, t.d, int.	4
tarear,♦ t.d.	15	telhar, t.d.	4	timbrar, t.d, t.i.	4
tarelar, int.	4	telintar, int.	4	timbuar, [Br.], int.	4
tarifar, t.d.	4	temblar, [Br.], t.d.	4	timonear,♦ [Br.], t.d.	15
tarimbar, int.	4	temer, t.d, t.i, int, pr.	5	timpanizar, t.d, pr.	4
tarjar, t.d.	4	temperar, t.d, t.i, pr.	4	tingir, t.d, pr.	52
tarrafar, int, t.d.	4	tempestar, t.d, int.	4	tinguijar, [Br.], t.d, int.	4
tarrafear,♦ int, t.d.	15	tempestuar, int.	4	tinir, def. p. 78 [só usado
tarraxar, t.d.	4	temporalizar, t.d.	4	quando o n é
tartamelar, int, t.d.	4	temporizar, t.d, t.i, int.	4	seguido de e ou i], int.	6
tartamelear,♦ int, t.d.	15	tencionar, t.d, int.	4	tintar, t.d.	4
tartamudear,♦ int, t.d.	15	tender, t.d, t.i, pr.	5	tintinabular, [Br.], int, t.d.	4
tartarear,♦ int.	15	tentar, t.d, pr.	4	tintinar, int.	4
tartarizar, t.d.	4	tentear,♦ t.d.	15	tipificar, t.d, pr.	12
tartuficar, t.d.	12	teocratizar, t.d.	4	tipografar, t.d.	4
tarugar, t.d.	14	teologizar, int.	4	tiquear,♦ int.	15
tascar, t.d.	12	teorizar, t.d, int.	4	tiquetaquear,♦ int, t.d.	15
tasquinhar, t.d, int, t.i.	4	ter,♦ t.d, t.i, int, pr.	1	tiranizar, t.d, int.	4
tatalar, [Br.], int, t.d.	4	terçar, t.d, t.i.	13	tirar, t.d, t.c, t.i, int, pr.	4
tataranhar, int.	4	tercetar, int.	4	tiritar, int.	4
tatear,♦ t.d, int.	15	terebintinar, t.d.	4	tirlintar, t.d, int.	4
tatibitatear,♦ int.	15	terebrar, t.d.	4	tironear,♦ [Br.], t.d.	15
tatuar, t.d, pr.	4	tergiversar, int.	4	tirotear,♦ t.d, int.	15
tauxiar, t.d.	16	terminar, t.d, t.i, int, pr.	4	tisnar, t.d, pr.	4
taxar, t.d, t.i.	4	terraplenar, t.d.	4	titerear,♦ int, t.d.	15
taxiar, [Br.], int.	16	terrificar, t.d.	12	titicar, [Br.], int.	12
teatinar, [Br.], int.	4	terrorar, t.d.	4	titilar, t.d.	4
teatralizar, t.d.	4	terrorizar, t.d.	4	titubar, int, t.i.	4
tecar, [Br.], int, t.d.	12	tesar, t.d.	4	titubear,♦ int, t.i.	15
tecer, t.d, t.i, int, pr.	25	tesoirar, t.d.	4	titular, t.d.	4
teclar, int.	4	tesourar, t.d.	4	toar, int, t.i, t.c, pred.	20
teclear,♦ int.	15	testar, t.d, t.i, int.	4	tocaiar, [Br.], t.d, int.	4
teimar, t.i, t.d, int.	4	testavilhar, [Br.], t.d.	4	tocar, t.d, t.i, t.c, int, pr.	12
telecomandar, t.d.	4	testemunhar, t.d, t.i.	4	toirear,♦ t.d, int.	15
telefonar, int, t.i, t.d.	4	testificar, t.d.	12	toitear,♦ int.	15

toldar, t.d, pr.	4	totalizar, t.d.	4	tranquibernar, int.	4
tolejar, int.	4	toucar, t.d, pr.	12	tranquilizar, t.d, pr.	4
tolerar, t.d.	4	tourear, ♦ t.d, int.	15	tranqüilizar, *[Br.]*, t.d, pr.	4
tolher, t.d, t.i, pr.	5	toutear, ♦ int.	15	transaccionar, int.	4
tolinar, t.d.	4	toxicar, t.d.	12	transacionar, *[Br.]*, int.	4
tomar, t.d, t.i, pr.	4	trabalhar, int, t.i, t.d.	4	transar, t.d, t.i, int.	4
tombar, t.d, int, pr, t.i.	4	trabucar, t.d, int.	12	transbordar, t.d, int, t.c.	4
tombolar, int.	4	traçar, t.d, int.	13	transcendentalizar, t.d, pr.	4
tonalizar, t.d.	4	traçar-se, pr.	13	transcender, t.d, t.i.	5
tonar, int.	4	traccionar, t.d.	4	transcoar, t.d, int.	20
tonificar, t.d, pr.	12	tracejar, int, t.d.	4	transcorrer, int, pred.	5
tonsurar, t.d.	4	tracionar, *[Br.]*, t.d.	4	transcrever, part. irr, t.d.	5
tontear, ♦ int, t.d.	15	tradar, **[Br.]**, t.d.	4	transcurar, t.d.	4
topar, t.d, t.i, t.c, pr.	4	tradear, ♦ **[Br.]**, t.d.	15	transcursar, t.d, int.	4
topetar, t.d, t.i.	4	traduzir, ♦ t.d, t.i, int, pr.	72	transfazer, ♦ part. irr, t.d,	
topografar, t.d.	4	trafegar, int, t.i, t.d, t.c.	14	t.i, pr.	31
torar, t.d, int.	4	trafeguear, ♦ int, t.i, t.d.	15	transferir, ♦ t.d, t.c, t.i, pr.	57
torcer, t.d, t.i, t.c, int, pr.	25	traficar, t.i, int.	12	transfigurar, t.d, t.i, pr.	4
torcicolar, int.	4	tragar, t.d, int.	14	transfixar, t.d.	4
torcular, t.d.	4	trager, t.d, t.i.	26	transformar, t.d, t.i, pr.	4
tornar, t.c, int, t.d, t.i, pr.	4	traguear, ♦ **[Br.]**, int.	15	transfugir, ♦ t.i.	62
tornear, ♦ t.d, int.	15	trair, ♦ t.d, pr.	68	transfundir, t.d, t.i.	6
tornejar, t.d, int.	4	trajar, t.d, t.i, pr.	4	transgredir, ♦ t.d.	57
torpecer, t.d, int, pr.	25	tralhar, t.d.	4	transigir, int, t.i, t.d.	52
torpedar, t.d.	4	tramar, t.d, t.i.	4	transir, def. p, int, t.d.	79
torpedear, ♦ t.d, t.i.	15	trambalear, ♦ **[Br.]**, int.	15	transistorizar, t.d.	4
torrar, t.d.	4	trambalhar, **[Br.]**, int.	4	transitar, int, t.c, t.i, t.d.	4
torrear, ♦ t.d, int.	15	trambecar, **[Br.]**, int.	12	transitivar, t.d.	4
torrefazer, ♦ part. irr, t.d.	31	trambicar, **[Br.]**, t.d, int.	12	transladar, t.d, t.i, pr.	4
torrejar, t.d, int.	4	trambolhar, int.	4	translinear, ♦ t.d.	15
torrificar, t.d.	12	tramitar, **[Br.]**, int.	4	transliterar, t.d, t.i.	4
torturar, t.d, pr.	4	tramontar, int.	4	translucidar, t.d.	4
torvar, t.d, int, pr.	4	trampear, ♦ **[Br.]**, int.	15	translumbrar, t.d, int, pr.	4
torvelinhar, int, t.d.	4	trampolinar, int.	4	transluzir, ♦ def. imp, t.c,	
tosar, t.d.	4	tramposear, ♦ **[Br.]**, int, t.d.	15	t.i, pr.	72
toscanejar, int.	4	tranar, t.d.	4	transmigrar, int, t.c, t.d, pr.	4
toscar, t.d.	12	trancafiar, **[Br.]**, t.d.	16	transmitir, t.d, t.i, pr.	6
tosquenejar, int.	4	trancar, t.d, pr.	12	transmontar, t.d, int, pr.	4
tosquiar, t.d, pr.	16	trançar, t.d, int.	13	transmudar, t.d, t.i, pr.	4
tossir, ♦ int, t.d.	59	tranquear, ♦ **[Br.]**, int.	15	transmutar, t.d, t.i, pr.	4
tostar, t.d, pr.	4	tranqueirar, t.d.	4	transnadar, t.d.	4

transparecer, t.c.	25	travar, t.d, t.i, int, pr.	4	tribofar, int.	4
transparentar, t.d.	4	travejar, t.d.	4	tribular, t.d, int, pr.	4
transpassar, t.d, t.i, pr.	4	travessar, t.d.	4	tributar, t.d, t.i, pr.	4
transpirar, t.d, t.i, int.	4	travessear,♦ int.	15	tricotar, [Br.], int.	4
transplantar, t.d, t.i, pr.	4	trazer,♦ t.d, t.i.	30	tricotear,♦ [Br.], int.	15
transpor,♦ part. irr, t.d, pr.	45	trebelhar, int.	4	trifurcar, t.d, pr.	12
transportar, t.d, t.i, pr.	4	treinar, t.d, int, pr.	4	trigar-se, pr.	14
transtornar, t.d, pr.	4	trejeitar, int, t.d.	4	trilar, int, t.d.	4
transtrocar, t.d.	12	trejeitear,♦ int, t.d.	15	trilhar, t.d.	4
transubstanciar, t.d, t.i, pr.	16	trejurar, t.d, int, t.i.	4	trinar, t.d, int, t.i.	4
transudar, t.c, t.d.	4	treler,♦ int, t.i.	42	trincafiar, t.d.	16
transumanar, t.d.	4	tremar, t.d.	4	trincar, t.d, int, pr.	12
transumar, t.d, int.	4	tremelear,♦ int.	15	trinchar, t.d, int.	4
transvasar, t.d.	4	tremelicar, int.	12	trincolejar, int, t.d.	4
transvazar, t.d, pr.	4	tremeluzir,♦ def. imp, int.	72	trinfar, int.	4
transverberar, t.d, t.c, pr.	4	tremer, t.d, int.	5	trintar, int.	4
transverter, t.d, t.i, pr.	5	tremular, t.d, int.	4	tripartir, t.d, pr.	6
transvestir,♦ t.d, t.i.	54	trenar, t.d, t.i, int, pr.	4	triplicar, t.d, int, pr.	12
transviar, t.d, pr.	16	trepanar, t.d.	4	tripudiar, int, t.i.	16
transvoar, t.d, t.c.	20	trepar, t.d, t.i, pr.	4	tripular, t.d.	4
trapacear,♦ t.d, int.	15	trepidar, int, t.i.	4	triscar, int.	12
trapear,♦ def. imp, int.	15	treplicar, int, t.i, t.d.	12	trissar, [Br.], int.	4
trapejar, def. imp, int.	4	tresandar, t.d, int, t.i.	4	trissecar, t.d.	12
traquear,♦ t.d, [Br : int.]	15	trescalar, t.d, int.	4	triturar, t.d.	4
traquejar, t.d, [Br : int.]	4	tresdobrar, t.d, int.	4	triunfar, int, t.i, t.d, pr.	4
traquinar, int.	4	tresfolegar, int.	14	troar, int, t.i.	20
traquitanar, int.	4	tresfolgar, int.	14	trocadilhar, int.	4
trasbordar, t.d, int.	4	tresfoliar, int.	16	trocar, t.d, t.i, pr.	12
trasfegar, t.d, int.	14	tresgastar, t.d, int.	4	troçar, t.d, t.i.	13
trasfoliar, t.d.	16	tresler,♦ int.	42	trochar, t.d.	4
trasguear,♦ int.	15	tresloucar, t.d, int.	12	trociscar, t.d.	12
trasladar, t.d, t.i, pr.	4	tresmalhar, t.d, int, pr.	4	troiar, [Br.], int.	4
trasmontar, t.d, int, pr.	4	tresnoitar, t.d, int.	4	trombar, [Br.], int, t.i.	4
traspassar, t.d, t.i, t.c, pr.	4	tresnoutar, t.d, int.	4	trombetear,♦ int, t.d.	15
trastejar, int, t.d.	4	trespassar, t.d, t.i, pr	4	trombicar, int.	12
trasvasar, t.d.	4	tressuar, int, t.d.	4	trompar, [Br.], t.d.	4
trasvoltear,♦ int, pr.	15	trestampar, int.	4	trompear,♦ [Br.], t.d.	15
tratar, t.d, t.i, t.c, pr.	4	tresvariar, int.	16	tronar, int.	4
tratear,♦ t.d.	15	tresvoltear,♦ t.d.	15	tronchar, t.d.	4
traumatizar, t.d, pr.	4	tretear,♦ [Br.], int.	15	tronear,♦ int.	15
trautear,♦ t.d, int.	15	triangular, t.d, int.	4	tronejar, int.	4

tropear,♦ int.	15
tropeçar, t.i., int.	13
tropeliar, int.	16
tropicar, int.	12
trotar, int, t.d.	4
trotear,♦ int, t.d.	15
trovar, int, t.d.	4
trovejar, def. imp, int, t.i.	4
troviscar, def. imp, int, pr.	12
trovoar, def. imp, int, t.i, t.d.	20
truanear,♦ int.	15
trucar, int.	12
trucidar, t.d.	4
trufar, t.d.	4
trumbicar-se, [Br.], pr.	12
truncar, t.d.	12
trunfar, int, t.i.	4
tuberculinizar, int.	4
tuberculizar, t.d, int, pr.	4
tufar, t.d, int, pr.	4
tugir, def. p, int.	78
tumefazer,♦ part. irr, t.d, pr.	31
tumeficar, t.d, pr.	12
tumescer, t.d, int, pr.	25
tumular, t.d.	4
tumultuar, t.d, int.	4
tunar, int.	4
tundar, t.d.	4
tungar, [Br.], int, t.d.	14
tunguear,♦ [Br.], int.	15
turbar, t.d, pr.	4
turbilhonar, int.	4
turbinar, int, t.d.	4
turgescer, t.d, int, pr.	25
turibular, t.d.	4
turiferar, t.d.	4
turificar, t.d.	12
turrar, int, t.i.	4
turturinar, [Br.], int.	4
turvar, t.d, int, pr.	4
turvejar, t.d, int, pr.	4

tutear,♦ t.d, pr.	15
tulelar, t.d.	4
tutorar, t.d.	4
tutucar, [Br.], int.	12

$\mathcal{U}$

ufanar, t.d, pr.	4
uivar, def. p. [não usado nas 1as p], int.	4
ulcerar, t.d.	4
ultimar, t.d, pr.	4
ultrajar, t.d.	4
ultrapassar, t.d, int.	4
ulular, int, t.d.	4
umectar, [Br.], t.d.	4
umedecer, [Br.], t.d, pr.	25
umidificar, [Br.], t.d, int, pr.	12
unanimar, t.d.	4
unanimificar, t.d.	12
ungir, def. p, t.d, pr.	78
unguentar, [o u pronuncia-se como se levasse diérese : ü], t.d.	4
unhar, t.d, int, pr.	4
unificar, t.d, pr.	12
uniformar, t.d, pr.	4
uniformizar, t.d.	4
unir, t.d, t.i, int, pr.	6
universalizar, t.d, t.i, pr.	4
untar, t.d.	4
upar, [Br.], int.	4
urbanizar, t.d.	4
urdir, t.d.	6
urgir, def. imp, int.	52
urgir, def. p, t.d, t.i.	78

urinar, int, t.d, pr.	4
urrar, int, t.d.	4
urticar, t.d.	12
urtigar, t.d.	14
urubuzar, [Br.], t.d.	4
usar, t.d, t.i, pr.	4
usitar, t.d.	4
ustular, t.d.	4
usucapir, t.d, int.	6
usufruir,♦ t.d.	73
usufrutar, t.d.	4
usurar, int.	4
usurpar, t.d, t.i.	4
utar, t.d.	4
utilizar, t.d, t.i, pr.	4

$\mathcal{V}$ $\mathcal{W}$ $\mathcal{X}$

vacar, int, t.i.	12
vacilar, int, t.i, t.d.	4
vacinar, t.d, t.i.	4
vadear,♦ t.d.	15
vadiar, int.	16
vagabundar, int.	4
vagabundear,♦ int.	15
vagamundear,♦ int.	15
vagar, int, t.d, t.i.	14
vagir, def. p, int.	78
vaguear,♦ int, t.d.	15
vaguejar, int, t.d.	4
vaiar, t.d, int.	4
valar, t.d, t.i.	4
valentear,♦ [Br.], int.	15
valer,♦ int, t.i, pr.	43
validar, t.d, pr.	4
valorar, t.d.	4

valorizar, t.d, pr.	4
valsar, int, t.d.	4
vanecer, t.d, pr.	25
vangloriar, t.d, pr.	16
vanguejar, int.	4
vaporar, t.d, int, pr.	4
vaporizar, t.d, pr.	4
vapular, t.d.	4
vaqueanar, [Br.], int.	4
vaqueirar, [Br.], int.	4
vaquejar, [Br.], t.d.	4
varar, t.d, t.c, int.	4
varejar, t.d, t.i, int.	4
variar, t.d, int, pr.	16
variegar, t.d.	14
varrer, t.d, t.i, int, pr.	5
vascolejar, t.d.	4
vasconcear, ♦ int, t.d.	15
vascularizar, t.d.	4
vasculhar, t.d.	4
vasquear, ♦ [Br.], int.	15
vasquejar, int, t.d.	4
vassalar, t.d, t.i.	4
vassoirar, t.d, int.	4
vassourar, t.d, int.	4
vastar, t.d, [Br : int.]	4
vaticinar, t.d, t.i.	4
vazar, t.d, t.c, int, pr.	4
vaziar, t.d, int.	16
vedar, t.d, t.i, pr.	4
veementizar, t.d.	4
vegetalizar, t.d, pr.	4
vegetar, int, t.d.	4
veicular, t.d.	4
velar, t.d, t.i, int.	4
velar-se, pr.	7
velarizar, t.d.	4
velear, ♦ t.d.	15
velejar, int.	4
velhacar, int, [Br : t.d.]	12
velhaquear, ♦ int, t.d.	15

velicar, t.d.	12
venalizar, t.d.	4
vencer, t.d, t.c, int, pr.	25
vendar, t.d.	4
vender, t.d, int, pr.	5
veneficar, t.d.	12
veneficiar, t.d.	16
venerar, t.d.	4
veniagar, int.	14
venializar, t.d.	4
ventanear, ♦ int, t.d.	15
ventanejar, int.	4
ventar, def. imp, int, t.i, t.d.	4
ventilar, t.d, pr.	4
ver, ♦ part. irr, t.d, t.i, int, pr.	40
veranear, ♦ int.	15
verbalizar, t.d, int.	4
verbar, t.d, int.	4
verberar, t.d, int.	4
verbetar, t.d.	4
verdascar, t.d.	12
verdear, ♦ int.	15
verdecer, def. imp, int.	25
verdejar, def. imp, int.	4
verear, ♦ t.d, int.	15
vergalhar, t.d.	4
vergar, t.d, t.i, int.	14
vergastar, t.d.	4
vergontear, ♦ int.	15
verificar, t.d, pr.	12
vermelhar, t.d, int.	4
vermelhear, ♦ int.	15
vermelhecer, int.	25
vermelhejar, int.	4
verminar, def. imp, int.	4
vernaculizar, t.d.	4
vernalizar, t.d.	4
verrumar, t.d, t.i, int.	4
versar, t.d, t.i, int.	4
versejar, int, t.d.	4
versificar, t.d, int.	12

verter, t.d, t.i, t.c, int.	5
vesguear, ♦ int.	15
vesicar, t.d.	12
vessar, t.d.	4
vestir, ♦ t.d, t.i, int, pr.	54
vetar, t.d.	4
vexar, t.d, pr.	4
vezar, t.d, t.i, pr.	4
viagear, ♦ [Br.], int.	15
viajar, int, t.d.	4
viandar, int.	4
vibrar, t.d, t.i, int.	4
viçar, def. imp, int.	13
viçar, [Br.], int.	13
vicejar, int, t.d.	4
viciar, t.d, pr.	16
vidar, t.d.	4
vidrar, t.d, t.i, int, pr.	4
vigar, t.d.	14
viger, def. p. 78 [só usado quando o g é seguido de e ou i], int.	78
vigiar, t.d, t.i, int, pr.	16
vigilar, t.d, t.i, int, pr.	4
vigorar, t.d.	4
vigorizar, t.d, pr.	4
vilegiaturar, int.	4
vilificar, t.d.	12
vilipendiar, t.d.	16
vinagrar, t.d, pr.	4
vincar, t.d.	12
vincular, t.d, t.i, pr.	4
vindicar, t.d.	12
vindimar, t.d, int.	4
vingar, t.d, t.i, int, pr.	14
vinificar, t.d.	12
violar, t.d.	4
violentar, t.d.	4
vir, ♦ part. irr, t.c, t.i, int, pr.	67
virar, t.d, t.i, pred, int, pr.	4
viravoltar, [Br.], int.	4

Verbo	Nº
viravoltear, ♦ [Br.], int.	15
virginalizar, t.d.	4
virginizar, t.d.	4
virgular, t.d, t.c, int.	4
virilizar, t.d.	4
visar, t.d, t.i.	4
visibilisar, t.d.	4
visionar, t.d.	4
visitar, t.d, pr.	4
vislumbrar, t.d, int.	4
visporar, [Br.], int.	4
vistoriar, t.d.	16
visualizar, t.d.	4
vitalizar, t.d.	4
vitaminar, t.d.	4
vitaminizar, t.d.	4
vitimar, t.d, pr.	4
vitoriar, t.d.	16
vitrificar, t.d, int, pr.	12
vitriolar, t.d.	4
vitriolizar, t.d.	4
vituperar, t.d.	4
viuvar, int, t.i.	4 ('19)
vivar, t.d, int.	4
vivenciar, t.d.	16
viver, int, t.c, pred, t.d, pr.	5
vivificar, t.d, int.	12
vizinhar, t.d, t.i.	4
voar, int, t.c, t.d.	20
vocabularizar, t.d.	4
vocalizar, int, t.d.	4
vociferar, t.d, t.i, int.	4
voejar, int, pr.	4
vogar, int, t.d.	14
volatear, ♦ int.	15
volatilizar, int, pr, t.d.	4
volitar, int.	4
voltar, t.c, t.i, int, t.d, pr.	4
voltear, ♦ t.d, int.	15
voltejar, t.d, int.	4
volumar, int, pr.	4
volutear, ♦ int.	15
volver, t.d, t.i, int, pr.	5
vomitar, t.d, int, pr.	4
vosear, ♦ t.d.	15
votar, t.d, int, t.i, pr.	4
vozear, ♦ int, t.d.	15
vozeirar, int.	4
vulcanizar, t.d, pr.	4
vulgarizar, t.d, pr.	4
vulnerar, t.d.	4
vunzar, [Br.], t.d.	4
warrantar, t.d.	4
xadrezar, t.d.	4
xaropar, t.d, int.	4
xaropear, ♦ t.d, int.	15
xeretar, [Br.], t.d, int.	4
xeretear, ♦ [Br.], t.d, int.	15
xerocar, [Br.], t.d.	12
xerografar, [Br.], t.d.	4
xeroxar, [Br.], t.d.	4
xetrar, [Br.], int.	4
xilografar, t.d.	4
xilogravar, t.d.	4
xingar, [Br.], t.d, int.	14
xumbergar, [Br.], int.	14
xumbregar, [Br.], t.d.	14

Verbo	Nº
zabumbar, t.d, int, t.i.	14
zagaiar, t.d.	4
zagunchar, t.d.	4
zampar, t.d.	4
zangar, t.d, int, pr.	14
zangarrear, ♦ int, pr.	15
zanguizarrear, ♦ [Br.], int.	15
zanzar, [Br.], int.	4
zaranzar, int.	4
zarelhar, int.	4
zargunchar, t.d, int.	4
zarpar, int.	4
zavar, [Br.], int.	4
zebrar, t.d, t.i.	4
zelar, t.d, t.i.	4
ziguezaguear, ♦ int.	15
zimbrar, t.d.	4
zincar, t.d.	12
zincografar, t.d.	4
zincogravar, t.d.	4
zingar, [Br.], int.	14
zingarear, ♦ int.	15
zingrar, t.d, t.i.	4
zinir, def. imp, int.	6
zinzilular, def. imp, int.	4
ziziar, def. imp, int.	16
zoar, def. imp, int.	20
zombar, t.i, t.d, int.	4
zombetear, ♦ t.i, t.d, int.	15
zonear, ♦ t.d, [Br : int.]	15
zonzar, [Br.], int.	4
zonzear, ♦ [Br.], int.	15
zoografar, t.d.	4
zorragar, t.d.	14
zuir, ♦ def. imp, int.	73
zumbaiar, t.d.	4
zumbar, def. imp, int.	4
zumbir, def. imp, int, t.d.	6
zumbrir-se, pr.	6
zunir, def. imp, int.	6
zunzunar, def. imp, int.	4
zunzunir, def. imp, int.	6
zupar, t.d, t.i.	4
zurrar, def. imp, int.	4
zurupar, [Br.], t.d.	4
zurzir, ♦ def. p. 78 [só usado quando o z final do radical é seguido de e ou i], t.d.	78

Dépôt Légal n° 18763 - Mars 2007 - Imprimé en Italie par «La Tipografica Varese S.p.A.»